派驻监督的
四川省交通运输厅实践研究
（2016-2020）

第一卷　组织队伍建设

田雪梅　於玉丹◎著

光明日报出版社

图书在版编目（CIP）数据

派驻监督的四川省交通运输厅实践研究：2016-2020. 第一卷，组织队伍建设 / 田雪梅，於玉丹著 . -- 北京：光明日报出版社，2023. 10

ISBN 978 - 7 - 5194 - 7531 - 4

Ⅰ. ①派… Ⅱ. ①田… ②於… Ⅲ. ①中国共产党—纪律检查—工作—四川—2016-2020 Ⅳ. ①D262. 6

中国国家版本馆 CIP 数据核字（2023）第 197174 号

派驻监督的四川省交通运输厅实践研究：2016-2020. 第一卷，组织队伍建设

PAIZHU JIANDU DE SICHUANSHENG JIAOTONG YUNSHUTING SHIJIAN YANJIU：2016-2020. DIYIJUAN ZUZHI DUIWU JIANSHE

著　　者：田雪梅　於玉丹

责任编辑：郭玫君　　责任校对：房　蓉　李佳莹

封面设计：中联华文　　责任印制：曹　诤

出版发行：光明日报出版社

地　　址：北京市西城区永安路 106 号，100050

电　　话：010-63169890（咨询），010-63131930（邮购）

传　　真：010-63131930

网　　址：http：//book. gmw. cn

E - mail：gmrbcbs@ gmw. cn

法律顾问：北京市兰台律师事务所龚柳方律师

印　　刷：三河市华东印刷有限公司

装　　订：三河市华东印刷有限公司

本书如有破损、缺页、装订错误，请与本社联系调换，电话：010-63131930

开　　本：170mm×240mm

字　　数：489 千字　　印　　张：42

版　　次：2024 年 6 月第 1 版　　印　　次：2024 年 6 月第 1 次印刷

书　　号：ISBN 978 - 7 - 5194 - 7531 - 4

定　　价：128. 00 元（全三卷）

总　序

完善党和国家监督体系，形成全面覆盖、常态长效的监督合力是中国共产党依靠自我革命跳出历史周期律的规律性认识之一。党的十九大报告提出，要健全党和国家监督体系、把党内监督同其他各种监督贯通起来，形成监督合力。十九大以来，纪律监督、监察监督、派驻监督、巡视监督“四项监督”全覆盖总体格局逐步形成，监督合力不断增强，在党和国家监督体系中的支柱作用日益彰显。党的二十大提出“持之以恒推进全面从严治党，以党的自我革命引领社会革命”的重要指示，明确指明“完善党的自我革命制度规范体系”等重要方向。二十届中央纪委二次全会明确提出坚决落实推动健全党和国家监督体系部署要求，推动监督制度优势更好转化为治理效能，进一步发挥党和国家监督专责机关作用、锻造堪当新时代新征程重任的高素质纪检监察干部队伍等新指示，为新时代新征程推进全面从严治党、高质量开展纪检监察工作提供了根本遵循。

派驻监督，是在党中央集中统一领导下，强化自上而下组织监督的重要形式，在党和国家监督体系中具有十分重要的作用。派驻监督是纪检监察监督的延伸，既有纪律监督，又有相应的监察权，重在对驻在部门党员干部和公职人员遵纪守法、履职尽责情况的监督。十八大后，随着纪检监察体制的改革，纪检部门持续深化“三转”，纪检机关内部体制改革，派驻机构改革迅速推进，派驻工作机制不断完善，“派”的权威和“驻”的优势不断凸显，监督作用不断发挥，取得比较明显的成效。十九大后，加强上级纪委对下级纪委的领导，完善地方纪委派驻体制机制，强化监督职责，推动管党治党责任全面覆盖、层层传导，是派驻监督工作的根本指导。习近平总书记在十九届中纪委六次全会强调，要完善权力监督制度和执纪执法体系，使各项监督更加规范、更加有力、更加有效。各级党委（党组）要履行党内监督的主体责任，突出加强对“关键少数”特别是“一把手”和领导班子的监督。纪检监察机关要发挥监督专责机关作用，协助党委全面从严治党，推动党内监督和其他各类监督贯通协同，探索深化贯通协同的有效路径，提供了新时代推进派驻监督工作的根本遵循。2022 年 6 月，中共中央办公厅印发的《纪检监察机关派驻机构工作规则》深入贯彻党的十九大和十九届历次全会精神，着眼健全系统集成、协同高效的派驻监督体制机制，对各级纪检监察机关派驻机构的组织设置、领导体制、工作职责、履职程序、管理监督作出全面规范，对于推进派驻机构工作规范化、法治化、正规化，推动新时代派驻监督工作高质量发展，具有重要意义。

本书是一本记录和展现四川省交通运输厅（简称“交通厅”）在十八大以后的特定时期（2016–2020）在党的领导下通过派驻监督推进腐败治理、加强党风廉政建设具体历程的书籍。其基本出发点，是既要看到十八大后派驻监督不断推进、纪检监察体制改革不断深化的连续过程，也必须认识到，不断推进的派驻监督工作历程，也是各级党组织和纪检监察部门坚决执行中央决定、积极主动探索和实践的过程。没有各级各行业党组织和纪检监察组织坚决执行中央政策，压实两个责任，在党风廉政建设和反腐败斗争方面进行不懈探索和努力实践，就没有良好政治生态的形成，没有管党治党的伟大成就。新时代中国共产党反腐败斗争和党风廉政建设的每一步，都凝聚了党组织和纪检监察实务工作者的创新智慧和心血。为此，记录、解析和研究坚决执行党中央决策部署的纪检实务部门的工作，展现特定时代特定时段派驻监督体制的实况，是微观展现当代中国全面从严治党历程的重要一环，是中国共产党勇于推进自我革命的鲜活例证，具有重要的学术价值和现实意义。

2023 年 1 月，在二十届中央纪委二次全会上，习近平总书记强调，反腐败斗争形势依然严峻复杂。二十届中央纪委二次全会工作报告强调，要深化整治金融、国有企业、政法等权力集中、资金密集、资源富集领域和粮食购销等行业的腐败，为国资央企纪检监察机构深入开展反腐败斗争提供了“路线图”和“施工图”。此后，中央纪委国家监委网站数次发文，强调必须要深化行业性、系统性腐败治理，释放了强化央企监管的鲜明信号。

交通行业是管项目管资金的大系统，四川省“十二五”以来，每年投资金额都在千亿以上，从“十三五”以来基本上在 1300 亿以上。“十三五”期间，四川省交通运输厅所承担的重点建设项目，省里排得上号的就有 14 个。与四川省直机关其他部门相比，具有“人员多、项目多、任务重、资金密集、资金规模大、多种行政权力汇集，社会关注多”等鲜明特点，点多、线长、面广，廉政风险防控压力大，监管的难度大，教育培训的难度大，行业腐败案件易发多发。十八大后，既是全面从严治党的新时代，也是交通运输处于大发展、大建设的重要历史机遇期和快速发展、转型发展的关键时期。

2015年底，根据省委、省委巡视工作领导小组向厅党组反馈的巡视意见，交通运输厅在落实党风廉政建设“两个责任”“中央八项规定”精神和执行民主集中制等方面存在问题。反馈特别指出，厅直系统纪检组织作用发挥差、监督作用没发挥出来。巡视反馈产生的触动大、要求严、问题线索多、涉及人员多。这些问题的背后，既有单位管理存在的问题，个人违纪违规的问题，也有改革不到位、执行政策不到位、历史遗留问题较多的问题，暴露出少数干部对抓作风、反腐败的认识还不到位，行业党风廉政建设形势不容乐观。

面对巡视整改提出的诸多问题，四川省交通运输厅党组如何准确把握党风廉政建设和反腐败斗争形势，以高度的责任担当坚决落实全面从严治党的政治责任，四川省纪委监委驻交通运输厅纪检监察组（2019年省级派驻机构改革完成前，名称为四川省纪委派驻四川省交通运输厅纪检组，简称“驻厅纪检组”，本文统一采用“驻厅纪检监察组”的叫法）如何坚决执行省委和省纪委监委的要求，充分发挥专职专责机构的监督执纪问责职能，如何组织协调厅党组的反腐败斗争，提供派驻机构怎么做的交通厅答卷，为交通行业树立一个良好的形象，进而为交通运输发展提供强有力的支撑和保障，是摆在交通厅党组和驻厅纪检监察组面前亟待解决的重要问题。

2016年7月，四川省委办公厅印发《关于全面落实省纪委向省一级党和国家机关派驻纪检机构的方案》，标志着四川省派驻纪检机构全覆盖改革进入全面实施阶段。四川省交通运输厅党组和驻厅纪检监察组坚决执行中央和四川省委关于全面从严治党的若干决定，坚决履行两个责任，进行了一系列卓有成效的党风廉政建设与反腐败斗争，有力推动了管党治党责任向党组织神经末梢传递、全面从严治党向基层延伸。2016 年以来，驻厅纪检监察组积极努力担当，在工作实践中逐渐形成了一系列富有实效的工作模式和工作理念，其中，2016-2020 年，以监督监察、党风廉政宣传教育以及厅直系统纪检组织队伍建设三方面尤有特色和代表性。在由“蜀道难”到“蜀道畅”的伟大历史征程中，四川交通纪检人留下了浓墨重彩的一笔。这些工作，不仅得到省纪委监委领导的赞扬，也得到了省直机关同行的称赞，在相关媒体也得到了宣传报道。十八大以来，全省公路水路建设完成投资每年都保持在 1200 亿元以上，并逐年递增，规模居全国第一。这份沉甸甸的成绩，正是有了交通纪检人的保驾护航，才显得弥足珍贵。

当然，特别需要说明的是，2016-2020 年这一阶段，作为特定时期的派驻纪检监察工作，驻厅纪检监察组的一些改革也受制于当时中央的相关政策和规定，其探索举措，和今天的最新要求有的并不完全吻合。我们认为，也不能按照当前最新的派驻监督相关规定来要求和硬套过去的实践。因此我们采用了实事求是、还原当时历史的做法，这更能符合当时的具体事实。

目前学界关于派驻监督的研究较为宏观，着眼于个案的研究尚有不足。对四川省交通运输厅在 2016-2020 年期间上述相关实践和探索进行经验总结和分析研究，将有助于以四川省交通运输厅为例，了解把握全面从严治党工作向基层推进的过程以及派驻监督制度的改革成效，汲取宝贵经验成果，探索派驻监督进一步推进的点位，助力全面从严治党工作向纵深发展，一体推进“不敢腐、不能腐、不想腐”机制，推动新时代纪检监察工作的高质量发展，具有相当的学术意义和工作推广价值。

目 录

第一章
组织队伍建设之背景

党的十八大以来，以习近平同志为核心的党中央直面管党治党的突出问题，科学把握管党治党规律，通盘考虑、统筹谋划，提出了“全面从严治党”的战略，强力推进纪检体制改革，并以“转职能、转方式、转作风”实现“三转”和强化“两个责任”为切入点，着力构建不敢腐、不能腐、不想腐的有效机制，这样重大的政治变革，是基层腐败治理的重要前提，也是派驻监督不断深化的重要背景。之后，中纪委各次全会相继提出扎实推进规范化法治化建设，切实加强纪检干部队伍建设，加强纪检监察机关的自身建设和自我监督的高要求。正是在这一背景下，十八大后各级纪检机构职能得以强化，纪检工作得以快速推进，党风廉政建设和反腐败斗争取得压倒性胜利，为党和国家各项事业发展起到强大保障作用，为各单位中心工作的推进起到保驾护航作用。

第一节 十八大以来纪检工作的大变革

一、十八大后纪检体制改革的推进

十八大以来以习近平同志为核心的党中央带领全党全国人民所开展的以反腐倡廉为核心和切入点，层层推进全面从严治党的国家治理实践，是当代中国最重要的政治变革之一。党的十八大报告指出，“反对腐败，建设廉洁政治，是党一贯坚持的鲜明政治立场，是人民关注的重大政治问题。这个问题解决不好，就会对党造成致命伤害，甚至亡党亡国”。全面从严治党，治理腐败是关键。反腐既反映治理的危机，又是变革的契机，既是从严治党的切入口，又是管党治党的主战场，需要多领域协调推进，而首先需要通过执政党的自我革命保证。全面从严治党，严肃党内政治生活，改善党内政治生态，其切入点何在？撬动的支点，在于党内专责监督机构功能的有效发挥。十八大后，在“打虎”“拍蝇”“猎狐”等反腐实践的同时，纪检监察体制的变革提到重要日程。中国共产党第十八届中央委员会第三次全体会议通过的《中共中央关于全面深化改革若干重大问题的决定》（下文简称《决定》）第三十六条，强调加强党对党风廉政建设和反腐败工作统一领导，并就改革党的纪律检查体制、健全反腐败领导体制和工作机制、改革和完善各级反腐败协调小组职能作出明确规定，标志着新时代党内监督工作迈入新的发展阶段。

这些具体规定是：一、加强反腐败体制机制创新和制度保障。加强党对党风廉政建设和反腐败工作统一领导。改革党的纪律检查体制，健全反腐败领导体制和工作机制，改革和完善各级反腐败协调小组职能。二、落实党风廉政建设责任制，党委负主体责任，纪委负监督责任，制定实施切实可行的责任追究制度。各级纪委要履行协助党委加强党风建设和组织协调反腐败工作的职责，加强对同级党委特别是常委会成员的监督，更好发挥党内监督专门机关作用。三、推动党的纪律检查工作双重领导体制具体化、程序化、制度化，强化上级纪委对下级纪委的领导。查办腐败案件以上级纪委领导为主，线索处置和案件查办在向同级党委报告的同时必须向上级纪委报告。各级纪委书记、副书记的提名和考察以上级纪委会同组织部门为主。四、全面落实中央纪委向中央一级党和国家机关派驻纪检机构，实行统一名称、统一管理。派驻机构对派出机关负责，履行监督职责。改进中央和省区市巡视制度，做到对地方、部门、企事业单位全覆盖。五、健全反腐倡廉法规制度体系，完善惩治和预防腐败、防控廉政风险、防止利益冲突、领导干部报告个人有关事项、任职回避等方面法律法规，推行新提任领导干部有关事项公开制度试点。健全民主监督、法律监督、舆论监督机制，运用和规范互联网监督。

十八届三中全会后，各级纪检监察机关面临的最重要任务，就是深化推进改革举措，实现“转职能、转方式、转作风”，落实“两个责任”、健全“两个为主”、实现“两个全覆盖”，坚决有效推进监督执纪问责。其中，纪检组织队伍建设成为一项亟待加强的工作。

二、派驻机构改革的推进

派驻监督是在党中央集中统一领导下，强化自上而下组织监督的重要形式，是党和国家监督体系的重要内容。十八大以来，以习近平同志为核心的党中央高度重视纪检监察机构建设，着力发挥纪检监督作用。十八届三中全会《决定》提出“全面落实中央纪委向中央一级党和国家机关派驻纪检机构，实行统一名称、统一管理”，这是党中央依据党章规定，从形势判断和目标任务出发作出的重大决策，是全面从严治党、强化党内监督的重要举措。围绕贯彻落实党的十八届三中全会《决定》，中共中央办公厅先后印发《关于加强中央纪委派驻机构建设的意见》《关于全面落实中央纪委向中央一级党和国家机关派驻纪检机构的方案》，对派驻纪检监察组领导体制、职能定位、主要职责、机构设置及调整等予以明确。在中央纪委实现对139家中央一级党和国家机关的派驻监督全覆盖进程中，全国派驻机构改革也不断向纵深推进。如何发挥体现好“派”的权威和“驻”的优势，切实起到监督“探头”作用，是纪检监察机关急需在实践中不断探索、深入研究的问题。根据当时的相关政策规定，在实际工作中，涉及以下几方面关系，需要妥善处理。

第一，派驻机构和派出纪委的关系。十八届三中全会《决定》第三十六条明确规定“派驻机构对派出机关负责，履行监督责任”，这实际指出派出机关和派驻机构是领导和被领导的关系。派驻纪检组受派出纪委直接领导，向派出纪委负责并请示报告工作，派驻纪检组协助和配合派出纪委各职能部门履行相关监督职责。如何保持与派出单位的紧密关联和有效沟通，获得他们的广泛支持，是关键问题。

第二，派驻机构和驻在（监督）部门党组织的关系。这种关系是监督与被监督的关系。派驻机构按照干部管理权限和派出机关的授权，主要对驻在部门党组织及班子成员履行监督执纪问责职责。具体来说，是检查驻在部门领导班子及其成员遵守党内法规等情况，发现重要问题向上级纪委报告；经派出纪委批准，初步核实反映驻在部门领导班子及干部的问题线索；受理对驻在部门党组织和党员的检举、控告；对驻在部门各级领导班子履行党风廉政建设主体责任不力、造成严重后果的提出问责建议等等。派驻纪检组组长作为驻在部门的班子成员，同时要在党组的领导下开展工作。派驻纪检组要积极争取党组的支持，维护党组的权威、形象和团结。对上级纪委的工作安排、重要会议精神以及贯彻落实的意见、措施和办法，都要在第一时间向党组汇报，最大限度地得到党组的支持。怎么样最大限度获取所在部门党组织的支持和理解，协力完成本单位的党风廉政建设，推动反腐败斗争走向深入，是必须深思的问题。

第三，在驻在部门具有直属单位或垂直管理机构时，还存在派驻机构和驻在部门直属单位的纪检组织的关系。在管理权限上，驻在部门的下属机构本级纪检属于党组的内设机构，其人员编制和干部管理接受本级党组领导，主要职责是监督本级单位班子成员以下干部的监督管理工作。派驻机构对直属单位、垂直管理单位的纪检监察工作进行业务指导和监督检查。如何有效调动他们的积极性，是实际工作中必须考虑的问题。

第四，派驻机构和驻在部门行业纪检系统的关系。当所驻单位是具有行业管理职能的大系统时，则还存在第四种关系，即派驻机构和驻在部门行业纪检系统的关系。按照规定，派驻机构可以根据授权对所驻单位管理的行业、系统实施党内监督和国家监察。派驻机构对重大问题该发现没发现就是失职，发现问题不报告不处置就是渎职，同样要追究责任。但是，在地方党委本级纪检实行双重领导机制的情况下，派驻纪检组对非直属的行业纪检系统并无直接权力关联。像交通厅这样规模较大、行业色彩重、分布广泛的老单位、大系统，驻厅纪检监察组的派驻监督便涉及第四种关系。目前存在的问题是，在派驻监督的改革实践中，派驻机构和驻在部门行业系统众多纪检组织的工作关系尚无明确规定。

就四川省交通运输厅具体情况而言，驻厅纪检监察组出台“十条意见六十条解读”涉及几种关系的处理。原驻厅纪检监察组副组长曾经回忆道：“纪检组肯定不是下级纪委的领导，这个是清楚的。纪检组是省纪委派驻的，是省纪委的人，纪检组对下级纪委应该是指导关系。所以公路局纪委也好，交通设计院纪委也好，它们的上级对口组织肯定不是驻厅纪检监察组，但是究竟是不是机关纪委，这在当时有争议。我们当时拿这个文件去征求了省纪委和组织部的意见，他们非常支持我们出台‘十条意见六十条解读’。厅党组对下级纪委有领导权，厅党组授予驻厅纪检监察组这一权力，委托其做此事，所以驻厅纪检监察组可出台‘提名权’的相关规定。”对于“十条意见六十条解读”中引起外部争议的驻厅纪检监察组的提名权，一些人认为这缺乏依据，有的觉得这应交给厅机关党委来做。但该负责人认为，“在我看来，机关纪委其实也不是下级纪委的上级领导，为什么呢？它只能去领导下级单位的机关纪委，但下级单位现在没有机关纪委这个组织。”[1] 如何进行指导，是驻厅纪检监察组需要重视和解决的问题。

三、纪检工作的“三转”

2014 年 1 月，十八届中央纪委第三次全会工作报告明确提出“聚焦中心任务，创新体制机制，深入推进党风廉政建设和反腐败斗争”的工作要求，明确提出纪检监察机关必须实现“转职能、转方式、转作风”（简称“三转”）的改革任务，切实强化监督执纪问责的职能。半年后，2014年6月30日，中共中央政治局召开会议审议通过《党的纪律检查体制改革实施方案》，强调党的纪律检查体制改革是全面深化改革的重要组成部分，是党要管党、从严治党的必然要求，必须立足纪检监察工作实际，坚持从具体问题抓起，立行立改，为党风廉政建设和反腐败斗争提供体制机制的制度保障。会议强调，深化党的纪律检查体制改革，关键在落实党风廉政建设主体责任和监督责任。各级党委的主体责任是前提，是基础，各级领导干部既要洁身自好、管住自己，更要敢于担当，切实抓好党风廉政建设和反腐败工作。党委（党组）书记是第一责任人，其他成员对职责范围内的党风廉政建设负领导责任，要一级抓一级，层层传导压力。对不认真履行职责、抓党风廉政建设不力的，要严肃追究责任。会议指出，要推动党的纪律检查工作双重领导体制具体化、程序化、制度化，落实查办腐败案件以上级纪委领导为主，各级纪委书记、副书记提名和考察以上级纪委会同组织部门为主，强化上级纪委对下级纪委的领导。各级纪委要聚焦中心任务，监督执纪问责，更好履行党章赋予的职责。要逐步落实中央纪委向中央一级党和国家机关派驻纪检机构，派驻机构要全面履行监督职责。实现巡视工作对地方、部门和企事业单位全覆盖，探索开展专项巡视，突出发现问题、强化震慑作用。

驻厅纪检监察组的“三转”，也同步展开。原驻厅纪检监察组负责人受访谈到：“三转”过后，撬动厅党组主体责任落实的核心杠杆是什么？这是非常重要的事情。作为一个厅局来说，交通厅虽然体量较小，但也是国家治理体制改革中的重要组成部分。核心杠杆起码有二个，第一个就是大背景，就是十八大提出对纪检监察体制机制的改革，提出了“两个责任”。党风廉政责任制，党委负主体责任，纪委负监督责任。第二个杠杆就是制度。纪检监察体制改革有一定的具体措施，其中一项重要的就是落实“两个责任”的相关制度，这是从国家治理角度提出的一项重要制度，是国家的大政方针。这也是撬动党组落实主体责任的重要杠杆。第三个杠杆就是“人”，这是核心杠杆。具体到一个单位，究竟落实得如何，能不能取得效果，关键还是看人。“人”具体到交通厅，关键就是厅党组书记一把手。党组书记很关键，首先是落实“主体责任”。现在党组要把它扛起来。这个事情干不好，就要追究责任。他对这个问题认识到不到位，能不能身体力行，对于主体责任的落实非常关键。时任党组书记非常务实，讲规矩，认识非常到位，这是交通厅后续系列工作能够走在省直部门前面的重要原因。纪检组组长也很关键，他要不断去提醒推动，不怕别人嫌烦，不怕别人讨厌，不怕得罪人。时任组长在抓主体责任落实方面，尤其是在后期追究责任，充分体现了韧劲。从反面去追究别人责任，提起鞭子去赶别人，这是不容易做的。如果没有党组书记的认识，没有纪检组组长持之以恒地去推动这个东西，“两个责任”就无法落实。[2]

第二节 纪检组织队伍的现状

一、厅直系统纪检组织设置情况

（一）厅直系统规模庞大，监督工作量较大

四川省交通运输厅厅直系统队伍庞大，层级多，事业单位和企业单位多。2019年，交通厅有厅内设机构19个，30余个直属单位

(光厅直属单位就有5个局、31个正处以上的单位、3个厅级的直属单位)，编制5399个，在职职工中党员3579人，厅级干部17人，处级干部317人。厅公路局等6个单位有较多下属单位，规模比多数省直单位还大。有的直属单位，如高管局下面还代管了7个正处级单位，每个支队还下设若干大队，覆盖在全省高速公路沿线。14个单位具有行业管理职能，承担着指导市州相关部门和高速公路营运公司业务工作的职责。此外，还有路政、运政、海事、高速公路4个执法队伍，在省直部门中具有相当特殊性。

19个内设机构是：办公室（精神文明建设办公室）、政策法规处、综合规划处、财务处、人事教育处、建设管理处、公路管理处、行政审批处、运输管理处（出租车行业指导办公室）、安全监督管理处（应急办公室）、审计处、科技和信息化处、外经外事处、省纪委驻厅纪检监察组、监察厅驻厅监察室、公安处、信访处、离退休人员工作处、机关党委、四川省交通战备办公室（四川省保护通信线路安全办公室）。

30余个直属单位是：四川省交通运输工会委员会、四川省交通运输厅公路局、四川省交通运输厅航务管理局、四川省交通运输厅道路运输管理局、四川省交通运输厅高速公路管理局（高速公路交通执法总队）、四川省交通运输厅工程质量监督局、四川交通职业技术学院、四川省交通运输发展战略和规划科学研究院、四川省交通运输厅公路规划勘察设计研究院、四川省交通运输厅交通勘察设计研究院、四川省路网监测与应急处置中心、四川省交通运输厅高速公路监控结算中心、四川省交通运输厅交通建设工程造价管理站、四川公路工程咨询监理公司、四川省大件公路管理处、四川省交通宣传中心、四川省交通运输厅信息中心、四川省交通运输厅交通史志总编室、四川省交通运输厅机关后勤服务中心、四川省交通运输职业资格中心、四川省公路交通应急装备物资储备中心、四川兴蜀公路建设发展有限责任公司、四川交通运输职业学校、四川交通管理学校、高速执法第一支队、高速执法第二支队、高速执法第三支队、高速执法第四支队、高速执法第五支队、高速执法第六支队、高速执法第七支队等。

（二）交通建设和执法领域风险较高，监督任务较重

与其他省厅的业务工作不同，从业务的性质看，交通工程建设涉及项目审批、资金拨付、设计变更、计量支付、质量安全监管等风险事项，交通运输执法领域容易出现“吃拿卡要”问题。“十三五”期间，四川省交通运输仍处于大投入、大建设、大发展时期，项目资金密集，惩防腐败任务仍然艰巨。

（三）党组织健全但纪检组织较为弱化，未实现全覆盖

从党的系统看，2019 年，厅直系统有 25 个党委，可以说，党组织的机构健全，具有较为强大的体系保障。但根据《中国共产党章程》第 45 条的规定，只要有地方党组织，就应该设有纪检组织。“党的基层委员会是设立纪律检查委员会，还是设立纪律检查委员，由它的上一级党组织根据具体情况决定。党的总支部委员会和支部委员会设纪律检查委员。”即，有党委就应该有纪委，纪委就必须有工作人员，总支设总支委、纪检委员。厅党组据此还进一步出台规定，要求 7 人以上的支部要设纪检员、纪检委员；一些小的支部可以不设纪检员，但要确定一个纪检工作联系人。但是，从厅直系统的情况来看，如此庞大的系统，这么多的党组织，并没有实现纪检组织的全覆盖。这些单位、部门系统的纪检组织，有的名存实亡，有的不健全，有的根本就没有，纪检员的设立少见，更谈不上设立纪检工作联系人。纪检组织没

有全覆盖，导致从严治党的信息很难传递到位。

由此导致的直接后果是，厅直纪检组织的履职和党的要求有差距，厅直系统纪检力量尚未形成强大合力，派驻监督压力较大。厅直单位纪检组织“三转”不到位，多数单位纪委书记（纪检委员）分管其他业务工作，有的还分管人事、财务等与监督相冲突的工作。部分纪检组织担当意识不强，同级监督作用发挥较差。多数单位纪检工作机构不健全、人员力量欠缺，难以有效开展工作。

二、厅直系统纪检人员配备情况

现实中，厅直系统普遍存在纪检人员地位低下、人员老化、配员不足的情况。

地位低。“三转”之前，厅直系统纪检工作薄弱，党风廉政建设各项制度规定未得到认真落实，纪检机构处于打酱油的地位，说话没有人听，还要看人家脸色行事。做的是得罪人的事情，抬头不见低头见，是个苦差事，自我认同感差，有的甚至萎靡不振，见人只是埋头走，挺不起腰杆，缺少自信，大家都不愿意干。对当时的情景，原驻厅纪检监察组负责人曾回忆道，自己来厅里报到时，正值巡视整改，工作量大，纪检组人少，只有三个人，还有一人被抽调到上面，近万人的单位，只有两个人干事。“当时最受刺激的，是近万人的系统却找不到几个做事的人，大家不愿意来做纪检工作。驻厅纪检组想找人来做事，得看厅直单位负责人的脸色，有的厅直单位负责人甚至不同意。厅直单位纪检工作薄弱，从严治党的信息传递不到位。”他谈到这样几件事，第一，“大家都不愿意来，说得罪人，要抽人上来还要看分管领导的脸色，还得说好话求他。这对我的触动较大”；第二，监理咨询公司巡视期间问题集中，其纪委书记跑来诉苦，“我在会上发表了多次反对意见，吵了半天，可是等于零”；[3] 第三，厅公路局疗养院某人因违纪违规遭到局纪委的组织调查，给出了“予以处分”建议，但未得到重视，在院党委会上三次都未通过。而这份纪委意见，还是在驻厅纪检监察组的指导下给出的，当时纪委履职的环境和分量可见一斑。某部门一位班子成员，根据规定只有他才符合当纪检委员条件，但他却坚决不愿意担任纪检委员，原因就是要得罪人，他心里惧怕，不敢执纪问责，最后选了一位敢于执纪问责的副科级干部来当纪检委员。

人员老化。纪检机构被普遍认为是个偏于清闲的机构，纪检人员精兵强将少，年龄偏大，甚至被认为是养老机构或安置性的工作岗位。人员绝大部分不具备纪检专业知识，参与培训少，整体素质不高，人员的精神状态差，办事能力不足，创新干事的意愿差，组织能力、协调能力弱。

配员不足。前已述及，与机构的规模和管理的人员相比，纪检人员的编制少，人员严重不足，实际上在岗的只有 3 人，工作忙于应付，难以有效开展。过去每天应付报信息、报数据、组织学习等工作，两三个人还都忙不过来。厅直系统的纪检工作，虽然纪检组织健全，机构众多，但是由于各单位人手紧张，没有一起做事的联动意识，也没有相应的机制方式调动大家一起来做，几个人在那里单打独斗，各自为政，很难将驻厅纪检监察组几个人的工作转化为厅直系统大家的工作。按照规定，组织赋予厅纪检组的职责是监督厅级层面，并没有指导厅直系统纪检工作的义务，也没有将驻在部门系统上的纪检组织建起来管起来用起来作用发挥出来的先例。如何探索有效的机制实现与纪检组织的共赢，成为厅纪检组面临的重要课题。

三、厅直系统纪检队伍建设存在的问题

第一，对直属系统纪检工作重视不够。直属系统纪检组织处于纪检这棵“大树”的细小“枝桠”和最“末端”。十八大以来，处于“树干”的中央纪委、省级纪委、市级纪委、县级纪委的工作变化很大，处于比较大的“枝桠”的各级派驻机构工作也正在发生积极变化，而处于“末端”的基层纪检组织，尤其是省市县部门的基层纪检组织，工作变化还不是很大。上级组织和自身对此重视也很不够。

第二，人少的问题和编制陷阱。组织队伍建设容易落入“编制”的陷阱。无论走到哪个单位，提及最多的话题就是人少的问题，没有人做事。大家天天叨念的就是增加编制，而对绝大多数派驻机构来讲，是一个几乎无法解决的问题。派驻机构改革后，力量进行了整合，从人员平均数看，派驻纪检组的人员数量明显增加。但是，总体上还是人手不够，直属单位更是缺人。多少才为够？永远都没有够的时候。要怎么破题？

第三，主要负责人态度的问题。派驻监督改革了，但是过去的习惯认识、思维、做法仍然存在。有的驻在部门党组书记还是把驻厅纪检监察组组长当成班子一员来安排和指挥其工作，这使得驻厅纪检监察组仍然是一个内设机构的定位。有的纪检组组长也没有把派驻机构放在上级纪委直接领导的位置。有的驻在单位主要负责人不重视和支持纪检工作，无原则地护犊子，不得罪人，甚至弄得派驻机构与驻在部门的人际关系很紧张。驻厅纪检监察组找人做事得看厅直单位负责人的脸色，有的甚至不同意。

第四，知识能力不足的问题。监察改革到位后，面对全新的监察工作，更多是自身业务知识的空白点。有的几个人，有的没

有干过纪检工作，对纪检业务不熟悉。有的纪检组组长也是从纪检系统外来的，更是两眼茫然。

第五，怕得罪人的问题。派驻纪检组在驻在单位是容易得罪人的弱势部门的问题。在过去相当长一段时间，派驻机构是一个类似养老的角色，派驻机构自己不想做事，别人也不希望你做多少事。派驻工作面临“熟人社会”与“说情”的问题，面临坚持原则与个人利益的冲突问题，在大家眼里就是一个得罪人、被人讨厌的工作，甚至有的纪检人员自己都讨厌自己的角色。大家都怕得罪人、没朋友、被孤立、融入不进驻在部门去。造成要么不做事，要么做些应付性的事，没有成就感，没有自我价值体现。

第六，基础薄弱的问题。单位、部门系统的纪检组织有的名存实亡，有的不健全，有的根本就没有；纪检人员整体素质不高，在单位没有地位，没有工作激情，萎靡不振，见人埋头走，挺不起腰杆，缺少自信。纪检组织作用发挥很差。从纪检工作看，工作处于没有开展起来的状态。开展得很少，开展的工作也只是停留在表面上，文件学了但信息没有传达到位，安排部署工作，也就是在省市县纪委工作报告基础上改一改，就直接转变成厅或局指导直属单位的纪检工作的依据，上下差不多一般粗，没有“量体裁衣”。落实不到位，安排的工作在基层很难落实，很难执行，即使做了，也主要停留在形式上。

总之，厅直单位纪检工作薄弱，从严治党的信息传递不到，近万人的系统找不到几个做事的人。而现实要求是，厅直单位党委一定要接受监督，要让纪委敢于去监督，在中间起到制约作用。为此，厅党组、驻厅纪检监察组必须创新举措和机制，建立一支管用好用的纪检队伍，实现纪检监察全覆盖。

第三节 巡视整改的推进及成效

一、巡视整改的背景

2015 年，四川省委巡视组对省交通厅进行了巡视，在巡视反馈中专门指出厅直系统纪检组织监督作用发挥较差的问题。如何通过巡视整改，找到能够充分发挥厅直系统纪检组织作用的抓手，实现纪检工作在理念、方法和机制上的创新，为纪检工作打开局面，把巡视整改工作激发的正能量转化为推动工作的强劲动力，进一步深化落实管党治党责任，成为厅党组、厅纪检监察组必须思考的问题。这是督促和激发厅党组、厅纪检组出台“十条意见六十条解读”的最直接压力。

2016 年 5 月，厅党组出台了关于巡视整改落实情况的相关指示，特别提出要加强党的建设，深化“两个责任”落实。针对“监督责任落实有差距”问题的整改，厅党组表示，要大力支持派驻纪检组和厅直机关纪检组织聚焦监督执纪问责主业，坚持强化监督执纪的“四种形态”，对违纪违规行为和责任人严格执行责任追究、纪律处分和组织处理。一是集中精神开展巡视移交问题线索纪律审查，组织 10 余个调查组、审计组开展调查，严格执纪问责，对违纪人员进行纪律处分、组织处理，对责任单位负责人和相关责任人开展诫勉谈话和约谈。二是研究制定《驻省交通运输厅纪检组监察组落实监督责任实施办法》，认真履行监督执纪问责主业；对厅机关处室、厅单位主要负责人和纪检监察工作负责人组织开展述责述廉和约谈，对厅班子成员开展约谈，书面指出问题并提出工作建议。三是创新执纪理念，健全审查制度。结合实际，建立线索排查会议制度、立案审查会议研究制度、审查分离制度、处分处理决定执行情况督办制度、对厅直单位纪律审查抽查制度等。四是强化警示教育。加大中央纪委、省纪委下发典型案例通报力度，编发省内外交通运输典型案例；深入学习《廉洁自律准则》和《纪律处分条例》，开展知识竞赛、中心组专题学习等；建立及时提醒机制和监督预警机制。五是积极支持推进“三转”，聚焦监督执纪问责主业。加强厅直单位纪检组织和纪检队伍建设，凡成立党委的单位都成立纪委并配备专兼职纪委书记，成立党总支部（党支部）的都设置专兼职纪检委员。[4] 厅党组的指示，为后续整改工作展开指明了方向，奠定了良好基础。

二、巡视整改的过程及成效

交通厅的巡视整改，有一个曲折历程。最早，由于整改落实不到位，大家的评价不够正面，评价不高。整改任务紧急，原驻厅纪检监察组负责人这样回忆道：“我刚来的时候，正好遇到巡视整改任务比较重的时候，巡视整改工作还是相当被动的。报到第二天，厅长就和我沟通巡视整改的事情。从他办公室下来，我就开始投入到巡视整改的工作了，根本就没有时间去调研、座谈……对巡视找出的问题不能站在旁边隔岸观火，找的是党组的问题，找的是其他局班子的问题，这些都是我们自己的问题，这个观念一定要树立起来。对巡视组指出的问题，政治态度要鲜明，坚决地整改，查处到位，整改到位，没有任何含糊。不要认为查问题多了，工作成绩不够明显了，平常还有一些人际往来，就网开一面，捂到盖到，大事化小小事化了，用这样的心态去做，肯定做不好。”[5]

在厅党组的牵头和纪检监察组全力工作下，2016 年 6 月中下旬，36 个整改事项一项项整改到位，28 个问题线索全部调查清楚，依照规矩，该怎么处理就怎么处理。一揽子提出处理意见，一次性上党组会，一次性过。处理的结果，整个厅直系统都比较能接受，和省纪委的沟通也比较到位。9月，省里各方面对交通厅的巡视整改工作给予了积极肯定，对厅党组、纪检组给予了很正面的评价。10月下旬，巡视组回头看活动中，包括省纪委书记在内都对巡视整改工作表示高度认可。

尽管如此，也存在交通厅整改过程中处理不到位的情况。有省委巡视组成员给巡视领导小组写报告，指出了交通厅六个问题只有一个属于整改事项，其他全是对问题线索的处理，这导致省纪委书记批示要追究主体责任和监督责任。对此，厅纪检组一方面组织人手对六个问题逐一解答，马上组织专项报告。另一方面纪检组也给省纪委对相关问题做了澄清和解释，并邀请他们带队来核查。最后巡视组基本完全接受了驻厅纪检监察组对六个问题的处理意见，没有做任何改变。

巡视整改中这种过山车一样忽上忽下的曲折过程，对整个交通厅的触动很大。年初的时候，大家普遍认为交通厅工作整改滞后，反弹比较厉害。但之后大家都受到了赞扬，到最后突然又冒出厅党组书记、纪检组组长可能被追究责任的节外生枝，这一过程，为交通厅后来推动工作起到了很好的铺垫。从反面来讲，给交通厅的工作，尤其是纪检工作的推动开展提供了强有力的支撑。这一过程中，要接受巡察，既要完成巡察中发现移交的问题的整改，同时怎么以巡察为契机，推动整个交通系统的工作，为整个工作打开局面，大家需要去认真思考。事实上，后来每一项工作的推动，真正的源点，都来源于巡视整改，都得益于巡视组巡察和整改要求。除了巡视整改，后面的13项工作基本上都来源于巡视整改，以巡视整改为契机，一项接一项地、步步推进地开展了后来的具有内在逻辑的 14 项工作。比如要加强纪检组织队伍建设，要加强纪检工作等等，一系列工作就出来了。

正是在这种情况下，自 2016 年起，驻厅纪检监察组迎难而上，抓住机会，将压力转换为动力，督促整改，以巡视整改为切入点，一步一步、一环扣一环，推动工作。通过对巡视发现问题的查深查透，从查清问题到问责到人、处理到人。同时驻厅纪检组积极调整工作思路，从工作有人抓、工作抓要点、工作见成效、工作可持续的理念出发，出台相关规定，有效调动了全系统的纪检工作，起到了规范工作、推动工作、促进改革的作用。两年来的工作，都源于巡视整改。因此，从这个角度看，这次省委巡视不但成为厅党组和驻厅纪检监察组推动纪检监察工作的重要契机，也成为工作更上一个台阶的契机。对此，原驻厅纪检监察组副组长之后在访谈中也指出：“大的形势是比较有利的，只要我们善于借势，人的认识也是可以改变的。驻厅纪检组面临两次突破困难，第一次是落实‘两个责任’的时候，那个时候挺艰难的。第二次破局，就是 2015 年以来利用巡视的机会。我们把巡视的机会是用得比较到位的。我们抓住了这个机会督促整改。而且通过查清这些问题，把后续的处理人，规范工作，推进改革等系列工作跟上，把每一次对我们不利的时机都变成推动工作的契机。”[6]

派驻监督是要监督巡视制度所难以涉及的广大中层和中层以下的广大党员干部。从交通厅实践状况而言，派驻监督面临的问题，本质上是纪检组织长期功能严重错位缺位和“两个责任”的长期混淆所致，妨碍了派驻制度优势的发挥，显示出纪检组织“三转”的紧迫性和党组织落实“两个责任”的严峻形势，准确把握交通运输党风廉政建设和反腐败的现状和问题，迎难而上，是推动交通厅“两个责任”落实的首要前提。这也正成为敦促驻厅纪检组认真思考自身变革的核心动力。

适应十八大之后全面从严治党的新战略和新形势，驻厅纪检监察组积极抓住省委巡视和反馈的契机，顺势而为，积极变革，敢抓真抓，一切从实际出发，实事求是，在整改过程中不断推进“两个责任”的落地生根，倒逼工作理念、机制和方法的创新，为队伍建设、机制变革和监督工作开展营造了良好基础，推动交通厅纪检工作再上新台阶，从一个侧面体现了交通厅纪检人把握社会经济发展脉搏的睿智、先走一步的政治敏锐、高屋建瓴的宽阔视野和紧跟时代步伐的思想理念。

第四节 厅直系统纪检组织建设议题的提出

一、主要来源

加强厅直系统纪检组织队伍建设的议题，是2016年由厅党组主要负责人主动提出，并与驻厅纪检监察组主要负责人形成共识，最后由驻厅纪检监察组牵头，形成了几条具体措施，提交厅党组审议通过，这即是《关于厅直系统纪检组织落实“两为主”、推进“三转”工作的实施意见（试行）》。

驻厅纪检监察组为什么要着手做厅直系统组织队伍建设这件事情？根据厅党组主要负责人的介绍，主要是基于以下因素。首先，这是省纪委对厅巡视整改的要求；其次，这是厅党组履行党风廉政建设主体责任的重要内容；第三，这是厅直系统党风廉政建设现实情况的迫切需要；第四，厅直系统纪检组织在厅直系统党风廉政建设工作中是一支不可或缺的力量。

根据原驻厅纪检监察组负责人介绍可知，其根本原因是派驻机构改革后，驻厅纪检监察组由省纪委监委直接领导，权威性明显增强了，同时和厅党组的监督与被监督关系明确。但是，驻厅纪检监察组和厅直系统纪检组织的关系规定得不是那么明确。二者的关系怎么处理，值得深思。从交通运输厅实际情况看，驻厅纪检监察组编制8个，在岗人数维持在6–7人。根据相关规定，驻厅纪检监察组的任务是监督，重点监督的对象一是厅党组和厅直系统党组织；二是省管干部，共计12人左右；三是厅管干部，共计470–480人。要如何以6–7个人实现对这近500人和若干党组织的重点监督？此外，在突出重点监督的同时，也要做到监督全覆盖。厅直系统34个直属单位，在编干部职工4780余人。同时，在处理派驻机构和厅直系统关系时，也要符合中央的改革政策和改革方向。在有些纪检组织关系不够明确的情况下，如何发挥党组织的主体责任，实现对监督力量的整合，也需要有深入思考。

这一背景，依据时任纪检监察组负责人在一次川内纪检监察工作的培训讲话也可以得到印证。他谈到，当时对他刺激最深、冲击最大的，是近万人的系统却找不到几个做事的人。其原因在于厅直系统纪检工作薄弱，从严治党的信息传递不到位，一些人不愿意来做纪检工作，有的要看厅直单位负责人的脸色，有的厅直单位负责人甚至不同意。针对这种状况，加之巡视反馈中专门指出存在纪检监督作用发挥不好以及中央纪委一直在推动纪检“三转”等形势，厅党组高度重视。厅党组主要负责人主动提出，驻厅纪检监察组要先提几条原则性的意见出来，厅党组再进行审定。这就是前面所述的《关于厅直系统纪检组织落实“两为主”、推进“三转”工作的实施意见（试行）》出台的原因。厅党组的目的，就是要通过该《意见》，把厅直纪检组织建起来、用起来、管理起来、作用发挥出来。

二、思路形成

管党治党是一项复杂系统工程。处理各级纪检组织的关系，需要系统思维，具体问题具体分析。关系不明确，不意味着放任不管，不是要“撇清”责任，而是需要整合监督力量，形成“合力”，进一步唤醒党组织主体责任意识，实现监督职责。

厅党组履行加强厅直系统纪检组织队伍建设主体责任，主要有以下思路。其一，以厅直系统各级党组织为依托，通过各级党组织重视和加强领导，实现对厅直系统纪检组织队伍建设的加强。其二，党组织以厅机关纪委为依托，通过厅机关纪委来推动厅直系统纪检组织队伍建设。其三，在接受驻厅纪检监察组织监督的同时，加强和驻厅纪检监察组织的协调配合，借助驻厅纪检监察组业务上的专业性，来加强厅直系统纪检组织队伍建设。其四，机构改革前，厅直系统纪检组织队伍建设和工作指导主要是驻厅纪检监察组承担的。第五，驻厅纪检监察组有效开展工作，也离不开厅直系统纪检组织的支撑和配合。

正是在这样的判断基础上，结合巡视整改的要求，厅党组出台了加强厅直纪检组织队伍建设的“十条意见”，旨在落实“三转”，落实“两为主”。为推动这“十条意见”在厅直系统落地生根，驻厅纪检监察组又解读了十条意见，形成了“六十条解读”。这充分体现厅党组加强厅直系统建设，主动行使主体责任的担当，也为有效行使主体责任和监督责任提供了创新渠道。

在“十条意见六十条解读”出台的过程中，值得一提的是，第一个提出“十条意见”的，是原厅党组书记。原驻厅纪检监察组组长受访时谈到：“厅党组书记说，这一块儿的工作，除了纪检的几个工作人员之外，厅直系统那么大，几千上万人的一个系统，如果纪检组在仅仅只有六个人的状态下，累死累活，24小时不睡觉，又能干多少事情出来？”[7] 厅党组的基本思路，是让驻厅纪检监察组来牵头这块工作，统起来，领起来，工作干起来。为此，厅党组决定让驻厅纪检监察组协助拟几条规定，在党组会通过，从而把整个厅直系统这一块工作抓起来。

三、综合评析

根据党内监督条例和纪检监察体制改革的相关条例，党组织在全面从严治党中负主体责任，在党内监督体系中负全面领导责任；纪委负专责监督责任，履行监督执纪问责之责。但“两个责任”分提并论绝不是党委、纪委简单的分工、分家，不可能是“马路警察各管一段”。纪委的监督又是党组织领导下的党内监督体系的重要组成部分，纪委负有对同级党委的监督职责，同时有协助同级党组织查处违纪违法案件的职责，两个主体有领导与被领导的关系、有互相监督的关系，还有协助关系，具体内容有包含、有交叉。二者相互制约、相互监督，两者相互贯通、辩证统一，最终统一于党中央对全面从严治党的集中统一领导，这恰恰是中国特色党内监督制度的优势所在。

党中央指出，纪检监察工作要高质量发展，必须推动主体责任、监督责任贯通协同、形成合力，不断提高全面从严治党、党风廉政建设和反腐败工作的质量和水平，这为理清主体责任和监督责任的关系明确了努力方向。实践中，通过“两个责任”分提并论，抓住主体责任“牛鼻子”已经成为推进党风廉政建设的一条重要经验。通过党组织统揽全局、协调各方，把各个监督主体职能优势发挥出来，形成信息共享、手段互补、协同配合的格局，实现 1+1>2 的效果。通过“分”让各监督主体聚焦各自主业，发挥专业优势，针对新情况新问题不断有新创造，为主体责任提供更有效支撑。事实上，党组织越重视，全面从严治党越深入，“两个责任”在工作中的“融合集成度”会越高。

“十条意见六十条解读”是一个以厅党组主动作为、有效调动驻厅纪检监察组力量和作用发挥的积极实践方案。其提出和实施过程，充分体现厅党组加强厅直系统建设，主动行使主体责任的担当，也为驻厅纪检监察组有效行使监督责任，最终实现驻厅纪检监察组和厅直系统纪检力量的整合提供了创新渠道。

注：

[1] 资料来源于对原驻厅纪检监察组副组长的访谈，2018 年 9 月 7 日下午，省交通运输厅 11 楼。

[2] 资料来源于对原驻厅纪检监察组组长的访谈，2018 年 9 月 19 日上午，省交通运输厅 11 楼。

[3] 资料来源于对原驻厅纪检监察组组长的访谈，2018 年 9 月 19 日上午，省交通运输厅 11 楼。

[4] 内部资料《中共四川省交通运输厅党组关于巡视整改落实情况的通报》川交党　[2016]　81 号 2016.5。

[5] 资料来源于对原驻厅纪检监察组组长的访谈，2018 年 9 月 19 日上午，省交通运输厅 11 楼。

[6] 资料来源于对原驻厅纪检监察组副组长的访谈，2018 年 9 月 7 日上午，省交通运输厅 11 楼。

[7] 资料来源于对原驻厅纪检监察组组长的访谈，2018 年 9 月 19 日上午，省交通运输厅 11 楼。

第二章
组织队伍建设之总体思路
——“十条意见六十条解读”

“十条意见”全称《关于厅直系统纪检组织落实“两为主”、推进“三转”工作的实施意见（试行）》（下文简称“实施意见”），是2016年省交通厅党组为进一步推进厅直系统纪检组织建设，健全完善纪检工作机制，提升监督执纪问责能力，根据《中国共产党党内监督条例》的规定和中央纪委、四川省纪委落实纪检机构“三转”的要求而制定的实施意见，内容涉及机构设置、队伍建设和工作机制三大部分。“六十条解读”是《关于厅直系统纪检组织落实“两为主”、推进“三转”工作实施意见（试行）的解读材料》，是为便于各单位全面把握、深入理解、抓好执行，驻厅纪检监察组、厅人事教育处在2016年底对《实施意见》所作的共六十条解读。[1] “十条意见”提出了推动纪检工作的最主要抓手，但“十条意见”是非常刚性的原则规定，其细化为“六十条解读”，有利于进一步增强厅直纪检系统工作的针对性和实用性，提升规范性。

“十条意见六十条解读”是指导省交通运输厅直属系统纪检工作的纲领性文件，是调动厅直属系统纪检队伍积极性的核心抓手。它明确了厅直单位纪委书记由驻厅纪检监察组提名、年度考核以驻厅纪检监察组为主、纪检办事机构负责人任命经驻厅纪检监察组同意、厅直系统纪律审查以上级纪检组织领导为主等重要规定，解决了依靠谁做事、如何来做事、做事效果如何考核等核心问题，为厅直系统纪检组织队伍建设提供依据和支撑，成为纪检组织队伍建设的保障，是厅直系统纪检组织队伍建设明显改变的根本原因。

第一节　“十条意见”的出台

一、出台的直接原因

该意见出台的直接原因在于2015年末省委巡视组巡视反馈的压力。省委巡视组巡视反馈中专门指出厅直系统纪检组织工作开展不够、监督作用发挥较差的问题。如何通过巡视整改，找到能够充分发挥厅直系统纪检组织作用的抓手，实现纪检工作在理念、方法和机制上的创新，为整个厅的纪检工作打开局面，把巡视整改工作激发的正能量转化为推动工作的强劲动力，进一步深化落实管党治党责任，成为厅党组、厅纪检组必须思考的重要问题。这是督促和激发厅党组、厅纪检组出台“十条意见六十条解读”的最直接压力。

原驻厅纪检监察组负责人这样介绍当时情况：“在干工作过程中，确实有人的问题。当时副组长给我提这个问题的时候，我想的也很天真，就说几千人那么大一个系统找几个人做事情都找不到吗？他面露难色，说上次找了一个女孩，但不愿意来，说纪检工作是得罪人的事情，大家都不想来，还说这些直属单位的分管领导不同意。当时这个事情对我的刺激比较大。那么大一个系统（我想至少是8000人），找两三个人都找不出来，所以就有了去年我们这里开纪检组织队伍建设现场会的由头，也就是抓纪检组织队伍建设。”

谈及意见的起草过程，该原负责人更具体地指出了当时所考虑的目的和想法：“一是主要针对厅直系统纪检组织队伍建设，目的是有利于把厅直系统纪检组织建起来、管起来、用起来、作用发挥出来的问题。二是厅党组和驻厅纪检监察组职责定位的问题。驻厅纪检监察组协助厅党组履行党风廉政建设主体责任，驻厅纪检监察组协调厅党组加强厅直系统纪检组织队伍建设，是协助厅党组履行主体责任的重要内容。厅党组支持驻厅纪检监察组把厅直系统纪检组织建起来、管起来、用起来、作用发挥出来，并为驻厅纪检监察组提供和创造必要的条件。三是办法符合厅里的实际情况，从厅里的实际情况出发，特别强调设立组织机构、强化纪检专兼职人员的重要性，强调党组主体责任，领导班子尤其是带头人。其目的是搭建工作平台、明确工作内容、建立工作机制、优化工作方式、改善工作作风。四是办法的执行问题。对‘十条意见’分别进行分解，提出了‘六十条解读’意见，成为执行的重要依据和指南。”[2]

二、出台的过程

《实施意见》从文件起草、出台和落实，是一个广泛调研、广泛征求意见的民主集中的过程。从 2016 年 8 月调研，先后征求省纪委组织意见，征求厅人事教育处、厅机关党委意见以及厅直系统党委和纪委的意见，最终征求厅班子成员意见。2016 年 12 月，厅党组最终审定通过《实施意见》。

一是充分调研。2016 年 5 月至 6 月底，驻厅纪检监察组完成对厅直系统纪检组织、纪检队伍情况的摸底调研，全面了解厅直单位及其下属单位纪检机构设置、人员配备情况。在此基础上召开厅直单位纪委书记座谈会，全面了解厅直各单位纪检工作情况，把中央纪委、省纪委关于落实监督责任、纪挺法前、责任追究等要求层层传达到基层纪检部门，为厅直单位反腐倡廉建设增添动力和压力。其内容包括“抓好厅党组安排的重点工作”（涉及五大项）、“履行好纪委监督责任”（其中又涉及“明确纪委的职责定位、纪检干部要敢于担当、要认真落实监督措施、逗硬责任追究制度”）、抓好“八项规定”精神落实、加大纪律审查力度、加强纪检队伍建设五个方面。此后，又从“纪委要做事、纪委做什么、纪委怎么做”三方面进行了强调。其中“纪委怎么做”重点谈及“信访举报件件处理到位、扫除办案空白点、案件件件通报到位、法规解读到位、纪委书记在单位决策时明确表态、提拔干部廉洁意见一票否决、单位班子成员（一把手除外）向纪委述责述廉、纪检组织要有机构有人员、纪检工作‘三转’、培训”这十项工作。座谈会所包含的一些理念、提出的一些改革举措，构成“十条意见六十条解读”的核心内容。

驻厅纪检监察组将座谈会谈及的“十大项工作”下发以后，厅直单位纪委纷纷出台安排，贯彻落实纪委书记座谈会精神。公路局纪委、交通职业技术学院等单位于2016年8月就对局机关及直属单位纪检工作进行了全面梳理，对存在的不足进行了完善；各单位按驻厅纪检监察组要求全面清理2013年以来信访举报件的处理情况，总结纪律审查情况。2016年10月，厅直单位按要求对本单位落实“三转”开展调研，全面梳理“三转”工作情况。

二是广泛征求意见。2016年10月20日，驻厅纪检监察组向省纪委组织部、研究室、办公厅、四室征求对《实施意见（初稿)》的意见建议。2016年11月2日，召开座谈会征求厅直部分单位纪委或纪检工作机构负责人意见；2016年11月4日，召开座谈会征求厅直部分单位党委主要负责人意见；2016年11月，先后征求厅机关纪委意见、厅直单位党委、纪委意见，以及厅班子成员意见。

从收集的意见和建议来看，厅直单位党组织和纪检组织提出的意见包括：建议将公路医院纳入厅直规模较大单位范畴，建议一般纪检干部在同一岗位工作满8年应当交流或轮岗。驻厅纪检监察组对厅直单位反馈的意见进行了研究，除两点意见外，其余都有吸纳。可以看出，这些工作，既是驻厅纪检监察组的调研过程，也是一个厅直系统向驻厅纪检监察组反馈基层情况的过程，从实践层面进一步明确了纪检工作今后的方向，也为“十条意见六十条解读”的正式出台提供了依据。

三是厅党组研究通过。2016年12月6日，厅党组2016年第34次会议审议通过《实施意见》。[3] 该意见明确指出，目的是“为进一步推进厅直系统纪检组织建设，健全完善纪检工作机制，提升监督执纪问责能力”，依据是“《中国共产党党内监督条例》的规定和中央纪委、省纪委落实纪检机构‘三转’的要求”。意见的内容为“机构设置”“队伍建设”和“工作机制”三大部分，共十条。

在“机构设置”部分，指出“厅直系统各单位设立党委的必须设立纪委。设立总支部委员会、支部委员会的必须设立纪检委员。不设支部委员会的支部可以设纪检员。纪检委员、纪检员应由班子副职担任”“厅直规模较大单位（具体单位略）应设置专门的纪检工作机构（可与监察、审计、监督等履行监督职能的部门合署办公），配备专职纪检工作人员。厅直其他单位和厅直单位下属单位纪检办事机构可与人事、财务、后勤以及从事生产经营活动部门以外的部门合署办公，明确纪检工作人员”；厅直规模较大单位应当成立纪律审查协调小组，由纪委书记（纪检委员）担任组长，相关部门负责人作为协调小组成员。协调小组负责协调纪律审查工作重要事项。厅直其他单位和厅直单位下属单位参照执行；厅直系统各单位纪检组织要落实“三转”。纪委书记（纪检委员）不得分管人事、财务、后勤以及生产经营等与监督职能相冲突的工作；纪委委员应当履行委员的职责；纪检机构和专职纪检工作人员专注监督执纪问责，原则上不得承担主责主业以外的工作；兼职纪检工作人员应当完成兼任的纪检工作。

“队伍建设”部分，提出了“厅直单位纪委书记、设党总支的纪检委员人选由驻厅纪检监察组商厅人事劳动处提出并联合考察，厅人事劳动处提交党组会研究决定。厅直单位纪委委员、纪检工作机构主要负责人和设支部的厅直单位的纪检委员、纪检员选拔任用应征求驻厅纪检监察组意见，其他纪检工作人员报驻厅纪检监察组备案。厅直单位下属单位参照执行”“厅直规模较大单位的纪委书记（纪检委员）原则上不在本单位产生，纪委书记（纪检委员）、副书记（纪检部门负责人）任职满5年应交流或轮岗。厅直其他单位纪委书记（纪检委员）任职满5年应交流或轮岗”“厅直系统纪检干部原则上每年至少参加一次业务培训，并轮流参加省纪委、驻厅纪检监察组纪律审查及其他重要工作，加强实战锻炼”。

“工作机制”部分，规定“厅直系统各单位纪律审查以上级纪检组织领导为主，涉及本单位管辖干部违纪问题的信访举报和案件线索，以及信访举报和案件线索处置情况应报上一级纪检组织备案”；“厅直系统各单位纪检组织要担负起对同级党组织的监督责任，纪委书记（纪检委员）在集体决策时要明确表态，本单位及下属单位重要情况及时向驻厅纪检监察组报告”；“驻厅纪检监察组对厅直系统纪检组织及纪检工作人员的考核重点是监督执纪问责情况。厅直系统纪检工作机构和纪检工作人员年度考核应征求上一级纪检组织意见。加强考核结果运用，对敢于担当、成绩突出的纪检干部要优先培养使用，对不敢担当、履职不到位的要进行组织调整或追究责任。”

《实施意见》的提出是厅党组主动履行党风廉政建设和反腐败斗争的主体责任的体现，充分显示了厅党组主要负责人的政治意识和敢于担当的责任意识，彰显了主体责任和监督责任相互配合相互促进的重要特点。

第二节 “十条意见六十条解读”的内容

一、厅直系统纪检组织设立的原则和依据

“十条意见”第一条，规定“厅直系统各单位设立党的基层委员会（以下简称党委）的必须设立纪律检查委员会（以下简称纪委）。设立总支部委员会（以下简称党总支）、支部委员会的必须设立纪律检查委员（以下简称纪检委员）。不设支部委员会的支部可以设纪检员。纪检委员、纪检员由班子副职担任。”

对该条的具体解释词条有 7 条。分别明确了厅直单位、厅直系统各单位的具体名单、提出了厅直系统各单位纪检组织设置原则和依据、对于各个不同规模党组织设立纪检组织配备纪检人员也进行了相应规定，明确了责任主体，明确了各机构必须设立纪检组织和纪检人员，必须有机构有人员担负起全面从严治党、监

督执纪问责的职责[4]（具体内容参见附录）。

（一）“厅直单位”是指：交通工会、公路局、航务局、运管局、高管局、交职院、质监局、公路设计院、交通设计院、监控结算中心（科研所）、造价站、监理处（咨询监理公司）、大件公路管理处、后勤中心、宣传中心、信息中心、职业资格中心、史志总编室、高速公路交通执法一至七支队、兴蜀公司、物资储备中心、路网监测中心、交通管理学校（厅党校）、交通运输学校。

（二）“厅直系统各单位”是指：厅直单位、厅直单位的下属单位以及厅直单位下属单位的下属单位，涵盖厅直系统各个层级的所有单位。

（三）厅直系统各单位纪检组织的设置原则，是根据党章规定提出的。党章第四十三条规定：“党的基层委员会是设立纪律检查委员会，还是设立纪律检查委员，由它的上一级党组织根据具体情况决定。党的总支部委员会和支部委员会设纪律检查委员。”

（四）厅直单位设立党委的，必须设立纪委。设立党的总支部委员会和党的支部委员会的，必须设纪律检查委员。未设支部委员会的支部可以设纪检员。

（五）纪委、纪检委员、纪检员都是党的一级纪检组织，是全面从严治党的专责机构，按照党章规定履行纪检职责。纪委由书记（副书记）、委员组成。

（六）设置纪检组织和配备纪检人员，在单位机构编制范围内解决，不违反机构编制的规定。除公路局、航务局、运管局、高管局外的其他厅直单位需要增设纪检机构的，提出建议或报告，按规定和程序办理。

（七）厅直各单位党委、纪委对本单位、本系统纪检组织设置情况进行清理。没有按规定设置或设置不规范的要按规定设置或规范到位，并报驻厅纪检监察组备案。

对于这样的规定，原驻厅纪检监察组立足党章与中央最新精神，以实现纪检组织全覆盖为旨归，对重点问题进行了以下阐释：

第一，意见出台是按党章办理，言之有据。《中国共产党章程》第八章“党的纪律检查机关”第四十五条规定：党的基层委员会是设立纪律检查委员会，还是设立纪律检查委员，由它的上一级党组织根据具体情况决定。党的总支部委员会和支部委员会设纪律检查委员。落实党章的要求，厅直系统纪检组织设置情况为：厅直系统25个党委设25个纪委，19个党总支设19个纪检委员，207个党支部设纪检员，190个党支部设联络员，实现纪检组织全覆盖。

第二，纪检组织要做到全覆盖，有党组织的地方就有纪检组织。不设委员会的支部，可以设纪检员，也可以不设纪检员，但工作要求明确一个纪检工作联系人。不设委员会支部设纪检员或纪检工作联系人具有必要性，因为这是最后一公里，也是最末梢的信息传递，这是当前工作中最薄弱的，同时也是形成反腐败舆论氛围的重要一环。

第三，准确理解纪检委员、纪检员的重要意义与组织属性。规定了纪检委员、纪检员应由班子副职担任，强调纪检委员、纪检员也是一级党的组织，这不容易理解到位。纪委是党的组织，这容易理解。实践中，把纪检委员、纪检员当成一个自然人个体，而不是当成一级党的组织，这是不恰当的理解。

上述规定体现了纪检工作的整体性，处理好了监督关键少数和监督全覆盖的关系、监督关键少数与监督系统的问题，以及驻厅纪检监察组几个人工作与厅直纪检系统工作的关系。通过这样，厅直纪检组织形成了纪检系统，从而撬动、动员、督促、协助厅直系统各级党组织履行主体责任，积极开展工作。原驻厅纪检监察组负责人这样回忆道：“这个意见只有短短的两页，十条，非常简单，但是它有非常关键的东西在里头。这里面解决的第一个就是厅直单位凡是有党组织的地方，纪检组织全覆盖。哪怕你那个单位再小，你设一个人站岗放哨都可以。凡是有党委的地方一定要设纪委，就这样子，设总支的地方设纪检委员。”

二、厅直系统纪检机构的工作方式及其职能

“十条意见”的第二条，规定了“厅直规模较大单位应设置专门的纪检工作机构（可与监察、审计、监督等履行监督职能的部门合署办公），配备专职纪检工作人员。厅直其他单位和厅直单位下属单位纪检办事机构可与人事、财务、后勤以及从事生产经营活动部门以外的部门合署办公，明确纪检工作人员。”

该规定词条共有5条，分别规定了厅直系统不同规模单位纪检机构、纪检人员的设立方式、工作方式和承担职能；区分了厅直规模较大单位、厅直其他单位和厅直单位下属单位三种单位性质；提出了对纪检办事机构的要求，如专门的机构、单独设立、合署办公、机构挂牌子；重心是单独设立和合署办公，明确单位要一个机构承担。同时，实现专职纪检人员和兼职的区分，也强调了纪检委员、纪检员、纪检工作联系人要承担纪检工作。

（八）“厅直规模较大单位”是按照直属单位机关人员数量、下属单位数量并结合职能职责范围、权力事项、资金项目情况、是否存在经营行为来确定的。主要包括：公路局、航务局、运管局、高管局、交职院、质监局、公路设计院、交通设计院、监控结算中心（科研所）、监理处（咨询监理公司）、高速公路交通执

法一至七支队、兴蜀公司、路网监测中心、物资储备中心、交通管理学校（厅党校）、交通运输学校。厅直其他单位是指厅直规模较大单位以外的其他厅直单位。

（九）厅直规模较大单位，应设置专门的纪检工作机构。公路局、航务局、运管局、高管局按省委编办有关规定办理，其他单位纪检工作机构的名称是“纪委办公室”（简称“纪委办”），机构级别和本单位内设机构一样。能够单独设立的，应单独设立，编制在单位核定编制范围内调剂，按程序报批。不能单独设立的，与监察、审计、监督等部门合署办公，加挂纪委办公室牌子，但应保证纪检机构的相对独立性，配备专职纪检工作人员，专职工作人员数量由各单位根据本单位工作量来确定。在固定的专职工作人员之外，遇有工作量突增情况，可支持纪检工作机构通过借用、上挂等方式临时调整工作人员以解决突击工作人手不够的问题。

（十）设立纪委的其他厅直单位可以在本单位现有的工作机构中明确一个职能相近、不冲突的机构来承担纪检日常工作。承担纪检工作的机构不能是人事、财务、后勤、生产经营等部门，确因单位实际情况，需要由这些部门承担的，报上一级纪检组织批准后执行。承担纪检工作的部门也应当同时加挂纪委办公室牌子，其部门的主要负责人承担纪检日常工作的责任。承担纪检工作的部门应明确承担纪检工作的具体人员，具体工作人员能专职的尽量专职，不能专职的，兼职其他工作以不影响承担纪检职责为前提。兼职人员数量由各单位确定。

（十一）设立纪律检查委员的单位，纪检委员就是纪检日常工作的承办人员，可以根据本单位实际情况确定一名或多名具体工作人员，协助纪检委员兼职承担纪检日常工作。

（十二）设立纪检员的机构，纪检员承担纪检工作。

综上所述，第二条规定为纪检人员带来了归属感，体现了纪检工作群众性与监督关键少数的统一。社会结构是三角形，最基层人数是最多的。信息在传递中逐级递减，工作力度和信息传递的规律是一样的。中央政策从出台到传达至最基层，想要做到信息不衰减、力度不削弱，必须高度重视基层这个人数最多、实践性最强，同时也是最易被忽略的薄弱环节，着重解决“最后一公里”的问题。第二条规定在一定程度上处理好了“最后一公里”与监督关键少数的关系。

纪检人员配备齐备，为厅直单位纪检工作注入活力。根据这一规定，厅直系统纪检人员花名册很快成型。具体人员，驻厅纪检监察组编制 8 个，在岗 6 人。原厅公路局、航务局、运管局、高管局、交职院、公路设计院、交通设计院等单位配备专职纪检人员 31 人，其余单位配备、明确兼职纪检人员 417 人。调整厅直单位纪委书记 19 名，调整纪委书记分工 23 次，调整纪委书记排名 6 名，调整纪检部门负责人 23 名，纪检组和厅干部双向流动 4 人。10 人左右的办案骨干队伍已基本成型。实战轮训中表现优秀的人员超过 20 人，回单位后得到提拔重用或调整岗位，成为厅直系统纪检工作的骨干力量。

三、成立纪律审查协调小组和协调机制

“十条意见”第三条，是“厅直规模较大单位应当成立纪律审查协调小组，由纪委书记（纪检委员）担任组长，相关部门负责人作为协调小组成员。协调小组负责协调纪律审查工作重要事项。厅直其他单位和厅直单位下属单位参照执行。”

（十三）厅直单位成立纪律审查协调小组是参照主干线上各

级党委和纪委的做法。纪律审查协调小组只是一个议事协调机构，主要目的是便于纪检组织综合协调、调动各方力量开展纪检工作，只是一种工作方式方法，在纪检工作体制框架内运行。

（十四）由纪委书记担任组长，也是参照主干线的做法。协调小组主要协调的是纪律审查，是纪委的具体工作，履行监督责任。党风廉洁建设领导小组由党委书记牵头，履行主体责任。

（十五）协调小组是一个协调机构，成员范围不宜过大，参与人员只对协调小组负责，对纪委负责。协调小组成员，根据各单位实际情况，从有利于工作的角度来确定，可以固定，也可以根据工作需要临时安排。主要是审计、财务等在查办违纪案件中能提供支撑的部门负责人，以及下属单位纪检负责人。单位其他班子成员和下属单位主要负责人原则上不参加协调小组。

（十六）协调小组协调的具体工作，一是安排查办违纪案件过程中需要各部门具体承担的工作。二是安排落实全面从严治党监督责任中需要各部门参与的工作。

（十七）未成立协调小组的其他单位，纪检组织在开展工作中，也可以召集相关部门和人员，安排其提供职能相关的业务支撑工作。

设立纪律审查协调小组的原因，一是党委设立了反腐败领导小组，需要有与之配套的纪检协调机制；二是可有效统筹使用纪检力量，以解决厅直单位纪律审查力量不足的问题。执纪审查工作不能只是纪检组织几个人单打独斗。厅党组决定，厅直规模较大单位成立执纪审查协调小组，协调纪律审查工作，是要把违纪违规问题查清楚。查深查透的目的，不仅仅是追究当事人的责任，更重要的是全面掌握情况，找准问题症结所在，从根本上解决违纪违规的发生问题。责任不论大小，都要查清，要明确出来。这样的思路，实际上就要求驻厅纪检监察组的工作既要“沉得下去”，也要“浮得上来”。“沉”，要沉到群众中间去掌握情况；“浮”，要浮到党委层面来组织协调。

理论上，纪检组织是党风廉政建设的监督主体，组织协调是党章赋予纪委履行监督职责的特有的工作方式和基本方法，贯穿纪委工作的各个层面和各个环节。加强组织协调有利于充分利用纪检系统的社会渗透力、动员力，凝聚力量，共同推动党风廉政建设和反腐败建设。派驻机构在履行监督职责的同时，在共同推进被监督单位党风廉政建设和反腐败工作、规范和促进被监督单位业务发展、推动被监督单位干部职工思想和行为规范等方面，需要协同配合，共同发力。单打独斗，仅仅靠派驻机构自身人员的力量，是无法撬动整个系统的。需要会同被监督单位党组，把直属系统纪检组织建起来、管起来、用起来、作用发挥出来。整个系统工作做不起来，监督被监督单位班子和班子成员的效果就会大打折扣，因此，营造大家一起做的氛围在监督工作中相当关键。上述涉及组织协调的规定，构筑了驻厅纪检监察组进行纪律审查的重要平台，促进了厅直系统纪检工作的相互联动，能够较好解决纪检工作单打独斗的问题，对于驻厅纪检监察组带动厅直系统把工作抓起来、带起来、作用发挥出来具有重要意义。

从这个层面讲，驻厅纪检监察组是带着厅直单位纪检系统一起集团作战的纪检组，不再是以前单打独斗的纪检组，纪检组六七个人的工作，最终演化成厅直系统整体的工作。各级党委的主体责任到位，各部门、各单位的执行责任到位，是纪检工作落实党章要求的重要内容，也是纪委组织协调的核心和关键。

四、厅直系统各单位纪检组织要落实“三转”

“十条意见”第四条，是“厅直系统各单位纪检组织要落实‘三转’。纪委书记（纪检委员）不得分管人事、财务、后勤以及生产经营等与监督职能相冲突的工作；纪委委员应当履行委员的职责；纪检机构和专职纪检工作人员专注监督执纪问责，原则上不承担主责主业以外的工作；兼职纪检工作人员应当完成兼任的纪检工作。”

（十八）关于纪委书记（纪检委员）兼任职务的问题。

1.纪委书记能够专职的应专职，纪委书记应当是党委委员，其在班子中的排名按进入班子时间排序。

2.党委副书记兼任纪委书记的，要把主要精力放在纪检工作上。

3.纪委书记能够不兼任行政职务的就不兼任，单位没有纪委书记领导职数的，由行政副职兼任。

4.纪委书记可以兼任监事会主席、工会主席。

5.纪委书记担任单位议事协调机构、临时工作组组长，承担临时性工作的，相关工作应和纪检工作不冲突，不影响履行纪检职责。

6.纪委书记兼任本单位和下属单位其他职务，按前五项确定的原则办理。

7.纪检委员应由单位班子成员兼任。

8.纪委书记（纪检委员）兼任职务应报驻厅纪检监察组备案。

（十九）关于纪委书记（纪检委员）分管工作的问题。

1.纪委书记（纪检委员）主要分管纪检工作。监察工作正在改革调整过程中，改革到位前按原来规定办理，改革到位后，按新的规定办理。

2.纪委书记（纪检委员）分管和监督职能相关的工作，如审计、执法监督的，应统筹安排，各项工作互相促进、互相弥补。

3.纪委书记（纪检委员）分管其他工作应与监督职责不相冲突。根据本单位特殊情况需要分管的，报上一级纪检组织同意后执行。

（二十）纪委委员的工作。纪委委员除履行党章规定的法定职责外，涉及本单位纪检工作的重大安排部署、重要工作事项，都要参与研究决策，并根据所在岗位承担部分工作，提出纪检工作意见，反映纪检工作情况。纪委委员不是闲职、虚职，不只是挂名，也要承担监督责任。

（二十一）纪检工作人员的工作。专职纪检工作人员原则上不承担纪检以外的工作，兼职纪检工作人员应当完成兼职的纪检工作。

（二十二）纪检员的工作。纪检员承担所在支部的纪检日常工作，主要任务是传达党风廉政建设相关文件精神，监督所在部门业务工作，及时向上级纪检部门反映情况。

（二十三）“三转”的范围是厅直系统所有纪检组织（包括纪委、纪检委员、纪检员），所有纪检工作人员（包括专职纪检工作人员和兼职纪检工作人员）。

（二十四）纪委的主责主业是监督执纪问责。主要工作包括：1.对同级党委、下级党组织贯彻党的路线方针政策和决议，执行省委决策，落实上级工作部署进行监督检查。2.按照干部管理权限受理科级及以下干部信访举报，开展纪律审查。3.按规定开展问责。

（二十五）纪检工作方式。纪检组织要按照2016年11月18日厅党组第30次会议要求，对厅及厅直单位作为业主的重大项目加强监督检查，重点是掌握信息、受理举报、查处违纪行为、随机抽查具体项目。在工作方式上要进行转变，“管人不管事”，不去直接“管”本单位的具体业务，只是“管”承办业务的人。单位其他人办理具体业务，纪检人员对办理业务的人进行监督，有问题就调查处理。

1.关于纪检部门参与招投标和物资采购的问题。

一是纪检部门一律不直接参与招投标具体工作，一律不得为招投标过程中业务部门的行为“背书”。

二是业务部门在招投标过程中应当公开举报电话，纪检部门只处理涉及招投标人员违纪违法的举报事宜，不得处理或参与处理招投标投诉问题（业务范围内的工作）。

三是纪检部门加强对招投标和物资采购活动行为主体的监督，相关部门和人员应将相关情况和信息报纪检部门备案。

2.关于纪检部门参与单位业务工作的问题。

一是纪检部门不直接参与各单位的业务活动，只对履行职责的部门和人员在履职过程中是否存在违纪违规违法行为进行监督和查处。

二是纪检部门对单位文件的审查主要是廉洁性审查，不对具体业务活动进行审查。

3.关于单位安排的其他工作。单位临时性安排纪检工作以外的其他工作的，原则上不影响专设的纪检机构和专职纪检人员承担纪检工作，兼职纪检人员不得承担与监督工作冲突的临时性工作。

（二十六）纪检工作的作风。最核心的一点，就是务实。做的工作，一定要有效果，没有效果的事就不做，要做就要做到底，不是说说就算了。不做，不做到位的，就要问责，就要通报批评。严重的，要建议组织处理。

（二十七）党委主体责任涉及的相关工作。涉及党委主体责任的监督、教育、制度建设等工作，党委有办事机构的，由党委办事机构承担，党委没有办事机构，也没有其他机构承担的，纪检工作机构可以承担，但纪检工作的重点还是监督执纪问责。

实现“三转”，是当时驻厅纪检监察组极为重要、极为核心的工作。整个“十条意见”的出台，其核心指向就在于使纪检机构和人员回归监督本位，实现监督职能、方式和作风的转变。该条意见用十条解读的大篇幅，分五个层次从纪委书记（纪检委员）兼任职务与分管工作，纪委委员、纪检工作人员、纪检员的具体分工，“三转”的覆盖范围，纪委的主责主业，纪检工作的方式与作风，以及党委主体责任所涉工作等角度，作出了系统规定，内容具体、可操作性强，便于即时执行，成为“三转”落实落细的重要抓手。

五、纪委书记（纪检委员）的人事提名权

“十条意见”第五条作了如下规定，“厅直单位纪委书记、设党总支的纪检委员人选由驻厅纪检监察组商厅人事教育处提出并联合考察，厅人事劳动处提交党组会研究决定。厅直单位纪委委员、纪检工作机构主要负责人和设支部的厅直单位的纪检委员、纪检员选拔任用应征求驻厅纪检监察组意见，其他纪检工作人员报驻厅纪检监察组备案。厅直单位下属单位参照执行。”该条意见又细分为 4 个解读，对此作了详细说明。

（二十八）纪委书记（纪检委员）提名、考察的依据是十八届三中全会、六中全会决定以及党内监督条例。提名、考察、决定的程序按干部管理条例规定进行。

（二十九）纪检工作机构主要负责人和纪委委员人选征求上一

级纪检组织的意见，是落实中央、中央纪委加强上级纪委对下级纪检组织的领导要求的具体措施。

（三十）其他纪检工作人员报驻厅纪检监察组备案，便于了解掌握厅直系统纪检人员的总体情况，有针对性地组织开展培训，加强纪检力量的整合、调配和使用。厅直系统所有的专（兼）职纪检人员均应层层报驻厅纪检监察组备案，纪检组汇总后提供给厅人事处备案。

（三十一）厅直单位下属单位参照执行，各单位也可根据本意见制定具体的操作细则或办法。

厅直单位纪委书记的提名权是非常核心的条款，也是重要的举措。规定驻厅纪检监察组可以和人事部门共同提名厅直单位纪委书记，其内涵和作用，用原驻厅纪检监察组负责人的话来说，“厅直单位纪委书记的提名考察由纪检组会同人事部门为主，意思就是说，这些纪委书记如果干得不好，纪检组可以提出调整；干得好的人，纪检组可以提出把他安排在纪委书记岗位上去。”很明显，这是直接提升了驻厅纪检监察组的权威和分量，也是启动纪检工作的关键点位，因此也被称为“控制性工程”。

提名权带来了纪检干部的流动和交流，在实际操作过程中，一些厅直较大规模的单位在下属单位的纪委书记或纪检委员的提名中也参考了厅出台的这一文件和办法。据统计，该意见出台后，当年调整厅直单位纪委书记 16 名，调整纪委书记分工 23 名，调整纪委书记排序 6 次，调整纪检部门负责人 23 名。调整充实纪检队伍，厅直系统共配备专兼职纪检人员 282 名，驻厅纪检监察组和厅双向流动任职 4 人。一些优秀人才被选拔到驻厅纪检监察组、被借调到省级机关、被提拔为纪检办主任等等，对于纪检队伍的形成和工作推动具有积极作用。

原厅公路局纪委书记是这一政策的受益者之一。她在访谈中谈道：“‘十条意见六十条解读’出来后，我们直属单位也是这样执行的，非常有用。首先，纪检干部有了一个交流的途径。另外，你把熟悉业务的干部选出来，又不从它本单位产生，对开展工作非常有利。大家原来对纪检干部的认识是，第一，好像干这项工作就要一直干，基本上很难从纪检工作转到业务工作；第二，我在这个单位干很长时间都得不到交流。这项措施执行后，大家的工作就有了积极性。规定把纪检干部的提名、平常考核，包括年底述责述廉结果的运用、交流都系统地联系起来，大家就感觉专门有一个文件在规定自己的事情，有组织在关注我们的工作状况。如果我们工作干得好，干得出色，就还有一些原来没有的途径，可以交流，甚至可以提拔，打破了原来直属单位和机关之间交流的壁垒，大家对此非常认可。我们公路医院现纪委书记当时就是我们依据厅出台的这个办法提名的，我们局纪委参照该办法把监审处的工作人员推荐过去当纪委书记。”

当然，实践中对提名权问题存在不同看法和意见。但把提名权赋予驻厅纪检监察组，其出发点和落脚点都是从支撑派驻机构把厅直系统纪检组织队伍建立起来、作用发挥出来的角度来考虑的。会同提名，在法定上并无任何障碍。党组管的干部，党组可委托最了解干部的组织来提名。《实施意见》规定了驻厅纪检监察组和人事部门为提名部门，从本质来看，最终还是由党组决定的。对此，驻厅纪检监察组负责人谈道：“‘十条意见六十条解读’最核心的几项条款，实际上是厅党组将其权利让渡出来，让驻厅纪检监察组去具体操作。对直属系统纪委书记的‘提名权’问题，原本应是厅人事处的提名权，是厅党组管理干部的重要权力体现。为什么转变为纪检组去提名呢？实际上，这只是厅党组为了加强干部的管理，而对纪检组的适度授权，即厅党组赋予纪检组一些条件，委托纪检组来提名，充分体现了厅党组的政治站位和大局观，也体现了厅党组坚决有效地履行主体责任的管理智慧。对于纪检组来讲，这个权力是不能乱用的，其实只是在提名过程中增加了发言的机会，或者发言被考虑的分量更重，实际上是需要和大家互相沟通商量的，而最终决定权是在厅党组……”

“这当中也有一些问题，如提名权、考核等问题，纪检组来参与这些问题合不合适？这就需要跟省纪委的领导等沟通，也需要去找中央、省委的一些文件，看符不符合文件规定，所以比较深入。最后各方面大体上都形成差不多的意见，尤其是省纪委的意见比较明确了，我们最后提出来征求意见，向整个厅直系统征求意见，向班子成员征求意见。征求意见完了，已经同意了，就上会定下‘十条’，完了就执行。怎么来执行？‘六十条解读’，一条条给你说得非常到位。”

较之以往，关于提名权的规定是一个创新举措，体现了党组支撑派驻机构把厅直系统纪检组织队伍建立起来、作用发挥出来的良苦用心，彰显了党组的政治站位和切实履行主体责任的自觉担当，反映了党组集体研究决策的民主集中本质。规定带来了纪检干部的流动和交流，有利于干部配备和调整，对于纪检队伍力量保障和纪检工作的推动具有至关重要的作用。该办法也与后来的中共十九届四中全会、五中全会、六中全会以及十九届中纪委五次会议、六次全会的精神相契合，显示出较强的有效性与前瞻性。

六、厅直系统纪检干部的轮岗交流

“十条意见”第六条作了如下规定，“厅直规模较大单位的纪委书记（纪检委员）原则上不在本单位产生，纪委书记（纪检委员）、副书记（纪检部门负责人）任职满5年应交流或轮岗。厅直其他单位纪委书记（纪检委员）任职满5年应交流或轮岗。”本条意见用四个解读进行了详细分解。

（三十二）干部交流轮岗是干部工作中的重要制度，根据巡视反馈意见和厅直单位实际情况，提出厅直单位纪委书记落实干部交流轮岗的具体规定和要求。

（三十三）厅直规模较大单位的纪委书记和纪检部门负责人，满5年应交流或轮岗。交流和轮岗可由各单位提出，也可由驻厅纪检监察组会同组织人事部门根据掌握的情况和工作需要提出。

（三十四）厅直其他单位纪委书记，任职满5年应交流或轮岗，符合条件的，由所在单位提出来报厅党组决定，能在厅直单位交流的，原则上交流，不能在厅直单位交流的，在本单位轮岗。

（三十五）厅直单位纪委书记与行政副职、党委副职之间的交流，由厅党组统一考虑。

（三十六）各单位的监察机构、人员、工作按照原来的保持不变，待国家改革推进到厅这一级后再作调整。

改革的关键问题是要增强纪委监督的独立性和权威性。上述关于纪检干部的交流轮岗的规定，配合第五条关于提名权的条款，保证了纪委书记人事上的相对独立性，增强了权威性，避免了“近亲繁殖”，有利于推进监督执纪问责，提升监督实效。以前纪委书记不敢、不能、不会监督以及纪委监督远、监督软的状况由此得到一定程度的改变。

七、厅直系统纪检干部要强化培训和实战锻炼

“十条意见”第七条作了如下规定，“厅直系统纪检干部原则上每年至少参加一次业务培训，并轮流参加省纪委、驻厅纪检

监察组纪律审查及其他重要工作，加强实战锻炼。” 该规定有两条详细分解。

（三十七）专兼职纪检干部原则上每年至少参加一次业务培训。目前提供的纪检业务培训主要有：中央纪委及省纪委组织的培训、驻厅纪检监察组组织的培训、交通部纪检组组织的培训。

（三十八）实践培训。轮流到驻厅纪检监察组、省纪委相关室、交通部纪检组参与纪律审查工作，建立厅直单位纪检工作人员轮流到驻厅纪检监察组实践培训三个月的机制。

该条意见以专条形式特别强调了厅直系统纪检干部培训和实战锻炼的必要性，在纪检工作实践中具有重要的创新意义。新形势新时代赋予纪检监察干部艰巨的任务，也对纪检监察干部的综合素质和工作能力提出了新要求，加强纪检干部教育培训尤为必要。驻厅纪检监察组的上述规定，敏锐抓住当前纪检工作中人员不足人才不足这一短板和核心工作，为厅直系统纪检人员的能力提升和组织队伍建设有机融合奠定了基础。正如原驻厅纪检监察组组长指出，平时我们是“打起灯笼找人”，通过培训，“平时把能做事的人找出来，用人的时候才知道人在哪儿”。

八、厅直系统纪检工作也要“一为主一备案”

“十条意见”第八条作了如下规定，“厅直系统各单位纪律审查以上级纪检组织领导为主，涉及本单位管辖干部违纪问题的信访举报和案件线索，以及信访举报和案件线索处置情况应报上一级纪检组织备案。”作为一项关于厅直系统纪检工作如何有效开展的重要规定，又被细分为 9 条详细解读。

（三十九）厅直单位纪委收到、发现涉及厅直系统工作人员违纪违规违法线索，在按干部管理权限进行处理的同时，于 5 个工作日内报驻厅纪检监察组，不得隐瞒问题线索。厅直单位下属单位纪检组织参照执行。

（四十）厅直单位纪委发现、收到涉及省管干部、厅管干部违规违纪违法线索，必须在5个工作日内报驻厅纪检监察组。

（四十一）所有问题线索必须件件查实，涉及责任人员必须处理到位，所有案件必须通报到位，所有的处理措施必须落实到位。厅直单位纪委对党员违纪线索的处置情况应报驻厅纪检监察组备案，重要违纪线索处理应征求驻厅纪检监察组意见。

（四十二）厅直单位纪委在纪律审查中对相关政策和纪律条规把握不准的，征求上级纪检组织意见。需要上级纪检组织协调的，报告后按程序办理。

（四十三）厅直单位纪委在纪律审查中与党委意见不一致的，必须报告驻厅纪检监察组。

（四十四）在厅直单位下属单位工作的厅管干部的问题线索，驻厅纪检监察组可以组织初核，也可以交给厅直单位纪委初核，初核后厅直单位党委和纪委提出处理意见报驻厅纪检监察组。

（四十五）厅直系统各单位党委、纪委隐瞒问题线索，对问题线索不核查、不处理、处理不到位的，按“一案双查”要求，追究主体责任和监督责任。

（四十六）驻厅纪检监察组对各单位问题线索报告、处理情况，处理落实情况定期或不定期进行抽查，并进行通报。

（四十七）厅直系统各级纪检组织收到的问题线索、处置情况应按省纪委要求，填制制式表格后逐级上报省纪委。

十八届三中全会《决定》提出，“推动党的纪律检查工作双重领导体制具体化、程序化、制度化，强化上级纪委对下级纪委的领导。查办腐败案件以上级纪委领导为主，线索处置和案件查办在向同级党委报告的同时必须向上级纪委报告。各级纪委书记、副书记的提名和考察以上级纪委会同组织部门为主。” 十八届六中全会《党内监督条例》也指出，“落实纪律检查工作双重领导体制，执纪审查工作以上级纪委领导为主，线索处置和执纪审查情况在向同级党委报告的同时向上级纪委报告，各级纪委书记、副书记的提名和考察以上级纪委会同组织部门为主。”可以说，从政治层面看，这条意见是对于党的十八届三中全会《决定》和十八届六中全会通过《党内监督条例》规定提出的相关规定的坚决执行，同时也是对中央纪委提出纪检机关转职能、转方式、转作风，聚焦主责主业，聚焦监督执纪问责精神的坚决贯彻。

从业务层面看，“两为主”（纪委书记的提名考察以上级纪委为主，下级纪委办案以上级纪委对它的领导为主）是纪委要发挥作用的核心条款。该条款从厅直系统的实际出发，明确其中“一个为主”，即下级纪委办案以上级纪委对它的领导为主，“一个备案”，即“涉及本单位管辖干部违纪问题的信访举报和案件线索，以及信访举报和案件线索处置情况应报上一级纪检组织备案”。九条具体解读规定则详细阐明了厅直单位纪检组织该如何操作、如何处置，规定仔细严密全面，具有对厅直单位极强的指导性和操作性，同时也对厅直单位纪检组织的履职程序和履职质量提出了更高要求。驻厅纪检监察组会对办案的程序和结果是否合规进行严格把关和评判，减少办案的随意性。

九、纪委书记（纪检委员）在集体决策时要明确表态

聚焦主业主责，是近年来纪检工作传递出的一个新信号。《实施意见（试行）》把监督的切入点和着力点从配合参与业务工作转到对主责部门履职情况的监督、执纪、问责，明确要求厅直各单位

纪检负责人在集体决策时必须明确表态并清楚准确记录，对不表态、表态不准确、错误表态的要追责问责。“十条意见”第九条作了如下规定，“厅直系统各单位纪检组织要担负起对同级党组织的监督责任，纪委书记（纪检委员）在集体决策时要明确表态，本单位及下属单位重要情况及时向驻厅纪检监察组报告。”

（四十八）纪委书记参加党委会以及其他会议进行决策，对决策事项必须明确表态。必须清楚准确记录，可追查、可追溯。记录不清或无记录的，要对分管办公室领导、办公室主任、分管副主任、记录人追责。

（四十九）纪委对党委的最终决策必须服从和执行。

（五十）纪委书记不表态、表态不明确、错误表态要追责，未征求纪委书记意见的不追责，表态正确但不被采纳不追责。

（五十一）在“三重一大”重大决策时，纪委意见和党委决策意见不一致时，由党委书面报驻厅纪检监察组备案。

（五十二）重要情况是指：单位决策存在明显违纪违规问题的；单位班子成员存在违纪违规苗头性和倾向性问题的；单位存在普遍性违纪违规问题的；单位未执行上级党组织决定的；其他应当报告的情况。

“纪委书记必须明确表态”是“十条意见六十条解读”的核心条款。责任规定越具体明了，责任追究越易行，责任落实就越顺利。之所以作出如此规定，是为了扭转部分纪委书记权力虚化现象，坚守住不让一公里蜀道沾上贪腐印记的初衷。原驻厅纪检监察组负责人谈道：“在全省巡视整改的过程中，我对一个单位的纪委书记说，他们一把手涉及重大违纪，他作为纪委书记有监督责任。然后他到我办公室就说，‘我没有不说呀，我在会议上说了啊，吵了啊，他就是不听我的嘛！他不听我的，我又不能怎么样。’我想，这也对啊，最后决定权都是党委党组织一把手，民主集中，民主的基础上最终是集中。一把手有权力来最后做决策，他不听纪委书记的意见，你有啥办法？所以，后来我就在琢磨这个问题，想出了这个办法，即纪委书记在党委重大决策时表态必须明确。”

为了让这条规定落实到位，《实施意见》及解读材料列出了六条具体执行措施（参照上文）。“必须表态，必须明确”的直接结果便是纪委书记压力陡增，但是驻厅纪检监察组认为，“纪委书记要当得好，当得称职，当得合格，那就要把纪委书记身上的压力转移出去，甚至让党委感觉到压力，你的工作就做到位了。当真正出现了一例党委的决策和纪委的意见不一致并报到驻厅纪检监察组来后，事情就发生了质的变化。”驻厅纪检监察组在年底派出四个组对厅直单位执行《实施意见》情况进行检查，把党组会、党委会、支委会和办公会的全部原始记录调出来一一检查，哪个纪委书记表态不明确，一律进行处理。一段时间后，纪委书记身上的压力真的转移到了党委书记、党委班子成员身上，纪委书记说话有人听了。

该条款明确之后，还有一个大的变化就是纪委敢监督了。原驻厅纪检监察组某负责人谈道：“纪委书记从原来的橡皮图章，什么都表示同意，到现在的敢于提反对意见。原来有些直属单位，很多事情后来被证明是违规违纪的，它上过会，在会上大家都同意了的。如公路设计院，在巡视当中我们发现它的一些问题是上过党委会的，但是党委会上没有人提出反对意见，而当时的纪委书记也没有提出反对意见。但是‘十条意见六十条解读’出台以后，我的印象中，纪委书记两次提出反对意见……根据新的规定，公路设计院后来对他们的制度进行了修订。可以看出，从原来的那种大家做好人，到现在敢于去提出反对意见。最初大家或许是迫不得已要去提反对意见，要去当恶人，但是坚持下去，他会形成习惯，会觉得这是职责所在，该干。坚持下去，也会让其他人形成习惯。纪委书记就是干这个事情的，需要有人来提出不同意见。他提出这个意见不是为了给我出难题，而是帮助我。我相信慢慢地下来后，其实双方会从最初的尴尬到最后很自然，会各自进入各自的角色。”

这方面，原厅公路设计院党委副书记、纪委书记王某就是践行者。面对巡视整改的繁重任务，她一方面积极落实整改任务，另一方面在院党委会研究重大事项时积极表明态度。“比如业务外包，院里有个办法，但那是在过去业务量很小时制定的。随着院业务的发展，还采取过去的办法，存在廉洁风险。”她连续两次对此提出意见，勇敢地承担起了监督职责。最后厅公路设计院党委研究决定，对原来的办法进行修改完善。[5]

总之，通过明确规定纪委书记必须在党委决策的时候明确表态，阐明问责追责措施，在给纪委施加压力、强化其履职意识、提升纪委监督地位的同时，也给一把手及班子成员带来切实压力，倒逼党委自我约束、履行主体责任，有效杜绝了党委会决策的随意性，保证班子决策的严肃性、规范性和科学性。纪委书记必须明确表态这一规定，是推动厅直单位纪委书记主动履职、实现“三转”的利器，也是转变厅直系统纪检生态的核心动力。

十、厅直系统纪检组织关于《实施意见》的贯彻落实和考核

“十条意见”第十条作了如下规定，“驻厅纪检监察组对厅直系统纪检组织及纪检工作人员的考核重点是监督执纪问责情况。厅直系统纪检工作机构和纪检工作人员年度考核应征求上一

级纪检组织意见。”该条例细分为8条详细阐释。

（五十三）厅直系统纪检工作机构和纪检工作人员年度考核征求上一级纪检组织意见，主要是对厅直系统履职较好的纪检机构和纪检人员有一个保障措施，对履职不好的纪检机构和人员有督促机制，符合加强上级纪委对下级纪委领导的基本精神。

（五十四）驻厅纪检监察组对所有厅直单位纪检组织和人员履行职责情况应有一个基本评判性意见，供厅直各单位参考。

（五十五）厅直各单位纪委应向驻厅纪检监察组报送书面的年度工作安排和年度工作总结，不定期报送工作动态信息，动态信息可在厅直系统纪检工作微信平台报送。厅直单位纪委应按党内监督条例规定，一年两次向驻厅纪检监察组主动报告工作。

（五十六）上下级的工作关系。高管局（执法总队）和七个支队、结算中心，公路局和兴蜀公司等、交职院和管理学校等过去的工作关系不变。驻厅纪检监察组根据情况，可临时安排七个支队、结算中心、兴蜀公司、管理学校等参与具体工作。

（五十七）厅直各单位党组织和纪检组织应传达学习，并传达到本系统的各级党组织和纪检组织。厅直单位党委要专题研究，按文件规定一项一项落实到位。

（五十八）各单位对纪检人员进行全面梳理，调整的调整，充实的充实，明确纪检人员的职责和任务。在选择纪检人员时，应做到年龄合适，有年龄梯度。在专业上应注意法律、财会、审计等专业并有公安、检察院、法院、审计、纪检监察等工作经历，具备文字基础、办案潜质和组织协调能力。

（五十九）厅直各单位执行《实施意见》过程中遇到问题及时向驻厅纪检监察组和厅人事处反映。驻厅纪检监察组和厅人事处应及时研究执行中的问题并提出解决意见，及时向分管领导报告，重要问题要呈报厅党组主要负责人。

（六十）驻厅纪检监察组会同厅人事处对各单位落实情况进行督办和通报。

为何要采用这种考核方式？第 53 条阐释中谈到，就是“对厅直系统履职较好的纪检机构和纪检人员有一个保障措施，对履职不好的纪检机构和人员有督促机制，符合加强上级纪委对下级纪委领导的基本精神”。本质就是驻厅纪检监察组要加强对厅直系统纪检组织的领导，要通过奖惩明确的方式推动纪检组织履行监督职责，推动工作落实。

为准确判断履职效果，第 55 条指出“厅直各单位纪委应向驻厅纪检监察组报送书面的年度工作安排和年度工作总结，不定期报送工作动态信息，动态信息可在厅直系统纪检工作微信平台报送。厅直单位纪委应按党内监督条例规定，一年两次向驻厅纪检监察组主动报告工作”，从而使驻厅纪检监察组对所有厅直单位纪检组织和人员的履职情况能有一个较为全面的、长期的基本判断。

在工作操作层面，根据原驻厅纪检监察组工作人员的介绍，驻厅纪检监察组采取了以下两大举措。其一，厅直各单位的纪委书记需要在每年年末向驻厅纪检监察组述责述廉，每人发言 5 分钟，需紧扣监督执纪问责，特别要述清驻厅纪检监察组 2016 年 7 月以来部署给厅直纪检系统的“十项工作”的落实情况。驻厅纪检监察组、厅机关各处室以及参会的各纪委书记要分别给所有的纪委以及纪委书记进行打分，驻厅纪检监察组汇总后按分数高低，分为厅直规模较大单位和其他单位两个部分，分别给各单位纪委和各纪委书记进行排名，排名结果会作为晋升、交流和培训的重要参考。其二，厅里出台薪酬管理办法，直接将薪酬与考核结果挂钩。厅属四家企业（公路院、交通院、咨询公司以及兴蜀公司）的纪委书记依据驻厅纪检监察组的考核取相应的绩效考核奖励系数。

考核重心突出纪检工作的本职，规定仔细，责任明确，回旋余地小，反映出驻厅纪检监察组坚决贯彻执行中央关于“三转”的决心。考核导向的变化，是引导厅直系统纪检工作变化的指南针，也是中央“三转”落地的最有力保障，充分发挥了驻厅纪检监察组对厅直系统纪检工作的强指导作用。

综上所述，“十条意见六十条解读”，本质是根据中央精神、结合形势发展和单位的实际情况对现有纪检工作体制的创新探索，走在了省级机关的前面，同时也凸显了以下较为鲜明的特点。

第一，抓住了关键。要把厅直系统纪检组织建立起来、充分调动起来、最大限度地发挥作用，不仅需要组织的全覆盖，还需要权力关系的适当调适。在厅党组的适度授权下，驻厅纪检监察组征求多方意见推出的“十条意见六十条解读”，切中了队伍建设和工作机制的关键，从而真正撬动了厅直系统纪检工作。第一条规定纪检组织全覆盖，即厅直系统各单位设党委的必须设立纪委，设党总支、支委的必须设纪检委员，不设支委的支部可以设纪检员；第四条规定厅直系统各单位纪检组织必须落实“三转”，专注监督执纪问责；第五条规定厅直单位纪委书记、设党总支的纪检委员人选的提名权；第八条规定厅直系统各单位纪律审查的“两为主”；第九条规定厅直系统各单位纪委书记（纪检委员）在集体决策时要明确表态等。没有这几项条款，驻厅纪检监察组很难带动厅直系统纪检组织发挥作用。

对此，原驻厅纪检监察组某负责人回忆道：“纪检组在起草这个文件过程中，考虑了几个因素。第一，厅直单位党委一定要接受监督，不仅仅是来自厅党组或驻厅纪检监察组对它的监督。驻厅纪检监察组与它隔着距离，但单位内部不能没有制约和监督，要让厅直单位纪委在中间起到制约作用。有很多事情上级是监督不到的，不知道的，所以当时我们的基本考虑，就是要让党委受到监督，要让单位的纪委敢于去监督，这是整个制度设计的基本出发点。因此在‘十条意见’中，我们涉及了一些看似很简单但是很关键的核心条款。”“你要让纪委发挥作用，首先机构要健全，然后人员要配到位，所以第一个核心条款就是有机构有人员。第二个核心条款就是涉及‘两为主’。一个就是纪委书记的提名考察以上级纪委、实际上也就是纪检组会同人事处为主，另一个就是下级纪委办案以上级纪委对它的领导为主，就是说不像以前你想怎么办就怎么办。你怎么办，结果符合不符合要求，驻厅纪检监察组要给你把关，做评判。所以在这个过程中，有很多直属单位办的案子被我们打回去重新来。第三个核心条款是纪委书记必须明确表态。从明面上讲，我们是给纪委施加了压力，让纪委书记必须在党委决策的时候明确表态同意还是不同意。实际上，我们也是想通过纪委的这种表态来倒逼党委主体责任，你要自我约束，不能再像以前怕得罪大家，哪怕是违规违纪的事情都在党委会上过，肯定不能干这个事情。”

第二，能执行到位。“十条意见”是原则性的，而“六十条解读”则规定得非常仔细，工作内容清晰、责任界定明确，执行起来没有回旋余地，即使拿到最基层的单位都能执行到位，是真正确保《实施意见》落地生根的抓手。

第三，重实效，不争议。制度设立的目的在于加强和利用驻厅纪检监察组的权威，把厅直系统的纪检组织建起来、管起来、用起来、作用发挥出来，在于加强对下面纪委的指导并对其施加足够大的压力，促使其主动履行监督责任。“十条意见六十条解读”不固守成规，在有关队伍建设和工作机制的一些核心条款上取得较大突破的同时，也引发了一些争议。驻厅纪检监察组在请示省纪委并得到厅党组的支持后，始终以推动工作为最高旨归，把全部精力投入到与厅党组协同配合推进工作上。厅党组与驻厅纪检监察组高度统一的政治站位、勇于作为的政治担当和注重实效的默契配合，是“十条意见六十条解读”得以在厅直系统顺利落地的关键，正是因为他们既不计较权力得失，也不为争议因噎废食，“两为主”和提名权规定出台过程中的曲折才能消弭于无形。

第三节 “十条意见六十条解读”的成效

一、纪检队伍建起来了

纪检工作关键在人。驻厅纪检监察组通过“十条意见六十条解读”，实现了纪检组织的全覆盖，督促健全纪检组织，配强纪检人员，逐步在厅直单位打造出一支敢于监督的纪检队伍。截至2018年5月，厅直单位拥有320个专兼职的纪检人员，纪检组不再是一个人在战斗了。

驻厅纪检监察组建立了专门的纪检人员花名册，这不仅给纪检人员带来了集体归属感，也方便根据单位情况因地制宜部署相关工作。之后，驻厅纪检监察组顺应信息时代，在花名册的基础上建立起厅直纪检系统工作平台、厅直单位纪检微信工作群和QQ工作群。微信群共有440余人，包含了厅机关各处室、厅直单位主要负责人、纪委书记（纪检委员）和专兼职纪检干部，驻厅纪检监察组和厅直单位非涉密工作信息能够迅速传达至整个厅直系统，为基层支部执行到位提供了先决条件。驻厅纪检监察组在工作中集合信息、整合力量，开始产生系统性效果。

原驻厅纪检监察组某负责人谈道：“直观的变化就是厅直系统纪检组织的人。原来的具体人数呢，也没有一个很准确的统计，我估计可能就是百十来号人，然后慢慢地就到一百几十人，然后到两百多人，现在到三百多人。这支队伍是喊得出姓甚名谁、有联系电话、喊得答应的，而不再是说某个单位几个人，不是这个概念，不是一个统计数据，而是有名字，有联系电话，他是干什么的，都很清楚的。原来的这支队伍是分散在各个单位的，而且机构也不完善，机构也不健全，人员也比较少，有些单位就一个人，还是兼职的，根本就不行。这支队伍起来之后，我们才有底气说我们能把交通厅直属系统监督好，能够履行好自己的职责。”“总之，纪检组不能单打，纪检组你再强再能干，你只有几个人，几个人是干不成大事情的，所以一定要把这支队伍拉起来，一定要让下级党委和纪检组往同一个方向思考，不能同床异梦，一定要让这支队伍有战斗力。如果纪检组善于借势，善于树立自己的权威，并且能够把对党组工作的帮助证明出来，我觉得一些所谓的困难和问题是可以克服的。”

解决好“人少事多”问题，是开展好纪检工作的前提和基础。整个厅直纪检队伍的壮大，也给解决纪检系统普遍存在的人手不够问题以启迪。不管是派驻机构还是厅直单位纪检组织，都会面临“人少事多”的问题，大家普遍关注的是“人少”的问题，增加编制、增加人员是在平时工作中经常听到的话，但组织队伍建设不能落入编制“陷阱”。如何在编制、人员无法增加的前提下推动工作的开展，这需要智慧，需要创新。“不为我所有，但为我所用”，驻厅纪检监察组的这种处理办法正是创新思维之一。

二、纪委敢实施监督了

“十条意见六十条解读”规定厅直单位纪委书记（纪检委员）不分管纪检工作之外的工作，集中精力抓监督执纪，要求纪委书记在单位集体决策时必须明确表态等等，大大推动了厅直纪检组织认真履职。厅直单位纪检组织开始有责任、有任务、有压力，不能再做“好好先生”或“稻草人”，逐渐变得敢于监督、敢于办案了，说话也有人听了。最直观的变化，就是厅直单位的纪委书记不再是什么都表示同意的“橡皮图章”了，如公路设计院的纪委书记在处理责任人时，从过去探询党委书记的“你的意见”，逐渐发展到勇于担当不怕得罪人的“我的意见”，敢于切实实施监督了。

原驻厅纪检监察组某负责人谈道：“以前的厅直纪检组织是没有办案的，设这个纪检组织是为了对口上面安排的那些党风廉政建设的活动，是因事设人，没有起到监督执纪的作用。但是，厅党组加强厅直纪检组织建设的‘十条意见’出来以后，这就不行了。因为明确要求，这些纪检组织的纪委书记在集体决策时必须明确表态，不明确表态是要被追究责任的。”不仅如此，还要办案。他指出，“驻厅纪检监察组要求直属单位办的所有案子都要拿到纪检组来，看它办得符不符合要求，有没有坚持原则。”他回忆到：“有案子被纪检组3次打回去，要求重来。其原因，一是事情没查清楚，二是处理存在不到位。办案多次打回去，这一来，厅直单位不敢再像以前那样混了，也不敢怕得罪人就不去履职了，这支队伍开始真正履职。这两年，厅直系统像公路局、公路设计院及交职院等较大单位的纪委是真正在办案，办案越来越多，他们也处分了人。纪委不再是摆设，不再是稻草人。”

三、纪检人员内在动力激发了

“十条意见六十条解读”形成了一个良性的监督链条，提名权和“两为主”原则得到认真执行。通过纪检组织全覆盖、定期的培训和实战轮训，以及对各厅直单位纪检工作的考核认定，为纪检人员提供了强化监督本领、实现自我价值的显性渠道，大大激发了纪检人员主动履职的内在动力。干部职工对纪检的看法、态度变了，认为纪检就是整人的负面看法越来越少了，认为纪检组织严肃执纪是有意过不去、疏而远之的少了，对纪检的正面积极评价多了，敬畏感越来越明显，支持纪检、参与纪检工作以及想干纪检工作的人越来越多了。纪检工作的地位和威信越来越高，纪检人员受到的尊敬越来越多，说话越来越管用，成就感、归属感、自豪感也越来越强，精神状态上为之一新，更阳光、自信和有底气。

催生上述正面变化的一个重要举措，就是通过培训和实战轮训来锻炼人和选拔人。驻厅纪检监察组负责人介绍道：“厅直系统纪检干部原则上每年至少参加一次业务培训，并轮流参加省纪委、驻厅纪检监察组纪律审查及其他重要工作，加强实战锻炼。”2017 年，纪检组组织厅直系统 140 名专兼职纪检人员开展为期 5 天的纪检业务培训，集中精力解决纪检工作“做什么、怎么做、谁来做”的问题。建立厅直纪检系统共 32 人的纪检业务骨干人员队伍，组织共 10 人的办案骨干队伍，组织 3 批次共 12 人业务骨干和办案骨干到驻厅纪检监察组实践轮训，选送 4 人到省纪委纪检监察室实践办案。组织厅直专兼职纪检人员到中国纪检监察学院、北戴河培训中心、交通运输部党校、井冈山干部学院、上海同济大学、省交通干校培训100人次，其中纪检业务培训50人次。驻厅纪检监察组对厅直纪检干部做到了心中有数，素质较高、业务熟悉、敢于监督的纪检干部队伍逐步壮大。

工作是人干出来的。要“打起灯笼找人”，在实战中培养和检验人才，推荐一批综合素质好的业务骨干走上纪检各级领导岗位，办案骨干队伍逐步成型并开始在案件突破中发挥攻坚作用，工作成就感成为激发纪检人员最重要的动力。

驻厅纪检监察组关于纪检队伍建设的成效得到了省纪委的肯定。经省领导同志亲自批示，2017年5月17日在厅召开了省直机关纪检组织和队伍建设现场会，向94个省级部门介绍交通运输厅的做法，全省97个单位的主管干部人事的常务副厅长都到场观摩。据原驻厅纪检监察组负责人介绍，当时的省监察厅厅长、省纪委副书记等主管组织队伍建设的领导，“评价我们工作的最大亮点就是纪检组的工作，不仅仅是纪检组几个人工作，是要把整个厅直系统这块的力量调动起来，使用得很好，整体效果就出来了。”“省纪委在我们这里开会是对我们最大的肯定。‘十条意见’解决了无人无组织、能力不够的问题，实现了厅直纪检组有队伍、有人员、有责任、有压力，真正把厅直纪检组队伍动起来了。”“我们把最基层的纪检人员作用发挥出来了。我们的工作传递到了最基层，传递到了每一个干部职工群众。这是很重要的一个原因。”“我的一个思路就是，干工作也好，抓工作也好，开展工作也好，就不是仅仅立足于我们纪检组那六个人的工作，而是立足于整个厅直系统的工作怎么来干；不仅仅立足于整个厅直系统，我们还要把眼光往市州和县里面看。有些工作还需要我们市县交通系统大家一起干，才有一种集合效应，整体效应才能够出来。如果说我们停留在纪检组这六个人身上，这些工作是干不到那种程度的。”

四、对业务的支撑保障作用显现出来了

“十条意见六十条解读”从根本上推动了监督执纪问责在交通厅落地生根，厅直单位规范管理的水平进一步提升，纪检对交通业务的支撑保障作用日益显现出来。纪检工作的一些做法、思路、理念逐渐在厅直系统以至全省交通系统推广开来，示范带动效应显著。实践证明，纪检工作是助力，不是阻力；是加分项，不是减分项。各级党组织借助纪检之力推动工作、规范工作的意识逐步增强，这为纪检工作提升到新阶段奠定了良好的认知基础。

原驻厅纪检监察组某负责人回忆道：“驻厅纪检监察组的工作有三个版本的演进。2014 年交通厅就已经开始落实‘两个责任’，厅党组把主体责任扛起了，纪检组开始集中全部精力搞监督责任。和全国相比，已经走在前面了，这是 1.0 版。2016 年下半年开始，我们把厅直单位的纪检队伍带起来了，这支队伍是我们亲自建起来的，我们指挥得动，它发挥了集团作战的效应。纪检组不再是几个人在战斗，这个是 2.0 版。这个版本很多单位没做到，也是很难做到的。去年下半年以来，开展巡察以后，我们把派驻监督的一个重要难题即监督问题给破了。监督执纪问责，执纪和问责，你只要下了决心，查案子就没有什么问题，但是监督，你怎么监督，有效的手段在哪里？这一直是派驻监督的一个短板，大家都没有破题。我们搞巡察，把这个题破了。最有效的监督手段，最有效的抓手就是巡察。所以我觉得这个是 3.0 版。”

为什么要搞巡察？原驻厅纪检监察组某负责人认为有三个原因。“首先，党组的态度非常鲜明，其资源在往监督这方面集中。第二点，从驻厅纪检监察组来说，能够顶天立地，立得起来，能够坚持原则。第三点，直属单位的党委能够严得起来，因为我们在追究他们的责任。前年以来，我们追究了几个大单位的党委和纪委的责任。这个在很多单位是非常少见的，就是去追究一级组织的责任。我们去厅直系统开通报会，当着几百个职工，批评它的党委和纪委，这是很少见的。这真正体现了驻厅纪检监察组能立得起来。这些措施也使得这些厅直单位的党委都能立起来，也开始自己履行职责。直属单位的纪委，它自己也就能硬起来。这样一来，实际上问题就得到了解决。所以我觉得，纪检组重建厅直系统的监督力量意义非常重大，解决了有人监督也监督得了的问题。”

总之，随着“十条意见六十条解读”的实施，驻厅纪检监察组撬动起整个厅直系统，厅直纪检队伍发生了根本性变化：厅直系统纪检人的精神面貌为之一新，一支“能做事”的纪检队伍已然成型，纪检工作是交通行业中心工作的重要保障的理念正成为共识。

注：

[1] 原文参见附录内部资料《关于厅直系统纪检组织落实“两为主”、推进“三转”工作的实施意见（试行）》《关于厅直系统纪检组织落实“两为主”、推进“三转”工作实施意见（试行）的解读材料》。

[2] 资料来源于对原驻厅纪检监察组组长的访谈，2018 年 9 月 19 日上午，省交通运输厅 11 楼。

[3] 内部资料《关于厅直系统纪检组织落实“两为主”、推进“三转”工作实施意见（试行)》。

[4] 四川省交通运输厅：《关于厅直系统纪检组织落实“两为主”、推进“三转”工作实施意见（试行)》《关于厅直系统纪检组织落实“两为主”、推进“三转”工作实施意见（试行）的解读材料》。

[5] 《唱好交通运输行业的“黑脸包公”》《廉政瞭望》2018-5。

第三章
组织队伍建设之工作内容
——“三项任务十项工作”

第一节 厅直系统纪检工作的现状——“三项任务十项工作”出台的背景

一、巡视反馈的背景

前已述及，厅直系统纪检组织工作开展不充分、监督作用发挥较差是2015年省委巡视组在巡视反馈中专门指出的问题。2016年5月，厅党组在关于巡视整改落实情况的通报第二部分“巡视反馈意见整改落实具体情况”中，第一个问题就是加强党的建设，深化“两个责任”落实。关于“监督责任落实有差距”问题的整改情况，通报中提出五点举措，强调厅党组积极支持推进“三转”，聚焦监督执纪问责主业。其中，第五点特别提出“加强厅直单位纪检组织和纪检队伍建设，凡成立党委的单位都成立纪委并配备专兼职纪委书记，成立党总支部（党支部）的都设置专兼职纪检委员。”面对“三转”的急迫需求，如何克服人手少、工作多的现实困难，为交通厅的纪检工作打开局面，是当时驻厅纪检监察组亟待解决的首要问题，也是督促和激发厅党组、驻厅纪检监察组出台“三项任务十项工作”的最直接压力。

从现实来看，巡视之前的厅直系统纪检工作，确实存在以下问题：

第一，工作头绪多。纪检工作量大而全，没有重点。厅直单位纪委书记座谈会让各单位报来开展工作情况的材料，每个单位都是五六个大项、三四十个小项。越往基层，工作越多，成为普遍现象。30多个厅直单位，大的有2000多人，小的10来个人。厅信息中心、厅宣传中心、厅职业资格中心、厅造价站等几十个人，单位设纪检委员，由单位副职兼任，身兼两职，在负责纪检工作的同时，还负责业务工作。主要精力还在单位业务工作，只有三分之一、四分之一的精力来做纪检工作，而年终报出来的工作与其实际的人手和力量明显不符。用原驻厅纪检监察组负责人的说法，“厅直系统纪检组织一个单位就只有一二个人，还不是专职的，还要搞党务工作和其他工作，平均算下来搞纪检工作的就只有零点几个人。但汇报材料显示纪检方面的工作一年有五六个大项，三四十个小项。可以说，基本上能把面上的工作敷衍到就算不错了，抓工作干工作不太容易实现。”

第二，工作浮在面上。开展的工作也只是停留在表面上，文件学了但信息没有传达到位。厅直单位都按主干线的纪委思路来开展工作，不考虑单位自身的情况。一个再小的厅直单位的工作汇报，把单位名称直接换在某某县纪委、某某市纪委、某某派驻纪检组，只略作调整，也没有明显的不妥当，上下一般粗，没有量体裁衣。

第三，大家热衷于得高分，把有限的精力浪费在搞文字材料上。汇报材料中尽显上级文件的语言和内容，空洞、虚、抽象、套话，正确的废话，高大上的话，就是不见自己的话，看不到本单位有些什么问题，看不到具体人、具体事、具体责任、具体的处理。做了不少事，看不到做事的效果。年年工作成绩一大堆，深入一查，问题也是一大堆。原驻厅纪检监察组负责人谈道，“上下一般粗，工作头绪多。宣传教育和日常工作，没有切入问题，没有涉及责任，问责的少，执纪的少，解决问题的少，停留在面上的多。为了做工作而做工作，被动应付，做了就行了，应付到了就行了，效果在哪不用管，考核能得高分就行了，对实际问题的解决并不重要。下面不知道做什么，不知道怎么做。下面认为上面部署的工作多，疲于应付，还不能抱怨，还想上面考核给个高分，评个先进。上面认为下面执行力不力，落实不力，工作没有效果。”

第四，汇报材料就是一个单位的全面工作汇报，大而全，全而杂。党建工作、业务工作，看不出纪检组织和纪检人员到底做了些什么。

第五，厅直系统纪检队伍长期以来人员少，年龄偏大，学历较低，待遇较差，主动监督的意识较差，从事纪检业务的能力较弱。

上述问题，引发对于基层纪检工作开展的相关思考：

其一，到了最基层支部这个层面，怎么落实中央政策和中央精神，怎么执行上级的工作安排，这是一个值得深入研究思考的问题。是不是把中央政策在支部会上全文一字不漏地读一遍就是和中央保持一致了？还是和中央保持一致，用中央的政策和中央精神来推动部门的工作，来解决本部门的问题？

其二，以前的工作，是“浮在文字材料层面干纪检工作”，干来干去，就干出了一堆材料。照抄照念文件现象突出，使得文件语言系统和基层群众的语言系统明显脱节，纪检人员不能降下来和干部职工在一个层面上来讲话，与最基层干部职工的沟通能力差，甚至害怕说错话，用不说话保证政治正确。这充分反映出纪检队伍的能力不够、自信不够。

其三，主体责任和监督责任的提出，要求责任和工作要分得清楚。责任明确了，汇报工作的时候，也应该有所区分，不能一锅煮。

其四，不知道做什么，不知道怎么做，是基层比较普遍的现象，也是驻厅纪检监察组亟待指导的重点。

二、“三项任务”的形成过程及内容

2016 年 7 月，为全面了解情况，切实推进工作，厅党组和驻厅纪检监察组决定召开厅直单位纪委书记座谈会，主要任务是总结交流厅直单位纪检工作，把中央纪委、省纪委关于落实监督责任、纪挺法前、责任追究等要求层层传达到基层纪检部门，为厅直单位反腐倡廉建设增添动力和压力。按照“三转”要求，落实省纪委和厅党组的工作部署，针对巡视反馈的问题，突出执纪监督、纪律审查和组织建设三个方面，安排部署“十项工作”，这就是“三项任务与十项工作”。

上述现象，充分反映和说明：

第一，厅直系统纪检工作还没有完全触及纪检本质。纪检做什么，怎么做，在厅直单位工作中还有相当一部分人不清楚。有的无所事事；有的上面叫做什么就做什么，工作很被动，疲于应付，没有针对性，没有体现自己的想法和思路；有的什么都在做，整天忙忙碌碌，做的事情比较杂，比较琐碎；有的做的事效果不好，停留在表面上形式上，停留在常规工作日常工作上，没有思考，没有主动，没有深入；有的做的工作没有体现上级组织的要求和精神，干事脱离单位的实际情况。应该说，这些现象在当时每个厅直单位都不同程度存在，只是有的表现多一些，有的表现少一些。

第二，驻厅纪检监察组今后工作的抓手，应该从全面从严治党的要求和纪检监察体制改革形势出发，从以下几方面出发。

厅直单位纪检工作定位要准确。厅直 34 个单位，一些规模较大单位纪检组织有几个人，一些规模较小的只有“半个人”。单位相互间差异较大，工作思路和方式是不同的，不能一概而论。厅直单位纪检组织和驻厅纪检监察组差异也很大，不能完全画等号，基层组织也不能和上面一般粗。除了上面明确要求做的具体工作外，基层纪检组织和上级纪检组织看齐的，主要是精神，不能机械地看齐。情况不一样，每个单位怎么来定位，一定要思考清楚。检验的标准就一个，是否解决了本单位的问题。

上级组织安排工作要考虑下级的力量。主干线上的纪检组织机构健全，力量配置到位，工作面宽，各项纪检工作开展充分。厅直系统的纪检组织有自身的实际情况，有的单位总共只有十来个人，有的单位只有一个兼职纪检人员，和主干线上的纪检组织是有相当大的差别的。因此，安排工作要考虑厅直纪检组织的实际情况和实际力量。

纪检要从过去“十处打锣九处在”回归本位。过去面铺得很宽，业务部门在工作推不动的时候，就想借纪检监察处理人的手段来推动工作，导致纪检工作面越来越宽泛，该不该管的都在管。各级纪检机关参与的协调小组少则几十个多则上百个，陷入了业务工作中，成天忙忙碌碌种业务部门的责任田，荒了自己纪律工作的自留地。这种情况在各厅直单位中不同程度地存在着，纪律工作被晾在一边，反正是得罪人的事，不干或少干更好。纪检工作没有开展起来，或者是应付了事，做些表面文章，干点不痛不痒的事。驻厅纪检监察组提出厅直纪检系统的“三项任务十项工作”，目的就是指导厅直纪检工作回归纪律检查的本位。

要从组织角度解决基层纪检人员的“熟人困境”。到了基层，一个单位一个部门，人员少，人员流动小。一个纪检人员，要在与几十个熟人共事的环境里工作生活几十年甚至一辈子，他的监督工作该怎么干？一方面，要强调党员必须讲党性、讲原则，按规矩办事，不徇私情，不陷入人情网里；另一方面，也要从组织的角度给最基层的纪检人员创造一个更好的工作环境和氛围。这也是值得研究和思考的现实问题。

解决“人少事多”要从“事多”入手。作为纪检组织，不能只停留在解决“人少”的问题上，要转换思路，把更多精力放在解决“事多”上。从纷繁复杂的事务中找到工作重点，突出重点，把其他非重点事项尽量减下来，把力量用在“刀刃”上。

“事多”要具体分析。分析厅直系统纪检组织的工作，有的工作是日常性的，有的是临时性的，有的是形式上的，有的是没有实质效果的，有的是超出职能职责范围的。要把没有效果或低效的工作统统砍掉。纪检工作最关键的一点，最需要用力的地方，就是用上级精神来解决本单位的问题。要用解决单位问题、规范干部职工思想行为、纯正单位风气的效果大小来检验、衡量每项纪检工作。效果越大的就是重点，就应集中力量去做；效果越小的，投放的力量就应越少；没有效果的，就应该立即砍掉。基层纪检组织要和中央精神保持绝对的一致，但具体抓的工作，越基层的纪检组织的工作，越不能和上面一般粗，越要把事情数量减下来。

原驻厅纪检监察组负责人回忆道：“在开会的前一天，我又把讲话稿改了，当时再改讲话稿的驱动力，主要是我对省级部门直属系统纪检工作情况的总体把握和判断。……省级部门直属系统纪检组织及工作在当时是很弱的，有的可以说有其名无其实。

……这是我作为领导干部第一次的讲话材料，主导思想就是要管用，要有效果。你讲的，下面能跟你落实到位。不落实，不落实到位，就是白讲。要大家落实，大家能理解，理解到位。要执行，要符合他们的条件和境况，高大上肯定是不好的。越具体越好，越明确越好，越简单越好，越少越好，他们努力点能做到。做不到的，就不讲了。本来列了三项工作，监督、执纪（就是办案），然后是自身建设。后来又想到一个新来的纪检组组长第一次召集大家开会，只讲三项工作不够，就人为地把三项工作拆成十项工作，就成了‘三项任务十项工作’”。

正是在这种情况下，2016年巡视整改工作告一个段落后，驻厅纪检监察组考虑把整个厅直系统纪检工作调动起来，于7月26日召开了纪委书记座谈会，就重点抓哪些工作、怎么抓进行了具体布置，这就是“三项任务十项工作”。原驻厅纪检监察组负责人这样谈到：“我说就跟大家说清楚，大家重点要抓哪些工作，一二三，把它抓起来就行了。……客观地讲，整个交通厅直系统的纪检工作都非常薄弱。你难道去怪大家不努力吗？大家跟其他的厅直系统比起来，大家算是干得好的了。至少你来了之后，人家一个像模像样的工作材料，人家不管是五个大项还是六个大项，人家总是把这个材料装起来了，还像个材料。我就觉得这样下去的话，大家还是觉得太笼统了，大家还是不知道应该怎么干。开完座谈会之后，我就直接开门见山，一点前奏也没有，我就直接给大家说几件要做的事情。”

第二节 厅直系统纪检工作的内容——“三项任务十项工作”的内容、解读及特点

一、内容

“三项任务十项工作”是 2016 年 7 月 26 日提出的。驻厅纪检监察组按照“三转”要求，落实省纪委和厅党组的工作部署，针对巡视反馈的问题，突出执纪监督、纪律审查和组织建设三个方面的任务，安排部署“十项工作”。具体而言，三项任务，指的是执纪监督、纪律审查和组织建设。十项工作则包括信访举报件件处理到位、扫除厅直单位纪律审查空白点、案件件件通报到位、党纪党规解读到位、纪委书记在单位决策时表态必须明确、纪委出具干部廉洁意见、述责述廉、纪检组织要有机构有人员、纪检工作“三转”、纪检人员的培训等。其中，信访举报件件处理到位、扫除厅直单位纪律审查空白点、案件件件通报到位、党纪党规解读到位等 4 项工作属“执纪任务”范畴；纪委书记在单位决策时表态必须明确、纪委出具干部廉洁意见、述责述廉等 3 项工作属“监督任务”范畴；纪检组织要有机构有人员、纪检工作“三转”、纪检人员的培训等 3 项工作属“队伍建设任务”范畴。

“三项任务”主要体现在以下几方面。

第一，履行好纪检组织监督责任。针对厅直单位纪检组织履行监督不到位的问题比较突出，存在不敢坚持原则、不想面对矛盾、不愿得罪人等现象，要求必须提高认识、增添措施，把监督责任落实到位。具体举措，一是要明确纪委的职责定位。党章规

定纪委不是党委的工作部门，纪委实行双重领导体制，厅直单位纪检组织既要接受本单位党组织领导，也要接受上级纪检组织的领导、指导和监督。纪委书记职位不是用来解决干部待遇的，纪检岗位不是用来养老的，兼职纪检工作不是徒有虚名的，在其位就必须谋其事，不履职就要被追责。二是纪检干部要敢于担当。省委出台了纪委监督责任追究办法，省纪委对省直部门纪检监察机构负责同志集体约谈，中央纪委更是通报多起“两个责任”履行不力的典型案例。形势逼人，纪检干部再不担当将面临很大风险。为此，厅党组、驻厅纪检监察组要求，今后厅直单位班子议事要全程纪实，纪检组织负责人对研究的事项必须明确表态，有不同意见要记录清楚。对“三重一大”决策有不同意见未被党组织采纳的，党组织、纪检组织要一起上报驻厅纪检监察组备案，隐瞒不报或不及时报告将追究责任。三是要认真落实监督措施。层层开展述责述廉，既要述工作，更要述效果、述问题；纪检组织述前要“备好课”，掌握该单位和个人情况，要点问题、提要求，述后书面送达本人和分管领导。要严把干部提拔征求廉洁意见关，有举报未调查的，发现问题影响提拔的，均不得出具廉政意见，谁出谁负责。廉洁意见具有一票否决效力。党组织没有征求纪检组织意见的，纪检组织必须向厅纪检组报告。四是要逗硬责任追究制度。对不认真履行监督职责的纪检组织，驻厅纪检监察组将约谈其负责人，存在监督不力、压案不查、瞒案不报、该处理不处理、发生重大腐败案件、“四风”长期滋生蔓延等问题，将按纪委监督责任追究办法启动追责。当前，特别要抓好“八项规定”精神落实。思想上不能有任何松懈，要加强落实情况监督检查，严肃查处违反“八项规定”精神行为，加大再监督再检查力度。

第二，加大纪律审查力度。纪律审查是纪检部门的使命所系、职责所在，各级纪检组织要认清形势。一是要扛起纪律审查神圣职责，“不能做不抓耗子的猫”，要消除十八大以来的办案空白。根据省纪委对省直部门纪检监察机构负责同志集体约谈精神，明确要求对纪律审查“空白”或信访举报、问题线索多但处置和成案率都低的单位进行督促整改，整改不到位的要专项督查，发现有严重失察、压案不查、执纪不严的要严肃追究监督责任。驻厅纪检监察组将对各单位纪律审查情况进行检查，对履行纪律审查职责不力的，将按照省纪委的要求督促整改、专项督察和启动追责。二是要加大核查处理力度。对信访举报要做到件件处理，该初核的必须初核，可函询的进行函询，初核后该立案的必须立案调查，函询中不如实向组织反映问题的必须严肃处理。对风险领域要主动出击寻找线索，不能“守株待兔”等举报上门，核查问题要查深查透，对“抹案”“放水”的要严肃追责。要正确运用“四种形态”，体现纪严于法、纪在法前的精神，综合运用批评教育、诫勉谈话、组织处理、纪律处分等方式进行处理，用纪律管住大多数，绝不能大事化小、小事化了。三是要加强案件查办结果运用。驻厅纪检监察组将对查处的人员、典型案例在厅直系统层层通报，各单位纪检组织也要对本单位查处的案件进行通报，小案子、小问题也通报，以起到警示教育作用。办案是最好、最彻底的调研，对核查中发现的工作问题，要提出意见建议，并督促整改、规范管理，对驻厅纪检监察组核查后提出的工作建议，相关单位必须及时上报整改落实情况。四是要搞好信访举报信息统计上报。收到的信访举报件或核查中发现涉及处级干部的线索时，要及时上报驻厅纪检监察组，不得隐瞒不报或久拖不报。各单位每季度要对信访举报情况及处理情况进行统计，按时上报厅纪检组。

第三，加强纪检队伍建设。针对厅直纪检机构不健全、人员偏少、兼职偏多等突出问题，必须进一步加强纪检组织建设。一是要健全组织、配强人员。各单位要按照哪里有党组织，哪里就有纪检组织要求，设立党委的必须设立纪委，设立党总支（支部委员会）的必须配备纪律检查员，这是党章的要求。规模较大、下属单位较多、廉政风险较高的单位，应按规定设专门纪检机构、配备专职纪检人员，没有条件设专职人员的，必须明确兼职工作人员。二是要推进“三转”、聚焦主业。纪检组织负责人的主要任务是纪检，要尽量少分管其他业务工作，不得分管人事、财务、后勤等工作。领导分工调整和机构完善情况，于10月底前报驻厅纪检监察组。各级纪检组织要聚焦监督执纪问责，履行好监督责任。三是要加强培训和实践锻炼。驻厅纪检监察组将尽力向省纪委、交通运输部和其他相关部门争取培训机会，陆续安排厅直系统纪检人员参加业务培训。各单位要推荐有培养潜力的30岁左右的年轻干部（非纪检人员亦可），由驻厅纪检监察组统筹安排参加省纪委和纪检组相关工作，进行办案及文字能力实践锻炼。

应该说，“三项任务十项工作”是对厅直系统纪检工作的思路和重心进行深入系统思考的结果。聚焦纪检组织的监督、执纪、自身建设的主责主业，总体思路是要解决厅直单位存在的问题，和中央政策和中央精神保持高度的一致，符合上级的要求。

厅直系统纪委书记座谈会既是总结交流工作，更是传递新形势下执纪监督要求和压力。在强调厅直各级纪检组织落实“三转”切实履职的同时，驻厅纪检监察组也要给各级纪检组织和纪检工作人员提供强有力的工作支撑。驻厅纪检监察组在厅直单位纪委书记座谈会上安排的“十项工作”，有规定动作和自选动作，简单、明确、具体、少、能执行，使基层纪检组织和纪检人员做他们能做得到的工作，就是为了给各级纪检组织开展工作提供强有力的支撑。当然，也施加了足够的压力。“十项工作”也是安排给党组织的。不管是纪检组织还是党组织，都要把“十项工作”一项一项地抓到位，抓到底，抓出效果。

各单位会后均向其单位党组织作了汇报，进行了贯彻落实。2016 年 12 月 5–9 日，驻厅纪检监察组组织 4 个组，对厅直 18 个单位落实纪检监察“十项工作”情况进行了检查并进行了通报。2017 年 1 月 11 日，召开厅直单位纪委书记（纪检委员）述责述廉会，驻厅纪检监察组重点听取“十项工作”落实情况汇报。要求相关单位认真整改，并举一反三自查自纠其他问题，从制度层面规范地抓紧建章立制。“三项任务十项工作”的形式、文风也得到当时省纪委副书记的肯定。

“三项任务十项工作”使纪检工作具体化，目的性、针对性、操作性更强，是驻厅纪检监察组指导厅直系统纪检工作的总体思路，是厅直单位纪检工作的必要内容和具体抓手，同时也是衡量纪检工作成效的主要标准和依据。因此，“三项任务十项工作”既是具体的工作内容，也是一种工作理念、工作思路、工作方法，具有丰富内涵。

二、解读

（一）信访举报件件处理到位

1.厅直各单位要对 2013 年 1 月 1 日以来收到的信访举报件的处理情况进行逐一清理，并在 8 月 31 日前向驻厅纪检监察组报送清理情况报告。

2.厅直单位对2013年1月1日以来的信访举报必须件件处理、件件处理到位。从各种渠道收到的信访举报都要处理到位。

3.厅直单位纪委凡是隐瞒不报、不处理或者处理不到位的，一律追究责任。从经办人员、纪委、党委，谁的责任追究谁。

4.厅直单位纪委信访举报处理情况按规定上报驻厅纪检监察组，包括处理情况、统计数据、案件线索等。

处理信访举报是纪检工作的基础职责。信访举报件件处理，不能漏掉一件，既是中央纪委的要求，也是纪检组织和纪检人员的本职工作，党组织及其主要负责人对此亦有责任。从细微的基础的履职工作着手，要求厅直单位纪检组织将信访举报件件处理到位，既是履行执纪任务的体现，又是确保其行使监督职责的前提。将这一工作用四个小点进行具体细微的规定，突显了“三项任务十项工作”的具体性和务实性，显示了坚决执行中央精神的决心和担当。

（二）扫除厅直单位纪律审查空白点

1.办理案件实行分级负责，按照党组织关系和干部管理权限，党委、纪委对案件处理必须明确表态，处理存在问题的要按规定追责。上级纪委可指导协调下级纪委办案，但不代替下级纪委做出决定。

2.要逐步落实纪委办案以上级纪检组织领导为主。驻厅纪检监察组要加大对厅直单位纪委办案的指导和督导。厅直各单位纪委要及时向驻厅纪检监察组报告办案工作，案件线索要按规定上报驻厅纪检监察组。上级纪委相关规范性文件出台后，要及时落实到位。

根据原公路局纪委书记的访谈，纪律审查要以驻厅纪检监察组为主，这项措施本身是为了落实“两为主”的要求，下属单位非常欢迎。“它解决了两个层面的问题。一个就是心理上的问题。实际上，查办案件真的是一件不容易的事情。你要讲求综合效果，要考虑的方方面面的因素是很多的，受到的牵制也比较多，对我们这种内设的纪检部门来讲就更是这样。因为驻厅纪检监察组要求接受上级监督，对吧？有了以上级纪检组织领导为主这个规定后，领导的关注度高了。有驻厅纪检监察组做专业指导，心理上开始有了很大的变化，心理上的压力小了，就更有底了。执纪审查开展比以前顺多了，执纪审查的力量也更有支持了。对我们基层单位来讲，执纪审查这块确实是受的限制比较多，一就是人员的经验问题，二就是手段问题。现在有了驻厅纪检监察组对纪律审查全过程的指导，都可以解决。人员问题可以帮你调配，手段问题可以帮助你去争取上级纪委的支持，包括一些关键环节的突破，都比以前有底气。”

3.厅直各单位纪委的办案工作要从等米下锅变为找米下锅，没有收到信访举报的单位要主动通过监督检查发现线索，加大办案力度。

根据对驻厅纪检监察组工作人员的访谈得知，扫除办案空白点这个问题实际上就是把压力传导给了大家。“对各个单位的纪检干部来讲，哪些部门容易出问题，其实大家心里还是会有一个判断的。但是，是不是有问题？有好大的问题？过去基本上是没有举报就不会主动去考虑。有举报来了，我查举报；没有举报的时候，你也许会有一些判断，或是听到一些反映，但是你不会主动去查找它去处理它。现在有了扫除办案空白点这一规定后，实际上就给了大家压力。就是说，根据你单位的性质、党员数量、从事业务的特点，是可以判断有没有问题的。如果你不把这些问题找到，把根源消除掉，最后风险就会反映在自己身上。我觉得通过这一个扫除办案空白点，促进了我们这些下属单位的纪检机构去主动地作为。”“单位纪律审查空白，纪委书记要被追究责任。纪委书记、纪检部门对应该发现问题而没有发现，发现不报告、不处置，要被追究责任。省纪委专门集体约谈了派驻纪检组组长和副组长，要求当年内扫除纪律审查空白点，年底前必须见成效，省纪委正在制定相关考核办法。工作做得好，确实没有案件的要认真总结经验，向上级纪检组织报告，向全系统通报。驻厅纪检监察组按照省纪委要求，对厅直各单位纪检组织明确提出了逐步扫除纪律审查空白点的要求，并将一一兑现。”

总之，纪律审查是纪检部门的使命所系、职责所在。从追责的角度看，新的形势下，对发生重大腐败案件和严重违纪行为的单位和部门严格执行问责机制，实行“一案双查”，既追究当事人责任，又倒查追究相关责任，包括党委和纪委的责任。单位出了问题，把问题捂住、规避调查，不是解决问题的方法。只有沉下心来，认真研究问题、解决问题，才能避免被追责。纪检部门应该发现问题而没有发现是失职，发现不报告、不处置是渎职，都将追究相应责任。纪检部门不发现问题不行，发现问题不处理不行，处理不到位不行，处理了不执行到位不行。但是，首要的是要善于发现问题，扫除办案空白点，这一步是压力，也是推进工作的基本动力。

（三）案件件件通报到位

1.厅直各单位纪委2016年1月1日以来办理的每一件案件，必须在单位内部通报，通报到本单位的每一个人。案件越小，越要通报，越要通报到位。

2.厅直各单位办理的案件向社会曝光时，要按规定的程序办理，履行报批手续，适时向社会公开报道查办的违纪案件。

3.对省委巡视组巡视后发现问题的整改和处理情况，各单位要按厅党组的要求通报到位。

纪检工作不只是处理人，而是要引以为戒，从思想根源上防范和杜绝再犯。案件通报件件到位，是行使监督职能不可或缺的后半篇文章。驻厅纪检监察组在会上通报的一些案例，以及厅直单位自身查处的案例，均是身边人身边事，熟识的人出现在通报案件里，对大家的震撼尤为明显。对此，原交通厅公路院纪委书记曾谈道：“典型案件通报，一方面是厅里按照上级要求做到案件通报，我们通报的重点就是涉及厅里面单位以及我们院里处理的案件，坚持通报到每个人。离得更近一些，震慑作用就更大一些。我们院是一个企业，有很多专业技术干部，可能都觉得这方面离他比较远。通过对身边发生案件的通报，对我们广大干部职工是一种很好的警示，也是一种很好的教育。”原高管局纪委书记也指出，“我们查办的案件，越小的问题越要件件通报到位。2018 年 5 月，七支队有两名基层执法人员收了大件运输车辆驾驶员 800 块钱护送费，没有开票，两人将钱私分了。案件出来以后，根据调查核实的情况，我们对协管人员进行了辞退，对正式队员进行了行政处分，同时对大队长监督不严进行问责，对班子成员落实监督责任、主体责任和‘一岗双责’进行了核查，并层层通报到了系统里每位同志，要求大家结合情况，自己整治。还组织干部对案件通报进行专题讨论，写心得，谈体会，传递压力，真正从思想上解决问题。另外，有些案子虽说没有查实，但在规范管理上有典型性，和我们执法工作相近，我们也核定通报。大家形成对比，真正从思想上解决了这个问题。”

(四）党纪党规解读到位

1.厅直各单位办理案件后，要针对案件中存在的问题，加强党纪党规的解读，解读到单位的每一个人。

2.党的十八大以来，新颁布或修订的廉洁自律准则、党纪处分条例、问责条例等，要结合本单位的办案情况进行宣传，宣传到本单位的每一个党员和党员领导干部。

3.驻厅纪检监察组正在对巡视发现问题相关党纪党规进行解读，厅直各单位要组织好本单位的解读活动，解读活动要涵盖到本单位的每一个人，解读活动在今年九月底前全部完成。

为什么要进行党规党纪解读？原驻厅纪检监察组负责人谈道："就在巡视整改期间，某下属单位一把手还派公车让驾驶员把配偶从外地送到双流机场去出国旅游，还有一些人业务上请客户到歌舞厅去消费。十八大以来都这么长时间了，虽然天天在说'严'，但是这种'严'的信息、'严'的压力还没有完全传递到位。这就有了我们要对巡视发现问题进行相关党纪党规解读这项工作。"

党纪党规解读大概三四万字的讲稿，所耗功夫很多。厅直系统各单位积极落实党纪党规解读工作，收到较大反响。原公路局纪委书记谈道："党纪党规的解读，当时我们公路局安排了五场，因为公路局下属单位比较多，杜组长亲自解读了两场。让我没想到，大家听得很认真。之前，很多同志都在说，这个巡视的党规党纪解读跟我们有什么关系呢？巡视时到公路局的时间很短，没有发现很多问题，也没到公路局下属单位去。大家晓得厅里来了巡视组，也晓得有些单位发现了问题，但是感觉离我们很遥远。讲了后，大家才感觉到了一种压力，巡视组没到你这儿来，并不是你没问题，没风险。按照同样问题、同样标准去梳理一下，就感觉到我们很多工作的规范程度不如厅里有些直属单位，确实还是给大家敲响了警钟。尤其是我们局下属的一些单位，过去确实不是重点关注的单位。从这个解读开始，大家第一次感觉到巡视是什么、巡视做了什么、对我们来说有什么直接影响，真的感觉到纪律监督就在身边。讲的例子都是他们认识的人，第一次有了很真切的感受。”公路院党委书记接受访谈说，“通过解读，全院职工对巡视反馈问题接受和认同得到了极大提升。以前不要说职工不接受，我们很多干部包括班子成员是不领账的，都认为公路院发生的这些事（10个方面、12个问题）跟我们没有关系、这个事情不是我分管的、我根本都不知道等等。这一点我有很明显感受。公路院是高级知识分子比较多的地方，这种意识并不强。我感觉把一些纪律规矩多次通过解读会、现场会反复讲，深入浅出地讲，这些干部才能够接受，真是不易。驻厅纪检监察组用心良苦，起到了很好的效果。”该单位的纪委书记也说，“巡视后的党纪党规的解读，厅纪检组来院里三次，针对巡视反馈的问题和人员的处理情况进行了点名道姓地通报。一个是对违纪事实、问题都进行全面通报，包括被处理人也在现场，大家当时觉得很尴尬，但是从通报结果来看，确实效果很好，是正面效应。在巡视结果没有出来之前，设计院的一些问题在厅直系统，包括外部系统成为热议，但是巡视和党纪党规解读后，原来并没有疯传的那样严重，对设计院、对交通厅是有非常好的正面效应的。大家坦然接受了这个现实，确实起到了震慑教育作用，包括身边的人也受到了处理，也是切肤之痛。”

对当时出台这一条的具体缘由，原驻厅纪检监察组负责人后来这样阐释道：“用自己的话说自己的事，这是我们整个党纪党规解读中体现得比较明显的一点。我们平常也在开展类似党风廉政建设宣传教育活动，我们最大的不同就是，我们用自己的话说交通厅厅直系统的事，针对这些问题在说事。巡视当中不是发现了这么多的问题吗？36个整改事项，28个问题线索，处理了大概100多个人，处分了大概十五六人，诫勉谈话几十个，批评教育好多个，组织调整又是近20个。党中央的文件和精神，我们需不需要去宣传？肯定是需要的，其中就有一个问题，是不是我把中央的文件拿来念，才是和中央保持一致啊？……我没有去读一句原话，没有去念一个文件，但是其中字字句句都体现了对中央文件的执行到位。中央需要的是什么呀？不是你一天把文件念在口上，拿在手上，需要的是中央这些政策在我们交通系统，在我们这个局，在我们科室，在我们的直属单位能够落地生根，能够执行到位，需要的是这个。我们就用自己的话来说自己的事。执行到位，核心就这一点。”

“如何理解‘说到做到’？解读党纪党规，每一场解读大概解读三个小时，十八大以来中央的一些新的要求，严的要求，应该说给大家解读得比较透彻。但是，去年一个下属单位的一把手问我能否去他们单位再讲一下。我去年都给他们讲过了，花了三个小时，他说要多给大家讲一讲，反复给大家强调一下，这样效果好些。我当时说，现在已经不是我说什么的问题，而是你们要怎么去执行去落实的问题，三个小时的讲稿应该有几万字了，这些内容你们都执行到位了吗？这些内容我给大家讲明白，就只讲一遍，以后也不会再讲。话说多了，就是水。一定要把这些执行到位。”

“如何理解‘工作再往前走一步’？到了2016年9月，党纪党规解读46场基本结束。我们给省纪委写了开展党纪党规解读的专题报告，得到了领导的肯定。但我们工作是不是就该结束了？我们提的一个理念是工作再往前走一步，哪怕只走半步就是效果。”

（五）纪委书记在单位决策时表态必须明确

1.厅直各单位纪委书记在参加本单位党委会以及其他会议进行决策时，对决策事项必须有明确表态。

2.厅直各单位纪委书记参加决策时的表态必须清楚准确记录，可追查、可追溯。记录不清或无记录的，要对分管办公室领导、办公室主任、分管副主任、记录人追责。

3.厅直各单位纪委对党委的决策必须坚决服从，坚决执行。

4.厅直单位纪委书记参与决策时不表态、表态不明确、错误表态要追责。单位决策时未征求纪委书记意见的不追究纪委书记责任，纪委书记表态正确但不被采纳的不追究责任。

5.厅直单位“三重一大”事项集体决策时，纪委书记意见和党委决策意见不一致时，单位党委、纪委应将情况报驻厅纪检监察组备案。

6.驻厅纪检监察组不对单位决策做裁决，由厅相关业务部门裁决。驻厅纪检监察组不干扰、不影响单位的决策。

如前所述，催生“纪委书记明确表态”这一条的直接原因，是监理咨询公司原纪委书记向驻厅纪检监察组的诉苦。作为巡视期间问题反映比较集中的单位的纪委书记，他也深感委屈，认为不是他不履行监督责任，他不仅提出过反对意见，甚至为此与党委书记争吵过，但毫无作用。为此，在厅直单位纪委书记座谈会上，时任驻厅纪检监察组负责人提出，纪委要明确自身的职责定位，纪检干部要敢于担当，履行好监督责任；厅直单位班子议事要全程纪实，纪检组织负责人对研究的事项必须明确表态，有不同意见要记录清楚。对“三重一大”决策有不同意见未被党组织采纳的，党组织、纪检组织要一起上报驻厅纪检监察组备案，隐瞒不报或不及时报告将追究责任。

原驻厅纪检监察组负责人谈道：“纪委书记表态必须明确，刚开始我们的纪委书记压力山大。我又跟纪委书记沟通，我说如果你这项工作做下来，只是你纪委书记感觉到压力，所有的压力扛在你纪委书记一个脑壳上，在你的肩上扛起顶起，你那个纪委书记当得也太差了。大家没有弄懂，我说我释放给你的压力，你要想办法把它分解出去，把你的压力分解到你每个单位班子成员里面，你的纪检工作就干到位了，你这个纪委书记就当到位了。后面大家慢慢就琢磨出来这个味道，大家想一想，党委的决定和纪委的表态不一致的时候，党委和纪委两家一起同时将这次的议题情况报给驻厅纪检监察组，驻厅纪检监察组不会来干涉你下级单位的决策，我也不会来直接判断哪家不对，我让厅机关这些相关处室去研究。党委对，批评纪委；纪委书记对，那这个党委书记就要拿话来说。当这个情况能够往上报的时候，相信我们纪委书记有这种业务能力和水平，决策中多少都有点儿不妥当的地方。这个时候，压力到哪里去了？党委书记的压力山大，分管领导压力山大，这不就把压力转出去了吗？”

原公路局纪委书记也谈道：“明确表态，我感觉是保证了纪委书记监督权的落实。实际上对我们这样的单位来讲，要防范违纪违规的风险，首先还是在决策层面。决策都出问题了，那后面出问题肯定是必然的。纪检组明确提出这个要求，操作起来其实并不难，但是解决了过去的一个很难的问题。这些问题，我原来不好说我要去介入，我要去了解，我要反对。纪检组这个规定，对我们来说，执行起来也是上级的要求，大家也能够理解，包括班子的成员，他也不会感觉你是在跟我们作对和找麻烦。因为对于一个纪委书记来讲，我表了这个态，我是要承担责任的，我是要全程介入的。而且纪检组规定得非常细，表态表错了，我还要承担责任。我们在做这个事情的时候，也有在会上没有通过的情况，即对这个事情要再商量。这个时候，大家下来就会更仔细地去考虑这个问题。这种情况发生过一两次之后，大家也会自觉去判断。有些感觉拿不稳的事情，过去他可能不会跟纪委书记在会前做沟通，现在他就会在会前专门来找你，给你讲这个事情的来龙去脉。这样我们也可以在会前把政策、把事情把握得更清楚一些，而不是在上会时突然抛一个东西出来让你表态，那样表态不一定切合实际。所以，从一把手到班子成员对这个规定都很理解，执行一段时间后就成为惯例了。我们局里一把手考虑问题考虑得很细，在所有相关部门发言之后，纪委书记先表态，然后班子成员再表态。这里面有一个比较现实的问题，如果纪委书记表态相对靠后，有可能班子成员都说同意后，你再表不同意，压力就会大一些。让你先表态，顺序在处室之后，在班子成员之前，有什么意见，我们也更好发表。也可能纪委书记提出问题后，领导也会再多想一想，也会提出他的意见来，大家讨论就会更充分一些。”

交职院党委书记也谈道：“至少我觉得这个机制能够让大家在党委会上开诚布公，包括我党委书记表态制度，我都不预先谈自己的观点，因为这个事情我了解多一些，我可以介绍这个情况的来龙去脉和背景，但是在介绍过程中，我绝不会把自己的观点暴露出来，大家来讨论。如果这个都没有，让大家稀里糊涂什么都不知道的情况下去做决策也容易出问题。”

“纪委书记在单位决策时必须明确表态”是监督机制层面的创新，通过保障纪委书记监督权的落实，使规矩意识、纪律意识挺在前面，增强了班子决策的民主性、科学性和政治性，压缩了党委拍脑袋决策的任性空间。这一机制的落实具有以下重要意义。

第一，纪委书记对重大决策的不同意见要表达出来。厅直单位纪委书记在单位重大决策中表态必须明确，纪检工作全方位参与到单位决策管理中去，是纪检履行监督责任的重要方式和载体。单位重大事项不集体决策要按规定追究责任。纪委参与单位重大决策，是为了确保单位廉洁发展，是纪委必须肩负的政治责任。之前纪委书记发言没分量，不被重视、不被尊重，要求纪委书记在单位重大决策上表态，实质上赋予纪委否决权，增加了纪委书记意见的权重，有效提升了纪委的权威性。

第二，纪委书记参与单位重大决策表态要主动作为。纪委书记参与单位重大决策表态要和信访举报、问题线索查处、警示教育、宣传结合起来。决策不只是被动地表明态度，更要主动作为，纪委和纪委书记要为党委尤其是党委主要负责人提供建议意见，成为党委开展工作的纪律支撑。决策表态体现在会议上，工作要做在会前会下。在会前征求意见过程中，加强沟通协调。否定意见不一定非得要到会上去提，也可以在会前提，会前就沟通一致。否定意见也不一定很多，抓住关键问题，问题抓准，意见提准，让人信服。党委作出重大决策时能有听取纪检意见的意识和行动，纪检工作就做到位了。

第三，要把纪委书记重大决策表态的压力传递给班子成员。纪委书记在单位重大决策时表态必须明确压力不应该只是在纪委书记身上，也应该在会议主持人和参会人员身上。纪委书记自己把压力扛起，自己把包袱背起，工作是没有做到位的；把压力传递出去，释放出去，让班子成员感觉到压力，这才是把工作做到位了。纪委书记的表态不是体现在业务层面的把关，而是在廉洁层面的把关，把握住廉洁关键点位才能画龙点睛，体现工作能力和政策水平。

（六）纪委出具的廉洁意见一票否决

1.厅直各单位提拔干部应书面征求纪委廉洁意见，廉洁意见也应是书面的。

2.厅直单位纪委出具的廉洁意见一票否决。

3.厅直单位党委提拔干部不征求纪委廉洁意见的，追究相关人员的责任。纪委不据实出具廉洁意见的，追究纪委相关人员的责任。

4.厅直各单位2016年1月1日以来提拔干部征求纪委廉洁意见情况于8月31日前报驻厅纪检监察组。

该措施是对原驻厅纪检监察组负责人在厅直单位纪委书记座谈会上的讲话第三条“要认真落实监督措施”的进一步细化。前已述及，讲话指出，要严把干部提拔征求廉洁意见关，有举报未调查的，发现问题影响提拔的，均不得出具廉洁意见，谁出谁负责。廉洁意见具有一票否决效力。党组织没有征求纪检组织意见的，纪检组织必须向厅纪检组报告。这一措施在之后的实践中得到认真落实。对此交通院纪委书记谈及，“我们院严格执行考察制度，按规定出具廉洁意见。根据所在部门的评价、干部日常表现、信访举报情况、案件查办情况进行综合评价。按照真实情况和规定出具廉洁意见。若涉及存在违反党纪党规廉政纪律的情况，在处理意向期的，或者我们知道有举报或正在处理的，就不出具廉洁意见。”交职院纪委书记谈及，“学院所有干部提拔，包括对外推优，都要有学院纪委发的廉洁意见。我们在酝酿阶段，学院单位都会充分听取纪委的意见。正是因为我们前期的沟通充分，目前还没有出现因为廉洁意见直接影响干部岗位调整的情况。但也因此有些干部下一步会有岗位的调整，这些工作在前期沟通时就完成了，而不是在廉洁意见出具时才出现的。”公路院党委书记谈及，“涉及干部的选任、评优，严格执行廉洁意见一票否决制。因为这一原因，我们多名干部被延长试用期，也有多名干部被取消推优评先的资格。”

出具廉洁意见工作不规范的，会被驻厅纪检监察组在《关于厅直单位纪检监察“十项工作”落实情况的通报》中详细地点名通报。“2016 年 8 月，厅大件处选任办公室主任、副主任、工程技术科副科长 3 名干部，党总支未书面征求廉洁意见，纪检部门出具的廉洁意见仅有经办人签字而无纪检委员签字，且出具廉洁意见是在公示结束之后；2016 年厅交通设计院提拔的 10 名干部，纪委出具了廉洁意见，但未见党委书面向纪委征求意见。”

综上，纪委廉洁意见一票否决机制是非常有力的监督措施，能够大幅提升纪委书记和纪检组织的地位与权威。廉洁意见不仅仅局限于是否收到举报材料、是否按流程出具了廉洁意见书，还要求纪委对每个党员干部的廉洁情况进行画像，在总体上把握每个党员干部的政治素质、品格作风，准确判断其是否可用、是否可重用。这意味着纪检组织平时就要对每个党员干部的情况有所掌握，才能在关键时刻把好关，有效履行监督执纪问责职能，做到对每个干部负责，对组织负责。

（七）单位班子成员（主要负责人除外）向纪委述责述廉

1.2016 年在厅公路设计院、监理处（咨询监理公司）开展单位班子成员向单位纪委述责述廉试点。厅直其他单位也要积极探索，有条件的单位今年开展。

2.2017 年厅直单位全面开展单位班子成员向单位纪委述责述廉。

3.厅直单位主要负责人、纪委书记向驻厅纪检监察组述责述廉。

4.厅直单位班子成员述责述廉情况要报驻厅纪检监察组。

5.厅直单位班子成员向纪委述责述廉时，驻厅纪检监察组派人参加。

6.述责述廉的内容要重点突出厅党组、驻厅纪检监察组今年安排的工作和提出的要求。

这项举措，源自原驻厅纪检监察组负责人《在厅直单位纪委书记座谈会上的讲话》第三条“要认真落实监督措施”中的“层层开展述责述廉，既要述工作，更要述效果、述问题；纪检组织述前要‘备好课’，掌握该单位和个人情况，要点问题、提要求，述后书面送达本人和分管领导”，以及第五条“搞好诫勉谈话和约谈。对巡视线索核查中的相关责任人、问题相对较多的单位班子成员和相关部门负责人，厅党组决定进行诫勉谈话和约谈，指出问题，提出要求，促进整改。这项工作正在进行，驻厅纪检监察组牵头组织，厅人事处、厅直机关党委参加，厅直相关单位搞好配合。对诫勉谈话和约谈中提出的问题，被谈话人应按要求抓好整改，并作为年底述责的主要内容。”原驻厅纪检监察组负责人还谈及，“述责述廉是干部选拔任用的基础和依据。述责述廉不是年底才考虑准备的事，要从一年开始就要准备。怎么述责，就怎么干工作。怎么干工作，就怎么述责。述责不是安排部署工作，不是抄上面的文件。做了什么说什么，要务实。述责述廉不是说说而已，不是走形式。述责述廉要把真正能干事、肯干事、干成了事的干部和单位述出来，把干不了事、不干事、没有干事的干部和单位述出来。要述出责任和压力，对干得好的要提拔重用，对干得不好的，要轮岗交流。”“在纪检工作岗位不履职就应该调整。纪检岗位不能是享受待遇的职位，纪检组织也不能是个养老的地方。有的纪检人员不担当、不作为，囿于熟人关系，怕得罪人，长期打不开工作局面，遇到问题绕着走，长期不查一个违纪案件，有信访举报不调查处理，处理不敢坚持原则，工作停留在日常事务工作层面，对纪检工作做什么、怎么做一头雾水，讲不出个一二三，对中央纪委、省纪委和驻厅纪检监察组新的工作要求缺乏敏感，安排的工作不落实，落实不到位，对纪检工作不上心，出工不出力。对这样的纪检人员，要给予组织处理，该调整的调整、该调离的调离；对不敢抓、不敢管，监督责任缺位的，就要严肃问责。”

述责述廉是纪检监察机构推动纪检工作的重要方式和实践保证。以高标准严要求执行述责述廉，就是倒逼纪委书记坚决履职、勇于担当，将具体工作落实到位；就是要求纪检组织将监督执纪问责与党风廉政建设工作的中心工作同安排、同部署、同检查，在述责述廉的压力下提高各单位对纪检工作的重视程度。

（八）纪检组织要有机构有人员

1.厅直各单位要按照党章哪里有党组织，哪里就有纪检组织的规定，对本单位各级纪检组织设置情况进行清理。没有按规定设置纪检组织的，提出解决方案，报驻厅纪检监察组。

2.厅直各单位各级纪检组织应配备必要的工作人员。

3.厅直单位各级纪检组织机构和人员，能专职则专职，不能专职则先兼职。

4.厅直单位各级纪检组织有了机构和人员，按照7月26日厅直单位纪委书记座谈会议部署工作，认真抓好各项工作的落实。

各单位要严格遵循按照哪里有党组织哪里就有纪检组织的原则，设立党委的必须设立纪委，设立党总支（支部委员会）的必须配备纪律检查员，这是党章的要求。规模较大、下属单位较多、廉政风险较高的单位，应按规定设专门纪检机构、配备专职纪检人员，没有条件设专职人员的，必须明确兼职工作人员。要推进“三转”、聚焦主业。纪检组织负责人的主要任务是纪检，要尽量少分管其他业务工作，不得分管人事、财务、后勤等工作。

对这一点，原驻厅纪检监察组负责人还有更深一层的体会。“纪检人员要具备办案、文字和协调三种能力。纪检组织不健全的要健全起来，规范起来；没有人的把人员配齐。人不是越多越好，关键是素质。要打起灯笼找人，找合适的人，把有法律、会计专业基础，有检察、公安、法院、审计、纪检工作经历，具备办案、文字和组织协调能力的人找出来。必要时可以从外面引进。平时要把人找到，用时才知道人在哪。”

这一规定，不仅凸显了哪里有党组织，哪里就要有纪检组织，同时也体现出驻厅纪检监察组从实际出发，做事量力而行，有什么人做什么事的思路。厅直单位纪检人员相对较少，多的几个人，少的一个或“半个”，这和几十上百人的各级纪委机关情况不一样，对只有一两个人的纪检组织安排部署工作是有局限的。既要完成上级安排的工作，更要从这一两个人的擅长处去落实上级安排的工作，这样做工作更容易见成效。不考虑这一两个人的情况去安排工作，效果肯定会打折扣。

（九）纪检工作“三转”

1.厅直单位的各级纪检组织都要“三转”，转职能、转方式、转作风，聚焦主责主业，聚焦监督执纪问责。

2.厅直各单位对本单位“三转”情况进行调研，提出意见和报告。于8月31日前报驻厅纪检监察组。

3.厅直各单位落实“三转”过程中注意和驻厅纪检监察组沟通，协调解决具体问题。

明确提出厅直系统纪检工作的“三转”，直接推动了厅直单位纪检工作的大转向。大件处纪检员回忆道：“纪检工作以前在我们单位一直停留于形式主义。十处打锣九处都有你，每一处你都要起到作用，但是好像又没有起到多大的作用。不管是验收也好，采购也好，以前就是非要纪检来签字，都要把纪检套在里面。我就参加了这个环节，其他环节比如说定价，却不让纪检来参加，招标的几家单位怎么比选、怎么报价、怎么要求的，我什么都不知道，定价的时候让我来签个字，我负什么责任呢？厅里面规定了具体的‘三转’工作，要求我们跳出业务范畴。深入学习了‘三转’文件和‘三项任务和十项工作’后，感到这明确要求给我们撑直了腰杆，回去说话也理直气壮，我们以后都不参加这些业务工作了。”

（十）纪检人员的培训

1.厅直单位的纪检工作人员（专职和兼职人员），原则上每年应参加至少一次业务培训。

2.驻厅纪检监察组积极和上级纪委联系沟通协调，争取更多的培训机会。驻厅纪检监察组原则上每年组织一次厅直系统纪检人员业务培训。

3.厅直各单位积极选拔推荐优秀人才，主要是办案和文字写作人才，由驻厅纪检监察组推荐选送到上级纪委参与重大案件或重大工作，通过实战培训，共同加大纪检工作骨干人才培养力度。

4.驻厅纪检监察组建立厅直单位纪委微信工作群和QQ工作群，作为厅直系统纪检工作平台。

对培训的高度重视，是十项任务的重要特点，也是驻厅纪检监察组工作的重要创新。培训不只是课程培训，更是通过干工作来进行实战培训。培训在各单位也引发了积极反响。交通设计院纪委书记接受采访谈道：“今年我们派了某同志专门到驻厅纪检监察组去轮训。我感觉回来后确实能力得到了很大提高。她每次汇报，能感觉到驻厅纪检监察组非常锻炼人，要求高，能力提高快，文字能力、办案能力、组织能力、协调能力有长足进步。我们也组织各级纪检干部参加各类培训，包括到杭州、北戴河培训。下一步，我们要求新进人员都参加培训，包括下一期的地方培训。”公路局纪委书记也谈道：“希望纪检组能够加强实战培训，特别是案例的培训。我感觉在执纪审查能力方面需要培训的能力很多。第一就是综合分析能力。因为你去查案，是一次性的艺术，你这个组开始查之后，就是不可逆的。而且你办案子给人家传递了信息，开始没弄好，后面再想去弥补是很难的。现在感觉，缺少经验首先就是缺少综合分析能力，线索拿到之后，怎么分析，怎么处置，从哪里下刀，不晓得。实战轮训，实际上，第一，需要用一段时间上手；第二，对于小单位来说纪检本身工作还是比较困难的。我们希望能够选取纪检组查处得很成功的案件，组织一个分析会，把查案同志请来，他告诉你我们该怎么去分析这些线索，怎么去调查取证，哪个点是风险点，该怎么去谈话突破，怎么适用党纪等，通过一个案子边分析边教大家，希望能给我们提供机会。”

三、特点

综上所述，“三项任务十项工作”的出台和系列部署，具有较为鲜明的特点。符合纪检体制改革和“三转”的中央精神，符合厅直系统实际；数量少，能理解，易明白；能执行到位，能检查。这些特点需要持之以恒抓好抓实。

（一）符合纪检体制改革和“三转”的中央精神

十八大以来，党中央和中央纪委稳步推进纪检体制机制改革。中央纪委提出纪检机关要转职能、转方式、转作风，聚焦主责主业，聚焦监督执纪问责的重要工作要求。转职能，即明确定位，突出职责主业，理清责任；转方式，即抓住关键，创新工作方法；转作风，即自我监督，摆正位置，廉洁自律。王岐山书记2014年5月19日在纪检监察机关“转职能、转方式、转作风”专题研讨班上强调，纪检监察机关要紧紧围绕监督执纪问责，深化转职能、转方式、转作风，全面提高履职能力。党的十八届三中全会进一步部署了“三转”的主要任务。《决定》提出，“推动党的纪律检查工作双重领导体制具体化、程序化、制度化，强化上级纪委对下级纪委的领导。查办腐败案件以上级纪委领导为主，线索处置和案件查办在向同级党委报告的同时必须向上级纪委报告。各级纪委书记、副书记的提名和考察以上级纪委会同组织部门为主。”党的十八届六中全会通过的《党内监督条例》规定，“落实纪律检查工作双重领导体制，执纪审查工作以上级纪委领导为主，线索处置和执纪审查情况在向同级党委报告的同时向上级纪委报告，各级纪委书记、副书记的提名和考察以上级纪委会同组织部门为主。”

“三项任务十项工作”在准确把握中央精神方面可圈可点。中央提出纪委的主责主业是监督执纪问责，其实问责就包含在监督和执纪中。监督、执纪、组织队伍建设这三项任务真正抓住了整个纪检工作的关键点位，这与中纪委要求的聚焦主责主业是一致的。与此同时，驻厅纪检监察组多做了一项工作，即宣传教育，用他们的话来说，“监督完了就需要有宣传教育，它们是连成一线的。”可以看到，“三项任务十项工作”体现了以“三转”为核心的总体思路、基本方向和工作原则，压实了集中力量抓好监督执纪问责主业的中心任务，强化纪检监察职能发挥，加快推进纪检监察机关内部机构调整和职能重新定位，对外收缩战线、整合资源，对内优化配置，提速增效，充分反映出厅党组、厅纪检组坚决落实中央全面从严治党和反腐败斗争战略以及中纪委“三转”要求、切实深化和推进纪检工作改革的高度自觉。“三项任务十项工作”是落实中央相关精神、持续推动纪检工作实现“三转”的具体实践，体现了厅纪检组的责任担当和执行能力，为进一步推进厅直系统纪检组织建设，健全完善纪检工作机制，提升监督执纪问责能力提供了指导和保障。

（二）符合厅直系统实际

前已述及，省委巡视组对厅巡视后，指出厅直系统纪检组织作用发挥较差。厅党组要求进一步加强厅直系统纪检组织建设，提升监督执纪问责能力。目前，厅直系统纪检组织“三转”尚未到位，厅直系统纪检机构层级多、基层多、事业单位和企业单位多，但纪检组织没有全覆盖，导致从严治党的信息很难传递到位；厅直系统纪检工作存在纪检工作头绪多、没有主业和重心、浮在面上、停留在形式上、各自为政、单打独斗的问题，难以将工作转化为厅直系统大家的工作；厅直系统纪检人员普遍存在地位低下、人员老化、配员不足的情况，工作忙于应付，难以有效开展。这种现状说明厅直系统距离全面落实监督责任还有很大差距。“三项任务十项工作”的部署正是在充分把握厅直系统上述现状的基础上出台的具有极强针对性的工作原则和工作思路，目的就是为了进一步推进厅直系统纪检组织建设，健全完善纪检工作机制，提升监督执纪问责能力。

（三）数量少，能理解，易明白

“三项任务十项工作”的真正价值在哪里？时任驻厅纪检监察组负责人说到：“在于它的具体、它的明确、它的简单，还有一个，数量少。这才是我们工作当中的一些最需要的东西。其文字材料，如果与我们平常写得比较规范工整的文字材料相比，水平可能不值得一提。但它里面蕴含的工作内容都是在我们的中央文件、中央纪委报告、省纪委报告中说了一遍又一遍的，包括办案的五个到位：调查到位、处理到位、通报到位、整改到位，解读到位；纪检组织队伍建设，‘三转’、培训等等都是过去常规的工作。但是，正是这样，它让人能很好理解，容易明白。”

（四）能执行到位，能检查

“三项任务十项工作”是在理解中央精神基础上基于全厅情况的战略部署。越是高大上的东西，越要逐步落实到位。2016 年年底，厅纪检组出台《十项工作检查方案》，厅党组扩大会上对检查情况一个个问题进行通报，对做得不好的，组织上进行调整。《关于厅直单位纪检监察“十项工作”落实情况的通报》显示，总体来看，信访举报件处置、案件通报、出具廉洁意见等工作落实较好，扫除办案空白点、纪委书记表态、纪检工作“三转”等工作落实还不到位。通报指出还存在40项问题，集中起来是十个方面具有代表性、典型性的问题。如履行纪律审查职责不力、对重要问题线索不报告、未完成消除办案空白点任务、执行“三重一大”集体决策不彻底、未认真履行对下属单位监督责任、未按规定报送相关事项整改结果等。可以说，十项工作具有可分解可检查能执行的特点。通过检查和通报，形成向厅直系统传递“严”的压力和氛围，有力推动了厅直单位纪检监察工作的前进。

第三节 厅直系统纪检工作的实施
——“三项任务十项工作”的落实

一、工作落实情况检查

2016年7月26日，厅直系统纪委书记座谈会议提出“三项任务十项工作”，要求各纪委书记会后向单位党组织做好汇报，不折不扣抓好贯彻落实。这意味着该项工作正式启动，成为今后工作的重心、检查和考核的核心。同时也声明，在上级纪委没有重大工作重心转变之前，该项部署就是一项长期坚持的工作。

2016年12月，驻厅纪检监察组出台《十项工作检查方案》，分四个组对厅直18个单位落实纪检监察“十项工作”情况进行了为期五天的检查，对检查发现的40个问题在厅党组会上通报，督促相关单位限期整改。2017年1月11日，召开厅直单位纪委书记（纪检委员）述责述廉会，驻厅纪检监察组重点听取“十项工作”落实情况汇报。2017 年 2 月，在厅直系统纪检业务培训会上，驻厅纪检监察组再次对“十项工作”进行深度解读，持续宣传。

《十项工作检查方案》的检查内容主要涉及信访举报件处理(2013 年 1 月 1 日以来登记处理情况；纪律处分文件装档及按规定通报、调整工资待遇情况)、扫除办案空白点（2013 年以来是否办案；是否存在有案不查的问题；是否存在厅管干部问题线索不报驻厅纪检监察组的情况；是否存在非群众举报线索明知而不处理的情况)、案件通报（本单位查办案件、上级对违纪违规人员的处理情况是否在单位内部进行通报)、纪委书记决策表态(纪委书记在“三重一大”事项上是否明确表态，记录是否清晰明确；是否存在党委、纪委意见不一致不向驻厅纪检监察组备案情况)、纪委廉洁意见一票否决（是否存在提拔干部不征求党风廉洁意见情况；是否存在有问题未调查或未查清就出具廉洁意见情况)；纪检有机构有人员（纪委机构设置及人员配备情况、分工职责及相关工作制度)；“三转”（工作方案及实施进度)；述责述廉（各单位对该工作的打算；重点检查厅公路设计院、监理处〔监理咨询公司〕推进试点情况)，同时随检查一并开展《关于进一步加强对受处分人员回访和申诉复查案件办理工作的通知》相关工作。检查方法主要有查阅相关文件资料、听取工作介绍、核实相关上报情况等。

总体来看，信访举报件处置、案件通报、出具廉洁意见等工作落实较好，扫除办案空白点、纪委书记表态、纪检工作“三转”等工作落实还不到位。厅高管局、交职院等单位多项工作落实情况较好，在纪律审查等工作上有创新、有成效。信访件举报件处置方面，收到信访举报的单位对信访举报件均登记，并进行相应处置，但部分单位登记管理不规范。扫除办案空白点方面，除厅高管局、厅质监局、厅公路设计院、交职院外，其余单位2013年以来未办案。案件通报方面，有案件的单位均进行了通报，厅航务局、厅高管局、厅质监局按要求进行全面通报，厅公路设计院、厅监理处（监理咨询公司）只在支部进行通报。纪委书记表态方面，总体状况比以往有改进，厅公路局、厅公路设计院等单位纪委书记在集体决策时均有明确表态，但部分单位纪委书记（纪检委员）表态不明确，部分单位无纪委书记（纪检委员）表态记录或记录不完善。出具廉洁意见方面，提拔干部均出具了纪委廉洁意见，个别单位出具廉洁意见不规范。纪检工作“三转”方面，纪委书记（纪检委员）分管人事、财务、经营、后勤等工作的情况较为普遍，纪检机构人员不足的问题较为突出。检查共发现40个问题，归纳起来主要有以下十个方面具有代表性、典型性的问题。分别是：

（一）履行纪律审查职责不力。如：厅公路局对群众反映公路疗养院原院长杜某相关问题，发现违纪事实后长时间拖延、不提出立案建议；厅公路局对审计发现兴鑫公司对外大额借款损失问题，仅对当事人进行约谈，未作为问题线索开展调查；兴蜀公司对审计发现财务人员违规大额重复拨款造成损失问题，未作为问题线索开展调查，仅对当事人进行批评教育。

（二）对重要问题线索不报告。如：厅公路局对兴鑫公司对外大额借款损失问题、兴蜀公司对财务人员违规大额重复拨款损失问题，均未按要求作为重要问题线索向驻厅纪检监察组报告。

（三）未完成消除办案空白点任务。如：在2016年需消除办案空白点的6个单位中，厅公路局、厅运管局、厅交通设计院未完成消除办案空白点任务。

（四）纪委书记表态不明或错误表态。如：兴蜀公司等单位纪委书记表态不明确或记录不全；厅监理处（监理咨询公司）2016年第14次党委会讨论专业技术人员岗位聘用、绩效工资标准等问题，纪委书记未明确表态或记录不全；厅运管局2016年第19次党委会审议通过政府采购方式开展道路运输安全管理长效机制建设事宜，纪委书记未明确表态或记录不全；厅大件处2016年党第10次总支会审议广告位租赁、花桥物管委托事宜，无纪检委员表态记录；交职院2016年3月18日、9月22日党委会讨论人事议题，无纪委书记表态记录；厅航务局党委会讨论推荐某市海事局局长为全国海事系统“三化”好形象好品牌评选候选人，该局长在厅航务局的一相关违纪问题中负有责任，但航务局纪委书记却对推荐意见表示赞同。

（五）纪委与党委意见不一致时不按要求上报备案。如：厅公路局研究对某人相关问题处理意见、厅公路设计院办公会讨论四川高速公路公安交通管理监控系统二期建设工程设计政府采购项目外部供应采购事宜，纪委与党委意见不一致，党委、纪委均未按要求报驻厅纪检监察组备案。

（六）出具廉洁意见工作不规范。如：2016年8月，厅大件处选任办公室主任、副主任、工程技术科副科长3名干部，党总支未书面征求廉洁意见，纪检部门出具的廉洁意见仅有经办人签字无纪检委员签字，且出具廉洁意见是在公示结束之后；2016年厅交通设计院提拔的10名干部，纪委出具了廉洁意见，但未见党委书面向纪委征求意见。

（七）纪委书记（纪检委员）分管人事、财务等工作。如：厅航务局、厅高管局、厅公路设计院、厅交通设计院等单位均存在此问题。

（八）执行“三重一大”集体决策不彻底。如：交职院食堂招标未上党委会集体研究，出现招标行为不规范、食品变质等方面问题；厅公路局讨论某人的问题处理，不列入党委会议题，不进行会议记录；厅后勤中心招标采购事项仅在研究预算时上党委会集体研究，采购方式未上党委会研究，分散采购的招标、比选过程不规范。

（九）未认真履行对下属单位监督责任。如：厅公路局下文由兴蜀公司代管华腾公司等五个局属企业，但对代管的形式、内容、责任均没有予以明确，兴蜀公司纪委对代管单位是否作为监督对象亦无明确意见，未履行监管职责。

（十）未按规定报送相关事项整改结果。如：2016 年 7 月，驻厅纪检监察组对厅公路设计院、厅监理处（监理咨询公司）领导班子集体约谈，并要求 2016 年 12 月 20 日前上报整改落实情况，两单位均未专题上报整改情况。

驻厅纪检监察组要求厅直单位针对上述问题认真整改，并举一反三自查自纠其他问题，需要从制度层面规范地抓紧建章立制，同时整改情况于 2017 年 3 月底前报驻厅纪检监察组。

原驻厅纪检监察组负责人回忆道：“2016 年 12 月，我们纪检组派出了几个检查组到厅直单位检查三项任务十项工作的执行情况。纪委书记表态要明确，这一项大概写了有将近十条，写得很细，就连办公室记录不全要追究分管办公室的领导责任、办公室主任的责任、办公室分管副主任的责任、直接记录人员的责任等都是明确的，目的就是要确保他能执行到位。比如纪委书记表态要明确，既然这样说了，那就是要做到。如果党委决定和纪委书记表态不一致，必须同时报驻厅纪检监察组备案，那么你报没报？检查的情况在厅党组扩大会议上进行了通报，执行不到位的相关人员，立即进行了组织调整。不仅仅是在党组扩大会议上进行通报，在厅直系统纪检工作培训会上也进行了一一通报，一下子把整个厅直系统的精气神提起来了，整个系统的气息就不一样了。”

总之，“三项任务十项工作”是驻厅纪检监察组针对厅直系统的实际情况和问题，根据上级纪委要求的精神列出的工作清单，同时也是问责的载体。布置任务，最关键的是执行。对“三项任务十项工作”的一一对照检查，体现出驻厅纪检监察组“说到做到”的态度。几种场合的通报，则凸显了其“一竿子插到底”的工作理念。监督执纪问责的“严”的压力和氛围，就是这样传递和形成的。

二、持续一抓到底

“三项任务十项工作”布置下去，不是布置就完了，还要一抓到底，抓落实，抓检查，抓入脑入心，形成开展工作的条件反射，是推动工作的必然举措。要着眼于“三项任务十项工作”部署的长期性，要保持抓“三项任务十项工作”的定力，这是驻厅纪检监察组对这项工作的基本态度。厅直纪检系统“三项任务十项工作”和“三转”要求是一致的，体现了中央纪委、省纪委的精神，体现了厅党组的要求，符合厅直单位实际情况，是厅直单位一直都要做下去的工作。要继续抓好“三项任务十项工作”，年底进行更严格的检查，更严格的工作评价，更严格的责任追究。要作为一项长期工作，而不是年度任务。目前厅直系统存在的问题，有的工作抓一年就不抓了，第二年又去抓新的工作去了。猴子掰苞谷，掰一个丢一个。“三项任务十项工作”中的每一项都要持之以恒地抓下去，没有收兵的时间，没有减弱的时候。常规来看，每年有工作总结，有工作安排。年初都要思考一年做什么，抓哪些工作。驻厅纪检监察组年中要抽查，年底要检查，存在的问题要通报、要整改、要落实，责任人员要受到追究，该调整的要调整。中央八项规定精神的落实，持续在抓，力度丝毫未减。抓工作的定力，值得厅直系统纪检组织学习和借鉴。纪检工作要保持适当的连续性，持续做下去，看准了的事，除非外界形势有明确的变化，原则上不另起炉灶，持之以恒地抓下去。用原驻厅纪检监察组负责人的话讲，“‘三项任务十项工作’，安排工作当时就跟大家说清楚了，这些工作不是抓一天两天抓完就没事了，至少要抓五年，只要我还在交通厅干，那我就抓下去，不会存在今年抓一套，明年抓一套。当然，中央纪委、省纪委有大的工作部署安排的话，适当地作一些调整，这是可以的”。持之以恒抓落实，还要在“三项任务十项工作”的深度上掘进、广度上拓展。不能照本宣科，要认真把握本单位、本系统的实际情况，深度贯彻和落实。每一项工作都有文章可以做，都是可能做成大文章的，都要解决本单位的问题。

要持之以恒抓落实，核心要体现在具体工作中。要让“三项任务十项工作”在厅直单位落地生根，必须紧紧围绕该部署开展执纪监督问责。为推进“纪检人员以上级纪检组织考核为主”落实到位，驻厅纪检监察组从 2017 年 1 月开始，每年年末安排开展厅直单位纪委书记（纪检委员、纪检工作人员）年度述责述廉工作。不陈述空话套话，只讲围绕这十项工作做了哪几件事，效果在哪。每人 5 分钟，到点叫停。参会人员以直接排名方式开展对纪委书记（纪检委员）履职情况和厅直单位纪检工作情况的测评，测评结果作为个人和单位年度考核的重要依据。对排序靠前的提拔重用，对排序靠后的交流轮岗。厅直纪检系统纪委书记、纪检委员和纪检人员被动员发动起来，开始认真思考纪检工作，琢磨把工作抓到点子上、落到实处。可以说，厅直纪检组织平时要用90%以上的时间精力抓“三项任务十项工作”，年底述职要用90%的篇幅和文字汇报“三项任务十项工作”。述责述廉的逗硬，述出了责任、压力和动力，带来了崭新的会风和作风，带动了厅直系统干部队伍的变化。

三、溢出效应

驻厅纪检监察组布置的“三项任务十项工作”，不仅在厅直单位收到成效，也通过培训和交流，扩散为全省交通系统纪检工作开展的重要学习材料，不少单位参照做、比照做，也取得良好成效。其中，德阳市和遂宁市交通局纪检组的溢出效应具有典型性。

（一）遂宁市纪委监委驻市住建局纪检监察组“三项任务八项工作” [1]

参照做、选择做，参照驻厅纪检监察组对厅直纪检系统提出的“三项任务十项工作”，遂宁市纪委监委驻市住建局纪检监察组进行了变通和加减，提出了对纪检组和综合监督部门内设纪检组织的“三项任务八项工作”。

2017年8月下旬，遂宁市派驻纪检机构改革实行“综合派驻制度”，市纪委派驻市住建局纪检监察组于2017年8月25日宣布成立，是遂宁市第一个宣布成立的纪检监察组（综合监督）。通过学习贯彻“省交通运输厅厅直机关纪检组织和队伍建设现场会议”精神，该纪检组深入学习驻厅纪检监察组的成功做法，传达落实驻厅纪检监察组工作要求，直接拿来，按照做、比照做、参照做、选择做，工作有了明显抓手和好转。参照驻厅纪检监察组对厅直纪检系统提出的“三项任务十项工作”，遂宁市住建局纪检组进行了变通和加减，提出了对纪检组和综合监督部门内设纪检组织的“三项任务八项工作”，其制发的对五部门机关纪委工作考核办法，把“三项任务八项工作”列入了考核内容。

第一项任务是执纪任务，包括4项具体工作。一是信访举报件件处理到位。要求纪检组和各机关纪委对信访举报件，必须件件处理到位。凡转交各部门办理的信访举报件，必须将调查处理情况报派驻纪检监察组。二是扫除监督单位办案空白点。办理案件实行分级负责，按照党组织关系和干部管理权限，纪检监察组、局长办公会、机关党委、机关纪委对案件线索处置必须明确表态。纪检组在五个部门都要有办案，五个部门机关纪委也要有办案。各单位机关纪委要及时向派驻纪检监察组报告办案工作，收到或发现的案件线索要按规定时限，上报派驻纪检监察组备案。没有收到信访举报的单位要主动通过监督检查发现线索。三是案件通报和检讨书诵读到位。纪检监察组和各单位机关纪委办理的每一件案件，必须在单位内部甚至相关部门通报，通报到每一名党员干部，同时摘要诵读他们的检讨书，增强警示教育的感染力。对巡察发现问题的整改和处理情况，各单位机关纪委也必须按局党组和纪检监察组的要求通报到位。四是党纪党规解读全覆盖。纪检组、机关纪委查办案件结束后，要针对案件中存在的问题，加强党纪党规的解读，解读到单位的每一个人。要把党的十八大以来新颁布或修订的廉洁自律准则、党纪处分条例、问责条例等，紧密结合查办案件情况进行宣讲，宣讲到本部门本单位的每一名党员干部，力求做到入脑入心。

第二项任务是监督任务，包括 2 项具体工作。一是表态必须明确。纪检监察组干部、机关纪委书记、党总支（支部）纪检委员（纪检员），在参与单位集体决策时，必须表态，表态还必须明确。表态内容必须清楚准确记录，做到可追查、可追溯。监督建议意见与决策意见不一致时，监督者应将情况报派驻纪检监察组备案。二是出具廉洁意见一票否决。各部门提拔科级干部应先征求机关纪委廉洁意见，再书面征求派驻纪检监察组出具廉洁意见。各部门的下属单位提拔任命干部，须征求机关纪委廉洁意见。机关纪委和纪检监察组出具的廉洁意见可一票否决。五部门和下属单位提拔干部不征求廉洁意见的，追究部门相关人员的责任。不据实出具廉洁意见的，追究相关纪检干部的责任。

第三项任务是纪检队伍建设，包括 2 项具体工作。一是内设纪检监察组织要有机构有人员。按照党章“哪里有党组织哪里就有纪检组织”的规定，各基层党组织要按规定设置基层纪检组织，并配备必要的工作人员，能专职则专职，不能专职则兼职。二是加强纪检人员业务培训。纪检监察组干部、各单位的内设纪检组织人员应积极参加业务培训，不断提高自己在法纪运用、查办案件、文稿撰写、组织协调等方面的能力，以适应新时代新要求。派驻纪检监察组要适时组织大家参加“走出去、请进来”等各种形式的业务培训和交流学习。参照驻厅纪检监察组这种“传帮带”式的培训方式，该纪检组还组织针对综合监督部门及下属单位内设纪检干部和驻区县对口部门的纪检监察筹备组干部的培训班，以及与驻国资委纪检组联合举办培训。

“三项任务十项工作”与“三项任务八项工作”对比表

<table>
<tr><th colspan="3">三项任务十项工作</th><th colspan="3">三项任务八项工作</th></tr>
<tr><td>适用对象</td><td colspan="2">厅直纪检系统</td><td>适用对象</td><td colspan="2">纪检组和综合监督部门内设纪检组织</td></tr>
<tr><td rowspan="4">一、执纪任务</td><td>1</td><td>信访举报件件处理到位</td><td rowspan="4">一、执纪任务</td><td>1</td><td>信访举报件件处理到位</td></tr>
<tr><td>2</td><td>扫除厅直单位纪律审查空白点</td><td>2</td><td>扫除综合监督部门和单位办案空白点（纪检组和机关纪委按干部管理权限）</td></tr>
<tr><td>3</td><td>案件件件通报到位</td><td>3</td><td>案件通报和检讨书诵读到位</td></tr>
<tr><td>4</td><td>党纪党规解读到位</td><td>4</td><td>党纪条规解读到位</td></tr>
<tr><td rowspan="3">二、监督任务</td><td>5</td><td>纪委书记在单位决策时表态必须明确</td><td rowspan="3">二、监督任务</td><td>5</td><td>纪检组干部、机关纪委书记及下属单位党组织的纪检委员参加或列席单位会议决策时表态必须明确</td></tr>
<tr><td>6</td><td>纪委出具的廉洁意见一票否决</td><td>6</td><td>纪检组、机关纪委出具的廉洁意见一票否决</td></tr>
<tr><td>7</td><td>单位班子成员（主要负责人除外）向纪委述责述廉</td><td></td><td></td></tr>
<tr><td rowspan="3">三、纪检队伍建设</td><td>8</td><td>纪检监察组织要有机构有人员</td><td rowspan="3">三、纪检队伍建设</td><td rowspan="2">7</td><td rowspan="2">纪检组织要有机构有人员</td></tr>
<tr><td>9</td><td>纪检工作“三转”</td></tr>
<tr><td>10</td><td>纪检人员培训</td><td>8</td><td>纪检人员培训</td></tr>
</table>

通过学习，该纪检监察组工作取得初步成效，内部制度逐渐完善，沟通协调渠道更加畅通，职责定位更为明确，主体责任与监督责任进一步夯实，权威优势更为明显，监督合力基本形成，高效运行有了保障，政治生态得以好转。

（二）德阳市纪委监委驻交通运输局“三项任务九项工作”[2]

2018 年 6 月底，德阳市纪委监委的派驻改革全部推开，共有 23 个派驻机构，其中 16 个是综合派驻，包括交通运输局和公路局。7 月，德阳市纪委监委驻交通运输局纪检组参加了驻厅纪检组举办的全省交通系统纪检干部（市州）培训班，学习了关于“三转”及“三项任务十项工作”，德阳市驻交通局纪检组认真学习、反复领会省厅纪检组的派驻经验，结合实际形成了一系列有效措施，不仅纪检组发出《纪律检查建议书》，党委出台《关于加强基层党组织纪检队伍建设的通知》，纪检组还提出“三项任务九项工作”，明确了五级责任清单，推动了派驻单位纪检监督执纪的落实。

根据原德阳市纪委监委驻交通局纪检组负责人的回忆：“这支队伍 15 名人员于 11 月 2 日正式履职。我们在 11 月 2 日、11 月 9 日进行了两次培训。11 月 2 日的培训重点是‘统一思想，进入角色’，局党委和纪检组一起进行培训，分别明确各自职责。第一次会议我们参照省厅开短会、开有效果的会，让他们回去熟悉人员、班子、业务工作情况；第二次会议提出意见，我们把‘两为主’‘三转’的征求意见稿和按照省厅‘三项任务十项工作’制定的‘三项任务九项工作’征求意见稿给他们，让他们下去消化。第二次会议返上来后，我们再最后确定其工作任务。第二次培训会议，我们在跟党委充分沟通后，在省厅提的‘三项任务’（监督、执纪、自身建设）基础上，提出了‘九项工作’，修订了第二项，提出‘加大执纪审查力度’，首先他们要学习执纪审查的相关业务，其次参加我们的实战轮训。第二次会议解决了什么问题呢？我们让他们列席了11月9日的党委会议。为什么要列席？是‘九项任务’里有一项就是纪检委员要参加重要会议，要跟踪纪实，要表态。怎么样跟踪纪实？支部的纪检委员要去参加段务会、组务会，比如说，我们的路政处、运管处。怎么样参加？必须一把手重视。解决一把手的问题，我们一是单独跟他们进行沟通，二是党委会上明确他们的职能职责。如上周五，一把手和纪检委员一起列席了我们的党委会，一把手就是要切实履行这个职责。为什么我们要把责任清单和队伍建设靠在一起来？因为一把手他有履行党风廉政建设的主体责任，他得给纪检委员和这个工作提供保障。所以在上一周党委会上也以党委和纪检组的名义明确提出了把对纪检委员工作的支持纳入考核。第三，我们下来紧接着就会深入到各部门，一个一个去走访，落实一把手重视工作。

从这个角度讲，我们第二次培训解决了两个问题。第一是我们这两个文件（‘两为主、三转’‘三项任务九项工作’）的落地。我们前期用了4个月时间落实了这支队伍的建设问题，其他工作正在推动中，我们将一项一项地落实，按照省厅的思路，先把‘事情多做成事情少’，先把这两项工作抓到位，然后再把少的工作做到面上来。我们把培训资料拿回来复印，240多页，给每一位同志，包括纪检员，一人一本，大家回去看。我们也给纪检委员说了，包括‘三项任务九项工作’，也可以结合自己实际，对下面的队伍进行再建，自己可以去发挥，我们只能指导到这个层面。这是队伍建设的相关情况。第二，协助党委履行主体责任的责任清单再细化。党委发了五级责任清单的文件，明确并要求从一般工作人员到室主任、分管领导、党委书记再到党委，把责任认识到位，履行各自责任。为什么我们要做这个事情呢？我看省厅提出‘把责任一竿子插到底，人人肩上都有责任’的原则，所以结合实际制定了五级责任清单。以前我们查办案子的时候，一般的工作人员，他自己肩上是啥责任都不清楚，室主任他自身要履行党风廉政建设的工作，他还要管理、教育、引导他的这支队伍，是直接负责人。第三是分管领导的主体责任，第四是党委书记，第五就是我们的党委，集体履行职责。为什么我们会来抓五级责任清单和组织队伍建设呢？是为了在把队伍建起后赶紧把责任承担起来。‘九项任务’里虽也有相关内容，但还没有细化。”

德阳市驻交通运输局纪检组出台的“三项任务九项工作”具体内容如下。

1.信访举报件件处理到位

第一，局属各单位要对 2015 年 1 月 1 日以来收到的信访举报件的处理情况进行逐一清理和登记，并在 11 月 30 日前向驻局纪检组报送清理情况报告。

第二，局属各单位对 2019 年 1 月 1 日以后的信访举报必须件件处理。从各种渠道收到的信访举报都要处理到位。

第三，局属单位纪检机构凡是隐瞒不报、不处理或者处理不到位的，一律追究责任。经办人员、分管领导、主要领导，谁的责任追究谁。

第四，局属单位纪委信访举报处理情况按规定上报驻局纪检组，包括处理情况、统计数据、案件线索等。

2.加大执纪审查工作力度

第一，办理案件实行分级负责，按照党组织关系和干部管理权限，党委、纪委对案件处理必须明确表态，处理存在问题的要按规定追责。上级纪委可指导协调下级纪委办案，但不代替下级纪委做出决定。

第二，要逐步落实纪委办案以上级纪检组织领导为主。驻局纪检组要加大对局属单位纪委办案的指导和督导。局属各单位纪委要及时向驻局纪检组报告办案工作情况，案件线索要按规定上报驻局纪检组。上级纪委相关规范性文件出台后，要及时落实到位。

第三，局属各单位纪委的办案工作要从等米下锅变为找米下锅，没有收到信访举报的单位要主动通过监督检查发现线索，加大办案力度。未设纪委的局属各单位纪检委员要积极参加驻局纪检组、局机关纪委组织的实战轮训，参与信访举报、案件线索的处理和阶段性专项工作，逐步熟悉和掌握纪检监察业务工作和执纪审查流程。纪检干部必须严格执行相关保密规定。

3.案件件件通报到位

第一，2019 年 1 月 1 日以后办理的每一件案件，必须在单位内部通报，通报到本单位的每一个人。案件越小，越要通报，越要通报到位。

第二，局属各单位办理的案件向社会曝光时，要按规定的程序办理，履行报批手续，适时向社会公开报道查办的违纪案件。

第三，对市委第四巡察组巡察后发现问题的整改和处理情况，各单位要按局党委的要求通报到位。

4.党纪党规解读到位

第一，局属各单位处理案件后，要针对案件中存在的问题，加强党纪党规的解读，解读到单位的每一个人。

第二，党的十八大以来，新颁布或修订的廉洁自律准则、党纪处分条例、问责条例等党规党纪，要结合本单位实际进行宣传，宣传到本单位的每一名干部职工。第三，驻局纪检组将针对巡察发现的问题组织进行相关党纪党规解读，局属各单位要组织好本单位的解读活动，解读活动要涵盖到本单位的每一个人，解读活动在 2019 年 6 月底前全部完成。

5.纪检干部在单位决策时表态必须明确

第一，局属各单位纪委书记（纪检委员）参加本单位“三重一大”集体决策，对决策事项必须有明确表态，同时做好“三重一大”决策纪实。

第二，局属各单位纪委书记（纪检委员）参加决策时的表态必须清楚准确记录，可追查、可追溯。记录不清或无记录的，要对分管办公室领导、办公室负责人、记录人追责。

第三，局属各单位纪委（纪检委员）对党委（单位）的决策必须坚决服从，坚决执行。

第四，局属单位纪委书记（纪检委员）参与决策时不表态、表态不明确、错误表态的要追责。单位决策时未征求纪委书记（纪检委员）意见的不追究纪委书记（纪检委员）责任，纪委书记（纪检委员）表态正确但不被采纳的不追究责任。

第五，局属单位“三重一大”事项集体决策时，纪委书记（纪检委员）意见和党委（单位）决策意见不一致时，纪委书记（纪检委员）应将情况报驻局纪检组备案。

第六，驻局纪检组不对党委（单位）决策做裁决，由局相关业务部门裁决。驻局纪检组不干扰、不影响单位的决策。

6.纪委(纪检机构)出具的廉洁意见一票否决

第一，局属各单位提拔干部应书面征求纪委（纪检机构）廉洁意见，廉洁意见也应是书面的。

第二，局属单位纪委（纪检机构）出具的廉洁意见一票否决。

第三，局属单位提拔干部不征求纪委（纪检机构）廉洁意见的，追究相关人员的责任。纪委（纪检机构）不据实出具廉洁意见的，追究纪委（纪检机构）相关人员的责任。

第四，局属各单位2019年1月1日以后提拔干部征求纪委（纪检机构）廉洁意见情况每半年报驻局纪检组备案。

7.单位班子成员(主要负责人除外)向纪委(纪检机构)述责述廉

第一，2018年选取一个局属单位开展班子成员向单位纪委（纪检机构）述责述廉试点。局属其他单位也要积极探索，有条件的单位今年开展。

第二，2019年局属单位全面开展单位班子成员向单位纪委（纪检机构）述责述廉。

第三，局属单位主要负责人、纪委书记（纪检委员）向驻局纪检组述责述廉。

第四，局属单位班子成员述责述廉情况每年1月底前书面报告驻局纪检组。

第五，局属单位班子成员向纪委（纪检机构）述责述廉时，驻局纪检组派人参加。

第六，述责述廉的内容要重点突出局党委、驻局纪检组今年安排的工作和提出的要求。

8.纪检组织要有机构有人员

第一，局属各单位要按照党章哪里有党组织，哪里就有纪检组织的规定，对本单位各级纪检组织设置情况进行清理。没有按规定设置纪检组织的，提出解决方案，报驻局纪检组。

第二，局属各单位各级纪检组织应配备必要的工作人员。

第三，局属单位各级纪检组织机构和人员，能专职则专职，不能专职则先兼职。

第四，局属单位各级纪检组织有了机构和人员，按照市交通局党委的安排部署，认真抓好各项工作的落实。

9.纪检人员的培训

第一，局属单位的纪检工作人员（专职和兼职人员），原则上每年应参加至少一次业务培训。

第二，驻局纪检组积极和上级纪委联系沟通协调，争取更多的培训机会。驻局纪检组原则上每年组织一次局属单位纪检人员业务培训。

第三，局属各单位积极选拔推荐优秀人才，主要是办案和文字写作人才，由驻局纪检组推荐选送到上级纪委参与重大案件或重大工作，通过实战培训，共同加大纪检工作骨干人才培养力度。

第四，驻局纪检组建立局属单位纪检微信工作群和QQ工作群，作为局属单位纪检工作平台。

四、心得体会

“三项任务十项工作”的出台、运行和实效，带给我们许多关于做好纪检监察工作的思索。

（一）纪检工作要以效果为导向

要会做事，关键是要把精力放在见效果的事情上，放在能真正解决问题的事情上去。衡量纪检工作的效果，不仅仅是看做了多少，更应看规范单位业务工作的情况，看规范单位干部职工思想行为的情况，看单位风清气正的情况。制定十项制度与制定一项制度，发十个文件与发一个文件，开展十次宣传教育与开展一次宣传教育，关键在于怎样才能真正规范一个单位，而不是简单地从数量多少来评判纪检工作。

（二）把工作头绪减下来，“做简单不做复杂”

落实“三转”首先是把工作头绪减下来。“三转”以前，纪检监察工作“十处打锣九处在”，工作千头万绪，“种了别人的自留地，荒了自己的责任田”。落实“三转”，首要任务就是把工作头绪减下来，把纪检监察以外的工作统统减掉，聚焦主责主业，这个过程，就是把事情多做成事情少的过程。“三项任务十项工作”就是把事情多做成事情少的过程，也是“做简单不做复杂”的过程。执行纪律，是一项政治工作，需要综合考虑政治效果，是一项复杂的工作，但是越复杂的事情越需要“快刀斩乱麻”。把复杂的做简单，把简单的做深做透，从更高层面更深层次把握问题。

（三）用做十件事情的时间精力来做一件事情

蜻蜓点水做十件事的效果，没有“一竿子插到底”做一件事的效果好。纪检工作是以结果为导向的工作，不是以过程为导向。要产生单位业务规范、干部职工思想行为规范的效果，蜻蜓点水做十件事不一定能达得到，一竿子插到底做一件事情反而可以达到这种效果。在工作方法论上，“三项任务十项工作”就是用做十件事情的时间精力来做一件事情，“一竿子插到底”，因而容易产生良好效果。

（四）增强厅直纪检组织的执行力，必须坚决贯彻“说到做到”的理念

“说到做到”的本质是执行力，体现的是令行禁止，是政令畅通。工作安排部署了，关键是抓落实。上面定了，下面就是抓落实。说到做不到，执行力不够，是目前上上下下都普遍存在的问题。越是缺的，就越是工作中需要重点突出、重点抓的。缺的不是“说”，而是“做”。缺的不是工作安排部署，缺的是执行，缺的是工作落实到位。一个一个检查、一次一次督察，无一不是工作落实到位的问题。说是做的基础和前提。说得好，才做得到位，说得不好，就做不到位。尤其是在基层，在厅直系统，说得太抽象、太宏观、太高大上，下面理解不到位，无法操作，无法实施，无法执行；说得太多太杂，下面没有执行到位；没有说清不做的责任在哪里或责任没有落实，下面没有动力去做。批评、责备下面没有做到的时候，应该回头检验一下自己怎么说的。说的内容是否准确、明了、清晰，是否有可执行性，听的人听明白没有，听的人能不能做到，检验做到与没有做到的标准是否明确，做不到的责任是否明确清晰，直接影响甚至决定能否做到。“说到位”就是说的内容能操作能实施。越往基层，上面的指令越简单越好，越明确越好，头绪越少越好。上面说得越具体越明确越小越少，下面做就越能认真起来。上面说得越抽象越复杂越宏观，下面做就越不能认真起来。上下一般粗，仍然是目前厅直系统存在的突出问题。说不到位，是目前很多工作浮于表面、走形式、走过场首要的原因。做的问题，关键是做到位。工作不落实、工作落实不到位，始终是一个需要解决的问题。目前的督察、检查、考核、述职述责、总结等工作，都是围绕“做”在开展，其实质都是在解决做和做到位的问题。基层纪检监察组织，重点是怎么落实上面安排的工作，重点是在落实上去添措施，重点是在落实上去想办法。驻厅纪检监察组要求厅直系统纪检监察组织和纪检人员做到的事情，纪检监察组和纪检监察组工作人员要首先做到，做出标杆，做出样本。说到做到，关键在做，做的实质是责任。做就要做到位，做不到位就要追究责任，没有责任追究的说到做到，就是一句空话。责任追究不是一次了结，只要没有做到位，责任追究就不会停止。要把说到做到作为一种行为习惯固定下来，只有习惯养成了，才会有真正的执行力。

（五）基层纪检工作既有很强的政治性，也具有很强的实践性

要保证中央政策在基层的执行，必须和中央政策保持一致，但又必须和具体实际条件相符合，需要在政治性与实践性的有机结合上下功夫。纪检工作要用中央政策指导基层工作，解决本单位本部门本系统本地区存在的具体问题，处理相关责任人要用中央政策规范基层工作，用中央政策统一基层思想。现实中基层工作人员由于业务能力有限水平有限，对中央政策理解到位上有差距，在结合上更有差距。基层纪检组织要在执行中央政策的方式方法上创新，在执行到位执行彻底上创新，在执行见效果上创新。

（六）把常规工作做出新的效果是纪检工作的核心

常规工作仍然是纪检工作的主体内容。作为厅直单位的纪检工作，日常的党风廉政宣传教育、监督检查、信访举报的处理等常规工作仍然是主体内容，要破除常规工作做不出成绩的认识和观念，常规工作做好了，一样能做出效果、做出成绩、做出经验。目前厅直系统最缺的，就是做好常规工作的经验。做好常规

工作，就做好了纪检工作。要避免离开这些主体内容去搞形式上的“创新”，要避免常规工作陷入低效或无效的“空转”状态，集中精力把常规工作作出新的实效。日常工作是落实中央政策的“最后一里路”。中央政策要在厅直系统落地生根，厅直系统纪检监察组织的日常工作起着至关重要的关键作用。日常工作看似具体琐碎，看似平常无奇，看似“小事”，却直接影响中央政策在厅直系统落地的效果，“小事”不小，“小事”做到位了，就是“大事”。日常工作做不好，其他工作也就失去了做好的基础。厅直系统的纪检工作，就要从单位上的细微之处做起，把纠正人们还不当回事儿的违规做到位，做彻底，而不是对这些初始违规现象视而不见，认为是小事不值一做。厅直单位把纪检工作目标定很高、很宏伟，自己的能力素质驾驭不住，工作力量支撑不了，于是干来干去，单位状况没有多大变化，问题也没得到解决，一心想做的“大事”最终只停留在文字上，到年底便把年初的工作安排转换成年度总结，加些中央的文件语言后报上来。

善于把“小事”做成“大事”。作为厅直单位纪检监察组织，最需要的是“小题目大文章”，把一个细节做到位了，产生了较大的效果，“小事”就变成了“大事”。最不需要的是“大题目小文章”，一个高大上的宏观的题目，做来做去，就停留在文字的抄来抄去、编来编去上面，最后不了了之，“大事”变成了“小事”。厅直单位纪检监察组织能把本单位日常的常规性的监督执纪问责搞好了，不敢腐、不能腐、不想腐的效果在单位体现出来了，单位业务规范发展了，干部职工思想行为规范了，单位风气正了，就是可以总结推广经验、值得肯定表扬的一件大事了。这也是目前基层最需要的经验。做好常规工作，是纪检工作的基础。不安心做好常规工作，纪检工作就是本末倒置；不用心做好常规工作，纪检工作就失去了创新发展的基础。作为比较基层的厅直系统纪检监察组织，尤其要安心于用心于做好常规的纪检工作，不能好高骛远，不能贪大求全，把心思花在把常规工作做出效果上面来。把常规工作做出新的效果同样是能力水平的体现。常规工作，完成起来很容易，见到实际效果很难。把常规工作做出新的效果，是对纪检人员能力、水平、作风以至政治水平、政治素养的综合检验，也是落实中央解决官僚主义、形式主义最切实的行动体现。不用心于自己的常规工作，就容易流入形式主义。作为基层纪检监察组织，探索创新主要是在执行层面，在执行如何到位上探索创新，在执行如何见效果上探索创新。做好常规工作关键在用心。把常规工作做出新的效果，需要用十件事的精力来做好一件事，集中力量把常规工作做深做透，不放过任何一个细节。长期坚持下来，再普通不过的一项常规工作，也会产生意想不到的积极效果。

注：

[1] 王海军组长在全省市州纪检组组长培训会上的讲课提纲。

[2] 德阳务实有效持之以恒地抓好“九项工作”。

第四章
组织队伍建设之机制
——述责述廉

述责述廉作为党的重要监督制度之一，体现了自上而下的组织监督、自下而上的民主监督以及同级之间相互监督的结合，是推动党组织和党的领导干部切实履职主动担当、一体推进“三不”机制、营造风清气正良好政治生态的重要举措。

一个地方、部门和单位的政治生态如何，跟一把手的表现和作为密切相关。习近平总书记在十九届中央纪委六次全会上强调，要坚持抓住“关键少数”以上率下；领导干部特别是高级干部要带头落实关于加强新时代廉洁文化建设的意见，从思想上固本培元，提高党性觉悟，增强拒腐防变能力。述责述廉对象多为单位或部门的主要负责同志，从严从紧从实抓好述责述廉工作，对于防治一把手只挂帅不出征、主体责任空转、廉洁文化建设虚化等问题具有重要制度约束意义。

总体看来，四川省交通厅述责述廉工作处于不断发现问题、解决问题的发展进程中。形式主义、不切实际、避重就轻等问题曾一度限制述责述廉作用的发挥，几经探索和坚决压实各项改进措施后，交通厅述责述廉工作逐渐步入正轨，并在推进交通系统整体工作方面起到了不可替代的撬动作用。

第一节 改进述责述廉的背景

2016年7月中共中央印发的《中国共产党问责条例》将“述职述廉”深化发展为“述责述廉”，规定“党的领导干部应当每年在党委常委会（或党组）扩大会议上述责述廉，接受评议”。所谓“述责”，述的是领导干部履行自身职责特别是管党治党责任的情况，是将主体责任落实落细的有效手段；“述廉”述的是遵守《中国共产党廉洁自律准则》和执行廉洁纪律的情况，是全面如实报告本人情况的基本要求。驻厅纪检监察组通过组织实施述责述廉工作，发现以下三方面的问题比较突出。

一、走过场的形式主义心理

述责述廉不是比拼谁的材料写得高大上，而是要看各单位这一年里做了哪些实际工作、还存在哪些不足、该如何改进，目的是以述责述廉为撬动点，倒逼和督促各单位认真抓好工作。因此，只有在平时工作中扎实推进，能够发现新问题、解决新问题的单位，才能述得出干货。

驻厅纪检监察组的同志们通过观察发现，如果各单位对述责述廉的目的认识不足，述责述廉就很容易流于形式。“一些单位的一把手，平时不思考工作，不去抓工作，到年底安排办公室的工作人员加班加点写材料。”从事纪检工作多年的驻厅纪检监察组同志道：“不干工作，把大部分的心思和精力放在编材料上，这还属于认真的；不认真阅读办公室弄出来的材料，想看就看两眼，不想看的看都不看一眼，报上来应付了事。在会上发给大家的资料，有的翻了看了，有的看都没看，回去就往办公室的柜子上一扔，述责述廉就结束了。很多的述责述廉都是处于这样一种无效的、低效的空转。”[1]

搞形式主义应付述责述廉的另一个突出表现是篇幅臃肿却不切要害。造成这些报告篇幅臃肿的原因主要有三个，其一，废话多；其二，过多介绍党委的工作或本单位的具体业务；其三，过多介绍个人廉洁自律情况。例如，2017 年提交上来的 21 份述责述廉报告中，大部分报告的字数集中于 3000~5000 字，这些长篇大论中充斥着没有汇报价值的套话空话。一些纪委书记这样写道：“时刻牢记‘纪委姓纪’”“把党风廉政建设监督责任记在心上、扛在肩上、抓在手上”等，这类四言八句、穿靴戴帽的文字写得再多再工整，也无法反映其工作的实际情况；再如“实施行业管理”“规划水运”“解决基层群众的实际困难和问题”，这些与纪委的监督主业并无直接关系，它们更多地归属于本单位的具体业务工作；个别纪委书记在述责述廉报告中连篇累牍地介绍自己的廉洁自律情况，其中很多内容还可以在网上搜到原文。

二、照抄文件、以旧充新、不切实际等现象突出

有鉴于以往经验，驻厅纪检监察组在下发的《2016 年厅直单位纪委书记（纪检委员）述责述廉工作方案》中即规定：述责述廉报告要紧扣要求内容，反映真实情况。然而提交上来的述责述廉报告沉疴依旧，照抄文件原话、以旧充新的现象频频出现。有纪委书记坦言，前些年很多纪委书记包括他自己的述职述廉报告都做不到年年亲自写，最多就是做一个年度的修改。利用网络对 2016 年度提交的述责述廉报告原文进行检索也可以发现，其报告内容与中央文件、网上模板内容均存在较高程度的重合现象。

有的单位罔顾事实的合理性，一味堆砌套话：“为提高局机

关内部管理水平，研究制定了《×局内部控制管理办法》……真正做到用制度管权、用制度管事、用制度管人。”想通过制定一项管理办法就实现“用制度管权、用制度管事、用制度管人”的宏大目标，本身就是不现实的。

有的单位只见“正确的废话”，不见“具体的行动”：“在监督检查上，如何更有力地约束权力，不断提高针对性和有效性；在体制机制上如何更加健全和完善，使反腐倡廉工作责任体系全覆盖、无盲区，形成工作合力，等等。这些问题将在以后的工作中，不断地加以改进。”可以说，这样的困惑在任何行业的任何纪检监察组织内都不同程度地存在着，是纪检监察工作面临的共性的、宏观的问题，而非该单位的具体问题。真正地找问题、找不足，得到的应该是与本单位实际情况高度相关的具体的问题和不足，而不是几条放之四海皆准的普遍困境。

讲空话多、讲实干少，是述责述廉的突出问题。例如，关于惩防体系的建设，有单位的汇报中充斥着“系统推进”“进一步完善和加强”“健全”“严格执行”“强化”“把权力关进笼子里”“督促”“认真梳理”“全面防范”“及时新建、修订、废止”“切实落实”等字眼，但怎么推进的？怎么完善加强的？怎么健全、执行、强化的？怎么把权力关进笼子里的？怎么全面防范的？及时新建、修订、废止了哪些制度？怎么抓落实的？这诸多字眼的实际效果是什么？材料中完全没有提及。还有单位汇报称：“继续认真开展廉政风险防范机制建设工作，进一步开展了廉政风险防范机制建设工作，完善了规章制度；按照驻厅纪检监察组在厅直单位纪委座谈会上的讲话精神，进一步明确了纪委的工作职责。”怎么开展的廉政风险防范机制建设？完善了哪些规章制度？怎么完善的？明确了哪些工作职责？怎么办到的？效果如何？材料中只字未提。单看书面汇报是取得了定性成绩的，但怎么取得的，拿什么证明是真的，这些关键处完全缺失了。述责述廉工作汇报“空对空”现象非常严重。

报告内容与实际情况不符的现象也不同程度存在着。驻厅纪检监察组同志在听取厅直系统部门主要负责人述责述廉汇报后评价说：“有的单位报告的情况和纪检监察组掌握的情况不符，如某支队负责人在述责述廉报告中称本人严格遵守纪律，但实际情况是2019年上半年曾因上班时间打网球被诫勉谈话。”[2]

此外，部分单位主要负责人对主体责任的理解还不明晰，主要表现为用业务工作代替履行主体责任工作。如有的单位在述责述廉中讲业务工作多，讲主体责任少，报告中没有体现落实第一责任人责任的内容。“局班子成员轻车简从深入基层调研近400次，我个人60余次，了解行业发展现状，加强分类指导。”“对重点工作亲自协调、亲自过问，带头与部局、与省级相关部门汇报对接10余次，召开工作推进会6次，推动长江羊石盘至上白沙段航道整治项目生态专题取得预审意见……”此类陈述内容显示出部分一把手对主体责任的认知还存在偏差。

三、避重就轻的落后心态

有些述责述廉报告虽写作规范，但对工作内容的反映并不全面，特别是涉及单位暴露出来的问题与不足时，会选择性忽略，只报喜不报忧。有的单位的某些同志被调查，而且上级作出了处理决定，其党委也好、纪委也好，在述责述廉报告里绝口不提。比如，某局罗某公车私用被调查出来的事情，在该单位年度述职述廉报告中没有任何体现；再如交职院述责述廉报告中对执纪审查和巡察中发现的科研项目和经费管理、后勤基建管理中存在问题的整改纠正情况，在其述责述廉中全无回应。没有问题即意味着没有可规范的空间，没有规范就没有真正意义上的成效。上述情况一方面显示出述责述廉的写作要求仍需细化，另一方面也反映出部分纪委书记存在讳疾忌医、家丑不可外扬的落后心态，这种心态对于正确认识错误、改正错误是极其有害的，与提高党自身的革命性与先进性也是背道而驰的。

述责述廉避重就轻的另一表现是喊口号多、谈效果少。如有关履行纪检主责主业的情况，有单位这样陈述："认真贯彻落实中央纪委提出的'转职能、转方式、转作风'工作精神，积极变角色、移重心、树形象，改进工作方法、创新工作机制，有效地推动中心党风廉政建设和反腐败工作。认真贯彻落实'纪委书记座谈会'精神，一是及时召开党委扩大会议（中层正职参加），传达7月26日纪检组'厅直单位纪委书记座谈会'精神；二是召开纪委专题会，研究部署落实'厅直单位纪委书记座谈会'精神；三是制定纪检监察'十项工作'分工表，具体责任落实到各委员。"汇报内容看上去面面俱到，但每一条都经不住追问。第一条，认真推进"三转"工作，究竟是怎么"认真贯彻"的？具体措施是什么？收效是什么？"有效推动党风廉政建设和反腐败工作"论从何出？第二条，认真贯彻落实"纪委书记座谈会"精神，传达了精神，召开了专题会，制定了分工表——这些做法是不是有效果？有哪些具体效果？

再如一些单位的汇报中随处可见"认真学习了""厉行节俭、反对奢侈""自觉抑制不正之风、增强拒腐防变能力""不断提高干部队伍整体素质和作风建设，筑牢党员干部职工廉政的思想防线"之类的口号式空喊，只字不提怎么做的、效果怎样。

没有效果、效果不大的工作，本身就不应该做。一项工作做完了，连效果在哪里、有多大都不知道、不汇报，这样的述责述廉报告价值几何本身就是存疑的。

第二节 改进述责述廉的具体举措

述责述廉实践中暴露出来的问题不容忽视。为了扎实推进述责述廉工作，发挥其撬动交通系统整体工作的作用，驻厅纪检监察组从以下五方面进行了反复探索和严格落实。

一、反复压缩汇报内容

厅直系统纪委书记的述责述廉报告完成后，需提前提交给驻厅纪检监察组，驻厅纪检监察组安排专人对各报告的字数、内容等进行严格把关，不符合要求的一一返回重新修改，直到符合要求为止。

驻厅纪检监察组对内明确强调过："厅直系统各单位把书面的述责述廉材料写好后，要先拿到驻厅纪检监察组来审查。如果有个别的单位执行不到位的，还写一些有水分的、无关痛痒的、说也可以不说也可以的话，就一定指出，务必把不是干货的东西通通去掉。"[3] 负责这项工作的同志回忆："第一次审核后有12个单位的材料被退回。我都很不好意思，因为都是领导们，但又没办法，就只得一个字一个字地计较，'真的不能超过1500字，领导，麻烦您再改一下'，一遍一遍地让有些领导改。"[4]

二、严格限制汇报时间

“厅直系统纪检微信群”是厅直系统各单位反映日常纪检工作情况的微信工作群。任何一个单位的任何一项工作，只要不涉密，都可以通过“一张图片一句话”的形式简洁、直观地反映到微信工作群里，供整个厅直系统及时了解。一年下来，纪检工作哪个单位干得多还是少、虚还是实，工作群内的480余名干部都能做到心中有数。因此年底的述责述廉汇报就无须再赘述日常工作，拿5分钟说清楚纪委书记个人工作情况及纪委落实监督责任的情况，也是完全足够的。

“到点叫停”是保证“5分钟”的规定能说到做到的关键保障。2016年的《述责述廉工作方案》中明确规定汇报时间要控制在7分钟之内，但在具体实践中依然有同志不予重视，有的甚至讲了20分钟。原驻厅纪检监察组副组长回忆说：“2016年组长已经来了，那年给大家说8分钟的发言时间，到了必须停，当时是我在主持。我在主持的过程中，大多数同志还是能够按照8分钟来把握，但是你要说发言内容很精干，直奔主题开门见山，未见得；还是有人穿靴戴帽，习惯一下子改不了。特别突出的是有一位同志，一开始上来就穿靴戴帽，讲大道理，然后我就提醒他一次；讲着讲着他收不了口，8分钟过了，我就再提醒他一次时间到了；他继续讲，我再提醒。我提醒了三次，他都一直讲了大概20分钟才停止。这就是大家以前经常看到的现象，而这种现象在组长来了以后，我们做了明确要求以后，他们已经能够体会到我们行事风格明显变化的情况之下，还是刹不住车，惯性还是改不过来。”[5]

2017年述责述廉时不但将汇报时长压缩为更短的“5分钟”，

驻厅纪检监察组还专门安排了两名计时人员，从每名纪委书记或纪委委员开始汇报时计时，4 分 30 秒时提醒一次，5 分钟时闹铃一响，就不允许继续讲下去了。

参加过此次述责述廉汇报的同志印象深刻："2017 年述责述廉的改变，我觉得就很明显，说 5 分钟就 5 分钟，到点就喊停，还有几十秒的时候就给他提醒。这个事情在一般的外人看来，很容易产生误会，就是你们纪检组会不会是在搞形式主义？单位有大小，事情有多少，你们为什么都只让讲 5 分钟？外面有这个疑问是很正常的，但是我们自己知道，5 分钟够了。因为以前有很多同志从中央说到省委，说了半天就是没有自己，太多了，他说了半天没有一句是错的，都是对的，但是没有一句是管用的。我们当时就讨论多少分钟合适，5 分钟够了。因为这些事情我们大多数是知道的，你把你做的事情说出来就行了，你不需要来说'尊敬的领导'，你不需要去背政治口号，不需要去讲套话、空话，所以 5 分钟是够了的。"[6]

这年的述责述廉会场上有多名纪委书记被打断，"到点叫停"的执行之严就这样传播开来；等到 2018 年进行述责述廉汇报时，厅直系统各单位的纪委书记（纪检委员）对"到点叫停"的规矩已经既重视又习惯了。厅交通勘察设计研究院纪委书记在接受采访时说："述责述廉要按照'三项任务十项工作'去写你真正干了些什么，用 5 分钟说你真正干了些什么，不要说那些虚的。你要说虚的话，可能 10 分钟都说不完，就是你干了哪些事情你把它说了。我去说实的，5 分钟一会儿就完了，所以我的感受是非常深的。"[7] 述责述廉报告的时间只有 5 分钟，想要在 5 分钟内把一年的工作重点呈现出来并且给大家留下印象，既需要汇报的现场表达功，更需要平时扎实工作的基本功。

三、口头脱稿陈述

为了规避述责述廉的“空转”问题，2018年后驻厅纪检监察组拟每年从汇报人中临时随机选取若干人进行口头脱稿述责述廉。

对于这种技术层面的迭代，纪检监察组的认识也很清楚，制度约束不是治理形式主义的唯一方式，更深层的，还要通过述责述廉唤醒大家对自己工作价值和工作责任的真正认知。“不能每年都固定的那么几个人去述责述廉，就把这几个人弄在火上烤，其他人全在下面看笑话，当旁观者，这种述责述廉搞起来有什么意义呢？纪检工作这么干有什么意义呢？”[8]

对此，参加过多次述责述廉会议的省交通运输工会主席表示：“述责述廉实际上是一种压力，是在大众面前亮相，是有紧迫感和危机感的。如果有的工作没有做，是肯定说不出来的；有些工作没做好、没落实到位，说出来心里也还是不踏实的，怕被抽查复核出来。”[9]

述责述廉的目的是撬动整个厅直系统所有的单位去抓工作，而不是盯着开会时候的那一圈人。述责述廉的首要要求就是怎么做的就怎么说，这意味着没做的就没法说。述责述廉完后要根据述的情况和年度工作情况进行考核排名，那么考核排名的影响是什么？最直接的就是排名靠后的就没面子，羞愧；靠前的面上光彩，有成就感，有荣誉感。第二个直接后果是排名靠后的单位的绩效少了，自己到手的奖金少了，靠前的奖金丰富些。第三个是间接后果，就是靠后的可能今后的政治前途黯淡了。正是这些后果，或正向激励，或反向倒逼地推动着纪检干部们不逃责不避事，主动担当作为。

四、公开点评

2017年1月，驻厅纪检监察组同志在了解了每个单位的述责述廉报告后，用红笔给每份报告都做了批注，并借助投影设备将批注出来的问题原封不动地呈现在所有厅直系统各单位纪委书记、纪检委员面前。没有一个单位被落下，原稿中的空话、套话被一一放大投在屏幕上。咨询公司纪委书记事后直言，当时羞愧得恨不能在地上找条缝钻下去，早知道要这么点评，她就应该把报告写认真点。

高管局某支队纪委书记回忆说："在组长没有点评之前，很多纪委书记包括我自己的述职述廉报告都不自己亲自写，可能就是做一个年度的修改，最多把原来'中国特色社会主义'改成'习近平新时代中国特色社会主义思想'。他来就不一样了，他是逐条讲解每个人的报告，这在过去是没有的。敢于直面每个领导，不是表扬，而是说问题，分析报告中哪些是做了的，哪些并没有做，哪些做了没说，哪些说了并没做，让人脸红心跳，耳根红，这个印象是很深刻的。就像老师认真对待学生的作业，作点评，学生印象一下子就深刻了。"[10]

点评中没有老好人式的睁一只眼闭一只眼，哪些说的是空话、套话，哪些说的不是主责主业，全部被不留情面地指出来。自己找不着报告里的问题的，驻厅纪检监察组手把手教找问题；以为点评只是走走过场的，驻厅纪检监察组用行动敲警钟。"有次培训会上，驻厅纪检监察组还结合课程内容，对厅直单位纪委书记述责述廉材料进行过点评，逐一指出存在的问题，点名道姓，不留情面。例如，批评某单位的述责述廉材料'信访举报，一句话没有收到；廉洁意见，一句话没有提拔人；队伍建设，一句话没有机构没有人。’不仅是一次培训，更像是一次集体约谈。”[11] 时隔两年多，纪委书记们回忆起那天的点评场景，依然历历在目，可见当时给大家留下了多么深刻的印象。

五、“硬排序”

“硬排序”最初分两步。第一，确定被测评对象：厅直系统纪委书记（纪检委员）。第二，明确测评方法：参评人员对被测评对象进行直接排序，排序结果按“最后一名得一分，排名每高一位加一分”的方法计分，得出排名结果。

“硬排序”尽管初见成效，但依然有诸多不足，例如，无法保证参评人员对各个单位的纪检工作有全面的了解；无法把对纪检干部工作情况了解更全面的与相对了解不够全面的参评人员有所区分等。例如，来自厅人事教育处、驻厅纪检监察组、厅机关党委（纪委）等部门的参评人员，总体而言要比其他单位的部门负责人更了解纪检工作的整体情况，但一人一票一分的测评方法，无法发挥出前者在信息掌握方面的优势。

考虑到“一人一票一分”的设计缺陷，后续方案提出要增加参评人员权重，如人事教育处、驻厅纪检监察组、厅机关党委（纪委）等部门的参评人员权重有适度增加；为了解决部分参评人员无法全面了解各单位纪检工作的现实问题，着力贯彻了各单位要通过以“一张图片一句话”的形式在整个厅直系统纪检工作微信群里播报日常工作的要求。

此外，参评人员需要被提前告知，在测评现场主要依托对各单位这一年中在微信群中反映的日常工作情况，以及参考各单位的述责述廉报告及汇报人的现场陈述情况，为述责述廉会议的测评对象打分，并禁止打分时出现并列。

通过逐年完善，于 2019 年 1 月述责述廉会议召开前确定了更完备的排序方案：

（一）确定测评对象：厅直系统纪委书记和任职半年以上的厅直系统纪委书记（纪检委员）。

（二）对测评票进行分类：将测评票分为 A、B、C 三类，例如，厅人事教育处、驻厅纪检监察组、厅机关党委（纪委）参评人员为 A 票，占 50%权重；厅直系统纪委书记（纪检委员）为 B 票，占 30%权重；厅直系统纪检部门负责人为 C 票，占 20%权重。

（三）明确测评方法：参评人根据现场汇报内容，并结合日常各单位在厅直系统纪检工作微信群里对自身日常工作的开展简介，对测评对象进行直接排序，排序结果按“最后一名得一分，排名每高一位加一分”的方法计分，再根据第二步里 A、B、C 三类票的权重得出排名结果。

采用“硬排序”的打分方法，最初是因为驻厅纪检监察组人少，没办法按照常规的各项指标去一条一条考核。然而在实际操作下来以后，却发现这个方法既方便又实用。为了避免大家因为照顾人情、因为不想得罪人，出现给所有人排第一名的情况，驻厅纪检监察组想出了禁止并列的办法，“硬排序”的“硬”即得名于此。

驻厅纪检监察组综合处处长在接受采访时说：“我们第一次进行排序的时候，可能也只是为了工作的简便，没想到实践下来的效果还出奇的好，也很意外。这个实际操作下来，我们发现它是真实的、有效果的、不复杂的。以前的考核方式形式主义明显一些，这种硬排序就客观实在一些。”[12]

对于大家作出的排序结果，需不需要根据驻厅纪检监察组平时掌握的工作进行微调，这个问题是经过了一番讨论的。有同志回忆当时的情景："开始先是有一些微调的设计，也给单独设计过排序权重，就是组长可以在他们排序的基础上作调整。但是最后觉得没有必要。为啥子呢？因为排序总体下来的结果，与我们平常掌握的情况、了解的情况，基本上是一致的。有一些单位有一些偏差，但都只是一些细微的偏差，不是根本性的、原则性的偏差。所以到最后，第一，任何人不去后期调整排序；第二，组长和大家一样，也都是一票。最终的排序情况是很真实的，没有作任何调整，就直接上厅党组会了。"[13]

硬排序不仅对大家一年的纪检工作和述责述廉表现作出综合评价，而且考核结果的后续影响是很深远的。其一，考核结果会作为纪委书记在本单位的绩效考核结果来使用，也就是说，述责述廉的考核会直接影响纪委书记本人能拿多少奖金，多的话甚至会影响 10 多万元。其二，考核结果会在党组会和厅直系统内进行通报，并作为厅党组考核、评价、调整部分纪委干部的依据，这对纪委干部个人的政治生命来说是很重要的。其三，考核情况会进入每个人的廉政档案。

第三节 述责述廉改进后的效果

随着公开点评、"硬排序"、反复压缩汇报内容、严格限制汇报时间、口头述责述廉等一系列措施的逐步落地，述责述廉工作的配套制度越来越完备，各单位对述责述廉的态度也发生了巨大变化。

一、重视程度提高

（一）亲自动笔

正如有些纪委书记坦言的那样，之前很多纪委书记包括他自己的述职述廉报告都做不到年年亲自写，最多就是做一个年度的修改。这一点通过在网上检索 2016 年各单位提交的述责述廉报告原文也可以发现，其汇报材料存在不同程度的抄袭现象。

随着驻厅纪检监察组述责述廉的规则收紧，厅直系统的纪委书记们无法再草草了事，不得不亲自动笔，梳理一年来自己到底真抓实干了哪几件事。唯有如此才写得出 5 分钟干货，才能在会上讲得通顺，才有足够底气接受现场质询。

2018 年度的报告中不见了令人眼熟的套话，随机选取一段放到搜索引擎中，不再跳出大片象征重复的红色字体。报告基本上是用自己的语言在说自己的事情，比如，有单位纪委书记这样陈述："开展内部审计调查。今年以来，我带队对嘉陵江川境段航运配套工程水运建设项目专项扶贫工程进行了内部审计调查，带队对达州、南充、巴中三市航务海事部门的部省补助资金使用情况开展了内部审计调查，带队对乐山等 10 个市州的内部审计调查问题整改进行了'回头看'。对内部审计调查发现的问题都进行了限期整改和通报。"[14] 上述节选报告，写作时采取第一人称的写作手法，写作内容与本单位具体情况高度相关，措辞朴素平实。厅交通设计院纪委书记感叹说："去年述责述廉的时候要我们自己写，要脱稿，不准念。我去年真的是认真写，认真脱了稿的。真的感觉不一样的。"

（二）会前反复练习

为了在述责述廉会议的5分钟内将本单位一年的纪检工作的重点以脱稿的形式陈述清楚，会前进行充分练习是诀窍之一。原驻厅纪检监察组副组长对此印象深刻："这些纪委书记是真正地努力了，是真正地感受到压力了，在认真地对待这个事情了。像以前的述责述廉，哪个来认真对待啊？给你写个稿子，把它从头念到尾，念完就了事，编个四言八句，场面很规矩就行，像这样子在认真做的很少。我印象深刻的是公路局纪委书记，我感觉得到她焦虑的情绪，觉得压力大，5分钟怎么把这个事情说得好？一会儿'哎呀不行'、'这个难度很大啊'、'紧张啊'，自己在家反复练习很多次。" 他分析认为，5分钟内是可以把自己单位的工作说得到位的，但前提是："第一，你有没有那个底子，也就是说你做没做那个事情？你如果没有真金白银，你没做过这个事情，就没得说。以前你可以说空话来搪塞一下，可以说漂亮话来敷衍一下；现在没有漂亮话给你说了，没有口号给你喊了，喊你说实在的。有的同志要一二三四五说他的工作，他5分钟要不到，他说不满，所以第一层压力就是你有没有具体工作的底子。第二层压力，是你有没有那个现场表达的把控能力。" [15]

2020年度的述责述廉报告会议上，所有纪委书记均能在计时器提示音响起前后及时收尾，并在5分钟内将本单位主要的监督执纪问责工作介绍清楚，不再需要纪检监察组工作人员出声提示。大家对"到时即停"这件事已经能做到自觉遵守了，制度的规约力量正逐渐显现出来。

（三）会场氛围紧张

驻厅纪检监察组同志回忆2018年召开的述责述廉时道：

“在今年的1月上旬，我们开展了厅直单位纪委书记向驻厅纪检监察组述责述廉工作。这个本来我们去年也开展过一次了，今年是第二次了，在我的心目当中，这也是我们纪检系统内部的一个工作，其实我就把它作为很普通、很平常的一项工作。那天我从办公室走到会议室的时候，我只发觉应急中心那个会议室还比较大，大家坐得整整齐齐的，但是我事后再来回想，这个气氛还是比较严肃的，不过我当时走进去的时候，没有过多地朝这方面去想。”[16]

2019年1月24日上午，厅直系统各单位主要负责人向驻厅纪检监察组述责述廉工作会在厅召开。会议按照提前告知的陈述办法，现场随机抽取了3个厅直规模较大单位、2个厅直其他单位和1个厅机关处室进行大会陈述，并接受现场质询。质询现场“气压颇低”，每名述责述廉对象陈述完毕后，驻厅纪检监察组立足“责”与“廉”进行面对面质询，所提问题聚焦报告人所在单位的党风廉政建设短板和核心问题，报告人则现场一一作答。陈述环节结束后，驻厅纪检监察组组长对述责述廉会议进行了现场点评，主要谈每个单位还存在哪些问题。“红脸出汗”成为当天各个汇报人员的普遍体验。

反复压缩—脱稿陈述—5分钟到点叫停—口头质询—公开点评—排序通报，这一套规则环环相扣，将企图蒙混过关的单位和认真对待工作的单位精准区别开来，并为后续的奖金待遇甚至岗位调整奠定了基础。只有具备了正确的工作方向、饱满的工作量、及时的日常工作反馈、充分的会前准备，才能过年终述责述廉这一“关”。因此各纪委书记在会上不断地将面前的水杯端起又放下，忐忑地等待着属于自己的那5分钟。

二、只讲“干货”

通过翻阅 2018、2019 年度的述责述廉报告汇总不难发现，陈述内容基本上能严格遵守写作要求，特别在以下三点表现突出：其一，均按照“纪委书记个人履职情况—纪委监督责任落实情况—党委主体责任落实情况”的主题与相应占比进行汇报。其二，报告的篇幅大大缩减，基本能控制在 1500 字以内；其中个人廉洁自律情况部分锐减，多控制在百字左右。其三，报告的效果导向意识增强了，纪委书记们开始有意识地从“如何收到实效”的角度思考问题和陈述工作。

2019 年 1 月，纪检监察组同志在拿到大家的述责述廉材料后反复地在里面找一些“抄文件”的话，几乎没找到，这说明“抄文件”的现象基本没有了。他们直言，今年的报告跟去年不太一样，“受看”。为什么受看？就是“干货”多。

纪委书记们报告的工作，有的工作“大”，有的工作“小”，有的提到的问题多，有的问题少，但不管怎么说，都是一项项的工作；报告中谈纪检工作的成分和色彩比过去更重、更浓，并有意识地使用具体事例、具体措施、具体数据等内容来作说明。例如：“去年支队协助局（总队）调查核实问题线索 2 条，立案 1 件，给予政纪处分 1 人，诫勉谈话 1 人，提醒谈话 1 人，解除劳动合同 1 人。对调查核实的典型问题线索及处理情况在党委（扩大）会上通报，并层层通报到每一名干部职工。”[17]

再如厅运管局纪委书记在汇报重点工作落实情况时，短短 300 余字包含了大量数据、实例，没有一句虚话套话，文风与之前大不一样：“处理信访举报 5 件，无超时现象；按时、准确上报信访和案管数据。扫除空白点，诫勉谈话 2 人，批评教育 8 人。

党委会通报了43起典型案例和2名退休干部违规取酬问题、驾驶员公车私用问题；多形式开展《党章》《问责条例》《党纪处分条例》学习，组织观看《巡视利剑》《荣辱两重天》警示片，参观锦江监狱，转发‘纪检微平台’，实现人员时段全覆盖；及时反映纪检动态，发布信息40余条。纪委书记明确表态，对1项事项要求重新研究再上会。出具廉洁意见19份。采取书面述与会议述结合的方式，局和局直单位班子成员、机关支部书记全部向纪委述责述廉。指导运输中心设置1名纪检员，完善局直单位纪检组织。继续推进‘三转’，局纪委不再直接介入招投标、政府采购、线路牌审批等业务过程。加强自身建设，5人次参加纪律审查、内部审计等业务培训，1名同志参加省纪委1个月的专项督查。”[18]

2020年度的述责述廉报告不再由纪检监察组进行事先审核，各单位报告提交后一步到位，不准撤回修改。在这种情况下，大家的报告内容依然做到了言之有物，空话、套话、虚话基本没有，保持住了2019年度的水准。如厅公路局纪委书记陈述道：“廉政和纪检工作评定直接影响绩效，1名局直属单位负责同志因未及时报告重大事项被调整。”“对9个事项提出具体意见，党委均采纳。”“已整改问题95个，采取措施253条。”“2015年以来的信访举报和问题线索‘大起底’，收到33件均处理完毕。”航务局纪委书记陈述道：“局内控监管发现的15个问题已经整改到位，行业内部审计调查发现的33个问题已通报相关单位限期整改。”“收到举报信1件，目前已经办结，已对违纪当事人进行了诫勉谈话，并按照规定进行了通报，收到信访件9件，全部处置完毕。”

遍览全部述责述廉报告，除了个别规模小、职能单一的厅直系统单位，大部分纪检组织的监督责任都有翔实的数据、案例、成果可供复核，空喊口号、照抄中央文件的现象已基本绝迹。

2019 年 1 月召开的厅直系统各单位主要负责人向驻厅纪检监察组述责述廉工作会上，绝大多数单位的报告也能够围绕主体责任撰写，内容比较实在，没有空话套话。其中运管局、高管局、公路局、咨询监理公司、造价站、财务处、人教处、办公室等单位主要负责同志的报告尤为突出。这方面的务实性主要表现为，第一，对主体责任的理解更加深刻，知道主体责任的内涵是什么，知道履行主体责任该做什么、写什么。第二，对第一责任人的责任和党组织的责任基本能够分清楚、写明白。第三，报告更加简洁精炼，大话空话套话少了，抄文件的基本没有了。

总体而言，述责述廉报告的内容越来越细，越来越实。大部分报告中的每一句话都在说一件具体的事情，要么涉及一项具体制度，要么是具体案例、具体数据，或者具体处理结果等，整个工作内容和工作作风变实了。

三、避谈问题的现象减少了

不管是攻坚克难还是亡羊补牢，对于单位的实际工作情况，纪委书记们开始不加挑选地进行汇报，突破了以往对于“报忧”的顾虑。如：“中心有一名在编职工，因个人债务问题，造成债权人多次到单位索债并上访，另有多家银行信用卡中心致电中心领导，要求其尽快偿还透支款。为逃避债权人，从 2016 年 5 月至今，该职工一年多未到单位上班，目前处于失联状态（电话关机、短信不回），严重影响单位正常工作秩序和形象，给中心稳定带来了严重隐患。中心党支部正按照党章有关规定，拟对其按自动脱党处置。”[19] “2018 年 5 月 16 日，校纪委收到驻厅纪检监察组批转信访件，反映我校教师违反教学纪律受保护问题。针对问题线索，我牵头制订纪律审查工作方案，严控办案程序。最终诫勉谈话1人，提醒谈话1人，约谈系部班子1次，通报批评1次，大会检讨1次，建议学校给予重大教学责任事故处理1人。在中干会上点名道姓通报审查结果，使全体干部受到了一次来自身边的深刻的警示教育。”[20]

由近年来的述责述廉报告不难看出，多数单位能正视和直面本单位存在的问题，有问题、有措施、在推进，过去对问题遮遮掩掩的情况有了较大改观。

四、纪检工作的监督作用增强了

（一）增强了效果意识

最近两年的报告中不仅对厅直系统各单位的纪委书记、纪检组织做了什么加以陈述，而且对这些做法产生的效果也进行了说明，述责述廉逐渐成为推动纪委书记履职的稳固抓手，使他们从之前的被动执行，转变为现在的主动琢磨怎么干工作才能出效果，纪委的监督作用逐渐凸显。

参加过多次述责述廉会议的驻厅纪检监察组成员评价说：“讲干货，重点讲自己、讲做了什么、讲监督责任，特别是效果在哪儿，原来也提了这个要求，但大家没有完全做到位，今年做得就很到位了。”如有的纪委书记主动探索多种宣传教育途径，多效提升本单位成员的廉洁意识，“用各类会议、办公区条屏、微信群、QQ群等方式，对职工开展常态化廉洁警示教育。组织全体职工集中观看省纪委现场会视频、学习‘纪检微平台’资料汇编等，提交各类心得130余篇；办公区新增党建纪检工作固定展板6块；OA办公系统新开辟‘纪检专栏’，学习资料全部入库，职工可随时随地阅读，系统自动记录，现已累计450余人次完成学习”[21]。

有的纪委书记自觉推进内审制度化建设，如“3 月将纪委办从党办调整至审计部，成立监审部，配备 2 名专职工作人员，成立纪律审查协调小组，由我任组长。结合处（公司）实际，制订贯彻落实‘三项任务十项工作’实施方案；制定《纪检巡查制度》《内部审计制度》等纪检审计制度，形成监督与内审联动机制”。[22]

有的则通过全面从严的履责作风传递监督执纪问责越来越严的信号：“对党委会决定的 135 项‘三重一大’事项均明确表态，在干部选任等 6 个事项上提出不同意见，其中修改完善 4 项，否决 2 项。”[23]“一年来，政纪处分 1 人；诫勉谈话 1 人；解除劳动合同 1 人；批评教育 1 人。2 个直属单位和 1 名大队领导干部被约谈。……局纪委将 2 名基层执法人员违规收取 800 元护送费私分的处理结果通报到全系统每一个人，引起系统干部普遍议论，身边的具体问题产生了实质的效果，点上的问题产生了系统的效果。”[24]“按照‘减存量、遏增量’的思路，加强案件线索核查及分析研判工作。在驻厅纪检监察组的悉心指导帮助下，院纪委全年办理线索 10 起，了结 6 起，移送 2 起；行政警告 2 人，诫勉 2 人，批评教育 1 人，谈话提醒 1 人，约谈 5 人，不存在超时办理的情况；了结案件均按要求进行通报；及时报送案管数据，不存在错报、漏报、瞒报情况。”[25]

有的小单位虽然没有什么轰轰烈烈的大动作，但通过抓具体、抓细节，一样取得了不错的监督成效。驻厅纪检监察组在听取数个体量较小的单位的纪委书记汇报后评价说：“很小一点的事情，在认真抓起走，这就很难得。他们不是给你说一些空话，哪怕我的人很少，我的水平也没达到多高，但是我就抓着那些具体的事情做。比如物资处，这个单位才新成立，而且是过去老单位拼凑起来成立的新单位。确实你让我做多少特色的工作，我现在还没有条件做出来，但是有一点，你上面安排的工作，我是给你做到位的。如果是特色的话，我小单位的特色就是我把上面的安排布置落实得很到位。”[26]

不管是信访数量的持续下降，还是把住了选人用人的关口；不管是以办案传递高压，还是利用通报造成强震慑；不管单位的体量小还是大，每个纪委书记选择的方法不同，但目的都是一致的，那就是抓好监督执纪问责的主责主业。

（二）调动起两大主体对纪检工作的热情

驻厅纪检监察组这样问过大家：“我们搞这个述责述廉的目的是什么？我们搞这项工作，难道就是把大家召集起来，大家把文字念一遍吗？仅仅停留在这个上面的话，怎么推动工作呢？”[27]推动一个单位的纪检工作，最少需要两个主体的同心协力，一个是单位一把手，一个是单位的纪委书记。述责述廉想要撬动整个厅直系统的纪检工作，就必须调动起这两大主体的决心和热情。二者之间是协力相助的关系，但作为纪委也要明白，他们的责任不是帮谁去整改腐败问题，而是督促党委履行主体责任，去解决这些问题。

1.调动单位一把手对纪检工作的热情

每次述责述廉会议的报告情况，包括厅直系统各单位排名和纪委书记的分数及排名，驻厅纪检监察组都会及时在系统内进行通报。各厅直系统单位一把手对此非常重视，例如，有的排名靠后了，一把手会专门来驻厅纪检监察组询问工作哪里出现了问题，该怎么改进。可以说，原本针对厅直系统各单位纪委书记（纪检委员）的述责述廉会议，其作用范围已突破纪委书记的群体，延伸至各单位一把手群体之中，顺势引发了他们对本单位纪检工作的重视和关切。驻厅纪检监察组工作人员讲述过一件让她印象深刻的小事：“有一次述责述廉会议开完的第二天早上，驻厅纪检监察组的同志上班路上，在交通宾馆附近碰到一个职业资格中心的主任，他说‘你们那个述责述廉搞得好哦，哎，你们明年还这样搞不搞啊?’后来他们自己的述责述廉纪检员排序靠后，他还专门到纪检组来问，‘我们工作还有哪里没做好啊’，‘怎么回事啊’，‘怎么来改进啊’，等等。”[28]

从这些现象可以清晰感受到述责述廉的效果，感受到它对整个厅直系统纪检工作的撬动。这说明述责述廉的信息传递开来了，影响也出来了，并且传递到一把手那儿去了，关注这个述责述廉结果的不仅仅是纪委书记，还有各个单位的一把手。一把手接触到这个排名后会密切关注自己单位的纪委书记，因为纪委书记的工作不是代表他个人，还代表他所在的单位。

2.调动纪委书记对纪检工作的热情

驻厅纪检监察组通过一系列规范手段，使厅直系统各单位纪委书记们感受到述责述廉不是喝喝茶水、念念材料的过场，而是一门不那么容易通过的“考试”。每个纪委书记代表的不仅是他个人，还有背后的整个单位；他的“考卷”不仅会被严格打分，成绩还会在全系统通报。在这样的述责述廉制度下，唯有凭借重视的态度、货真价实的工作，才能考出好成绩。

驻厅纪检监察组为述责述廉设计的一系列规则，无不向各位纪检干部传达着“只有务实地干了工作，年底的报告里才有干货可讲”的信号。在述责述廉带来的压力下，纪委书记们的心态出现了巨大转变：由之前的希望单位事情越少越好，最好无事发生，乐得轻松，到现在的主动“找米下锅”，巴不得干出几件大事，好在年终的述责述廉会议上有干货可讲。关于述责述廉带来的变化，有驻厅纪检监察组成员这样评价道：“述责述廉带来什么效果呢？以前纪委书记一般来说，是单位事情越少越好，最好是没有发生事情。这个述责述廉下来过后，那些有事情的、做得比较多的纪委书记，他就比较轻松，他觉得他很幸福；恰好是做得少的，他觉得很不幸，他没法，他没干那么多事情，他说不出亮点的东西啊。我说的这个事情是数得出人头的。我们那个职业资格中心（四川省交通运输职业资格中心）党委书记和纪委书记，两次述责述廉过后找我们来汇报，他说他那里就没有那么多事情，他就那么大个单位，他就不可能像公路局也好，像公路设计院也好，干出这么多轰轰烈烈的事情，所以每次考核他说他必定会吃亏，所以他感觉到压力大。我相信他说这些话的时候，恨不得自己麻烦事多点，他能够多干点事情。所以要说变化，这个倒是很典型。我相信那一批，作为公路局也好，公路设计院也好，交通设计院也好，还有交职院也好，这些纪委书记在述责述廉现场会觉得自己很幸福，因为他有很多事情干，他有很多麻烦事情，他说得出一二三四五。”[29]

厅公路设计院纪委书记曾这样概括她对述责述廉的感受：“每年的纪委书记述责述廉都是我们红脸出汗的时候，在这个会上，要求纪委书记在短短的几分钟内围绕纪检工作讲干货，虚的决不能来，逐一点评每一个人的述责述廉报告，还要进行测评打分排序，测评排序结果还要在厅直系统通报。排序结果在纪检干部年度考核和选拔任用上占了很大的权重。正是这一系列强有力的举措让我们对每一件纪检工作都不能大意、不能应付了事，而务必高度重视抓好、抓实、抓出效果。”[30]

有纪委书记坦言，述责述廉给他带来很大的压力。一是从来没开过这样“套路”的述责述廉，又要卡时间，又要审核字数、内容，还要排名、通报，和绩效挂钩。在他们企业，“连着两年排名最后的话，不但拿不到绩效奖，还会被调整岗位，所以感觉压力非常大。没办法，只好主动履职”。但是一番努力过后，他又感觉到了驻厅纪检监察组的关怀。“我们真正认认真真干事了过后，他们确实是保护了我们的，真正是保护我们的，只要我们尽职尽责，我是这样感受的，我不知道其他人。我也感觉到，只要我们认认真真干事，就不会有什么。”[31]

也有越来越多的纪委书记在这项工作里“走了心”，述责述廉的意义逐渐显露出来。比如，2018 年度述责述廉报告会开完后，负责组织报告会的驻厅纪检监察组成员在工作结束后接到了一个参会同志的电话。电话中这位同志坦言自己因为心里堵所以喝了点酒，他打电话没有发牢骚或抱怨的意思，实在是因为有些话不说憋着太难受。他说，他们单位在落实主体责任上做了不少事，但由于他没把握好时间，没讲好，他很愧疚，觉得“人家都能讲好，为啥我就卡个壳？”这种愧疚并非出于对个人荣誉的看重，“说心里话，我个人获得的荣誉已经不少了，当年我在阿坝工作的时候，汶川地震中开往映秀的第一艘冲锋舟就是我和几位民兵抬去的。在掩埋遇难同胞时，我看轻看淡了很多东西，但也更看重一些东西，我今天难受是不想因为自己的表现影响到集体荣誉！开完会后，回到家我喝了点闷酒，酒是喝了点，但我心里明白得很。在阿坝州交通系统腐败窝案中，里面有我好几位一起经历了汶川地震的朋友和同事。大地震时，他们没出事，谁能想到最后倒在了贪腐上？一想到这事心就痛。信息中心也容易滋生廉政风险，我最不愿意类似的伤痛再发生。别的承诺我不去讲，但只要我在信息中心担任纪委书记一天，就会力保信息中心风清气正一天！”[32] 接到电话的驻厅纪检监察组成员向我们回忆起此事时眼睛湿润，能和这样的战友共事，与有荣焉。

五、凝练务实蔚然成风

想要对交通厅述责述廉情况做出整体把握和分析，必要的个案追踪分析也不可或缺。为此我们选取了两例具有代表性的个案进行历史性分析，以窥一斑而知全豹。为了保证抽样的代表性，选取的样本需能较全面地反映整个厅直系统各单位的共同性。权衡各单位情况后，我们选择了在工作性质上颇具交通特色、体量相对较大的单位——公路局，以及交通行业代表性历史遗留问题较为集中、体量较小的单位——大件公路管理处。通过选取这两个同一单位连续三年的述责述廉内容进行个案分析后发现，样本及其所代表的群体即交通厅厅直系统的述责述廉情况呈现出非常显著的纵向变迁动态：凝练、务实。

（一）公路局述责述廉的变化

2016 年公路局纪委书记的述责述廉报告全文为 1949 字，内容停留在明确责任、制度建设等较为空泛的层次，既无相应案例，也无数据支撑。“三项任务十项工作”内容 681 字，但未涉及具体的案件处理情况。如“落实党风廉政建设责任制的情况：一是层层明晰责任。组织召开 2016 年度局机关及直属单位党风廉政建设工作会，制定《四川省交通运输厅公路局年度党风廉政建设和反腐败工作主要任务分工》，开展‘五级’廉政承诺。二是完善制度。制定《局党委落实党风廉政建设主体责任实施细则》，落实党委主体责任，严格责任追究。执行局党委《关于印发四川省交通运输厅公路局约谈制度的通知》（交路党〔2014〕83号）和《关于印发局纪委（监审处）参加局党委会议同步记录制度的通知》（交路党〔2014〕81号）。三是强化内控监督。通过对局机关内部控制制度进行审计、对直属单位负责人进行离任经济责任审计、对单位经营效益及资产清查进行审计，揭示管理的薄弱环节和潜在风险，增强风险防范意识和化解能力。”[33]报告中与具体工作及效果无关的内容占比较大，既无法证明成效也无法核对真伪，这样的汇报内容实质上是无效的。

2017年的报告全文1485字，涉及实际案例和具体数据；2018年为1480字，内容包括案件处理情况、人员调整情况等直接、清晰的表述。纵向来看，公路局述责述廉呈现出越来越凝练、务实的汇报特征。如“集中精力查案。新收12件问题线索全部依规处置，其中转办3件，函询2件，初核7件（转立案2件），线索处置率和初核办结率100%。给予党纪处分2人，政纪处分8人，诫勉谈话3人，提醒谈话3人，正立案调查1人，约谈1个领导班子。指导兴蜀公司纪委党纪处分1人，组织处理5人。查处情况印发通报，传达到每个人。”[34]“强化监督职能，对厅党组巡察发现的共性问题开展自查，发现的54项问题，已整改51项。对2017年审计发现的134个问题整改组织检查，对整改不力的兴鑫公司主要领导和纪检负责人提醒谈话，今年审计发现的71个问题已‘罚球点球’督促整改。对扶贫领域自查发现的14项问题，落实责任开展整改。实业公司强化房屋租赁管理，监理所实行纪检委员与总监月度谈话提醒制，公路医院完善管理制度53项。”[35]相较2016年，后两年的报告内容砍掉了泛泛而谈的空话，取而代之的是更为具体直观的数据、案件等有据可查的履职内容。

（二）大件公路管理处述责述廉的变化

大件公路管理处 2016 年的述责述廉报告多达 7 页，全文 4035 字。但内容多为空话、原话、套话：

第一，不切实际的空话。诸如“牵头推进惩防体系建设，在原来的基础上重新梳理完善了惩防体系基本框架，细化工作任务，确保今年工作任务顺利推进”[36]此类，只有笼统介绍，缺乏可作证明的具体做法和效果。

第二，照搬文件的原话。诸如“牵头开展‘两学一做’学习教育，开展整改‘回头看’工作，巩固发展来之不易的良好政治生态，为我处从严治党奠定坚实基础”[37]此类，在网上一查便可发现大量原话。

第三，四言八句的套话。诸如“做到要‘慎欲’。从未谋取规定以外的特殊利益，不放纵自己的欲望，不贪吃喝、不贪钱财、不贪享乐、不贪图名利地位，堂堂正正地做人，明明白白地工作。不为声色犬马、灯红酒绿的生活方式所动，过好了享乐、金钱关，艰苦奋斗，俭以养德，保持了良好的品行和高尚的情操”[38]等，在百度文库“领导干部个人述责述廉报告模板”中可以检索到众多类似语句。

2017 年，大件公路管理处的报告字数锐减至 1676 字，2018 年则为 1154 字。字数虽少，但内容充分聚焦到了纪委监督责任的落实情况上。如 2017 年、2018 年与重点工作部署直接相关的内容占比达 1/3，并辅以各类具体数据和实际完成的事项为佐证。“党纪党规解读：处总支会议上解读共计 10 次，在工作群中推送信息 20 次”；“出具廉洁意见：全年对 9 名从八级职员晋升到七级职员的普通干部，3 名试用期满的中层干部出具廉洁意见书共

12件”；“机构与人员：2月成立监察审计科，科室编制4人，目前到岗2人均为兼职纪检人员，主要开展我处党风廉政建设、纪检监察及内部审计工作。”[39]“全年上级转处内举报4件，回复4件，开展处内约谈3次；在处29次总支会议上的‘三重一大’事项集体研究中对重大事项表态明确；对1名新任中层干部开展廉政谈话并发放廉政责任告知书，给处党总支书记发放经济责任告知书”；“对2017年审计发现的6个问题落实责任开展整改；对两名干部享受职工住房补贴出具了廉洁意见。”[40]

回顾四川省交通厅直系统各单位三年来述责述廉报告的变化，不禁让人思考：一个纪检组织系统内部的述责述廉，为什么能够产生这么大的压力或紧张感呢？驻厅纪检监察组的同志们对于这种情况最初也摸不着头脑，经过这两年的不断思考，他们提出了自己的理解，那就是“说到做到”。

近年来驻厅纪检监察组提出来的要求，是什么样就什么样，执行上自己不打折扣，也不容别人打折扣。在这样的氛围下，有纪委书记会为此反复排练也就不难理解了。正如驻厅纪检监察组的同志分析的那样，“纪检工作，在过去，不仅仅是别人没把你当回事，我们自己也没把它当回事，尤其是我们这种直属系统，基层的这些纪检工作，在过去相当长的一段时间谁把它当成一回事儿了？反过来理解这个问题，这个压力、这个氛围又是怎么形成的呢？这个问题我在这儿想了很久，这样一种氛围的形成，可能不是一件事情、一个细节、一个情节、一次培训就能够形成的，而是这两年来我们开展工作形成的一种综合性的效益。现在大家基本上都形成了一种共识，对纪检组的事情，是不能大意的、是不能轻视的、是不能应付的、是不能草草了事的，是要认真对待的”[41]。

这样一种从严抓执行、不打折扣地落实制度的行为，它带来的工作作风方面的转变和认识，不仅是在交通厅的纪检监察系统里，也包括在整个厅直系统里都显示出不同程度的带动效应。可以说，借述责述廉来传递压力的目的已初见效果。

注：

[1] 四川省交通运输厅：《四川省纪委监委驻交通运输厅纪检监察组党支部 2019 年组织生活会》，2019 年 3 月 22 日，四川省交通运输厅 11-10 会议室。

[2] 四川省交通运输厅：《驻厅纪检监察组原组长在厅直单位和厅机关处室主要负责人述职述廉会上的讲话要点》，2020 年 1 月 13 日，四川省交通运输厅。

[3] 驻四川省交通运输厅纪检监察组原组长《全省交通运输系统纪检干部培训两天材料》，2018 年 9 月 3-4 日，四川省交通管理学校 6 号楼 604。

[4] 笔者对实战轮训人员 XYX 的访谈，2018 年 8 月 24 日，四川省交通运输厅 11-14。

[5] 笔者对原驻厅纪检监察组副组长 TXZ 的访谈，2018 年 9 月 7 日，四川省交通运输厅 11-24。

[6] 笔者对原驻厅纪检监察组副组长 TXZ 的访谈，2018 年 9 月 7 日，四川省交通运输厅 11-24。

[7] 四川省交通运输厅：《"派驻监督之四川交通模式"课题第六场座谈会材料》，2018 年 8 月 2 日，四川省交通运输厅 10 楼会议室，第 23 页。

[8] 四川省交通运输厅：《四川省纪委监委驻交通运输厅纪检监察组党支部 2019 年组织生活会》，2019 年 3 月 22 日，四川省交通运输厅 11–10 会议室。

[9] 笔者对省交通运输工会书记 CGH 的访谈，2018 年 9 月 7 日，四川省交通运输工会会议室。

[10] 笔者对高管局二支队书记 LJG 的访谈，2018 年 8 月 29 日，厅高管局交通执法大队会议室。

[11] 四川省交通运输厅：《驻厅纪检监察组工作资料汇编（二）》，第 537 页。

[12] 笔者对驻厅纪检监察组综合处处长 LF 的访谈，2018 年 10 月 24 日，四川省交通运输厅 9–19。

[13] 驻四川省交通运输厅纪检监察组原组长《全省交通运输系统纪检干部培训两天材料》，2018 年 9 月 3–4 日，四川省交通管理学校 6 号楼 604。

[14] 四川省交通运输厅：《厅直单位纪委书记（纪检委员）2018 年度述责述廉报告》，第 8–9 页。

[15] 笔者对原驻厅纪检监察组副组长 TXZ 的访谈，2018 年 9 月 7 日，四川省交通运输厅 11–24。

[16] 四川省交通运输厅：《全省交通运输系统纪检组组长培训暨派驻监督模式研讨会材料》，2018 年 7 月 16–17 日，四川省交通管理学校 6 号楼 604，第 38 页。

[17] 四川省交通运输厅：《2018 年度高管局及执法支队党委书记述责述廉报告》（第七支队），第 4 页。

[18] 四川省交通运输厅：《厅直单位纪委书记（纪检委员）2018 年度述责述廉报告》，第 14–15 页。

[19] 四川省交通运输厅：《四川省交通厅宣传中心 2017 年

度述责述廉报告》，第 3 页。

[20] 四川省交通运输厅：《四川交通运输职业学校 2018 年度述责述廉报告》，第 1–2 页。

[21] 四川省交通运输厅：《四川省交通厅监控结算中心 2019 年度述责述廉报告》，第 2 页。

[22] 四川省交通运输厅：《四川公路工程咨询监理公司 2017 年度述责述廉报告》，第 1 页。

[23] 四川省交通运输厅：《四川省交通厅公路局 2018 年度述责述廉报告》，第 1 页。

[24] 四川省交通运输厅：《四川省交通厅高管局（执法总队）2018 年度述责述廉报告》，第 1–2 页。

[25] 四川省交通运输厅：《四川省交通厅公路设计院 2018 年度述责述廉报告》，第 2 页。

[26] 四川省交通运输厅：《“派驻监督之四川交通模式”课题第七场座谈会材料》，2018 年 8 月 7 日，四川省交通运输厅 10 楼会议室，第 38 页。

[27] 四川省交通运输厅：《全省交通运输系统纪检干部培训两天材料》，2018 年 9 月 3–4 日，四川省交通管理学校 6 号楼 604。

[28] 笔者对驻厅纪检监察组原组长的访谈，2018 年 9 月 19 日，四川省交通运输厅 11–16。

[29] 笔者对原驻厅纪检监察组副组长 TXZ 的访谈，2018 年 9 月 7 日，四川省交通运输厅 11–24。

[30] 四川省交通运输厅：《厅公路设计院党委副书记、纪委书记 WY 在全省交通运输系统纪检业务培训会上的发言稿》，2018 年 7 月。

[31] 四川省交通运输厅：《“派驻监督之四川交通模式”课题第六场座谈会材料》，2018 年 8 月 2 日，四川省交通运输厅 10 楼会议室，第 23 页。

[32] 四川省交通运输厅：《驻厅纪检监察组内部材料〈点滴纪检〉》之《一次述职述廉会后的来电》。

[33] 四川省交通运输厅：《四川省交通厅公路局 2016 年度述责述廉报告》，第 1–2 页。

[34] 四川省交通运输厅：《四川省交通厅公路局 2017 年度述责述廉报告》，第 2 页。

[35] 四川省交通运输厅：《四川省交通厅公路局 2018 年度述责述廉报告》，第 3 页。

[36] 四川省交通运输厅：《四川省大件公路管理处 2016 年度述责述廉报告》，第 2 页。

[37] 四川省交通运输厅：《四川省大件公路管理处 2016 年度述责述廉报告》，第 2 页。

[38] 四川省交通运输厅：《四川省大件公路管理处 2016 年度述责述廉报告》，第 4 页。

[39] 四川省交通运输厅：《四川省大件公路管理处 2017 年度述职述廉报告》，第 1–2 页。

[40] 四川省交通运输厅：《四川省大件公路管理处 2018 年度述职述廉报告》，第 2 页。

[41] 四川省交通运输厅：《全省交通运输系统纪检组长培训暨派驻监督模式研讨会材料》，2018 年 7 月 16–17 日，四川省交通管理学校 6 号楼 604，第 38 页。

第五章

组织队伍建设之工作平台
——厅直系统纪检微信工作群

运用信息化技术开展纪检监察工作，是党的十八大以来尤其是十九大以来纪检监察机关深化监督执纪的一项重要特色。习近平总书记强调，“我们要深刻认识互联网在国家管理和社会治理中的作用……推进政府决策科学化、社会治理精准化、公共服务高效化，用信息化手段更好感知社会态势、畅通沟通渠道、辅助决策施政”[1]，“要运用大数据提升国家治理现代化水平”[2]，为纪检监察机关开展监督执纪提供了根本遵循。厅直系统纪检微信工作群是四川省纪委监委驻省交通运输厅纪检监察组在交通运输厅党组的大力支持下，立足新时代将互联网与纪检工作进行深度融合，统筹整合厅直系统纪检力量开展纪检工作的一项重要抓手和工作平台。2016 年 5 月 5 日，驻厅纪检监察组建立厅直系统纪检微信工作群，并于 2017 年 8 月安排厅直系统各单位主要负责人和厅机关各处室主要负责人加群。为确保厅直系统纪检微信工作群规范化运行，驻厅纪检监察组建群之初便制定了“五条入群须知”，之后被整合为“三条群规则”，并对该微信群进行精准定位。此微信群的建立，也成为顺利开展纪检监察工作的宣传教育平台，对于纪检信息、纪检人员的全覆盖作用巨大，又对厅直系统纪检工作起到了很强的示范和带动作用，推动厅直系统纪检工作发生了系统性和根本性变化。

第一节 厅直系统纪检微信工作群建立的背景与过程

新时代推进纪检监察工作需要有新手段。驻厅纪检监察组高度重视“互联网+”的运用，在厅党组的大力支持下，将互联网与纪检监察工作进行深度融合，于 2016 年 5 月 5 日建立厅直系统纪检微信工作群，并以微信群的建立为重要契机，推动纪检监察工作走向“全覆盖”。截至目前，厅直系统纪检微信工作群内共有成员 460 余人，主要包括厅机关处室负责人、纪检工作联系人及 31 个厅直单位主要负责人、纪检工作分管领导、纪检工作人员，新的纪检工作平台焕发出勃勃生机，真正形成了一支具有强大战斗力和执行力的纪检队伍。

一、厅直系统纪检微信工作群建立的背景

驻厅纪检监察组基于“互联网+”时代纪检监察工作面临的机遇与挑战、交通运输厅直属单位纪检组织队伍“末梢”作用发挥不够的现实考虑和综合研判，积极探索建立了厅直系统纪检微信工作群，促进纪检工作“全覆盖”到整个厅直系统所有干部职工。

（一）时代背景：“互联网+”时代纪检监察工作面临的机遇与挑战

中国特色社会主义进入新时代，“互联网+”、大数据、云计算等现代信息化技术得到迅速发展。充分运用信息化技术开展监督执纪已经成为纪检监察机关高质量发展的重要特色工作。习近

平同志提出，“善于运用网络了解民意、开展工作，是新形势下领导干部做好工作的基本功，各级干部特别是领导干部一定要不断提高这项本领”[3]。党的十九大以来，尤其是十九届中央纪委历次全会强调各级纪检监察机关要充分运用互联网技术和信息化手段开展监督、畅通社情民意反馈渠道，不断拓宽问题线索来源渠道，提升监督的精准性和实效性。2018 年 1 月，赵乐际同志在党的十九届中央纪委二次全会上强调，将“充分运用互联网技术和信息化手段”[4] 作为纪检监察机关加强自身能力建设的重要举措。2022 年 1 月，赵乐际同志又强调纪检监察机关“善于运用信息化手段提升监督水平、规范化水平”[5]。这对“互联网+”时代纪检监察工作提出了新要求，既是机遇，也是挑战。中央纪委国家监委、人民网、新华网以及地方纪委监委相继开展“网络举报监督专区”、设置举报邮箱、举报电话、手机 APP 等多元化的检举举报方式，有力地推进纪检监察工作更上一个台阶。

2016 年以来，驻厅纪检监察组积极拥抱“互联网+”，及时建立并有效管理和利用厅直系统纪检微信工作群开展纪检工作，撬动和整合了厅直系统纪检监察力量，有效推动了省交通运输厅的党风廉政建设和反腐败斗争，为省交通运输厅的各项工作的规范有效运转提供了坚实的纪律保障和技术支撑。这是省交通运输厅党组和驻厅纪检监察组面临的重要机遇。但不可否认的是，在互联网时代如何处理好纪检监察工作的政治性、保密性和严肃性与互联网的社会性、虚拟性和开放性之间的关系，如何做好工作群与娱乐群之间的区分，进而如何有效利用微信群开展纪检监察工作，以实现该群的效果最大化，更好地为厅直系统和全省交通运输系统释放厅党组和驻厅纪检监察组的工作理念、工作模式、工作思路与工作方法等，形成系统性效应，从而推动全省交通运输系统的各项业务迈上新台阶、实现高质量发展，是驻厅纪检监察组面临的一项重要挑战。

（二）现实需要：交通运输厅直属单位纪检组织“末梢”作用发挥不够

习近平总书记强调，“执政重在基层”[6]，“提升基层纪检监察机关监督能力，推动监督向基层延伸”[7]。发生于基层的“微腐败”与人民群众生产生活和工作息息相关。交通建设和执法领域的“微腐败”风险较高，监督任务较重，一直是近些年社会各界关注的重大现实热点和焦点。厅直系统作为省交通运输厅的重要构成部分，其组织队伍规模庞大，业务量繁杂，各类资金项目密集程度高，是交通领域党风廉政建设和反腐败工作的重要聚焦对象。但是近些年，厅直系统纪检监察组织作为基层监督的重要执行主体的“末梢”作用发挥得并不理想，主要表现在以下三个方面：

一是厅直系统纪检组织不健全。从整个厅直系统来看，党的组织较为健全，但党的纪检组织并没有全覆盖，有的单位和部门的纪检组织不健全，有的名存实亡，有的分管其他业务工作，甚至有些分管与人事、财务、审批等与监督相冲突的工作，最终导致全面从严治党的信息很难传递到基层“末梢”。二是厅直系统纪检人员配备不足。从实际情况来看，厅直系统普遍存在纪检人员地位低下、人员老化、配员不足等现实问题。有不少人认为，纪检工作是得罪人的事，开展监督工作要看别人的脸色，挺不起腰杆，所以很多人都不愿意干；有些认为纪检机构是类似于养老的机构，等着退休，纪检人员年龄偏大，素质参差不齐，做事缺少动力和能力；在“三转”之前，纪检组织人员配备严重不足，加之有不少人员还分管其他业务工作，存在“种了别人的田，荒了自己的地”的现实难题，从而使得纪检人员难以发挥其应有的作用。三是厅直系统纪检工作各自为政、单打独斗。厅直系统的业务量繁杂、工作头绪多，在纪检组织不健全、人员配备不足的情况下，往往会出现纪检工作浮在面上、容易流于形式的现实状况；有些单位虽然存在纪检组织，但工作开展往往是各自为政、单打独斗，难以取得实质性的效果。

二、厅直系统纪检微信工作群建立的过程

驻厅纪检监察组坚持创新精神，积极拥抱互联网时代，运用“互联网+”思维，将网络手段与行政手段相结合，推动互联网与纪检监察工作进行有效对接，实现深度融合。在厅党组的大力支持下，2016 年 5 月 5 日驻厅纪检监察组提出建立厅直系统纪检微信工作群，7 月 26 日，利用召开厅直系统纪委书记座谈会的契机，安排厅直系统纪检人员入群，并适时发布了五条群规则，随后又通过发布典型警示案例征集的通知，以此引导和激活该微信群的有效利用。2017 年 6 月，驻厅纪检监察组尝试在该微信群中发布“纪检微平台”文字稿。7 月 21 日，为了更好管理和利用该微信群，驻厅纪检监察组将五条群规则整合为三条群规则，随后又尝试推送经过广告公司制作和设计后的“纪检微平台”，并且再次发布典型警示案例征集的通知。8 月，为了落实省交通运输厅党组的主体责任，督促厅直系统和厅机关处室正确履行主体责任，驻厅纪检监察组安排厅直系统和厅机关处室主要负责人进入厅直系统纪检微信群。2018 年 1 月 8 日，驻厅纪检监察组在厅直系统纪检微信群中正式播发“纪检微平台”，接下来两个月引导和要求厅直系统和厅机关处室有关纪检工作人员负责将“纪检微

平台”转发到本单位工作群。随后，一直到九月份，驻厅纪检监察组工作人员曾 9 次在群里通报“纪检微平台”的转发情况。

截至目前，厅直系统纪检微信工作群内共有成员 460 余人，主要包括厅机关处室负责人、纪检工作联系人及 31 个厅直系统主要负责人、纪检工作分管领导、纪检工作人员，由此形成了一个庞大的纪检工作组织，一个生机勃勃的纪检工作队伍，为进一步撬动、整合厅直系统纪检组织和人员力量、促进新时代省交通运输厅纪检工作高质量发展提供强有力的支撑。

第二节 厅直系统纪检微信工作群的管理

在厅直系统纪检微信工作群建立后，驻厅纪检监察组为了加强对该群的管理，特意制定了“五条入群须知”，包括：一是请将名称改为“厅××（单位）纪委+姓名”，未成立纪委的改为“厅××（单位）+姓名”；二是各单位工作动态请及时在微信群分享；三是涉密信息禁止在微信群发布；四是请各单位严格审核入群人员，非纪检工作人员不得入群，因工作调整不再从事纪检工作的人员请及时退出本群；五是驻厅纪检监察组部分工作安排和工作动态将通过本群发布，请各单位保持关注。2017 年 7 月 21 日，驻厅纪检监察组又将“五条入群须知”整合为“三条群规则”，包括：一是所有人员一律实行实名制，格式为“单位+职务+姓名”；二是所有人员必须遵守“两个一律”：凡涉密内容一律不发，凡与工作无关内容一律不发；三是工作宣传信息采取“一张图片+一句话”模式，字数最好不超过 20 字。“三条群规则”对群成员的身份、纪律要求、工作内容与模式等方面作了具体规定，形成了对厅直系统纪检微信工作群的有效管理。

近年来，驻厅纪检监察组坚持“工作一根筋”的韧劲，持续抓“群规则执行到位”，绝大部分群成员遵守群规则的态势已经形成，但是偶尔也会出现违反群规则的情况。于是，驻厅纪检监察组坚持“冒头就打”“冒头就压”，从提醒、批评到通报数十次甚至上百次，将这种从严的信息和压力传输到整个厅直系统，进而从整体上转变了厅直系统纪检人员的工作作风和文风。

一、所有人员一律实名制

在建立厅直系统纪检微信群之后，驻厅纪检监察组首先对群成员明确提出要求，要采用实名制，以“单位+职务+姓名”备注和修改群内名。自从建立微信群以来，驻厅纪检监察组坚持每周一将群规则发送到群里，反复地提醒大家以“单位+职务+姓名”备注和修改群内名，甚至有些人是在私下经过“一对一沟通”要实名制。该群的绝大部分人都可以做到这一点，但是在日常工作中仍有些人还没有实名制。在这种情况下，驻厅纪检监察组有关工作人员会立即在群里指出来，并进行“一对一沟通”，要求当事人改成实名制。否则，驻厅纪检监察组将采取果断措施，直接把未实名制的人员踢掉。

驻厅纪检监察组之所以这么严格地要求群成员“一律实名制”，其主要原因在于，一旦有了实名制，就意味着明确了工作责任，就能受到相应的约束。也就是说，只有实行了实名制以后，才能使群成员的思想和行为受到有效约束，明确其工作责任，进而有效地避免纪检工作中的杂乱无序，最大限度提升纪检工作的效果和效率。否则，有人干了事情却找不到是谁，甚至连在哪个单位都不知道。

“一律实名制”这一群规则体现了驻厅纪检监察组的工作干劲

和工作作风。“一律实名制”这么简单的一个事情做起来并不简单，可能越简单的事情做起来就越难。实名制究竟为什么这么难？一是至今还未改名字的人，原因可能在于自己还未注意到，或旁人没有提醒到；二是改了名字但格式不统一，根源在于传达者和接收者的理解有偏差，如不同的人对交通运输厅的称呼也不尽相同，有称交通厅的，也有称交运厅的。这一规则在当前这种力度下还未执行到位，说明了驻厅纪检监察组的工作还需要持之以恒地抓下去，还从侧面反映了一个单位执行力不强或工作不见成效，这就是问题的关键所在。

二、所有人员必须遵守“两个一律”

（一）涉密信息一律不发

在新时代，如何把握“互联网+”这个重要发展契机，为纪检监察工作“插上科技的翅膀”，关键是要正确及时处理好网络时代利用微信群开展纪检监察工作“如何解决保密性”这个重大且紧迫性强的问题。纪检监察工作本身是一项很严肃、保密性强的工作。驻厅纪检监察组及其工作人员、厅机关处室和厅直系统纪检工作人员始终严于律己，严格遵守和执行纪检监察工作保密性的有关规定。在建立厅直系统纪检微信工作群之后，驻厅纪检监察组明确提出要求，凡是涉密信息一律不能在群里发，涉及案子的事情不能在里面讨论，包括问题线索、信访举报、执纪审查等具体数据、具体人、具体事项，均不在里面发，这是从事纪检工作过程中最基本，也是最重要、最关键的一点。近些年，此条群规则执行以来，没有出现一例涉密事项。伴随“互联网+纪检监察工作”的深度融合，又意味着纪检监察工作具有一定的社会性和开放性，二者并不是相互独立、相互排斥的关系，而是相互影响、相互促进的辩证统一关系。驻厅纪检监察组有效处理好了二者之间的关系，将坚决维护政治性和提供便利性进行有机融合，为高效有序开展纪检工作提供了坚实的政治纪律保障。

2021 年 8 月，《中华人民共和国监察官法》规定，“监察官应当严格执行保密制度，控制监察事项知悉范围和时间，不得私自留存、隐匿、查阅、摘抄、复制、携带问题线索和涉案资料，严禁泄露监察工作秘密”[8]。2022 年 1 月，中共中央印发《中国共产党纪律检查委员会工作条例》强调，“纪检干部应当严格执行保密制度，不准私自留存、隐匿、查阅、摘抄、复制、携带问题线索和涉案资料，严禁泄露审查工作情况”[9]，这对规范和约束纪检监察机关及其工作人员的思想和行为具有重要意义。

（二）非纪检工作信息一律不发

在建群之初，驻厅纪检监察组就明确提出要求，此群只发布与纪检相关的工作信息，而“非工作类的信息则一律不转、一律不发”，从近些年的执行情况来看，这一点做得还算是比较好的。但是仍有部分人员违反群规则，突然冒出来一条与纪检工作无关的信息，主要有以下三种情况：其一，当事人可能发错了，本来想发送到另一个娱乐群，但一不小心发到了这个工作群；其二，当事人发了之后，马上觉察出来发错群了，就赶紧撤回，然后说：“啊，不好意思，我发错了”；其三，当事人发错了之后，其他人心里应该会想，“这个要遭了，肯定要挨批评了”。显而易见，非纪检工作信息一旦在微信群里冒头，当事人自己就会主动撤回并立马解释和道歉，群成员就这样形成了一种共同认识，这是特别关键的。

大家之所以能够形成这种良好的氛围，背后靠的是驻厅纪检监察组坚持“冒头就压”“冒头就打”的工作韧劲，必须以最快的速度、最短的时间压下去，并根据情节严重情况进行批评教育。“非纪检工作信息一律不发”这一群规则并不是发一次就结束了，不能一发了之，因为这个微信群经常会有新人加入，新人并不知道群规则，还有些人可能开始知道群规则，但是过段时间可能就淡忘了，警惕性就淡化了，所以这一条群规则应当持续地发下去。当然，持续发这个群规则也要有力度，每隔一段时间都要发一次，一旦发现有冒头的，必须先进行批评，然后立即把群规则再次发送给大家。据驻厅纪检监察组有关工作人员所言，这一群规则提出的前两年是给大家一个适应期，并不是今天提出来就必须今天完全执行到位，以前没有执行到位的，都要及时提醒。如果两年时间里都还适应不过来，那么现在只要违反了就会立即给予批评。但是，对于新进人员可以给一次机会，提醒一次，若是出现第二次，就要进行点名通报批评了。

实际上，为了执行这条群规定，原驻厅纪检监察组组长给负责该项工作的人员反复提醒了很多次，甚至有时候明确要求他们去执行，提出具体该怎么去做。但是，负责该项工作的人员可能觉得偶尔出现一个违反群规则的情况也很正常，所以之前对此情况的反应并不是很迅速。在这种情况下，原驻厅纪检监察组组长看到后就会立即通过内部群及时提醒工作人员，“你们为什么半天视而不见呢？要马上把冒头的压下去”[10]。从目前来看，有关工作人员一旦发现违反这条群规则的，就会很积极主动地去应对和引导。例如，驻厅纪检监察组曾经有一次让大家在群里反馈纪检微平台转发的情况时，某县交通局的纪检工作负责人却突然在微信群里冒出来一句：“我们地震灾区的工作‘五加二’、‘白加黑’，这些年已经把我们累得够可以了，下班过后又来发这些工作信息，就烦得很”[11]。后来，驻厅纪检监察组在上班时间从正面进行了及时有效回应：“鉴于大家平常白天刷屏太多，确实也有人曾提出来，重要的信息中间发了有时候容易错过，因此，为了解决这个问题，我们把时间集中在五点五十至六点之间，重要的事情就在这十分钟内发送，不用等到六点之后，否则又影响大家的休息时间。另外，如果我们在工作时间之外发送信息，大家可以在上班时间来看，并不是强制性地让大家马上就看。”[12]

纪检监察工作是一项非常严肃的工作。纪检工作群是交流和沟通工作的载体、平台、容器，内容是纪检工作，不是工作之外的信息栏、与各类纪检工作无关的投票广告栏。“非纪检工作信息一律不发”的群规则，将“工作群”和“娱乐群”作了严格的、明确的区分，正是在驻厅纪检监察组坚持“冒头就压”“冒头就打”的工作韧劲的基础上，一根筋地抓下去，持之以恒、不厌其烦地多次提醒，问题严重的进行批评，甚至通报曝光，对于营造厅直系统积极健康的工作作风起到了良好的示范和带动作用。正如原驻厅纪检监察组副组长所言：“刚建群的时候，有人会在群里发一些杂七杂八的东西，纪检组立即打电话过去对发信息的人进行及时提醒，并不断公布新群规，与工作无关的信息就逐渐绝迹了”[13]。

三、工作宣传信息采取“一张图片+一句话”模式

严厉整治加重基层负担的形式主义、官僚主义，是党的十八大以来基层治理与基层党建的重要议题和鲜明特点。习近平总书记强调，“要坚决整治形式主义、官僚主义，让基层干部从繁文缛节、文山会海、迎来送往中解脱出来”[14]，为新时代做好基层

减负工作提供了根本遵循。在新时代，纪检监察工作的呈现形式具有多样性，而驻厅纪检监察组要求厅直系统纪检工作的日常汇报以“一张图片+一句话”这种最简洁、最直观的形式体现出来，恰恰就是减轻基层负担的形式主义、官僚主义的重要体现。现在有不少人反对利用微信群去打卡，认为这是一种典型的形式主义。实际上，驻厅纪检监察组的这种做法与那种打卡的形式主义之间有着本质性的区别。通过“一张图片+一句话”的形式呈现所做的工作，不需要报送很厚的材料，工作人员实际上每天都在关注群动态，厅直单位做了什么，都能够很直观地在群里看到。驻厅纪检监察组还要定期考核、抽查厅直系统党员领导干部和职工是否贯彻落实了厅党组和驻厅纪检监察组的工作要求和精神，是否知晓相关内容，如不知晓，将立即约谈相关责任人以及分管领导。这不是形式主义，而是工作方式上的创新。

首先，“一张图片”可以是单独一张照片，也可以采取拼图形式，把几张图拼成一张图，但不能将多张图直接“甩”在群里。驻厅纪检监察组没有反对大家去拼图，因为拼出来的还是一张，并不违反群规则，但有些单位还是想尽可能地将多张图片拼为一张图，究其原因可能在于他们想尽可能全景式、立体式地展现出自己开展的各项工作。其次，“一句话”，从最开始规定的不能超过 100 字，到后来不能超过 50 字，再到后来不能超过 25 字。因为厅直单位的日常工作、动态信息，根本不需要长篇大论。正如原驻厅纪检监察组组长所言，“有的单位就是开个会，传达了什么、安排部署了什么，谁作了重要讲话、强调了什么，谁主持的会、如何抓好落实等事项，其实这些都不用写出来，我们纪检组大概都知道”[15]。例如，厅公路局开了党风廉政建设工作会，在群里配一张图片，然后就说，“公路局今天召开了党风廉政建设会”，实际上总共这些字就足够了。

一张图片为什么配一句话、限一句话 25 字？其目的就是为了适应信息化时代大家阅读习惯的一种需要，因为多张图和大段话既冲淡了集中表达的信息，又给群成员造成阅读劳累。例如，厅直系统各单位、部门的日常工作部署、工作安排、评审工作等事项，限定在 25 字以内，确实很“简短”，有些单位说这样没有把做的有些工作说出来，影响了工作，有些单位说这个可能确实说不清楚。实际上，“一句话”能够使绝大多数厅直系统各单位把所开展的工作状况说清楚，因为只要把最核心的信息传递清楚即可，更能够全景式地展现所开展工作的基本情况；此外，对于厅直系统某单位的重点工作、特色工作、亮点工作等事项，驻厅纪检监察组提倡另外报送专题材料，这就不仅仅是一句话的事情了。

“一张图片”要求最多配 25 字，其执行情况到底如何呢？近些年，这条群规则的总体执行情况较好，但一直有执行不到位的，主要表现为“长篇大论”的现象久纠不绝、一犯再犯。实际上，驻厅纪检监察组一直不厌其烦地反复提醒和引导大家要注意控制字数，但有些人还是忍不住“长篇大论”。自 2016 年 7 月建此微信群以来，驻厅纪检监察组利用两年的时间让大家尽快适应“一张图片+一句话”的工作汇报方式，现在一旦出现这种情况，就会一律通报批评，对于那些还不是特别清楚的，如新入群的人员，可以给一次机会改正，若是出现第二次，就必然进行点名批评。原驻厅纪检监察组副组长说：“在报送工作信息动态时，要求‘一张图片+一句话’，一件事情，最多不能超过 50 字，然后再压缩到 25 字，只要谁超了字数，立即在群里进行督促纠正”[1]。

例如，2019 年 2 月 20 日，驻厅纪检监察组工作人员的手机分别被来自高管局局长、七支队队长等人打爆了。其原因在于七支队负责纪检工作的人员在厅直系统纪检微信工作群里“连续发了几张图片和几句话”，所以打电话咨询驻厅纪检监察组能否将其删除。为什么这么一个很小的事情竟然能够引起这么多人的重视，进而能够推动纪检工作有效落实？为什么一个群能够发挥如此大的作用？其原因主要体现在四个方面：

第一，标准明确，功能单一。标准明确即简单明了，说的人和做的人能够接收到相同的意思，能够快速地判定是否合格或完成。功能单一指的是不可替代，更便于收集和归总相关数据和信息，管理中具体执行者没有多的选择，就不会乱，同时也便于大家互相查找工作痕迹。具体而言，驻厅纪检监察组的每句话都要转发到各单位的工作群，各单位的反馈信息不超过“一张图片+一句话”。该群的主要功能是传达驻厅纪检监察组的工作指令和要求、收集各单位的执行情况反馈。

第二，责任压实到人。当责任具体落实到个人的时候，这项工作就不会出现多元的社会无知。当大家都看到一个不合理的举动时，出声或是动作就不需要靠个人的自觉。当然，也不会有其他的议论，工作就会回归本身不会因人而异。驻厅纪检监察组有专人执行群工作规则、每周有人对规则进行提醒，有人违反工作规则时，第一时间有专人出来制止。

第三，工作过程和结果考核。有专人统计厅直系统各单位、各部门的执行情况反馈，厅直系统各单位各部门也有专人对驻厅纪检监察组进行工作反馈。有专人进行统计，归口管理就不会乱，且考核会督促工作得到及时有效落实，专人反馈会保障工作能够及时传达和反馈。同时，长期的考核会形成一个固定的工作习惯。考核内容也非常的清晰具体，工作干了就是干了，没干就是没干，简单的是与否的问题。这也是给各个单位减负，改进工作作风，需要的只是简单的反馈，不需要长篇大论，没有什么空话、套话以及废话。

第四，外部环境保障。党的十八大以来，党中央高度重视党风廉政建设和反腐败斗争工作，从整体上营造出了一个廉洁的大势，营造出了一个“严”的整体氛围。驻厅纪检监察组则以此为契机，通过“纪检微平台”、述责述廉现场点评以及培训考核排名等事项，持续传达“说到做到”、逗硬管理的“严”的工作态度，有效保障了其安排的相关工作能够引起厅直系统各单位各部门单位的高度重视，并确保了其工作得到快速有效落实。

第三节 厅直系统纪检微信工作群的使用

党的十八大以来，中央纪委全会多次强调纪检监察机关要充分运用信息化技术提升监督执纪的质效。在实践中，为了进一步将厅直系统纪检微信工作群有效利用起来、作用发挥出来，驻厅纪检监察组在厅党组的大力支持下采取了一系列有效举措，将该微信群打造成为新时代开展纪检工作的重要工作平台和宣传教育平台。这不仅使得各类工作信息和工作部署能够及时便捷地上传下达，不断向厅直系统各单位各部门传递“严”的信息和压力，也对厅直系统干部职工起到了较好的教育作用，从根本上有利于促进省交通运输厅、驻厅纪检监察组和整个厅直系统纪检工作能力和水平的提升。

一、工作平台

(一) 信息传输

新媒体时代，纪检监察工作该怎么开展？驻厅纪检监察组无力用资金投入去追赶，而是顺应潮流、拥抱时代，“不为我所有，但为我所用”，是驻厅纪检监察组在网络时代有效开展纪检工作的真实写照，也是区别于以往有些单位致力于搞信息化建设高耗资、低运转的一项重要举措，真正实现了低成本、高效率、高价值的优势。厅直系统纪检微信工作群是驻厅纪检监察组和厅直系统各部门、单位之间进行信息传递、文件传输的主要渠道和重要平台。驻厅纪检监察组的非涉密类纪检工作信息和文件，直接在微信群里发布，厅直系统各单位部门的非涉密类纪检工作信息一律实行“一张图片+一句话”在微信群即时发布，非涉密类文件可以在微信群中进行实时传输，以便厅直系统各单位、各部门方便快捷地交流工作信息。这种做法不用发文件、不用打电话、不用发传真，可以最大限度减少纸质信息和文件的报送，在厅直系统纪检工作开展中发挥着极为重要的作用。

这种做法已经在实践中被证明是行之有效的工作方式。比如，厅高速公路管理第二执法支队纪委书记认为：“厅直系统纪检微信工作群这一小举措撬动了纪检工作的大格局。与过去习惯于搞轰轰烈烈的大场面不同，2016 年下半年以来，我们的很多‘小举措’起到了‘春风化雨、润物无声’的神奇效果。厅直系统纪检微信工作群这一‘小举措’当初建立和实施的时候，谁也没想到会发生如此大的作用，它既是厅直系统各单位纪检工作的竞技场，‘一张图片+一句话’，50 个字以内，厅直系统各单位做了什么一览无余，没有空话；又是能力培养的大讲堂，定期发布宣传教育材料，转发经验感悟，大家彼此借鉴，共同提高；还是信息传递的烽火台，对存在的共性问题，特别是敏感时期应把握的关键问题和需要做的具体工作，及时传递了消息，迅速抓好落实，不辱使命，不枉职责。”[17]

由此可见，厅直系统纪检微信工作群已经成为驻厅纪检监察组和整个厅直系统纪检工作最基础的信息平台，信息下达、上传和横向交流的非涉密信息及时在群里发布，并与厅直系统各单位、各部门建立的各类工作群配合使用，可以让信息瞬间传递到厅直系统每一位干部职工。

（二）工作部署

厅直系统纪检微信工作群不仅是一个信息发布平台、文件传输平台，而且还是一个工作平台、工作载体、工作机制。驻厅纪检监察组的工作指令、工作要求、工作部署主要是通过这个微信群进行宣传、传达和贯彻，厅直系统各单位各部门和厅机关各处室各阶段的各项工作，除了重点工作、特色工作、亮点工作另外报送专题材料以外，其他所有日常工作的报送都是由专职的纪检工作人员按照“一张图片+一句话”的工作模式，在微信群里进行及时反馈和回应，驻厅纪检监察组有专人对各单位的工作落实情况进行统计。

据课题组调研可知，驻厅纪检监察组每天对厅直系统各单位、各部门和厅机关各处室的工作回复与否进行初步统计，下一步可以在完全实名制的基础上，进一步加强对回复人员、回复时间进行更加细化、更加精准的统计。通过比对回复工作的人员是否在驻厅纪检监察组进行了报备，驻厅纪检监察组可以粗略地判断出各单位纪检工作的管理状态。如果一个单位经常变动纪检工作联系人，或者同一个单位的多个人都可以回复工作安排，那么驻厅纪检监察组就可以从中看出这个单位的纪检工作管理较为无序。通过多次或全年分析各单位回复工作的时间，驻厅纪检监察组可以看出各单位的工作积极性和主动性，从侧面反映一个单位对纪检工作的重视程度。

正是因为有了这样一个纪检微信工作群，驻厅纪检监察组开展纪检工作都要依赖这个群，他们很少发文件，很少打电话、很少发邮件，因为厅直系统各单位、各部门和厅机关各处室所开展的工作都是采用“一张图片+一句话”的形式在群里现场即时播报。与过去开展工作的方式相比，现在利用微信群开展纪检工作更具有得天独厚的优势，能够有效改变传统观念上纪检工作“人少事多”、应接不暇的境况，最大限度降低人力、物力、精力、时间的损耗，促使纪检人员将有限的时间、精力全部投入到纪检工作中来。

比如，厅直系统有些单位编写了各种简报，编过来编过去，耗费了大量的精力、时间和人力投入，其发挥的作用反而并不是很理想。又如，驻厅纪检监察组每年年底都会开展述责述廉，要求厅直机关各处室和厅直系统各有关单位和部门，在五分钟以内将近一年的工作进行总结汇报，并接受现场质询。这一做法是对传统意义上每年年底大量报送纸质资料的一种重要创新和超越，在开展到一定程度后，将根据实际情况把这个五分钟去掉，因为平时的日常工作，除了涉密工作以外，都是通过“一张图片+一句话”的工作模式在微信工作群中进行汇报，切实将微信群充分有效利用起来，将其功能与作用发挥到极致，促进工作方式在互联网时代实现有效转变，不断提升纪检工作的效率与质量。

实践充分证明，通过充分有效利用厅直系统纪检微信群这个工作平台，上面的工作指令、要求可以直抵整个厅直系统“神经末梢”，下面的信息也可以直接扩散至整个厅直系统，有效实现了纵向、横向和交叉上的信息互联互通。任何一个点上的信息，可以瞬间到达整个厅直系统，到达每个人，大幅提升了驻厅纪检监察组和整个厅直系统纪检工作的效率。

二、宣传教育平台

党的十八大以来，各地纪检监察机关通过采取一系列举措加强廉洁宣传教育，逐步增强党员干部“不想腐”的思想自觉。2016年1月，习近平总书记强调，“要深入开展纪律教育，加强学习宣传教育，使党员、干部增强纪律意识，把党章党规党纪刻印在心上，形成尊崇党章、遵守党纪的良好习惯。”[18] 这为各级纪检监察机关深入开展宣传教育提供了根本遵循。2022年1月，中共中央印发《中国共产党纪律检查委员会工作条例》规定，“党的各级纪律检查委员会应当开展廉政教育，加强全面从严治党、党风廉政建设和反腐败工作的形势任务以及家风家教等宣传教育，推进廉洁文化建设，营造崇廉拒腐氛围”[19]，进一步为纪检监察机关加强宣传教育提供了重要制度保障。2022年2月，中办印发《关于加强新时代廉洁文化建设的意见》，对“弘扬崇廉拒腐社会风尚，运用新媒体新技术传播廉洁文化”[20] 提出了新要求，旨在通过实施全方位的廉洁教育，弘扬廉洁文化，深入推进新时代廉洁文化建设。

厅直系统纪检微信工作群不仅仅是一个工作平台，而且还是一个功能多样的宣传教育平台。加强宣传教育，持续释放“严”的信息和压力。监督执纪的信息如果不通过多种渠道广泛地传递出去，就相当于自娱自乐，直属单位感觉不到压力和责任，就没有规范工作的动力和决心。只有把从严的信息和压力传递出去了、传递到位了，才能把规范工作从厅党组和驻厅纪检监察组的要求变为各单位各部门的自觉行动，才能从根本上解决问题。驻厅纪检监察组适应互联网时代，将“互联网+”运用到交通运输系统党风廉政宣传教育中，形成以厅直系统纪检微信工作群、全省交通运输系统纪检微信工作群为基础，针对社会宣传打造的“点滴纪检”栏目、针对交通运输系统干部职工打造的“纪检微平台”栏目和针对交通运输系统纪检人员打造的“咱们的小喇叭”栏目。“2+3”党风廉政宣传教育模式已经成型并在发挥作用。

“纪检微信工作群”是利用“互联网+”思维开展党风廉政宣传教育的基础。利用微信群开展党风廉政宣传教育是驻厅纪检监察组的一项重要特色工作。为了充分有效利用厅直系统纪检微信工作群，驻厅纪检监察组通过实时推送纪检微平台、点滴纪检和咱们的小喇叭，全方位、无死角、及时准确地把全面从严管党治党的信息和压力释放到整个厅直系统，已经成为厅直系统干部职工宣传教育的一个极其重要的平台和载体。

（一）推送纪检微平台

1.重要契机

有一次偶然的机会，厅监理咨询公司的纪委书记到驻厅纪检监察组沟通汇报工作，不经意间提到他们自己也在利用微信群开展工作，驻厅纪检监察组领导提出能否将他也拉入监理咨询公司的微信工作群里，以“潜水者”的身份观察他们单位日常的工作状况，这样单位的工作全部一目了然，也不用频繁地身体力行来汇报工作了。这个群当初有490多人，包括了单位的全体干部职工。

2.得到肯定和表扬阶段

2018 年 1 月，纪检微平台在厅直系统纪检微信工作群推送后，监理咨询公司的纪委书记做了一个有心人，她将当期的纪检微平台的内容转发到了他们单位的工作群里，这样纪检微平台就在不经意间覆盖到了单位的每一名干部职工。这一信息被“潜水”在群里的驻厅纪检监察组领导捕捉到之后，便在群里对她在本单位工作群里转发纪检微平台的做法给予了充分肯定和表扬。

3.提倡、鼓励阶段

监理咨询公司将纪检微平台转发至本单位工作群的举动被驻厅纪检监察组发现后，认为纪检微平台的推送还可往下再走一步，实现每一名干部职工全覆盖。驻厅纪检监察组开始引导各单位将纪检微平台转发至本单位工作群，并将转发的情况进行截图发到厅直系统纪检微信工作群里。随后，驻厅纪检监察组在微信工作群里给予点赞和表扬，并在潜移默化中提倡和鼓励其他单位也可以参照着做。虽然最初并没有强制大家去转发，但其他单位凭着高度的政治敏锐性和强有力的捕捉信息能力，就开始参照着执行了，从而开始慢慢覆盖到厅直系统每一名干部职工。正如厅监理咨询公司纪委书记所言：“利用‘互联网+’手段推送纪检微平台目前已经用到极致了。因为每天都在给大家灌输、强化记忆。我们的纪检微信工作群已经覆盖到项目总监，下一步将会覆盖到监理，因为项目总监可能很难及时做到信息的上传下达。同时，我们要在各个项目上配备一名廉政员，依托他们将信息传递到我们最小的细胞上去，消除层级的障碍，最大限度实现宣传教育无死角、无盲区、全覆盖。”[21]

4.要求、强制阶段

纪检微平台开始在厅直系统各单位和各部门工作群自发转发的过程中，大家并未在群里予以反馈。为了将纪检微信工作群激活，进一步将“严”的信息和压力持续传递到基层“神经末梢”，驻厅纪检监察组明确要求厅直系统各单位和各部门必须转发纪检微平台，及时全覆盖到本单位每一位干部职工，这样就实现了从鼓励、倡导、表扬变成了要求，并且转发之后要在群里面进行回复反馈。2018 年 4 月 9 日，驻厅纪检监察组对厅直系统各单位每日转发纪检微平台覆盖情况进行了通报，据显示，均实现了转发全覆盖。为了确保该工作落到实处，驻厅纪检监察组还随机抽取四个单位，将一周以来转发到单位各种工作群的情况截屏，并发送至厅直系统纪检微信工作群，这样不仅检验了四个单位的落实情况，而且还释放出“转发工作不是说说，而是要碰真、逗硬、一抓到底”的信息。正是这样，纪检微平台从厅直系统纪检微信工作群转发到了厅直系统各单位工作群，甚至还转发到了有些单位工作有延伸的其他各种工作群，实现了厅直系统每位干部职工全覆盖。这种做法有效激活了厅直系统纪检微信工作群，荡起了涟漪，使得厅直系统各单位和部门形成了“你追我赶”的良性态势。

5.自觉转发、学习阶段

通过厅直系统纪检微信工作群将纪检微平台转发至厅直系统各单位和各部门的工作群，并实现每位干部职工全覆盖之后，各单位的纪检部门自发组织纪检干部进行集中学习研讨，实现了从最初“让大家看一眼”到现在“结合工作逐条解读理解”的有效转变。例如，有些单位的纪委书记将纪检微平台的内容编发成册，印发给所在单位的干部职工，并定期组织纪检干部和职工进行集中学习交流，谈体会和感受，使其真正入脑入心。纪检微平台这颗种子在厅直系统各单位和各部门“播种”之后，厅直系统纪检微信群里相继播报出：“某年某月某单位组织干部职工学习纪检微平台多少期的信息”。大家一传十、十传百，纪检微平台在厅直系统各单位和各部门掀起了学习的高潮。

例如，厅公路局通过QQ群、微信群、汇编成册等方式转发每期的“纪检微平台”，做到每名干部职工全覆盖。四川交通职业技术学院年度转发和学习“纪检微平台”共开展了三轮，覆盖到了每一名干部职工，一是利用学院各级QQ群、微信群等连续不间断推送“纪检微平台”；二是在暑期把前期转发过的“纪检微平台”再次分批集中推送学习；三是把 “纪检微平台”前13季184期印制成口袋书籍发放至学院正科级以上干部专题学习。厅监控结算中心通过每天转发中心职工办公QQ群、上传至OA平台纪检专栏“打卡”学习、发放汇编资料到支部强化学习等形式，实现“纪检微平台”全员覆盖，向职工全面传递从严从紧的信息和压力。厅造价站将“纪检微平台”的每期内容转发至全站干部职工的微信工作群，力图做到全覆盖，并将其内容打印装订成册分发给各党小组进行宣传学习。

综上所述，纪检微平台是一个系统性、体系化和延续性强的宣传教育载体。之前的宣传教育也开展过类似的学习活动，但这种宣传教育是零散的、不成体系的，比如通报一个案例，通报了就结束了，实际上通报之后到底有多少人在看，究竟形成了多大的震动，并没有去真正评估它的效果或者获取它的反馈。简而言之，之前开展的相关宣传教育，大部分都是流于形式，也都开展过廉政文化建设活动，还有一些相关的书法作品展，还有定期组织参观法纪教育基地等方面。实际上，案件主要来源于群众举报，还有开展的检查、巡察和审计等各类举措，其中最关键的点位在于群众举报，群众反映问题多，案件数量就多。宣传教育工作体现在案件数量上，主要有两个方面的作用：第一，宣传教育使得群众觉得驻厅纪检监察组确实真正在做事情了，他们也愿意到这里来反映问题；第二，宣传教育还使得干部职工明白哪些地方应该进行规范，哪些地方应该收手，违规的可能性就在不断减小。正是因为如此，开展纪检工作的要求和理念才得以积极释放，厅直系统各单位纪检部门“就知道该如何去做”，干部职工“也明白该如何规范自我”，因而纪检微平台这个“微颗粒”就这样在日常的工作中慢慢得以酝酿和发酵。

（二）推送点滴纪检

近些年来，社会各界的各色人等，在赞誉交通带来的便捷的同时，也在固守“交通问题成堆”的旧识。交通项目问题仍然很多是客观事实，交通党风廉政力度也随之在不断加大，这也是事实。鉴于此，驻厅纪检监察组专门策划了“点滴纪检”栏目，面向全社会，正面宣传交通党风廉政工作。“点滴纪检”栏目作为省交通运输厅微信公众号子栏目，于 2017 年 8 月开始策划，创刊号《成风化俗之交通变化：蜀道在延伸，纪检在行动》，21 分钟视频、16 人采访、11 张图片、1.2 万文字，厅党组书记和驻厅纪检监察组组长直接参与其中，全景式展示 2016 年来交通厅的党风廉政工作，具有丰富、厚重、磅礴、新颖的鲜明特点。历时半年的策划、编辑、运作，2018 年 3 月 12 日正式推出。

“点滴纪检”创刊号主要采用推送方式通过网络进行多元化、多渠道传播与扩散，其中依托覆盖厅直系统 357 个党支部的“厅直系统纪检微信工作群”进行传播与扩散是一个主阵地、主渠道。2018 年 3 月 8 日，驻厅纪检监察组召集厅直系统各单位纪委书记、厅机关处室相关负责人安排部署“点滴纪检”创刊号的宣传推送工作，明确要求大家要把推送时间主要集中在 3 月 11–21 日这个时间段以内。在会上，驻厅纪检监察组要求厅直系统所有专兼职纪检工作人员将“点滴纪检”创刊号转发至本单位、本部门微信工作群，全方位覆盖到厅直系统每一个交通人，然后要求每个交通人通过微信朋友圈、微信群、QQ 群和手机短信，再将“点滴纪检”创刊号直接覆盖到自己身边的每一个人，再建议每个交通人动员他们身边的亲人、同学、战友进行推送和转发，从而有效推动“点滴纪检”创刊号覆盖整个厅直系统，高密度、宽辐射地传播与扩散到全社会。

据统计显示，3 月 8 日，从“点滴纪检”创刊号在厅机关处室和厅直各单位试推送时开始计算，仅一个周末的两天时间便收获了 3 万多的点击率。此后经过省纪委大力支持、各市州区县的积极推送，“点滴纪检”创刊号阅读量达到 70.87 万人次，经测算，直接覆盖的人群超过 1000 万人次。社会领域普遍感受到交通系统反腐的态度、决心与行动。“点滴纪检”创刊号的推送，“地毯式”覆盖了全省交通领域，辐射扩散到全社会，“交通领域将一步一步收紧”的信息也随之在网络高密度扩散，演化成覆盖全省交通领域的一场党风廉政宣传教育，演化成面向整个社会的一次交通正面形象的宣传与塑造，点燃了全省交通人“身为交通人，关心交通事”的激情。

（三）推送咱们的小喇叭

“咱们的小喇叭”是继“纪检微平台”“点滴纪检”之后，针对全省交通系统纪检人员自己的宣传载体和平台，主要是依托纪检微信群，不定期推送工作及相关资料，向全省交通运输系统每一名纪检人员精准传递纪检工作信息，是全省交通运输系统纪检工作沟通交流的平台和方式。其中，厅直系统纪检微信工作群是“咱们的小喇叭”进行推送的主渠道之一，于工作日下午 5:30–6:30 不定期播报，从 2018 年 6 月 29 日首播后，引发厅直系统纪检工作人员的持续关注。

“咱们的小喇叭”的内容以驻厅纪检监察组行之有效、较为成熟的纪检工作信息、工作理念和工作方法为主，以“一张图片”的形式和较为生活化、轻松、风趣、幽默甚至俏皮的风格在厅直系统纪检微信工作群中进行推送，其传递出的信息和资料是丰富多彩的、很有分量的，切实将党风廉政宣传教育落实到位了，也做到了实处。截至 2019 年 1 月 22 日，“咱们的小喇叭”一共发布了十期内容，取得了较为显著的效果，据有关负责的工作人员介绍，“咱们的小喇叭”接下来推送的内容将对监察体制改革、执纪审查、业务审理等工作进行广泛深入地展开，必然会进一步促进党风廉政宣传教育覆盖到整个厅直系统的所有纪检工作人员，丰富和充实其工作理念，不断改进工作方式和工作方法，从而激活和带动整个厅直系统纪检组织队伍的工作活力与工作动力，推动厅直系统纪检监察工作高质量发展。

第四节 厅直系统纪检微信工作群的功效

厅直系统纪检微信工作群的充分有效利用，不仅使得各类工作信息传递速度更快、精准，极大地提高了工作效率，而且促进优质信息的产生，推动工作贯通与融合，质的变化、系统性的变化、根本性的变化，正在厅直系统孕育、发生和演变。

一、大大提高了工作效率

厅直系统纪检微信工作群已经成为驻厅纪检监察组安排部署工作、发布通知，厅直系统各单位、各部门和厅机关各处室报告工作动态的重要平台。该微信工作群的有效利用产生了一系列效果，其中最为突出的一点就是使得各类工作信息传递速度快、精准，直抵厅直系统基层“神经末梢”，带来了工作效率的极大提高。厅直系统纪检微信群实现了从“社交平台”向“工作平台”的转变，不再打电话，不再发传真，不再写简报，不再发文件，不再开会，任何一条信息和指令发出去之后，瞬间可以直接覆盖整个厅直系统的所有纪检工作人员，任何一个厅直单位的日常工作信息也发送到群里，可以瞬间传递到整个厅直系统，速度效率得到了极大的提升。显而易见，过去按三级四级五级管理层级层层流转的信息，瞬间转化在一个平台上流转，消除了时间、空间和行政层级障碍，解决了过去信息流转过程中信息流失、衰减与延时的问题。

第一，厅直系统纪检微信工作群的充分有效利用使得过去以“天”和“周”为时间单位的工作信息进入了“秒速运动”。所有信息均是瞬间直接覆盖整个厅直系统所有干部职工，并且是传递到位、传递彻底；任何一个单位和部门的工作，瞬间可以传递到整个厅直系统，几乎没有成本地实现所有纪检人员的直接互动交流。每次提到厅直系统纪检微信群带来的各种好处时，当初接到驻厅纪检监察组要求建群的“群主”最有发言权，他说：“今天大家做了什么工作、文件通知是否收到、会议精神是否及时传达，在微信群里都是一目了然。过去要发个什么通知，要挨个先打电话，然后再发传真，发了传真后，又要打电话过去问收到没，34 个厅直单位一圈轮下来，一天时间就过去了，更不要说一些单位不及时回应，还得打电话催好多遍。现在好了，大家都在群里，动动手指，几秒钟把通知发出去，各单位收到后在群里迅速回复一声，省力又省心！”[22]

第二，厅直系统纪检微信工作群的充分有效利用切实改变了纪检工作人员的文风和工作作风，督促他们自觉增强政治意识，不断改进工作方式，促进工作效率的有效提升。交职院纪委书记谈道：“小细节彰显大情怀，当我们完全适应了纪检组定下的群规后，才真正明白了他们的苦心。以往报送活动材料，空话套话一箩筐，写的人痛苦，看的人恼火。‘一张图片+一句话’表面上看是要求改变文风，其实更主要的是在改变工作作风。”[23] 厅公路设计院党委书记也谈道：“我们院里面建立了两个平台，在院内网里面，有两个党风廉政建设方面的专栏，我们也建立了两个工作群，不管我们有什么事、有什么消息，一般都是在这个平台上发布。院里发布的通知、文件等事项，比以前少了很多，但是效果比以前好多了，这些信息来得更快一些，让我们的广大职工都能在第一时间接收到执纪越来越严的强烈信号。”[24]

第三，厅直系统纪检微信工作群的充分有效利用形成了一个“比学赶超”的良好竞争氛围，大大增强了厅直系统开展工作的主动性和积极性。很多单位都建有微信群，之所以厅直系统纪检微信群能变成一个“效率很高”的工作群，成为纪检工作开展的一个重要平台和有效载体，主要是因为驻厅纪检监察组从一开始的定位就很精准，坚持将此微信工作群打造成为整合厅直系统纪检力量、调动纪检人员积极性和主动性的重要工作平台与工作载体。厅直系统纪检微信群使得纪检人员的活力被有效激发和释放出来，有助于形成一个“比学赶超”的良好氛围。四川交通职业技术学院纪委书记深有感触地说道：“微信工作群除了提高工作效率以外，更重要的是形成了一个‘比学赶超’的良好氛围，记得有一次在驻厅纪检监察组开完会后，因为交职院在温江，我还在回学院的路上，就在群里看到高管局监察审计处都已经在开会传达会议精神抓落实的信息了，心里想着我也得赶快跟上才行！”[25] 厅公路局党委书记说道：“厅直单位的工作可以即时传递到平台上，作为党委书记，我在这个平台上不时看到其他厅直单位的纪检工作动态和驻厅纪检监察组不时的点评，看到其他单位工作干得热火朝天、有章有法，抓住了点位、产生了效果，让我感觉到差距和压力。”[26]

以 2017 年 5 月 19 日发生的“美丽的误会”为例，驻厅纪检监察组综合处处长微信上收到厅公路局局长的一条信息：“书记，传达贯彻省纪委现场会精神，我们昨天党委会就传达贯彻了，怎么没有在厅直系统纪检微信群里及时反映出来呢？”[27] 交通厅里有两位同名同姓的人员，当驻厅纪检监察组综合处处长收到信息时，脑袋有点懵，随后就明白应该是发给厅公路局纪委书记的。虽是代他人接受“质问”，却是“美丽的误会”，主体责任就这样扛起来了。回首过去，厅公路局存在一些历史遗留问题，如不尽快解决，那么就好比是潜在水下的气泡一样，一直发胀，最终爆炸而不可收拾。于是，加强厅公路局纪检监察力量，在驻厅纪检监察组的指导下迅速了处理过去的积案，增强了职工对党规党纪的敬畏意识。厅直系统最年轻的监审处处长切身感受到局里的纪检氛围越来越浓，自己在开展工作时也越来越顺，他说：“无论大会小会，局长都会给大家传递一个信息，说你们要和带着一颗公心和善心的纪检同志交朋友，他们是为我们更好地开展工作来保驾护航的。作为一名纪检人，每次听到这话，我心里都会特别感动！”[28]

二、推动了工作贯通与融合

一个简单到不值一提的“微信群”，演化成了厅直系统纪检工作“化学反应”的“容器”，驻厅纪检监察组就是“化学反应”的“催化剂”。信息瞬间扩散到每个人，每个人的信息瞬间就可以扩散出来，信息的交流碰撞不再是“物理反应”，而是演化成“化学反应”，质的变化、系统性的变化、根本性的变化，正在厅直系统孕育、发生和演变。[29]驻厅纪检监察组通过充分有效利用厅直系统纪检微信工作群，进一步撬动了厅直系统纪检组织队伍，促进了优质信息的产生，推动了省交通运输厅、驻厅纪检监察组和整个厅直系统纪检监察工作的贯通与融合，增强了纪检工作的活力。本部分接下来将以“纪检微平台”“点滴纪检”“咱们的小喇叭”、各类培训资料和《工作资料汇编》的无偿提供为例，详细阐释驻厅纪检监察组有效利用厅直系统纪检微信工作群所产生的显著效果。

第一，“纪检微平台”在厅直系统纪检微信工作群的持续播发，悄然改变着整个厅直系统所有干部职工的工作方式，促使他们自觉将驻厅纪检监察组的工作理念、工作思路与工作方法融入到日常工作中，最大限度促进各类工作的贯通与融合。纪检微平台通过厅直系统纪检微信工作群被转发至厅直系统各单位部门的工作群后，逐渐在厅直系统干部职工中“生根发芽”，发生了系统性变化。厅直系统有些单位在构建宣传教育平台方面效仿了驻厅纪检监察组的做法与经验。厅直系统各单位党委书记、纪委书记（纪检委员）纷纷表示高度赞同，认为“纪检微平台”与传统意义上的宣传教育形式具有实质性区别，是新时代开展党风廉政宣传教育的新形式，以一种潜移默化的方式不断将全面管党治党“严”的信息和压力传导到厅直系统所有干部职工队伍中，从根本上示范和带动整个厅直系统工作风气的转变。

随着现代社会节奏的不断加快和“互联网+”的飞速发展，现代社会的很多东西都来得“短、平、快”，大家不太容易花费较长时间阅读长篇报道、深度报道。现代社会也经常谈论要创建学习型组织，但很多人以为学习型组织就只是每天拿着书去看，而实际上学习型组织最关键的是建立一个扁平化的组织机构。厅宣传中心纪检委员说道：“一条纪检微平台的信息大概在300-400字，标题很简短，大家在几秒钟就可以了解核心内容，再花费不到一分钟便可以了解具体内容。我们根据受众的这种特点，配合驻厅纪检监察组推送纪检微平台，每天提醒干部职工将碎片化的时间充分利用起来，促使他们通过花费一个较短的时间，获取一个片段的信息。这种方式往往能够达到意想不到的效果，究其原因，这主要与现代科技的进步和受众接受信息的基本习惯是密切相关的。”[30] 厅机关党委书记认为：“驻厅纪检监察组特别贴近时代脉搏，他们推送的纪检微平台做得特别好，搞这种东西就是小图片一张，加一小段文字，确确实实起到了应有的作用，就是一个扁平化的平台。我们作为厅机关也看到一些处室在借鉴他们的做法与经验，实际上他们建立的厅直系统微信工作群已经实现了信息传达交流的扁平化，而且我觉得他们每天推送的纪检微平台有很多口语化的东西，这个是特别好的，现在大家看的书面化东西真是有点太多了。”[31]

实际上，推送纪检微平台这种做法与驻厅纪检监察组的宣传教育是有机融合在一起的，无论是厅直系统下属单位的负责人也好，中层干部也好，普通职工也好，他们之所以感觉到这些年对驻厅纪检监察组的工作比较了解，主要是因为驻厅纪检监察组利用“互联网+”建立的这个厅直系统纪检微信工作平台起了很大的作用。厅直系统各单位各部门对各类信息的接受都是日积月累的，宣传教育也是如此。四川交通职业技术学院党委书记坦言：“现在有不少外人都觉得纪检工作很枯燥、呆板，但是通过与‘互联网+’进行有机融合，我觉得纪检工作已经完全融入到我们的现实生活中了。正所谓‘微信不微、滴水穿石’，比如，我觉得推送纪检微平台与做思想政治工作一样，都有种‘春风化雨、润物无声’的感觉在里面，并不能仅仅说纪检工作就是一天到晚板起脸来，跟人谈理论、谈规矩，而是需要通过这样一种潜移默化的方式来做，传递正能量，既快捷又高效。”[32] 厅公路局纪委书记也坦言道：“我们过去开展各种宣传教育，普遍的做法就是开党会学习一下，发个文件学习一下，实际上这种效果并不好，完全属于‘开水过一下’；而现在驻厅纪检监察组的这种做法类似于‘小火慢炖’，因为教育的效果要真正‘入脑’‘入心’，并在头脑中产生化学反应，确实需要‘入味’。我觉得这种教育是‘包围式的’‘浸入式的’，无论是纪检微平台也好，或者通报曝光的典型案例也好，或者工作措施也好，都是如此。这种每天接受纪检教育的氛围是很浓厚的，我们随时可以感觉到纪检工作就环绕在大家身边，真正实现了教育‘入脑’‘入心’，产生了系统性效应。”[33]

第二，“点滴纪检”创刊号和“咱们的小喇叭”在厅直系统纪检微信工作群的积极推送，也有力地促进了厅党组、驻厅纪检监察组和整个厅直系统纪检工作的同频共振、“一体化”运作，最大限度实现各类工作的贯通与融合。以“点滴纪检”创刊号为例，2018年3月8日，驻厅纪检监察组召集厅直系统各单位纪委书记、厅机关处室相关负责人安排部署“点滴纪检”创刊号的宣传推送工作，并为厅直系统各单位和厅机关各处室提供了一份详尽的操作方案，为所有参与推送的干部职工提供了明确的操作指南。随后，各单位、处室在驻厅纪检监察组的鼓励和引导下，主动召开“点滴纪检”创刊号转发推送专题会议，积极督促检查单位职工的转发推送情况，圆满地完成了转发推送工作；还积极探索转发推送“点滴纪检”创刊号的新途径，主动向单位行业监管对象、服务对象等进行推送，如厅公路设计院在单位内外网链接“点滴纪检”创刊号，厅运管局利用“四川运管安全与服务”“四川交通企协”等微信公众号，以及四川汽车客运票务网、四川省驾驶计时培训监管平台等积极转发推送“点滴纪检”创刊号，厅宣传中心主动对接中国交通新闻网、今日头条、网易新闻、一点资讯等各大移动媒体平台转发推送“点滴纪检”创刊号，厅信息中心横向与省直部门、纵向与全国交通运输系统各单位转发推送“点滴纪检”创刊号。实践中的这些做法有力地促进了厅党组、驻厅纪检监察组和整个厅直系统纪检工作的同频共振、“一体化”运作，最大限度实现各类工作的贯通与融合。

第三，各类培训通知、培训课程、汇报提纲等各种培训材料在厅直系统纪检微信工作群的及时有效传输，激活了整个厅直系统纪检组织队伍，为厅直系统纪检工作人员精准有效开展纪检工作提供了重要载体和具体指导。以厅直系统纪检业务培训为契机，驻厅纪检监察组此后相继开展了实战轮训、北戴河培训、中政大执纪审查证据专项培训、市州交通局纪检组长座谈会、全省交通运输系统培训、区县纪检组长培训等诸多培训。针对上述培训，驻厅纪检监察组有关工作人员都会将培训通知、培训课程、汇报提纲等各种培训材料，及时利用厅直系统纪检微信工作群进行实时传输，调动了厅直系统纪检工作人员的工作积极性和主动性，有力地激活了厅直系统纪检组织队伍。以厅直系统纪检业务培训为例，2017 年 2 月 27 日–3 月 3 日，驻厅纪检监察组围绕“做什么”“怎么做”“谁来做”的问题，组织厅直系统 140 名专兼职纪检工作人员参加了为期 5 天的纪检业务培训。驻厅纪检监察组通过厅直系统纪检微信工作群下发了厅直系统纪检业务培训的分组讨论提纲，其中第一次讨论的主题是“如何做好纪检工作”，并就驻厅纪检监察组、厅直系统和本单位近一年的变化谈谈自己的感受。厅高速公路执法第二支队负责人提到：“我主要是从微信群中了解整个厅直系统各单位部门纪检工作动态的。微信群的建立给大家提供了一个交流学习的平台，我觉得主要有以下两方面变化：一是贯彻上级纪检部门的要求更加及时了，驻厅纪检监察组提出了哪些要求、有什么会议精神，第一时间就可以从微信群中了解到贯彻落实的具体情况；二是纪检干部干纪检工作的积极性增强了，涌现出了一些创新的工作方式。”[34] 厅高管局（总队）负责人谈道：“加强了对厅直单位纪检工作的领导和指导，促进了纪检工作整体推进。建立交通系统纪检微信群，畅通了纪检工作联系方式，打通了各厅直单位的行政壁垒，增强了纪检工作活力。”[35]

第四，《工作资料汇编》通过厅直系统纪检微信工作群的进行实时推送和无偿提供，为厅直系统纪检工作人员开展纪检工作提供了有针对性的操作指南。《工作资料汇编》是驻厅纪检监察组精心将近些年的有关工作资料汇编整理的三本资料集，约 70 万字共 611 页，涵盖 2016 年以来 98 份工作资料，主要内容包括专项工作 14 大项，工作经验总结材料 9 份。2018 年 7 月 10 日、11 日、13 日，驻厅纪检监察组将编印和发放《工作资料汇编》的消息制作成“咱们的小喇叭”，依托厅直系统纪检微信工作群进行实时推送，无偿提供给厅直系统各单位部门（每个厅直单位一册），并请参加培训的人员提前预习、学习资料，在培训结束后，可以参照做、比照做、按照做、选几项做。《工作资料汇编》凝聚着厅党组和驻厅纪检监察组的工作理念、工作思路与工作方法，为整个厅直系统纪检工作人员开展纪检工作提供了有针对性的操作指南和业务指导。

综上，驻厅纪检监察组有效利用厅直系统纪检微信工作群开展纪检工作，对整个厅直系统产生了较强的示范和带动作用，促使厅直系统纪检组织动起来了、力量强起来了、作用发挥出来了，整个厅直系统的信息融合之后发生了质的变化，产生了化学反应。有些单位参照厅党组和驻厅纪检监察组的做法，建立了各单位和部门内部的微信工作群，在信息传递、工作部署和宣传教育方面发挥着重要作用。正如四川交通运输职业学校纪委办工作人员所言，“我们学习厅党组和驻厅纪检监察组的做法，在校内建立了纪检工作平台，依托 QQ 群，第一时间传递驻厅纪检监察组的相关要求，部署安排校内纪检工作，上传学习资料；同时，利用学校微信群和纪检工作群，做了的工作让学校广大教职工有所了解，这既是对纪检工作的宣传，也是对广大教职工进行日常廉政教育的一种新形式。”[36]

三、产生了系统性效应

全省交通系统纪检工作不是相互割裂、相互排斥、相互分离的对立关系，而是一个相互依存、相互影响和相互作用的共同体。2017 年 6 月，省直机关纪检组织和队伍建设工作现场会顺利召开之后，为了将厅党组和驻厅纪检监察组的工作理念和效应释放到全省交通运输系统，驻厅纪检监察组召集 21 个市州驻交通运输局纪检组组长开了座谈会，推动建立了全省交通运输系统纪检微信工作群，把各市州交通运输局主要负责人、纪检组组长、纪检监察部门全体纪检干部及市局属单位纪检负责人和各区县纪检负责人纳入此群，截至 2022 年 4 月，该群已有 381 人。

驻厅纪检监察组通过将纪检微平台、“点滴纪检”创刊号和“咱们的小喇叭”在全省交通运输系统纪检微信工作群中进行实时定期转发和推送，有效激活了该微信工作群的活力，彻底改变了建群之初如“一潭死水”的境况，将厅党组和驻厅纪检监察组的工作理念全覆盖到全省每一名交通职工，有效推动了全面从严管党治党向基层“末梢”延伸。正如驻厅纪检监察组第一次通报全省各市州转发纪检微平台的情况时所言，“各位亲，我们将两周内各单位在群内主动反馈转发纪检微平台的情况进行了统计，非常感谢大家对我们工作的支持、理解和配合。从建群到现在，各地的信息通过群交融传递，并向全省交通运输系统持续释放与渗透，整体性的积极变化正在发生，这与大家的参与互动密不可分，谢谢大家。”[37] 2018 年 7 月和 9 月分别召开了全省交通运输系统纪检组长培训暨派驻监督模式研讨会和全省交通运输系统纪检干部培训会，涵盖全省各市州区县派驻交通运输局纪检组长、副组长、有关纪检人员等，切实将厅党组和驻厅纪检监察组的工作理念、工作效果、可资借鉴的方法和工作模式释放到了全省，有力地推动了全省交通运输系统和厅直单位全面从严治党向纵深推进。

目前，驻厅纪检监察组的任何一条指令、信息，可以瞬间传递到厅直系统甚至全省交通运输系统，并且是传递到位、传递彻底；任何一个单位一个部门的工作，瞬间可以传递到整个厅直系统、全省交通运输系统，几乎没有成本地实现所有纪检人员的直接互动交流。“瞬间”“全覆盖”“即时”“互动”，这些关键词支撑着整个系统发生“系统性的积极变化”，释放出系统性的能量，产生系统性的效应。以巴中、遂宁、泸州、广安等为代表的地区，积极响应厅党组和驻厅纪检监察组号召，实现了纪检微平台转发推送的全覆盖，形成了上下联动、贯通融合的宣传合力，切实将全面从严管党治党的责任和压力落实到基层“最后一公里”。

例如，巴中市交通运输局突出宣传抓氛围，创新方式抓落实，着力实现纪检微平台转发工作全域覆盖。通过不断推送点滴纪检和纪检微平台，使得纪检微平台在巴中市交通运输局一些部门和一些领域发生“化学反应”，“微”宣传释放出了纪检监察强大正能量，“微推送”助力“大学习”“大预防”，也增强了驻市交通运输局纪检组的对外“软实力”。除了在交通运输系统进行全覆盖，巴中市交通运输局还在各级纪检系统进行推送，从而形成全社会关注交通的良好氛围。又如，遂宁市交通局纪检监察组比照省纪检微信群，建立“纪检组微平台”，及时传达驻厅纪检监察组发布的各类信息，传递管党治党政治信号和党风廉政建设工作要求，截至2018年9月，推送各类信息共5000余条，教育辐射五部门及下属单位近1000名党员干部。当他们拿到驻厅纪检监察组赠送的《“纪检微平台”资料汇编》时如获至宝，在组长和副组长通读的基础上，每周组务会第一个议程即会前学纪，组织纪检组成员逐条细细品读。驻厅纪检监察组每日在“省交通系统纪检微信群”推送“纪检微平台”卡片信息后，他们都瞬时响应，立即在市交通系统微信群转发，在县区交通系统微信群转发，同时转载辐射到他们综合监督的其他4个部门及下属单位。不仅实现全市交通系统干部职工全覆盖，还向交通系统之外的住建、城管、规划、人防等部门传递了正效应、激发了正能量。再如，泸州市交通运输局通过学习借鉴驻厅纪检监察组党风廉政宣传教育经验，“一干多支”推广微平台，实现交通运输系统20个单位全覆盖，转发辐射市级25个派驻纪检组和90多个部门（单位）、7个区县、142个乡镇（街道）。通过搭建“纪检微平台”和推送“点滴纪检”为他们提供了一个相互学习交流、共享经验做法的平台，对内在系统中树立了派驻监督的权威，对外通过传播扩散较好地宣传和展现了全省交通运输全面从严治党的决心，助推了党风廉政建设社会评价和交通运输政风行风测评群众满意度的提升。

综上，近些年来，驻厅纪检监察组拥抱“互联网+”，顺应潮流，纪检获得了巨大能量，工作产生了系统性效应。省交通运输厅通过宣传教育载体和平台，将厅里的工作释放到全省交通运输系统，做到“全覆盖”，全省交通运输系统各级党组织和纪检组织“参照做”“比照做”“按照做”“选几项做”，厅里的工作效应在向全省扩散和蔓延。

注：

[1]《让互联网更好造福国家和人民——党的十八大以来习近平总书记关于互联网系列重要讲话精神综述》[N].《光明日报》，2016-11-14（1）.

[2] 习近平：《审时度势精心谋划超前布局力争主动 实施国家大数据战略加快建设数字中国》 [N] .《人民日报》，2017-12-10 (1) .

[3] 《习近平谈治国理政（第二卷）》 [M] .北京:外文出版社，2017:366.

[4] 《十九大以来重要文献选编（上）》 [M] .北京:中央文献出版社，2019:219.

[5] 《运用党的百年奋斗历史经验 推动纪检监察工作高质量发展 迎接党的二十大胜利召开》，《人民日报》，2022 年 02 月 25 日第 2 版。

[6] 习近平：《之江新语》 [M] .浙江人民出版社，2007:111.

[7] 《习近平关于坚持和完善党和国家监督体系论述摘编》 [M] .中央文献出版社、中国方正出版社，2022:149.

[8] 《中华人民共和国监察官法》 [N] .《人民日报》，2021-8-24 (15) .

[9] 《中国共产党纪律检查委员会工作条例》 [M] .中国方正出版社，2022:38-39.

[10] 笔者对原驻厅纪检监察组组长的访谈，2018 年 9 月 19 日，四川省交通运输厅。

[11] 笔者对原驻厅纪检监察组组长的访谈，2018 年 9 月 19 日，四川省交通运输厅。

[12] 笔者对原驻厅纪检监察组组长的访谈，2018 年 9 月 19 日，四川省交通运输厅。

[13] 四川省交通运输厅：《驻厅纪检监察组工作资料汇编》第二册“专项工作”：《从“一天”到“几秒”》，第 655 页。

[14] 《习近平关于力戒形式主义官僚主义重要论述选编》

[M] .中央文献出版社，2020:72-73.

[15] 笔者对原驻厅纪检监察组组长的访谈，2018 年 9 月 19 日，四川省交通运输厅。

[16] 四川省交通运输厅：《驻厅纪检监察组工作资料汇编》第二册“专项工作”：《从“一天”到“几秒”》，第 655 页。

[17] 笔者对厅高速公路管理第二执法支队纪委书记的访谈，2018 年 8 月 9 日，四川省交通运输厅。

[18] 《习近平关于全面从严治党论述摘编》（2021 年版）[M] .中央文献出版社，2021:330.

[19] 《中国共产党纪律检查委员会工作条例》，中国方正出版社，2022 年第 26 页。

[20] 《中办印发〈关于加强新时代廉洁文化建设的意见〉》，《人民日报》，2022 年 2 月 25 日第 1 版。

[21] 笔者对厅监理咨询公司纪委书记的访谈，2018 年 7 月 31 日，四川省交通运输厅。

[22] 四川省交通运输厅：《驻厅纪检监察组工作资料汇编》第二册“专项工作”：《从“一天”到“几秒”》，第 655 页。

[23] 四川省交通运输厅：《驻厅纪检监察组工作资料汇编》第二册“专项工作”：《从“一天”到“几秒”》，第 655 页。

[24] 笔者对厅公路设计院党委书记的访谈，2018 年 8 月 2 日，四川省交通运输厅。

[25] 四川省交通运输厅：《驻厅纪检监察组工作资料汇编》第二册“专项工作”：《从“一天”到“几秒”》，第 655 页。

[26] 四川省交通运输厅：《驻厅纪检监察组工作资料汇编》第一册“专项工作”：《在省直机关纪检组织和队伍建设工作现场会议上的发言材料》，第 543 页。

[27] 四川省交通运输厅：《驻厅纪检监察组工作资料汇编》第二册“专项工作”：《从“一天”到“几秒”》，第 655 页。

[28] 四川省交通运输厅：《驻厅纪检监察组工作资料汇编》第二册“专项工作”：《一条发错了的短信》，第 649–650 页。

[29] 四川省交通运输厅：《驻厅纪检监察组工作资料汇编》“工作总结”：《关于运用“互联网+”思维开展党风廉政宣传教育传递“严”的信息和压力工作情况报告》，第 78 页。

[30] 笔者对厅宣传中心纪检委员的访谈，2018 年 7 月 31 日，四川省交通运输厅。

[31] 笔者对厅机关党委书记的访谈，2018 年 8 月 2 日，四川省交通运输厅。

[32] 笔者对四川交通职业技术学院党委书记的访谈，2018 年 7 月 31 日，四川省交通运输厅。

[33] 笔者对厅公路局纪委书记的访谈，2018 年 7 月 31 日，四川省交通运输厅。

[34] 四川省交通运输厅：《驻厅纪检监察组工作资料汇编》第一册“专项工作”：《厅直系统纪检业务培训讨论发言》，第 478 页。

[35] 四川省交通运输厅：《驻厅纪检监察组工作资料汇编》第一册“专项工作”：《厅直系统纪检业务培训讨论发言》，第 450 页。

[36] 四川省交通运输厅：《省直机关纪检组织现场会议学习心得体会》，第 2–3 页。

[37] 四川省交通运输厅：《纪检微平台在全省交通运输系统纪检微信工作群中推送》，第 1 页。

第六章
组织队伍建设之人员发展
——业务培训

对纪检人员的培训，是驻厅纪检监察组进行组织队伍建设的重要内容。前已述及，交通领域存在着高廉政风险与弱纪检力量的矛盾。交通工作面向社会，点多、线长、面广，与群众接触直接且频繁。从主要职能来看，交通厅及直属单位具有投资、建设、管理、执法、经营等多项行政及经营管理职能，始终处于腐败问题易发、多发、高发领域之中。而另一面，交通厅纪检机构未全覆盖，业务基础十分薄弱，专业能力不强，难以有效展开监督。据统计，截至 2017 年，交通厅及直属单位现有纪检人员 320 人。其中，专职纪检人员 77 人，非专职纪检干部 243 人。纪检干部年龄有大有小，学历参差专业五花八门。大专学历 14 人，本科学历 230 人，研究生学历 76 人。所学专业中，法学专业 44 人，计算机应用 31 人，会计审计、财务管理 24 人，语言文学 21 人，工商管理 19 人，土木及交通工程 17 人，造价及工程管理 12 人，行政管理 12 人，运输和物流管理 11 人，经济学 11 人，材料化工环境 10 人，英语 7 人，政教专业 7 人，历史学 5 人，信息通信、新闻学 5 人，人力资源管理 4 人，体育教育 3 人，数学 3 人，教育学 3 人，其他专业 57 人。这样的学历背景反映出纪检队伍专业性欠缺的问题。

2016年7月26日，驻厅纪检监察组召开厅直系统纪检工作座谈会，各单位纪检工作负责人在座谈会上进行了三分钟脱稿汇报。从汇报的情况看，讲空话、套话的多，讲常规工作的多。2016年12月，驻厅纪检监察组召开厅直单位纪委书记述责述廉大会，各单位纪检负责人的述职报告反映出他们对于自己工作的定位不准、工作不熟、重点不清、政策不明。概言之，厅直单位纪检人员存在较为严重的职责不清、业务不精、能力不强的问题。

正因如此，培训是驻厅纪检监察组提出的“三项任务十项工作”的重要内容。三项任务，指的是监督、执纪和自身建设。细化的十项工作中，明确指出“纪检人员的培训”是重要的工作。之后，厅党组出台的《关于厅直系统纪检组织落实“两为主”、推进“三转”工作实施意见（试行）》中，再次提出“厅直系统纪检干部原则上每年至少参加一次业务培训，并轮流参加省纪委、驻厅纪检监察组纪律审查及其他重要工作，加强实战锻炼”，在“十项任务六十条解读”中，这项工作被分解为业务培训与实践培训两项具体任务：“专兼职纪检干部原则上每年参加一次业务培训。目前提供的纪检业务培训主要有：中央纪委及省纪委组织的培训、驻厅纪检监察组组织的培训、交通部纪检组组织的培训。”“实践培训，轮流到驻厅纪检监察组、省纪委相关室、交通部纪检组参与纪律审查工作，建立厅直单位纪检工作人员轮流到驻厅纪检监察组实践培训三个月的机制。”

2016年以来，驻厅纪检监察组准确把握队伍建设面临的新形势新要求，高度重视纪检监察组织机构及队伍建设，提出了“打着灯笼找人的”理念，一是请厅直单位推荐有培养潜力的30岁左右的年轻干部（非纪检人员亦可），由驻厅纪检监察组统筹安排参加省纪委和纪检组相关工作，进行办案及文字能力实践锻炼。二是通过会议、培训、巡察等多项工作“找人”。驻厅纪检监察组按照“1+3”（品质+办案、文字、协调能力）标准，寻找有法律、会计专业基础，有公安、检察院、法院、审计、纪检工作经历的年龄在30岁左右的优秀纪检人员充实到纪检队伍，真正实现了“平时找到人在哪，用时方知哪有人”。

交通厅按照中央和省委部署，加强纪检组织队伍建设，做到有人、有责、有为，成为省直机关的一个缩影，也得到省纪委领导的高度赞同。2017年5月17日，省直机关纪检组织和队伍建设工作现场会在交通运输厅举行，显示出对驻厅纪检监察组这一年来工作的高度认同。可以说，这项工作切中了纪检监察工作可持续发展的核心环节，调动了大家的情绪，撬动了整个系统的纪检组织和人员，全面提升了纪检工作人员的素质和能力，成为驻厅纪检工作确立威信的重要支撑。纪检组织队伍建设之所以能取得成效，在于驻厅纪检监察组着眼长远，开启了对纪检人员特别是厅直系统纪检人员的业务培训。原驻厅纪检监察组负责人总结谈道：“一次普普通通的业务培训，由于培训对象、培训内容、培训方式和培训细节都有精心设计，取得了实效，并一步一步演化出一系列的工作。我们没有停留在请老师来讲堂课的层面，而是把一次培训变成发现人才的会、宣传工作的会、工作部署和工作推动的会，变成思想政治工作的会。一次业务培训，不仅撬动了厅直纪检系统，也撬动了整个厅直系统，把事情做透后的效果体现出来了。”

为了在短时间内迅速提升纪检干部的履职能力，2017年2月27日–3月3日，驻厅纪检监察组围绕“做什么、怎么做、谁来做”的问题，组织厅直系统132名专兼职纪检人员参加了为期5

天的纪检业务培训。本部分以厅直系统纪检业务培训为例，详细阐述驻厅纪检监察组是如何通过对厅直单位工作人员的培训来加强组织队伍建设的。

第一节 培训前的准备

一、征集问题

按照事先发下去的培训安排和要求，驻厅纪检监察组提前向每一个参训学员征集需要在培训课堂解决的 3 个问题，共征集 362 个问题。问题涵盖“如何有效履行监督职责”“监督执纪工作程序”“廉政风险防控机制”“纪检人员的自身发展和待遇”等方方面面。驻厅纪检监察组将所有问题汇总后送授课老师，作为授课内容的参考，讲稿和培训直接奔这些问题而去，并根据提问情况确定分组讨论的参考题目。[1] 这些问题，列举如下。

厅机关党委（纪委）黄某的问题是：1.中国共产党纪律检查机关监督执纪工作规则（试行）对谈话函询的程序作了有关规定，厅机关直属纪律检查委员会及厅直单位纪检部门应如何履行程序开展工作，如工作规则（试行）第二十条规定，“函询应当以纪检机关办公厅（室）名义发函给被反映人，并抄送其所在党委（党组）主要负责人。”具体该如何操作？2.中国共产党纪律检查机关监督执纪工作规则（试行）第三十五条规定，“未经批准并办理相关手续，不得将被审查人或者其他谈话调查对象带离规定的谈话场所，不得在未配置监控设备的场所进行审查谈话或者重要的调查谈话，不得在谈话期间关闭录音录像设备。”厅直单位纪检部门普遍不具有同程录音录像的条件，具体该如何操作？3.厅直单位纪检部门是否可以进行政纪立案。

厅公路局赵某提出：1.纪委如何有效履行好监督职责？在现有的体制机制状况下，受主观和客观因素的局限，发挥有效的监督作用很重要，但同时也很困难。2.在新形势下，落实“三转”对于纪检监察干部的能力和综合素质要求更高，现实中，大部分干部达不到或者跟不上要求，要肩负起主业重任就存在问题。怎样尽快加以解决？3.对直属企业的监督明显感到鞭长莫及，力不从心，手段乏力，情况掌握有限。企业在生产经营活动中，有些行为是拿不到桌面上说的，制度的不完善，职工素质欠缺，管理者的综合能力水平不高，都是造成问题偏多的原因，应如何加强管理，实施监督？

姜某提出的问题是：1.纪检部门怎么做到既履行监督职责又不影响正常生产经营活动？审计中发现个别单位领导干部未按照内控制度严格履行审批程序，相关业务部门审批欠缺，票据不合规，在支付依据不充分的情况下指令财务部门支付，因此造成单位损失。在这个过程中，纪检部门不知晓不参与资金的审批支付，无从发现存在的问题及违规行为。2.纪检部门是否有能力监督整个单位的风险防控？特别是直属单位纪检人员素质能力有限，受单位领导干部对纪检监察工作的重视程度不同等因素影响，纪检部门没有能力对重要的业务部门如合同部门、工程部门等，关键岗位如合同审批人、招投标员、财务会计、出纳等工作情况进行检查和监督，应该建立什么样的机制通过纪检监察手段来防控风险和查处违规违纪行为？3.纪检部门人员自身发展前途和待遇如何保证？做好纪检监察工作势必会触动某些人甚至领导干部的利益，特别是对案件调查处理更会直接影响个别干部，也可能会牵涉到领导干部，出于对单位自身形象的维护和对干部的保护等种种原因，调查过程中会遇到相当大的干扰和阻力，纪检部门人员出于对自身利益的考量，容易放弃原则，不敢讲真话说实情，否则可能被单位同事孤立成为弱势群体。怎么消除纪检人员的顾虑，对从事纪检工作人员建立一种合理有效的保护或者晋升机制？

厅运管局左某的问题是：1.监督作为纪检部门主责主业的一项重要内容，但就过去的实践来看，监督方式更多地停留在表面，如通过参加会议或参与某些工作的过程去现场监督，而真正有效果的监督方式不多。要适应新形势、新要求，确保监督效果，应采用哪些有效的监督方式？2.以前纪律审查是等米下锅，现在要求找米下锅，想了解从哪些渠道、哪些重要领域或环节，用哪些方式可以实现找米下锅？3.纪检工作要与业务工作紧密结合，不搞两张皮，怎样才能达到既做到业务层面但不做业务，实现完美结合？

厅高管局（执法总队）雷某提出：1.由于受理投诉举报中有很多属于不实的投诉举报，因此如何建立干部澄清保护机制？2.如何让信息化建设与当前的纪检工作相互融合？3.监察体制改革：创新办案模式下，许多新模式被采用，如协作办案、提级管理、交叉办案、挂牌督办，作为厅直单位我们有哪些新办案模式可以借鉴学习？

执法第二支队李某的问题是：1.协管员中的党员违纪违规后因其党组织关系不在支队该怎样处理？支队中的借调人员、协管员中的党员因党组织关系不在工作地，组织生活落实情况怎样监督？2.协管员不是党员但同样在履行公职的，如何落实监督执纪“四种形态”？3.纪检工作做到业务层面怎样把握这个度？

厅公路设计院王某提出：1.作为院党委副书记、纪委书记双重身份，在履行协助落实主体责任和监督责任职责过程中，深感角色冲突，如何准确清晰划分主体责任和监督责任工作内容的界限，确保工作落实到部门、落实到人头？2.在扫除办案空白点过程中，虽然在问题线索的查找、核查等方面都做了最大的努力和大量的工作，但还是达不到立案的标准，实现不了扫除办案空白点的要求，又该怎么办？3.纪检“三转”后，纪检不再参与具体业务工作，对很多信息无法掌握，将纪检工作做到业务层面又有哪些新载体和新方式？4.基层纪检部门，由于内部机构设置和人员数量等限制，如何才能实现监督执纪工作中查审分离等有关内部控制的要求？

厅交通设计院奉某提出：1.如何处理好抓早抓小、关口前移抓监督但又不直接参与具体业务工作？2.如何用好审计报告发现问题线索？3.纪委出具党员干部党风廉洁意见书时，除了是否收到对被核查人的党风廉洁情况的反映举报、对反映举报的问题的核实处理情况等，需要重点反馈的情况是什么？怎样核实？

宣传中心徐某的问题是：1.宣传工作在“执纪监督问责”中如何发挥作用？2.规模较小的厅直事业单位如何扎实有效地推进“十项工作”？3.如何系统性提高兼职纪检人员的工作能力？

从上述问题汇总的情况可以看出，严格的培训并不是从2月27日才正式开始的，也不是3月3日就结束的。早在培训前十天左右，针对参训人员的问题征集工作已经紧锣密鼓地展开，显示出驻厅纪检监察组对于培训内容针对性和实效性的高度重视，这是培训取得成效的首要原因。

二、培训讲稿

在此次培训中，原驻厅纪检监察组负责人就“如何做好纪检工作”作了专题讲座，对厅直纪检系统“三项任务十项工作”进行了深度解读。为使参训人员都真正学有所得、学有所获，驻厅纪检监察组提前半年花费大量时间和精力准备了3万多字的培训材料，全景式阐述纪检工作“做什么”“怎么做”“谁来做”，明确了“三种思路四种方法”。[2] 比如做什么，主要从纪律、责任和工作几个层面开展。而怎么做，一要找准切入点。要综合考虑各类条件选择最能出效果的切入点，具体而言，要结合上级纪检组织的安排部署、本单位存在的主要问题、常规工作和现在正在做的工作、自身的优势劣势等四个方面进行寻找。二要做深做透。纪律方面，要做到责任层面；人性方面，要做到人内心深处；业务方面，要做到系统规范业务工作的层面；政治方面，要做到有政治高度。三要步步延伸。认真理解、运用“再走一步”“一竿子插到底”理念，持之以恒、整体推进，把小事做成大事。四要方法技巧。掌握顺势而为、删繁就简、规矩面前“一刀切”、虚实结合、边做边说等工作方法；在谁来做的问题上，综合运用自己做、找人做、交出去和一起做的工作技巧。

凡事预则立，上述准备工作反映出驻厅纪检监察组对培训的高度重视，凝聚了驻厅纪检监察组负责人对当前厅直系统纪检工作的深层次思考和多年纪检工作的心得、总结和感悟，成为指导派驻工作的辩证法和方法论。

三、听课提纲和要点

由于培训内容丰富，在培训前两周，驻厅纪检监察组通过厅直系统纪检“微信工作平台”及全省纪检系统QQ群，分三次、由少到多、由简到繁地向140名学员提前逐步释放讲稿的提纲、要点和主要内容，让学员提前了解，做好课前功课，便于课堂理解和接受。

讲课提纲呈现了厅直系统纪检工作的总体思路。如前所述，即“做什么、怎么做、谁来做”这三个做的工作思路。“做什么”立足“三项任务十项工作”，从纪律、责任、工作、监察等分角度讲解。“怎么做”着重阐述了“‘点深面巧’四字工作法”，具体而言，“点”，就是利用“四个结合”找准切入点；“深”，就是在纪律、人性、业务、政治等四个层面做深做透；“面”，就是运用再走一步、一竿子插到底、持之以恒、整体推进等四种方式打开局面；“巧”，就是利用四种工作技巧作出效果。在“谁来做”的问题上，驻厅纪检监察组重点强调了“十条意见六十条解读”，阐释了“自己做、找人做、他人做、一起做”的工作思路。提前下发的听课大纲则更为详实地展现了上述要点的具体内容。[3]

从实际效果看，此次培训内容充实，直击问题，对纪检工作实践所需的理念、思路、方法和技巧等阐释深刻，系统全面，通俗易懂，实用有效，对于学员今后理清工作思路、掌握工作方法、转换工作方式具有很强指导意义。“大道至简、悟在天成”，培训内容得到了学员的高度评价，引发了纪检系统干部的思维风暴，对于厅直单位大多数半路出家、没有系统接受过业务知识和技能培训的纪检干部思想认识、担当精神以及履责能力的提振，也是一场及时雨，满足了其应对工作的迫切需要。可以说，培训材料是驻厅纪检监察组为纪检干部们送上的最好见面礼，既可以当作工作纲要来执行，也可以当作工具书来使用。与此同时，培训也大大推进了“三项任务十项工作”“十条意见六十条解读”决策部署的深入落实。

四、讨论题目

驻厅纪检监察组在培训前释放听课提纲的同时，通过微信群平台下发了厅直系统纪检业务培训分组讨论提纲，明确了讨论主题、分组讨论要求（如每位参训人员必须发言且不少于8分钟），并在培训指南手册中列明分组讨论安排表。小组讨论提纲如下。

（一）第一次讨论：如何做好纪检工作

1.驻厅纪检监察组、厅直系统和本单位纪检工作近一年来有哪些变化？各列举2–3点，并逐点阐述。

2.厅直系统、本单位和本人的纪检工作还存在哪些问题、薄弱环节或遇到哪些困惑、困难？各列举2–3点，并逐点阐述。

3.培训授课的哪些内容你印象最深刻？培训结束后，你准备在以后的工作中采取哪些措施？请结合本单位、本人的实际情况具体列举，并逐一作详细阐述。

（二）第二次讨论：如何做好信访举报处理工作

1.介绍本单位信访举报处理工作情况

（1）本单位信访举报的实际操作流程；

（2）本单位信访举报、案件线索及处理情况报上级纪检组织备案情况；

（3）本单位开展信访举报统计和分析的情况。

2.谈谈听课后的收获和感受

3.对信访举报处理工作急需了解的知识。如：

（1）信访举报件的处理流程；

（2）非业务范围内的投诉如何处理；

（3）非本单位人员的信访举报件如何处理；

（4）上级管理干部、本级管理干部和下级管理干部的信访举报件分别该如何处理；

（5）信访举报件报上级备案的具体操作方式；

（6）信访件有哪五种处理方式。

4.本单位存在的问题和工作打算

（三）第三次讨论：如何做好问题线索的调查核实工作

1.介绍本单位问题线索调查工作情况

（1）本单位案件调查的实际操作流程；

（2）本单位扫除办案“空白点”情况；

（3）本单位落实“找米下锅”的具体措施，除举报投诉之外，有哪些查找和发现问题线索的方式；

（4）未达到立案条件，但通过初核发现其他管理问题如何处理。

2.谈谈听课后的收获和感受

3.对问题线索核查急需了解的知识。如：

（1）问题线索核查的基本流程；

（2）谈话中如何选择突破口，推动整个案件的查办；

（3）如何形成具有证明力的证据，在直接证据不足以证明违纪事实的情况下，如何通过间接证据证明；

（4）就具体问题线索而言，如何依据调查情况作出恰当、客观的调查结论。

4.本单位存在的问题和工作打算

（四）第四次讨论：如何做好案件的审理和处理

1.本单位案件审理和处理工作情况

（1）作出处分的案件，有没有履行案件审理程序；

（2）对违纪违规人员作出处分的实际操作流程。

2.谈谈听课后的收获和感受

3.对案件审理和处理急需了解的知识。如：

（1）如何开展案件审理工作；

(2) 调查结论和审理意见不一致怎么办；

(3) 处分和处理的方式有哪些，如何恰当运用；

(4) 如何把握办案中的从重、加重和从轻、减轻问题；

(5) 当事人对处理不服怎么办；

(6) 错误事实见面材料和个人检讨的使用；

(7) 本单位是如何运用四种形态的。

4.本单位存在的问题和工作打算

上述提纲显示，培训的设计重视学习与解决问题深度融合。提纲设置精心周全，内容丰富全面，四次讨论的主题既有着眼宏观纪检工作的全局性，又有解决具体纪检业务的针对性，既有理论性又有操作性，紧扣了纪检实务中的难点痛点，对于增强培训的实效性具有重要作用。

第二节 培训中的要求

一、培训组织纪律

强调组织纪律，对学员管理严格，是这次培训的重要特点。过去参加培训，只需要人到耳到即可，这次培训不仅要认真听讲、认真做笔记，还高度重视和强调学员的组织纪律性，并将其纳入考评范畴。培训过程中，每人都被安排了固定座次及名牌，上课期间由交职校班主任老师打考勤后汇总报告至驻厅纪检监察组培训联络人，再在每次课前通报考勤情况。讨论期间，驻厅纪检监察组人员随堂抽查旁听讨论情况，并在讨论中提问参训人员。讨论结束后，由记录人员整理讨论记录报驻厅纪检监察组。最后一天讨论结束，由各参与讨论人员对自己小组的讨论情况排名打分，报纪检组汇总。有学员认为这是参加工作 25 年来最严的培训。正是因为严字当头，培训的效果大不相同。

（一）通报批评

培训会上，原驻厅纪检监察组负责人结合课程内容，对厅直单位纪委书记述责述廉材料进行点评，逐一指出存在的问题，点名道姓，不留情面。例如，他批评某单位的述责述廉材料，“信访举报，一句话，没有收到；廉洁意见，一句话，没有提拔人；队伍建设，一句话，没有机构没有人。”这使得培训不仅是一次培训，更像是一次集体约谈。分组讨论时，有两个组碍于情面，没有按照驻厅纪检监察组的要求对每位发言人的发言情况一一排序。驻厅纪检监察组得知后，在全体参训人员范围内对两个组进行了严肃的通报批评。下列内容，是学员们的各种回忆。

“过去不少培训是走个过场秀一下”，但这次培训却颠覆了参训学员对培训会的既有印象。“震撼！”抽烟、聊天、上厕所，迟到、早退、开小差，常见的培训课痼疾在这次纪检业务培训课上销声匿迹。厅航务局的任某某不小心摔折了腿，每天坚持拄着拐杖来听课也不肯请假缺席一次，“老师讲得太到位了，所以我们听得特带劲，上课时全神贯注，生怕一不留神就听漏掉了一点。就连下课休息时间，我们相互交谈得最多的依旧是和纪检有关的话题。不管是开班前学习提纲的预习下载，还是分组讨论发言、综合排序考核，这是自己以前从来没有经历过的，在考评的时候可是紧张得很，压力很大，但收获更多。”

“这次培训是我参加工作 25 年以来最严的一次培训。”厅重点公路监理处纪委书记卢某某看到现场点评纪委书记的述责述廉报告时如坐针毡，恨不得立马把报告拿回来重新写。“你想啊，那么多双眼睛盯着的，自己写得不好，面子实在是搁不住啊。”

（二）检查带资料到课堂

培训指南中对参训纪律作出明确规定，驻厅纪检监察组将严格考勤，并对参会人员的资料携带情况进行抽查。培训期间，参训人员应遵纪守法，遵守党员廉洁自律各项规定，遵守课堂纪律，培训人员住校期间一律不得饮酒；上课时保持良好课堂秩序，保持安静，将手机关闭或调为静音；教室内不得吸烟等。对违反上述规定的，驻厅纪检监察组将进行通报批评。在培训中由班主任老师对所有人员进行了考勤，每日上课前十分钟对考勤的实际情况进行通报，并在课堂上对未带书到课的学员进行批评。

原驻厅纪检监察组负责人回忆道：“在这个培训前，我们也给大家发了准备的一些资料，包括培训的听课提纲，因为培训要讲两天，内容也是非常多的，怕给大家一下讲出来大家听懵了，所以第一批通过微信群给大家释放了一个简单的大纲；第二次又释放了一个稍微详细一点的要点，喊大家在网上下载下来后，在培训前好好地看一下，这样在课上听起来才容易更明白一些。这些材料我们准备好了。我们明确要求带资料到课堂上，一边听一边翻一下，效果更好。在培训的前一天，我把纪检组同志召集起来，问几件事情，第一，让大家把培训材料带到课堂上，这个信息你们通知到位没有？第二，如果大家不把这些材料带到课堂上，怎么来处理这个问题？第一，培训期间，每个人必须检查材料带没带；第二，如果没有带，立马请出教室，回自己单位取材料；第三，学员所在单位的党委书记到学校接受谈话。所以这次培训的效果，大家可能在我的沟通当中能够感受到一些。这次培训过后，整个厅直系统全都调动起来，纪检工作全部激发出来，远远超过了一次培训的效果。这就是2017年3月份的培训。”

“讨论组明确要求大家排位不允许排重号，有个小组排了重号，未按规矩办事，厅直系统通报，通报后重新排位，对讨论组进行批评。后来大家意识到，应付不行，纪检组的东西必须高度重视。这样就传递了压力。这样做的效果，可以说，‘140双眼睛是聚焦的、发亮的’，没有一人开小差。队伍精神面貌变化，情绪高昂、扬眉吐气、自信心增强，以前都灰头土脸的。”

省交通厅宣传中心的学员徐某也谈道：“这次培训就是和过去不一样，几天下来，培训课堂上没有一个人迟到早退、没有一个人耍手机、没有一个人开小会、没有一个人走神，140双眼睛都是发亮的、聚焦的，很久没有看到过这样的景象了。”

2017年开展的纪检业务培训，找准了纪检工作中的问题和薄弱环节，直面做好纪检工作中的痛点难点；针对学员们普遍提出的如何办理信访举报、如何“找米下锅”拓展案件线索来源等困惑，指点打点，阐释得深入浅出；关于平时工作中遇到的困难、培训结束后准备采取的工作措施，师生坦诚沟通，茅塞顿开。“新兵们扫了盲，老将们解了惑”，140位学员在培训中真正长了本领、多了自信。

二、小组讨论及其排序

2017年2月27–28日，驻厅纪检监察组组长整整花了两天共13个小时就“如何做好纪检工作”作专题讲座，持续深入解读“做什么”“怎么做”“谁来做”。3月1–3日上午，分别由省纪委信访室副主任、第四纪检监察室副主任和案件审理室主任就“信访举报的办理”“案件的调查”和“案件的审理、处理”

作专题讲座。2月28日至3月3日下午，由参会人员就当天授课内容进行分组讨论。根据培训安排，驻厅纪检监察组公布了培训期间小组将要讨论的三个题目，要求每个学员针对每次的讨论主题进行发言，每人每次发言时间不低于8分钟，参训学员需提前做好发言准备；分组讨论坚持畅所欲言原则，但要紧扣主题，不得谈论与工作无关内容。讨论中遇到不同意见时，可以保留，也可以现场表达，但要采取恰当方式；每组设召集人2名，各组召集人主持所在讨论组的现场讨论，强调和维持该组讨论期间工作纪律，负责该组讨论工作的顺利开展；每组设记录人员2名，负责记录精彩发言发布在微信群内，并协助讨论组召集人做好现场讨论的问题解答等工作。

驻厅纪检监察组安排小组讨论，根据分组讨论发言、所提问题及每个人对本组成员发言质量对参训人员进行综合排序，即“硬”排序，排序结果报厅党组，并通报厅直各单位。这既提升讨论质量和效果，也有利于发现人才。最直接的影响，就是根据排序结果确定实战轮训人员名单。

培训要求每位学员需以“如何做好纪检工作”为题，在培训结束前提交一份字数不少于500字的培训答卷，内容必须结合培训知识点、本单位和本人的实际情况，就如何做好纪检工作提出具体举措。驻厅纪检监察组对答卷逐一评阅，逐一排序。优秀的答卷在微信群中逐期发布，必要时可印刷成册下发。被评为优秀的人员，纳入厅直纪检审查人才库，优秀者率先安排到驻厅纪检监察组、省纪委实践培训，优先选送到中央纪委北戴河培训中心培训。对不合格的，由驻厅纪检监察组和单位沟通，结合日常表现，做好处理。逗硬的考核，让参训人员对培训有着几乎一致的感受，即这是一次“真材实料”的培训。

参加培训的学员任某回忆道：“2017 年搞了一个纪检系统 140 多个人的培训，还选拔了 40 名同志到中央纪检监察学院培训中心去参加了培训。与其他培训不同，这个培训之前，每个人需要提几个问题，你来培训是为了什么，需要解决哪些问题，然后每个人交一个问题。培训期间组织讨论发言，有人专门记录，发言过后，组里的每一个人对你的发言打分，然后排名。培训完成以后，每个人交一个答卷，我们当时就是围绕如何做好纪检工作这一题目进行答卷，然后，会有专人阅卷，整个培训人员的答卷根据质量好坏进行排序。整个培训就严格到这个程度，这个培训给我们的感觉是很不一样的，我们也觉得压力很大，但是收获也是很大的。”

“严得不近人情”是这次培训带给大家的普遍体验。在分组讨论进行打分排序时，有一个培训学习小组的召集人为了所谓的“面上好看”，弄了四个并列第一、六个并列第二。评分表在分组讨论时交到驻厅纪检监察组后，当即挨了一顿狠批，评分表被退回去重新考核，并且在纪检微信群里做口头检讨。还有两个组碍于情面，没有按照驻厅纪检监察组的要求对每位发言人的发言情况一一排序。驻厅纪检监察组知道后，在全体参训人员范围内对两个组进行了严肃的通报批评。

通过小组讨论和排名，旨在有效地发现人才，特别是培训答卷被评为优秀、表现突出的 24 名优秀人才，后来直接进入到驻厅纪检监察组参加实践轮训的名单，统一纳入厅直纪检审查人才库，优先安排到驻厅纪检监察组、省纪委实践培训，再选送到中央纪委北戴河培训中心培训。从这个方面讲，培训为选拔出优秀的实战轮训人员打下基础。

第三节 培训的后半篇文章

一、培训内容的汇报传达

2017 年 2 月厅直系统纪检工作培训，驻厅纪检监察组精心准备了《发现问题，落实责任，传递信息，反馈情况——厅直纪检系统“三项任务十项工作”深度解读》，分别从“做什么”“怎么做”“谁来做”三个方面，阐述了怎么抓责任、落实“三项任务十项工作”，全景式地展示了纪检工作的新体会、新思路、新成效。驻厅纪检监察组要求培训结束后参训人员要及时在本单位党委会（总支会、支部会）上汇报本次培训情况，必要时在干部大会上传达。同时，还要求参训人员回到工作单位后，在对培训内容进一步消化吸收的基础上，在个人年终总结中汇报落实情况。各单位将在工作中落实培训内容的情况，作为半年总结、年终总结的重要内容。可以说，之前的培训交流发言提纲，就是回去工作的基本思路。而这些汇报传达提纲，就是告诉各单位班子成员，这段时间就要干这些事，从而达到单位党委、班子成员和纪委的统一认识。首次培训的汇报传达提纲与听课要点截然不同，准备精心，内容精简，采用扎实明确的大白话，意在让所有人看到提纲都能清晰明了地理解，怎么培训的怎么干工作，凸显出驻厅纪检监察组对实际效果的高度重视，以及积极带动厅直系统纪检工作的高度责任感。

传达的核心内容体现在：

（一）做什么

纪律怎么抓？聚焦主责主业，聚焦监督执纪问责。监督执纪问责，基础和根本是问责。纪检工作的核心和基础是责任。责任就是纪检工作的中心思想，纪检工作要紧紧围绕责任来切入来展开来推进来宣传。抓责任，怎么体现在具体工作中？具体到厅直系统，就是落实“三项任务十项工作”，就是围绕“钱”的流动，发现问题，落实责任；传递信息，反馈情况。

（二）怎么做

1.找准切入点

一是按照上级纪检组织的安排部署去选择点位。“三项任务十项工作”是一种工作理念、思路和方式方法，是必须在本单位落地生根的工作，是衡量大家工作成效的主要标准和依据，是厅直单位开展纪检工作的具体抓手，要在落实该项工作中去找纪检工作的切入点。没有信访举报件，也要找米下锅。组织巡察，借鉴巡视的工作方式方法发现问题。办案是厅直纪检系统最薄弱因此也是最需要加强的工作，每个单位今年集中精力查一个问题。案件要通报到位，不论是单位存在的问题还是信访举报核实存在的问题，都要通报，越小的事越要通报。党纪党规解读要用自己的话说自己的事，要说本单位干部职工自己的事。解读除了党纪党规，还包括党的政策，中央和上级党组织、纪检组织的要求等。解读要传递的信息，就是一个“严”字。纪委要成为党委开展工作的支撑，纪委书记要成为党委书记开展工作的支撑。参与决策，是确保单位廉洁发展，是政治责任。纪委书记明确表态，压力不应该是在纪委书记身上，要把压力传递出去，释放出去，让班子成员感觉到压力，才算把工作做到位了。纪检要对单位干部每个人“画像”，平时对每个干部的情况都要有所掌握，廉洁意见是对一个人的廉洁情况的总体把握。述责述廉是干部选拔任用调整、进退留转的基础和依据。述责述廉要把真正能干事、肯干事、干成了事的干部和单位述出来，把干不了事、不干事、没有干事的干部和单位述出来。述责述廉不是年底才考虑准备的事，要从一年开始就要准备。落实“十条意见六十条解读”，打起灯笼找人，找合适的人找具备办案能力、文字材料能力、组织协调能力的人。不追究责任就干不好纪检工作，纪检系统要把自己感受到的压力传递分解出去，把压力变动力变契机。每个单位至少应该有一项特色亮点工作在现场会上去交流。干工作是最好的培训，边干工作边总结是提升自己的最有效的手段。

二是针对本单位存在的主要问题去选择点位。纪检工作要有问题意识，要以问题为导向。有问题不是问题，有问题不解决、把小问题拖成大问题，才是问题。纪检工作就是解决问题，解决问题的前提是要找到问题，找到问题的前提就是要有问题意识。目前，问题意识普遍不够，要打起灯笼找问题。找不到问题，发现不了问题，纪检工作就不合格。作为纪委书记、纪检工作人员、纪检机构，对本单位哪些地方存在问题，哪些环节容易出问题，不清楚，不明白，那是不合格的。出问题出在哪，出在个人容易谋取私利的地方和环节。哪些地方个人容易得到好处，哪些地方就容易出问题，这就是纪检工作最应该关心的地方和环节。案件查办是最好的调研，最彻底的调研。

三是在日常工作常规工作现在做的工作中去寻找点位。小事做好了、做深了、做透了，就不再是小事，而是大事。要立足于、安心于、用心于做小事，把小事做成大事，做出积极的广泛的政治经济社会效果。立足现在在做的工作找切入点，把常规工作、日常工作、普通工作做出新的效果。

四是结合自身优势劣势去选择点位。立足个人的自身特点扬长避短，纪检组织和纪检人员能做得了什么、做不了什么，心里一定要清楚。

2.点上做深做透

纪律方面，做到责任层面。衡量纪检工作是否合格，就是看工作是否做到责任层面。有的就是怕落实到责任层面，怕得罪人。对违纪负有责任的所有人员均纳入处理范围。责任必须到人，笼统的、抽象的责任，对推动工作起不到实质作用，因此必须把责任定位到具体的某一个人或几个人身上。逐项反思过去的工作，是不是落到责任层面去，落到哪个人头上去了。说不出人的名字来，工作就没有做到位。

人性方面，做到人性深处。纪律审查不是冰冷的，不是生硬的，是有感情的，也是有温度的。将关注点从执纪人转移到纪律规则和当事人的违纪行为上去。把握工作对象群体或个体的人性特点是有效地开展纪检工作的基础。对党员领导干部要讲“责任”，对纪检队伍要讲“逗硬”。向上级组织汇报工作要体现“执行”。

业务方面，做到业务层面。纪检工作的立足点和出发点是规范和推动本单位的业务工作。纪检不是业务工作的阻力，而是助力，纪检也是规范业务活动的重要抓手。总是抱怨党委不支持不重视纪检，首先要反省反思纪检怎么支持重视党委工作的。纪检组织要研究思考党组织的工作，要琢磨党组织的工作思路，要领会党组织工作要求的实质，要发挥纪检工作在实现党组织目标意图中的积极作用。纪检对实现党委目标的积极作用，要证明出来，体现出来。纪检通过执纪监督，发现和掌握了业务活动中存在的突出问题，要从问题层面做到业务工作层面。纪检组织不能代替党组织和业务部门直接去规范和推动业务工作，不直接参与业务活动。做到业务层面，但不做业务。做不到业务层面，纪检工作不合格。

政治方面，做到政治高度。准确理解和把握上级组织的精神和要求。纪检对人对事的处理综合效果是正面的积极的，产生的是正能量，不是负能量。引导单位向上向积极健康方向发展，树立正气，树立正面形象。给单位是加分项，不是减分项。要想赢得支持，首先敢于得罪人。只有敢于得罪人，才能得到真正的支持。左右逢源，四面讨好，四平八稳，好人主义，群众和领导内心并不真正认可。

3.步步延伸

找到切入点就要一竿子插到底。从一个问题做到单位整体工作，从涉及的几个人做到单位的每一个人，从阶段工作做到长期工作。

“再走一步”。工作在现有基础上再向前走一步就是效果，甚至再向前走半步就是效果，日常工作就会做出新的效果，小事情就会做出大的效果。用过去做十件事的精力来做一件事。做一件，就做出效果。

“一竿子插到底”。定了的事就要做，做就要做到底。驻厅纪检监察组一直在传递这样一种信息，就是工作要“一竿子插到底”。

持之以恒。保持定力，不能是猴子掰苞谷，掰一个丢一个。工作要保持连续性，要持续做下去，除非外界形势有明确的变化，安排的工作原则上不另起炉灶。

整体推进。纪检工作，发现一个问题不是最终目的，处理一个人不是最终目的，规范和推动本单位、本系统整体工作才是最终目的。纪检工作只有做到这个层面，才算做到了一定的境界。

4.方法技巧

纪检工作是一门“艺术”。

顺势而为。借助全党全面从严治党的“势”，厅党组抓党风廉政建设的“势”，驻厅纪检监察组工作要求的“势”，开展工作。

删繁就简。要把事情多做成事情少，再把事情少做成多。聚焦主责主业，说起容易做起难，简下来是能力和水平的体现。

“一刀切”。执行纪律，纪律就是规则。凭规则来做事，而不是凭个人意志来做事。规则是标准，是尺度。规矩面前“一刀切”。

虚实结合。虚的要做实，实的要做虚。细微之处见效果，细节处理定成败。目前最缺少的不是做大事的，而是以工匠精神把每一项细小的工作做到极致的基层纪检组织。工作做得越细，效果就会越好。

边做边说。“边做边说”，“做”和“说”是一个问题的两个方面，从来就没有离开“做”去“说”的。只要是一个有心人，就会是无处不宣传、无时不宣传。宣传也要脱离生硬、直接、简单，要更加潜移默化、更加润物细无声。

（三）谁来做

大单位有几个人，怎么做事？小单位，只有半个人，怎么做事？

“自己做”。纪检组织和纪检人员自己要立起来，要求别人做到的自己首先要做到，而且要做成样板。现在开会很少，要大家做的事也很少，目的就是为了把大家解脱出来，把精力集中到“三项任务十项工作”中去。

“找人做”。组织协调本单位、本系统的力量来共同做。平时把能做事的人找出来，做事的时候才找得到人。

“他人做”。成立纪律审查协调小组，给厅直系统纪检组织提供了组织协调的一个载体；把工作交出去，该交出去的和能交出去的原则上交出去。

“一起做”。纪检工作需要“沉下去掌握情况，浮上来组织协调”。既要沉得下去，也要浮得上来。“沉”，要沉到群众中间去；“浮”，要浮到党委层面上来。理解了组织协调，就理解了纪检工作。纪检工作最佳状态就是大家一起做。

二、培训内容的再利用

驻厅纪检监察组将培训及学员排序情况，向厅党组进行了报告；培训情况梳理后向省纪委作了专题汇报，得到省纪委领导充分肯定。对于培训讲稿的要点，驻厅纪检监察组经整理后编辑制作成“纪检微平台”，在四川交通快讯手机报上共计播发49则，同时通过微信工作群等载体将纪检工作“做什么”“怎么做”“谁来做”传播到全省交通运输系统，直接覆盖全省交通运输领域干部职工5万人。

【纪检之“怎么做”（48)】落实“三项任务十项工作”需要深度上掘进、广度上拓展。落实“三项任务十项工作”不能照本宣科，要认真把握本单位、本系统的实际情况，深度贯彻和落实“三项任务十项工作”。每一项工作都是有文章可以做的，都是可能做成大文章的，都要解决本单位的问题。“三项任务十项工作”中的每一项都要持之以恒地抓下去，没有收兵的时间，没有减弱的时候。驻厅纪检监察组年中要抽查，年底要检查，存在的问题要通报、要整改、要落实，责任人员要受到追究，该调整的要调整。

【纪检之“怎么做”（49）】没有信访举报件也要找米下锅。发现问题，是整个纪检工作的基础。要加强举报工作宣传，组织监督检查，开展审计，从案件中去发现问题线索，从服务对象收集线索，主动去找问题。今年每个厅直单位至少发现一个问题，述责述廉会上已经明确了，年底交卷。对于自己不能发现问题的单位，驻厅纪检监察组组织小组，借鉴巡视的工作方式方法，帮助查找问题。小组要和每个干部职工人人见面，和报账发票张张见面，和项目采购事事见面。

【纪检之“怎么做”（50）】厅直纪检系统纪律审查工作要加强。厅直单位普遍存在的主要问题是：没有案件线索；从来没有办过案，没有经验，不知道怎么办案，办案的基本程序、基本方法、基本要求都不是很清楚。没有办案人员，没有办案力量，没有办案能力，有了线索也不知道怎么去突破，怎么去深入，结果有了线索也办坏了，成不了案件。年初的纪检业务培训，请省纪委信访室、纪检监察四室和审理室讲三堂课，就是围绕纪律审查工作来安排的。今年厅直单位纪律审查工作要有新的起色。

【纪检之“怎么做”（51）】厅直单位今年要发现一个问题查透一个问题。每个厅直单位今年必须发现一个问题，发现的问题就要一竿子插到底，查下去，查深查透。发现的问题要及时报告驻厅纪检监察组，问题查处中、后都要及时报告。驻厅纪检监察组安排专人专门跟踪每个单位问题线索的查处情况，并全程给予指导。必要时派人或调配力量予以支持和协助。问题线索查下去，事情是越来越多，工作面是越来越宽，工作就到位了。案件越办越小，工作越做越窄，做来做去，就无事可做了，落实监督责任就成了一句空话。

【纪检工作“怎么做”（52)】宣传教育要用自己的话说自己的事。有的厅直单位班子成员、中层干部、工作人员找到纪检部门，希望提供纪律知识支撑。党纪党规在平时的工作实践中是有需求的，不能只在出了问题、查办了案件才去解读。党纪党规解读不是请个人来讲堂课就了事，功夫要下在平时，有苗头就要跟进。解读不能是泛泛而谈，要做深做透做细做实。解读要传达执纪越来越严、规矩越来越紧的信息，不要仅限于传授一点知识。解读要换位思考，将心比心，要将从严的信息转化到一个单位、一个人群的“语言系统”中去解读，说到受众的身上和心上。

【纪检之“怎么做”（53)】纪委书记参与单位重大决策表态要主动作为。纪委书记参与单位重大决策表态要和信访举报、问题线索查处、警示教育、宣传结合起来，决策不只是被动地表明态度，要主动作为，主动为党委尤其是党委主要负责人提供建议意见，纪委要成为党委开展工作的纪律支撑，纪委书记要成为党委书记开展工作的纪律支撑。决策表态体现在会议上，工作要做在会前会下。在会前征求意见过程中，加强沟通协调。否定意见不一定非得要到会上去提，也可以在会前提，会前就沟通一致。否定意见也不一定很多，抓住关键问题，问题抓准，意见提准，让人信服。党委作出重大决策有一个听取纪检意见的意识，有这个意识和行为，纪检工作就做到位了。[4]

纪检微平台的报道，使得培训的相关理念和核心内容传递到全厅每一个角落每一个人，进一步推进了厅直纪检组“三转”的进程，促进了监督执纪问责在基层的落实。通过纪检微平台，“三项任务十项工作”“一竿子插到底”“步步延伸”等理念越来越为人熟知，全面从严治党的压力被传递和分解出去，培训效应进一步释放到全省交通运输系统每一名干部职工，凝聚了力量，激发了工作热情，产生了正能量、正效应。这是推动纪检工作“再走一步”的重要体现，也是把事情“做深做透，做一件成一件”理念的体现，实现了工作成果价值、效益的最大化。

三、培训后给省纪委的专题汇报

培训结束后，驻厅纪检监察组将培训及学员排序情况向厅党组进行了报告，同时也将培训情况梳理后向省纪委作了专题汇报，报告围绕重点解决“做什么、怎么做、谁来做”问题，从四个角度的深度融合提出了培训的成效问题。[5]

一是培训与解决问题深度融合。落实厅党组关于厅直单位纪委书记（纪检委员）由驻厅纪检监察组会同厅人事教育处提名考察要求，驻厅纪检监察组会同厅人事教育处完成了厅直系统132名纪检人员的干部花名册；分别召开纪委书记、纪检工作机构负责人、纪检工作人员座谈会；向每一名纪检人员征集工作中遇到的困惑或问题共374个。厅直系统当前急需解决的是“做什么、怎么做、谁来做”的问题，培训集中精力解决这个问题。

二是培训前、中、后深度融合。驻厅纪检监察组建立涵盖每个纪检人员、实现即时通讯的厅直系统纪检“微信工作平台”，培训前通过平台将培训讲课提纲、讲课要点、学员听课提纲、听课要点、培训期间四次讨论提纲、培训后答卷要求，逐步释放给每个学员并要求做好课前功课。培训中边讲边听边讨论边答题，4门课逐次讨论交流。培训后各单位安排研讨会，一步一步推进思想认识的统一。

三是培训和工作深度融合。培训目的就是为了推动工作。围绕“发现问题、落实责任”部署“三项任务十项工作”，解决了“做什么”的问题；围绕“务实有效”总结“三种思路四种方法”，解决了“怎么做”的问题；围绕“办案能力、文字能力、协调能力”制定“十条意见六十条解读”，解决了“谁来做”的问题。培训要求每位学员培训期间提出几条回单位能落地的措施。

四是培训和选人用人深度融合。对每个学员讨论发言进行排序，对每个学员的答卷进行排序，排序靠前的直接安排到驻厅纪检监察组或推荐到省纪委相关室实战培训，优先参加今年委托中央纪委北戴河培训中心组织的培训班，并作为厅直纪检骨干和后备人才。通过培训，参训人员有感觉、有触动、有压力。有学员认为这是参加工作25年来最严的培训，也有学员坦言感受到了纪检工作的责任和压力，更有学员感慨通过担当履责找到了纪检人的存在感和价值。目前，我们正在组织动员厅和厅直系统按照雁飞书记、昌明厅长指示，全力筹备省纪委将在厅召开的厅直纪检组织队伍建设现场会。

厅直系统以抓工作、干工作为导向的这次专兼职纪检人员的业务培训，原本不过是一个平凡的日常工作，是一件小事，但是驻厅纪检监察组却抓住机会，通过提前准备和释放提纲及讲稿要点、认真撰写讲稿、组织讨论题目、严格组织纪律、认真点评、排序并进行充分的成果运用，用匠心把细节做到极致，从而把一件事做深做透，把培训的小事做成强化组织队伍建设、增强监督执纪问责的大事，使常规工作做出不平凡的效果。

第四节 培训效果

一、培训学员的反映

厅直纪检系统的培训时间虽短，但收到良好效果，得到培训学员的高度评价。

培训学员杨某说："培训很务实，非常务实，空的虚的没有了，套话没有了，都是干货，都是回来就可以直接用的东西。现在晓得做什么了，怎么做了，不迷惑了"。[6] 学员鲜某说，"对'三个做工作思路'和'四字工作法'印象很深，这为我们纪检工作找到切入点，让我们从以前的不知道做什么、被动做、忙碌琐碎开始思考改变现状，思考工作的方向，变被动为主动，在今后工作中要主动问责。纪检工作要'找米下锅'，主动寻找案件线索，之后在工作中要利用公布监督电话、加强纪检宣传、在案件中寻找线索、向服务对象征求线索、组织巡察、借鉴巡视的工作方式方法去发现问题。"听完案件审理的授课，他进一步写下自己的认识：

1.案件审理在纪检查办案件的工作流程中处于最后的一个把关位置，也可以说是最后的一道工序，是案件查办工作质量检验的环节，是对案件查办整个过程的内部控制，对案件查办质量起着检验把关的作用。既保障案件质量，同时也要保障被调查人的权利，这要求必须按照实事求是的原则。其中老师讲到的审理案件"二十四字"规则：事实清楚、证据确凿、定性准确、处理恰当、手续完备、程序合法，为之后涉及立案、案件审理工作理清思路，提供了工作标准。2.老师讲到的"凡案必查、查审分开"，尽管目前单位没有立案的案件，但这也是为今后工作明确了要求。由于我们是基层纪检机构，人员配备上可能存在不足，没有专门的审理室，我们今后可以采取借调的方式解决审理人员来源问题，同时，做到案件查办人不参与案件审理，保证查审分开。3.清楚了案件审理的要求、程序、标准，对我们的案件调查过程又起到了指导作用，这要求我们在案件办理调查中就要注意把控每一个环节，事实的掌握、谈话的技巧、证据完整及效力、资料和手续的完备等等，每一个环节要做细、做实。4.老师对《中国共产党纪律处分条例》条款的解读，用案例分析不同情况，既对以身作则、守住底线作出具体要求，也为履行监督执纪问责、查处违反《条例》行为找到有力依据。我们在具体工作中应该认真学习条例，准确运用到实际中。

学员唐某感言："借用某组长在开班仪式上对这次培训做的概括：一样的培训不一样的准备；一样的培训不一样的要求；一样的培训不一样的目的。培训通过平实、质朴的语言对抽象的纪检工作做了很好的诠释，也赋予纪检工作丰富的内涵，让我们对纪检工作有了全新的认识，'三项任务十项工作''十条意见六十条解读''三种思路四种方法''再走一步''一竿子插到底''顺势而为''边做边说'等言简意赅的词语都让我印象深刻。"[7]

二、系列培训的开展

（一）抽调人员进行实战轮训

为解决厅直单位存在的纪检人员不敢大胆监督、不会办案等突出问题，驻厅纪检监察组在常规的课堂培训基础上再往前走一步，抽调厅直单位纪检人员到纪检组实战轮训。2017 开展 4 期共培训 16 人，每期培训 3 个月。轮训旨在提升人员“三种能力”，即组织协调能力、办案能力和文字写作能力。侧重三方面内容：一是聚焦不敢监督，要求参训人员树立严格执纪理念，认清自身的责任与风险，坚决克服好人主义思想；二是聚焦不会办案，为受训人员制作办案流程图和 7 种纪律文书模板，在纪检组人员带领下参与办案，然后在指导下牵头办案，提高受训人员实际办案能力；三是聚焦实际表现，受训人员培训结束后写出工作打算，纪检组对落实情况及时跟踪，从中发现和培养人才。厅人事教育处会同驻厅纪检监察组通过多种方式，选拔出实战轮训人员名单，分期分批到纪检组实战轮训。从 2017 年 2 月起，每期 4 人。截至 2019 年 1 月，已有 20 名厅直系统各单位纪检干部到驻厅纪检监察组接受了实战轮训。

从已开展的情况看，参加培训人员有实际的收获，在一定程度上缓解了厅直单位纪检工作中“人”的瓶颈问题。参训人员回去后工作积极主动，知道怎么抓工作，怎么干工作，对本单位的纪检工作有较明显的推动作用。厅公路局、厅运管局、厅高管局、公路设计院等单位纪检工作有了明显的变化，参训人员也因工作效果明显，有 5 人被提拔或重用。厅公路设计院、物资储备中心希望能提前安排。除了到厅纪检组实战外，还选送 2 名同志到省纪委实战锻炼，选送 1 名同志到中央巡视组锻炼，选送 1 名同志到交通运输部纪检组锻炼。这些人员，充实了纪检力量。凭借这些力量，驻厅纪检监察组组织 36 名人员组成 6 个巡察组对 6 个厅直单位进行巡察。这些措施有力提升了交通运输厅系统纪检工作的整体水平，为驻厅纪检监察组的工作开展提供了强有力的支持。

1.轮训特点

为什么轮训能起到不一样的效果呢？其特殊之处何在呢？

第一，到位就直接干工作，没有适应时间。实战轮训坚持“干工作就是最好的培训”，轮训人员到岗就直接干工作，零适应期；工作量饱和，时常需要加班。这种加班不是强制加班，但在轮训结束时要向驻厅纪检监察组报告轮训期间的加班情况，自己的工作量和工作效果要列出来。这一措施的目的就是让每个轮训人员主动干工作，主动琢磨问题。

来自交通职业技术学院的人员轮训回去后，该院党委书记感觉变化很大，对其评价较高。交勘院党委书记也评价，经厅里轮训后的文某在文字材料撰写、组织协商和办案能力方面有很大进步，内部巡视交职院的巡察方案也交给她把关。监理咨询公司纪委书记受此启发，随即表示要将自己单位的人送来培训；公路设计院得知后担心被插队，还提前送人来轮训。

而对于实战轮训成员来说，也有自己深刻的感受。采访中，经常听到这样的感受：“头天来了，第二天八点半就开始上手干工作，没得时间去看看文件、听一下情况，就没得这个过渡，直接就过渡到干工作，在干中学，在干中去了解。”“4 月 26 日我第一天到驻厅纪检监察组报到，报到当天便安排我外出参加了一个谈话工作，第三天便出差到外地，参加办案工作。这种一到单位便直接开始工作，这种边工作边学习的快节奏，在之前的单位实在是没有体验过的。”[8]

第二，轮训人员直接并入核心人员，直接接触核心业务，与核心人员同等对待。驻厅纪检监察组并不是把实战轮训人员作为打杂人员或者“二等公民”看待，而是同样压担子，给每个人搭建平等的空间，每个人都要能独当一面。针对厅直不少单位没有办过案、纪检人员办案经验尤其欠缺的现状，尽可能安排他们参与办案。轮训人员参与案件数量2016年28件，2017年20件，2018年27件，其中一些是由纪检组轮训人员牵头完成。

第三，工作量饱和，经常处于加班状态。根据实战轮训人员的特点特长和参训意愿，分别安排不同的岗位学习锻炼，帮助轮训人员掌握驻厅纪检监察组的工作理念、方法、程序，做到工作量饱和，“白+黑”“5+2”，既锻炼工作能力，又锻炼意志品质。

第四，给每一个人提供工作平台。实战轮训坚持“给每个人一个平台”的理念，给所有轮训人员安排各项工作任务，让轮训人员参与到整项工作中，根据人员主动性和在工作任务中展现的能力、特点，给予相关的工作平台，培养独立思考和解决问题的能力。

第五，表现优秀者重用。打起灯笼找人，找能干的人。既然找来的人干得很好，提拔重用这块就要跟上。驻厅纪检监察组高度重视培训后优秀人员的重用问题，多名纪检干部和人员得到不同程度的提拔重用，工作的价值得到有效体现，调动了纪检队伍的积极性。

2.轮训效果

第一，大大推动了本单位的纪检工作。参训人员回去后工作积极主动，知道怎么抓工作，对本单位的纪检工作有较明显的推动作用。厅公路局、厅运管局、厅高管局、公路设计院等单位纪检工作有了明显的变化，参训人员也因工作效果明显，有5人被提拔或重用。

第二，在系统内产生较强的示范效应。实战轮训人员成长迅速、能力素质提高显著，引起相关单位领导的重视。厅公路设计院、物资储备中心、造价站等单位主动提出把人员送来参加实战培训，并希望能提前安排。

第三，提升厅直系统纪检工作的整体水平。通过全方位、多批次、高质量实战锻炼，厅直纪检工作整体水平得以提升，有力地支持了驻厅纪检监察组工作开展。

某实战轮训成员回忆道："我是厅高速公路管理局高速公路交通执法总队的，2012年通过公招考到高管局的检查审计处，一直从事纪检监察和内部审计工作。2017年1月，参加了第一批轮训，在厅纪检组整整待了一年。回去之后转岗了，到高管局的综合办公室。用我们现在的话说，我原来搞纪检，落实监督责任，现在到党委落实主体责任。在纪检组一年，我个人有三个方面的收获，两个方面的感受。三个方面的收获，第一，我的精神世界是被重塑了的，第二，我的写作水平得到了大幅度提升，第三，我的工作能力得到了相当程度的锻炼。

为什么说我的精神世界是被重塑了呢？2017年1月刚接到纪检组轮训通知的时候，心里多少还是有些抗拒，觉得不过就那么回事儿嘛。但是来了之后，很短的时间内，这种自满就彻底地被全部击垮了，因为到这里来的案子，基本上都是县处级以上的，到这里接触的案子也好，人也好，突然觉得自己像一只井底之蛙一样，整个的眼界瞬间感觉不一样。包括在整个的办案过程中，每隔一个月，纪检组是要开一次组务会，原来自己觉得对很多案子或事情还是有一定的见解，但是大家坐下来一讨论之后，杜组长对我们每一个问题的剖析上非常的深入，真的觉得自己以前是井底之蛙。这是精神世界的重塑。

第二方面就是写作水平得到了提升。我统计了一下，一年下来，大大小小的稿子应该有一百多篇，所以这一年多下来，文字写作水平确实还是有了很大的提升。刚开始，纪检组的领导手把手地教，稿子被改得面目全非，连题目都不剩，后来慢慢一步一步地走过来，收获也是比较大的。

第三个是工作能力得到了锻炼。纪检组负责人一开始就告诉我们，来轮训，干工作是最好的培训，只有高强度的工作才能得到真正的锻炼。强度高到什么程度：手上同时办四五个案子是常态，去年加班一年，基本上晚上九点前就没有下过班。回家很少，我跟各位一样，我本身也是在职硕士，家里有一个三岁的小孩。确实是感觉压力山大，但是这一年下来，潜移默化之间，原来很多事情是不知道怎么办的，解决问题的手段，自己原来是基础版本，后来变成 2.0、3.0……自己感觉没什么，但是回到高管局之后整个状态就出来了，很多事情开始变得游刃有余。这就是我的三个收获。

干工作是最好的培训，这一点体会深刻。纪检组去年搞了一次较大的培训，我们都全程参与了。这既是培训，也是对我们会务人员岗职培训。我们一批四人被分到了宣传组，当天晚上就要拿稿件出来，憋到凌晨两三点的时候发负责人，他瞬间秒回，已经开始在改了。第二天一早七点多，我们到培训现场的时候，这个宣传稿已经发出来了。通过这种高强度磨砺，工作质量提升得特别快，效率特别高。到这来之后，写东西全是干货，一句废话也没有，而且全是大白话。在这里培训一年，比我十年成长都收获得多。”[9]

3.给省纪委专题报告

实战轮训收到一定成效并具有一定影响后，2017 年 9 月 20 日，驻厅纪检监察组又给省纪委组织部呈上了专题报告，对工作进行了认真汇报。报告中，针对之前省委巡视反馈问题之一，即厅直单位纪检人员纪检业务知识贫乏、缺乏，甚至没有接受培训的缺陷，2016 年 12 月，厅党组出台《关于厅直系统纪检组织落实“两为主”、推进“三转”工作实施意见（试行）》，为尽快普及纪检人员的基本业务知识，在普遍培训基础上，厅党组提出在厅直单位纪检人员中选拔具有法律、财务等专业知识，具有司法、执法、审计等工作经历，年龄在 30 岁左右的纪检人员到纪检组实战轮训。厅人事教育处会同驻厅纪检监察组通过多种方式、途径，提出了实战轮训人员名单，分期分批到纪检组实战轮训。从 2017 年 2 月起至 2020 年 6 月，先后开展 4 期，每期 4 人。实战轮训中，坚持“干工作就是最好的培训”，在干中学。

从已开展的情况看，参训人员有实际的收获，回去后工作积极主动，知道怎么抓工作，怎么干工作，对本单位的纪检工作有较明显的推动作用。驻厅纪检监察组也会同厅人事教育处逐步落实实战轮训，一步一步提升交通运输厅系统纪检工作的整体水平，为驻厅纪检监察组的工作开展提供强有力的支持。[10]

综上所述，纪检业务培训可以多渠道综合进行。内部的业务学习研讨，微信群工作平台上提出问题、探讨问题，疑难案件研讨会，工作中的传帮带，以老带新等都是提升业务素质的好方式。组织厅直系统纪检人员参加各种培训班，是培训的方式之一，但培训不等同于培训班。选拔人员到省纪委、驻厅纪检监察组、驻交通运输部纪检组参加实战锻炼，也是业务培训的主要方式。驻厅纪检监察组改变培训只是送人参加培训班的做法，还着眼纪检人员办案能力、文字材料能力、组织协调能力的提升，注重在实践中教方法，练内功，强素质。驻厅纪检监察组坚持“干工作是最好的培训”的理念，认为边干工作边总结是提升自己最有效的手段。干，就是要实战。“谁有能力把这案子办起来，那么就让谁干”。实战轮训，极大提升了厅直系统纪检力量的工作能力，锻炼了一支能适应工作需要的纪检队伍，成为工作顺利开展的保障。

（二）北戴河培训

中国纪检监察学院（北戴河）一年共有 12000 个培训名额，面向全国各级纪检监察部门培训名额仅 5000 个。为提升纪检干部依纪依法开展纪检工作的业务素质和履职能力，更快适应派驻机构改革和监察体制改革新形势和新任务，强化厅直单位纪检组织队伍建设，规范交通运输业务发展，根据需求，2016 年底驻厅纪检监察组主动工作，积极与中央纪委中国纪检监察学院北戴河校区沟通对接，自行联系争取到 40 个培训名额，组织厅直系统纪检干部及全省交通运输系统市州、区县纪检干部参加培训。2017 年、2018 年分批次安排厅直单位新晋纪委书记、纪检部门负责人、业务骨干参与了中纪委在北戴河举办的“纪委监察业务培训班”深入学习。内容包括中央各项文件精神、执纪审查的程序和方法、纪律审查谈话的策略与技巧、贪污贿赂犯罪与法律适用、贯彻中央八项规定精神的整体形势和任务要求、问题线索的排查和初核、常见违纪行为定性分析、红旗渠与红旗渠精神、大数据对社会的影响和发展趋势等诸多领域。2017 年的北戴河培训，核心内容就是纪律审查基础业务工作，重点是纪律审查方面，信访举报的处理、问题的核查、谈话询问的方法和技巧、证据的收集、固定、运用、当事人心理的把握、行为性质的认定、量纪、纪律审查的程序等方面。[11]

其中，2018 年第二期培训除安排厅直系统纪委书记参训外，还给予了部分交通运输系统区县纪检组长“纪委监委综合业务培训班”参训名额。此次培训重点围绕党章党规党纪、宪法法律法规、国家监察体制改革后的工作机制制度、履行相关岗位职责所需的专业能力和知识等开展讲解，进一步增强参训学员“四个意识”，坚定“四个自信”，自觉践行“两个维护”，提升学员适应新时代纪检监察工作的专业能力和专业精神，增强依纪依法履职本领。两次培训共 60 位参加。[12]

（三）中政大执纪审查证据专项培训

1.概况

从厅直系统单位纪检工作的实际状况看，截至 2018 年 5 月，31 家厅直单位共有纪检专兼职干部 320 名，其中专职纪检干部 77 名，兼职纪检干部 242 名，挂职纪检干部 1 名；有的纪检机构没有设立起来，由业务人员兼职做纪检工作，大部分纪检人员对业务不熟悉，有的没有干过纪检工作，有的是从纪检系统外来的，业务能力不足；大部分基层纪检干部和纪检人员缺乏办案经验，不知道怎么办案，有了问题线索不知道怎么办。上述情况，已经在驻厅纪检监察组牵头办带着办时有所发现，厅直单位纪委书记座谈会及纪委书记汇报工作也普遍反映出来。基层纪检组织办案力量还需打磨锻炼，参与过案件的纪检干部不多，能办案会办案的业务骨干力量亟待培养。办案人员业务素质亟待提高，在执纪审查、业务知识、业务能力方面的不足具体体现在：（1）找不到问题线索；（2）找不到案件的突破口；（3）不知道怎么对问题定性；（4）不知道怎么根据问题量纪；（5）对执纪审查程序不熟悉；（6）监察制度改革后，权力、职责、职权、工作范围变化带来的挑战难以应付。其中办案是核心，证据则是办案的突破口。

为有效提高厅直系统纪检干部、业务骨干的办案能力，驻厅纪检监察组按照干部教育培训计划，委托四川交通干部管理学校在中国政法大学举办纪检监察干部纪律审查业务能力培训班，邀请中国人民大学及中国政法大学教授重点对执纪审查，证据的收集、固定、审核和运用的相关方式方法、措施、程序、注意事项及具体案例进行专题授课。主要培训对象为厅直系统较大规模单位纪委书记、办案业务骨干、市州交通运输系统纪检组组长，培训时间为 9 月 17 日至 21 日，共 5 天。[13]

2.培训的前期准备

厅直单位办案人员名单的选取过程历经了多次沟通筛选。首先由驻厅纪检监察组所有人员根据自己平时了解接触的情况，在厅直单位纪检人员花名册上勾选纪检办案人员的名字，再整理成厅直系统拟参训人员名单，并于 2018 年 7 月厅直较大单位纪委书记座谈会上，将此表作为基础表格发送给参会单位的纪委书记，并请各单位根据实际的办案骨干调整参训人员。2018 年 8 月，在征求了各单位的意见后形成厅直单位办案业务骨干的参训名单。同时，根据 2018 年 7 月市州交通运输系统纪检组长培训会后研讨会上所作的调研情况，各市州交通运输系统纪检组根据自愿原则，推荐办案业务骨干报驻厅纪检监察组参与培训，一般为纪检组长或副组长。在经过厅领导同意后，2018 年 8 月底，驻厅纪检监察组拟定了建议参训人员名单并发放了培训通知，请各厅直单位及市州交通运输系统纪检组按之前上报人员名单，补充填报人员个人信息。

与此同时，驻厅纪检监察组在此期间多次与中国政法大学及承办单位交通干部管理学校联系，一是保证课程质量，二是保证参训人员食宿等相关生活问题。在确定培训人员后，驻厅纪检监察组建立了中国政法大学纪检干部培训的微信群，群内有中国政法大学联络人员、交通干部管理学校联络人员、驻厅纪检监察组联络人员，及时上传培训相关信息，分享课件，提供后勤保障。

（1）课程表设置及师资力量的选择

选择到中国政法大学培训是因为证据学是办案的关键，是刑事诉讼的重要部分，中国政法大学的刑事诉讼专业处于全国领先地位。早在 2018 年 4 月，厅纪检组就已经开始和中国政法大学取得联系，其间多次沟通了培训的内容和授课的导师。驻厅纪检监察组草拟了培训所需主要内容并交由中国政法大学老师参考。在开课前不到两周，原驻厅纪检监察组负责人再次审核课程表及师资设置，调整了与执纪审查、证据学等不相关的课程及师资设置，保证本次培训的针对性。

培训主要内容包括：如何去发现证据，包括发现证据的方式、技巧。发现的证据如何去收集，如纪委监委、派驻纪检组、部门党委纪委证据收集的权限、方法、措施和程序。收集到的证据如何固定，执纪审查、职务犯罪案件调查证据收集程序中应该注意哪些事项，间接证据如何形成证据链，间接证据如何定案的问题，证据审查与运用的技巧有哪些，证据确实、充分的标准和认定方法是什么，言词证据如何收集和固定，实物证据如何收集和固定，影像资料如何收集和固定，证据不足认定的注意事项有哪些，非法证据如何排除，违法证据如何来界定，以及结合贪污受贿等职务犯罪及违纪案件调查具体案例，讲解证据的发现、收集、固定、审查和运用。

在师资选择方面，驻厅纪检监察组邀请了中国人民大学证据学、侦查学、物证技术学专家，中国政法大学证据法学研究所副所长、中国政法大学社会学院副院长和诉讼法教授，重点对执纪审查证据的收集、固定、审核和运用的相关方式方法、措施、程序、注意事项及具体案例进行专题授课。课程安排包括：纪检监察案件证据的收集固定与审理、证据审查的思维与方法、证据审查的思维与方法、职务犯罪的侦查与监督监察体制下的取证合法性问题研究、职务犯罪调查中的证据标准问题。

（2）授课安排

中国政法大学课程及授课老师安排表

时　间		培训内容
第一天		学员报到、安排入住、领取学习资料
第二天	全天	开班仪式、领导讲话（8:30—9:00）
		纪检监察案件证据的收集、固定与审理 （9:00—12:00，14:30—17:30 课间休息 15 分钟）
	主讲专家	中国人民大学法学院证据学研究所副所长，证据法学与物证技术教研室党支部书记，硕士生导师，刑事法律科学研究中心研究员。

第三天	上午	证据审查的思维与方法 (8:30—11:30，课间休息 15 分钟)
	主讲专家	中国政法大学证据科学研究院副教授，证据法学研究所副所长、硕士生导师。
	下午	职务犯罪的侦查与监督 (14:30—17:30，课间休息 15 分钟)
	主讲专家	中国政法大学社会学院副院长，中国心理学会法律心理学分会会长，博士生导师，中纪委特聘专家。
第四天	上午	监察体制下的取证合法性问题研究 (8:30—11:30，课间休息 15 分钟)
	主讲专家	中国政法大学教授，硕士生和博士生导师。
	下午	职务犯罪调查中的证据标准问题 (14:30—17:30，课间休息 15 分钟)
	主讲专家	中国政法大学教授，硕士生和博士生导师。
第五天		学员返程

3.培训收获

经过此次培训，学员们了解到最新的电子取证的方式，谈话取证的方式方法、心理战略，新监察法下纪检监察调查权及证据提取收集的手段，在知识面上有了一定的拓展，在接触新思想、新方法、新知识的过程中，学员固有思维方式得到一些改变，一定程度上激励和鼓励了他们办案的士气。这种技能也在之后的实际办案工作中得到有效体现。2018 年 9 月后，在集中办案阶段，厅直系统参训人员逐步投入到办案工作中。他们更积极地参与到案件调查过程中，公路局离退休兼职兼薪问题、公路医院问题、公路局酒水问题均得到了突破。2018年，驻厅纪检监察组调查核实或参与、指导调查核实问题线索72条，综合运用“四种形态”，立案审查7人，党纪处分1人，政纪处分6人，诫勉谈话33人（其中厅级干部1人、处级干部6人），组织调整4人（其中处级干部3人），批评教育66人，收缴违纪所得120.59万元，挽回经济损失52.8万元。

负责此次培训的综合处处长接受采访时说道：“中政大的这次培训就是纯粹的业务培训，因为我们以前厅直单位很多干部就在提，说办案不晓得怎么办，然后就希望我们来给他们讲课，到底怎么办案。其实办案这种东西真正靠讲课是讲不好的，更多是要靠参与，经历了一两次办案，至少摸得着一些门道，晓得一些程序。办案不是说说了事，程序要有，证据要讲，要以事实为依据，法律为准绳。课程怎么设、老师怎么选，我们多次跟那边反复沟通，必须务实管用，这是思路的一种变化。”

来自质监局的学员高某某评价道：“三天的课程紧凑而活泼，严谨不失生动，既有监察法宏观阐述，又有诸如电子证据微观领域的实战剖析。对我这个搞工程技术为主的纪检新兵，开了一扇窗，进入一个新领域，特别是针对采集证据、分析证据、使用证据有了全新认识，不仅对纪检案件的办理大有裨益，而且对质监局的工程质量安全监督检查也非常具有指导意义。”

高速公路执法三支队唐某说到：“培训学习的过程，是诱发我们对纪检工作适用法律的思考，提升我们对《监察法》条款的认识，指导我们回单位在实际工作中的运用，受益匪浅！”公路局医院姜某某点评，“刘品新教授的电子审查与应用讲解很精彩。”

而来自资阳市交通局的李某某则以两首七律《别中政》充分表达了一名学员的感受——有幸参与全省交通系统纪律审查业务培训，三日充电，为时虽短，但所学所悟必将受益终生。行将结束，心甚不舍，五味杂陈，特作七律以记。

挥手作别中政园，回望燕京云中天。
三日所悟终觉浅，一生受用须砺炼。
窃喜此身少叹惋，唯恐他日多遗憾。
尚有老骥伏枥志，且看捷报频频传。

步出岁月的困惑——中政短训有感

倥偬从纪二十载，终得机缘出渝川。
喜入中政民商院，聆听名家释疑怀。
厚德明法开天眼，格物致公铸底线。
谁说人到中年晚，更待我辈利剑悬。

中政大培训坚持了培训的问题导向和实行精准培训的理念。讲证据，是执纪审查工作的根本。认定违纪事实存在与不存在，要以证据为中心。执纪审查工作要围绕发现证据、收集证据、固定证据、运用证据来开展。办成“铁案”，是证据“铁”。在没有直接证据的情况下，间接证据形成锁链、结论唯一，排除合理怀疑，达到确实充分程度。在这种情况下，依靠间接证据，也可以直接认定违纪违规事实，要消除没有直接证据就不能定案、不敢定案的认识误区。中国政法大学的培训让参训的业务骨干证据意识得到强化，纪检业务素质得到提升，有效实现了培训的目的。

（四）驻市州交通运输局纪检组长座谈会（2017）

交通运输系统是一个资金密集、项目多、腐败风险较高的系统，也是重大腐败案件易发多发的重点领域，党风廉政建设任重道远。2017 年 5 月 17 日，省纪委在交通运输厅召开“省直机关纪检组织和队伍建设工作现场会”后，厅党组研究决定以落实省纪委“现场会”为契机，整体推动全省交通运输系统党风廉政建设工作，从而推动了驻市州交通运输局纪检组长座谈会的召开。

1.概况

从隶属关系上讲，各市州纪检组与驻厅纪检监察组无直接的隶属关系，但从社会关系上讲，全省交通运输工作问题多发、廉政风险高、矛盾集中，各市州纪检组面临和存在的问题及风险最终都会延伸和影响到省厅。最终，驻厅纪检监察组选择从行业指导出发，去起到监管的作用，进一步指导和推动全省交通运输系统纪检监督工作。

2017 年 6 月 23 日，驻市州交通运输局纪检组长座谈会在厅应急指挥大厅举行，怎么运用省纪委“5.17 现场会”成果推动全省交通运输纪检工作是会议的主题。用好省纪委现场会资料（现场视频资料，两个读本、两套资料）、建立全省交通运输纪检系统微信群工作平台是主要措施。驻厅纪检监察组将“现场会”资料编印成现场会“两个读本”，印制 8079 套，直接覆盖省、市、县交通运输系统各级领导干部，尤其是各级党组织主要负责人和班子成员。将厅党组、驻厅纪检监察组、厅直系统纪检工作资料编印成现场会“两套资料”，印制 2142 套，全省交通运输系统纪检人员人手一套。[14]

在观看现场会视频资料基础上，驻厅纪检监察组给市州提出的工作建议只有两项：一是 6 月 30 日之前将市州和县市区的交通纪检人员拉到“全省交通运输系统纪检微信群”里，把工作群建起来。明确加入该微信群的对象和范围及群规则："两个一律不准"，一个实名加入，发布信息"一张图片+一句话"。二是7月15日之前组织市县两级交通运输系统所有的党员尤其是党员领导干部观看现场会视频资料。仅此两项，再无其他工作。做不到这两个方面的，工作没有做到位。通过这种方式将"现场会"精神做到了省、市、县交通运输系统党员全覆盖、党组织全覆盖、领导干部全覆盖"三个全覆盖"，直接覆盖1354个支部、28955名党员和领导干部。此次培训讲座的核心内容如下：

其一，培训的基本考虑是什么？驻厅纪检监察组其实没有这个职责和义务，但为什么要费这么大的劲来办这个培训？培训和一般的纪检业务培训的差别是，没有讲具体的信访、执纪审查、执纪监督、审理等业务，而是讲怎么干工作。不是讲大道理，而是进行实战培训。对于基层纪检组织来讲，工作的原则应该是怎么见效果怎么做。把工作效果定义在两个方面，一是对工作对象内心有触动，二是规范和推动单位业务发展。驻厅纪检监察组的每一项工作，市州和县市区都可以借鉴、参照甚至比照做，具有相当的实用性。要将厅里的工作效应释放到全省交通系统，扩散到交通行业，影响到交通系统和交通行业之外。培训就是要统一全省交通纪检系统、纪检人员和全省交通系统干部职工思想认识和行动，做到统一发声、统一行动；就是以培训为载体和平台，将纪检工作的信息和要求，释放到全省交通系统干部职工；就是要具体落实用系统力量来共同做的几件事，把每件事抓实、抓到位、抓彻底、抓出实实在在的效果和影响。

其二，培训精神传达到每位领导干部的问题。要全面系统向各级党组织汇报通报纪检工作做什么、怎么做的问题，这是全方位向各级党组织领导干部宣传纪检工作的契机。要在各级党组织的严肃性会议，如党组扩大会、党风廉政建设工作会议等会上传达。传达完后，要提出本单位纪检工作的安排。党组书记主持会议并要作出具体的强调和要求。要涵盖本单位、本系统党组、党委、党总支、党支部各级党组织，做到全覆盖。会议上传达的同时，要将汇报传达提纲印送每一位党员领导干部。市局纪检组要思考怎么在局系统落实到位，怎么督促县局落实到位的问题；培训内容整理成纪检微平台后怎么再次释放的问题。

其三，培训内容覆盖到每位纪检人员的问题。一是市州培训，或市州和县市区分级培训。请市州局纪检组回去办一次培训班，涵盖市县所有纪检人员，也可以县区市再办培训班。请纪检组长来主讲，或者直接观看培训录像。二是省厅培训。也可省厅再办几期培训班，直接覆盖 183 个县的纪检组和副组长。怎么让每一名纪检人员最大限度来理解、接受培训的内容。一是将培训资料整理成书发给大家。二是将培训内容进行删减。怎么利用培训成效来推动每个单位、每个纪检人员的工作，要辩证用好统一行动与分头行动。

其四，关于培训宣传的问题。主要是培训感言。一句话，几句话，一段话，几个字，几百个字，几千个字都可以，每个人一条，在全省交通系统纪检微信群里交流。也可以在各市州和县参加的纪检群发，对此次培训作实事求是的宣传。

2.效果

这次培训会上，各级各地各单位党员尤其是领导干部专注投入地观看了“现场会视频资料”，深受触动，对纪检工作总体看法有了较明显的改变，“务实”“积极”“有效”“亲切”是评价中使用较多的词语，纪检的正形象、正效应、正能量得到普遍的认知和认可，普遍感觉厅党组党风廉政建设工作“力度大了”“要求严了”“有责任了”“有压力了”。相当部分市、县交通运输局党组书记、局长着手安排按照厅党组的做法来开展和落实各项党风廉政建设工作。驻厅纪检监察组的工作直接释放到了省、市、县交通运输系统每一个纪检组织和每一名纪检工作人员，一项一项工作开始在各级各地各单位落地生根。随着涵盖省、市、县三级各单位 240 名纪委书记和厅直系统 193 名纪检人员的两个“微信工作平台”发挥作用，在厅直系统经验证行之有效的“理念”“思路”“措施”犹如一股新的力量，开始在全省交通运输纪检系统迅速传播，并影响纪检人员的思维方式和工作方式，最后体现在具体工作中。纪检工作找到了组织，有了归属感，是系统内纪检人员共同的感受，整个系统的纪检工作开始动起来了。

2017 年市州交通局纪检组组长座谈会落实“现场会”精神，实现了对全省交通运输系统各级党组织、领导干部和全体党员一次整体的内心的真实触动，落实“现场会”精神，为全省交通运输系统开展纪检工作提供了样板和范例，纪检组织和人员实实在在地动起来了。两项简单到不能再简单的工作，简单到甚至让人感觉“太没有水平”的工作，对全省交通运输系统实实在在产生了效果，因此毫不夸张地说，这是一次“怎么见效果怎么做”的具体实践。

（五）全省交通运输系统培训（2018）

2017 年市州纪检派驻改革到位后，各市州交通运输系统纪检组面临交通运输工作廉政风险高、矛盾集中等问题。2017 年 6 月全省交通运输系统纪检工作座谈会后，各市州交通运输系统纪检组多次提出希望驻厅纪检监察组举办相关业务培训，将厅党组、驻厅纪检监察组的工作理念、工作效果、可借鉴的方法和工作模式释放到全省。这就是2018年7月全省交通运输系统培训班的由来。

该次培训准备了听课提纲、汇报传达提纲、《资料汇编》、“三个全覆盖”工作方案讨论稿和培训指南，培训前两周已通过邮寄方式将《资料汇编》寄送至21个市州纪检组。2018年7月17日，驻厅纪检监察组工作人员在培训报名期间收集了各市州纪检组、各厅直单位反映的纪检工作中遇到的问题及困惑。驻厅纪检监察组总结了其中八类问题十三条建议。[15]

1.工作方案与培训安排

《全省交通运输系统纪检组长培训及派驻监督模式研讨会工作方案》明确了培训研讨目的在于“将厅党组、驻厅纪检监察组的工作理念、工作效果、可借鉴的方法和工作模式释放到全省，推动全省交通运输系统和厅直单位全面从严治党向纵深推进”，培训研讨对象涵盖各市州交通运输系统纪检组（分批）、《派驻监督之交通运输厅模式》课题组、厅直系统新晋纪委书记、纪检部门负责人（未参与去年厅直系统培训人员）和驻厅纪检监察组工作人员，共118人。培训研讨形式为“面对面”授课+讨论学习。

在此之前，驻厅纪检监察组分别从资料预习、讲课内容整理、传达提纲准备、派驻监督之交通运输厅模式课题研讨、汇报传达等方面分别进行了较为详细的安排。

（1）资料预习

①6月20日前，驻厅纪检监察组将近两年来的工作资料进行筛选，汇编成册后邮递至各市州交通运输系统纪检组组长、副组长、泸州市纪委相关人员、宜宾市派驻政协纪检组相关人员等共45册。

②6月22日前，驻厅纪检监察组将整理好的培训讲课提纲上传四川省交通运输纪检群，并发送至各市州纪检组组长、副组长及课题小组人员邮箱，其他参训人员在群里自行下载预习。

③市州每名参训人员要提前预习下发的工作资料及培训讲课提纲，培训前要做到对培训内容有印象、有思考。

④参加培训时参训人员要带上工作资料及讲课提纲。

(2) 讲课内容整理

①驻厅纪检监察组负责人授课课程分为8个部分，其中第一、二、六专题由第一课题调研组负责录音和资料整理；第三专题由第二课题调研组负责录音和资料整理；第四、五专题由第三课题调研组负责录音和资料整理；第七、八专题由第四课题调研组负责录音和资料整理。

②厅宣传中心负责全程录像，培训结束后负责编辑整理培训视频资料，将视频资料刻录成光盘。

(3) 传达提纲准备

市州传达提纲准备由驻厅纪检监察组准备，会上发给各参训单位。

(4) 派驻监督之交通运输厅模式课题研讨

参与人员的范围是各市州交通运输系统纪检组组长21名、课题小组20人、驻厅纪检监察组6人，合计47人。

①市州交通运输系统纪检组组长围绕培训会议精神贯彻落实、派驻监督工作监督履职、纪检微平台和点滴纪检推送等主题进行发言研讨，发言时间不少于5分钟。

②泸州市、广安市交通运输系统纪检组组长就本市州和区县纪检微平台转发工作如何实现全覆盖作工作交流，发言时间控制在8分钟内。

(5) 汇报传达

①培训结束后各市州交通运输系统纪检组组长要向局党委主要领导专题汇报培训研讨会内容。要在各级党组织的严肃性的会议如党委扩大会、党风廉政建设工作会等会上进行传达，并将汇报传达提纲印发到每一位党员领导干部。传达提纲要涵盖本单位、本系统党组（党委）、党总支、党支部各级党组织，做到全覆盖。

②各市州交通运输系统纪检组要把培训内容释放到市县交通运输系统每一名纪检人员。由市州培训或市州和县市区分级培训，请纪检组组长来主讲，也可直接观看培训录像，直接覆盖183个县的纪检组组长或副组长，利用培训成效来推动每个单位、每个纪检人员的工作。

③各市州、厅直系统纪检干部要在8月3日前在两个微信群反馈本单位的汇报传达情况，驻厅纪检监察组将对传达落实情况进行跟踪检查。

2.培训(研讨会)课程安排

全省交通运输系统培训课程安排表

时间		培训(研讨会)课程名称	培训(研讨)发言人
第一天	上午 9:00—9:20	开班式	驻厅纪检监察组负责人
	上午 9:30—12:00	前　言 第一专题 派驻监督的定位	驻厅纪检监察组负责人
	下午 14:30—18:00	第二专题 纪检组织队伍建设 第三个专题 执纪监督	驻厅纪检监察组负责人

第二天	上午 9:00–12:00	第四专题 执纪审查 第五专题 党风廉政宣传教育	驻厅纪检监察组负责人
	下午 14:30–18:00	第六专题 全省交通系统的纪检工作 第七专题 “派驻监督之四川交通模式”	驻厅纪检监察组负责人
第三天	上午 9:00–10:30	推动基层纪检监察工作的体会	厅公路设计院党委副书记、纪委书记
	上午 10:30–12:00	推动基层纪检监察工作的体会	厅公路设计院党委副书记、纪委书记
	下午 14:30–18:00	派驻监督之四川交通模式课题研讨	厅公路设计院党委副书记、纪委书记

3.具体举措

第一，严格培训要求。参训人员在培训前，提前预习相关培训资料，做到培训内容有印象、有思考；参加培训时，请参训人员带上工作资料及授课提纲；市州纪检组组长围绕培训会议精神贯彻落实、派驻监督工作监督履职、纪检微平台和点滴纪检推送等主题准备发言讨论材料，并要求发言时间不少于 5 分钟；严格考勤，对无故缺席迟到人员在课前通报，同时纪检组随堂对参会人员的资料携带情况进行抽查。

第二，提前发放听课提纲。在培训报名时，下发了精心准备的听课提纲。此次授课的讲课材料实际准备了 58 页，41 万余字，但所释放的听课提纲仅 8 页，3000 余字，是此次培训内容的“干条条”，为的就是让听课人员边听边思考，不因看长篇的材料而没有“听讲”，也不会因过于具体的材料限制大家去主动思考。

第三，资料汇编。《资料汇编》是驻厅纪检监察组精心将这几年的相关工作资料汇编整理的三本资料集，共 70 万字，611 页，涵盖 2016 年以来 98 份工作资料。内容包括专项工作 14 大项，工作经验总结材料 9 份。目的是让他们在培训前“提前看”，在培训后“比照做”。培训时，请市州纪检组参训人员领取本市州各区县的《资料汇编》资料，于培训后带回发放给各区县纪检组手中。

第四，培训宣传。纪检组组长的培训消息通过“咱们的小喇叭”得到多次宣传。2018 年 6 月 29 日、7 月 2 日、7 月 3 日，驻厅纪检监察组分别在“两个群”内释放此次培训的信息。7 月 10 日、11 日、13 日，小喇叭又释放了编印、发放《工作资料汇编》的消息，并请参训人员提前预习、学习资料，释放了关于“三个全覆盖四个做到”的提纲，请市县交通系统各级党组织和纪检组织参照做、比照做、按照做、选几项做。

【咱们的小喇叭】（20180629、20180702、20180703）

播报！！！大家关注的培训定啦！7 月 15 日–18 日，省交干校，21 个市州交通运输系统纪检组组长、副组长，还有“纪检微平台”转发较好的驻县局纪检组组长及厅直单位新晋纪委书记和纪检部门负责人参加。这是一次别开生面、耳目一新的培训哦！我们做了一年功课的培训哦！值得期待哈！其他未参加的盆友们请耐心等待。

【咱们的小喇叭】（20180710、20180711、20180713）

特讯！！！驻交通纪检组怎么做？我们的“交通纪检”工作手册有啦！《工作资料汇编》编印完成，70 万字，涵盖 2016 年以来 98 份工作资料，很多都是可以拿来就自己比照做的哦，“一册在手，工作不愁”！期待吧?！“手册”已陆续发到大家手上，一个县局一册，一个厅直单位一册！参训人员要记得预习哦，否则培训就会“听天书”！

【咱们的小喇叭】（20180719、20180720）

特讯!!!“三个全覆盖”“四个做到”——三天培训凝聚的全省交通系统的共识和共同行动——“纪检微平台”全覆盖省市县交通系统每位干部职工，培训“汇报传达提纲”全覆盖市县交通系统各级领导干部，培训内容全覆盖市县交通系统每一位纪检人员；省厅党组和驻厅纪检监察组的做法，市县交通系统各级党组织和纪检组织参照做、比照做、按照做、选几项做。此次未参加培训的县市区纪检组组长可以参加9月上旬的第二轮培训。

第五，培训后的汇报传达。为了将驻厅纪检监察组的工作理念、方法和原则、工作效果释放到全省交通系统，促进工作的规范和政治生态的好转，进一步推进交通厅系统中心工作的顺利完成，推动全省交通系统的纪检工作共同进步，驻厅纪检监察组提前准备好了培训结束后回去的汇报传达提纲，即《全省交通运输系统纪检组长培训暨派驻监督模式研讨会精神汇报传达提纲》，内容涉及关于执纪监督、执纪审查、规范业务、宣传教育、组织队伍建设等五大方面，内容丰富，具有很强的概括性和创新性。[16]同时，驻厅纪检监察组还提出了“三个全覆盖”“四个做到”的要求，加班形成了《“三个全覆盖四个做到”贯彻落实工作方案》[17]，点对点发到了每个市州交通运输系统纪检组组长的手上。“三个全覆盖”即“纪检微平台”覆盖全省交通运输系统每名干部职工、培训《汇报传达提纲》覆盖全省交通运输系统各级领导干部、培训内容覆盖全省交通运输系统每名纪检干部。“四个做到”即厅党组和驻厅纪检监察组的做法，市县交通运输系统各级党组织和纪检监察组织可以“参照做”“比照做”“按照做”

“选几项做”，将省厅的工作效应释放到全省交通运输系统，带动、示范、引领和推动全省交通运输系统党风政风行风的积极转变。可以说，这是撬动全省交通运输系统党风政风变化的“支点”和“杠杆”。

《全省交通运输系统纪检组长培训暨派驻监督模式研讨会精神汇报传达提纲》要求明确、提纲挈领，具有很强的指导性。具体内容如下。

第一，关于执纪监督。派驻纪检组受省、市、县各级纪委直接领导。派驻纪检组与驻在部门党组是监督与被监督的关系。派驻监督是上级对下级党组织的监督。厅党组和驻厅纪检监察组把省委省纪委要求和厅里工作有机结合，形成基于原则的互动机制，释放出“1+1>2”的效应。派驻纪检组要把驻在部门班子及其成员作为监督重点，不能只监督部门直属单位不监督部门机关，只监督部门管理的干部不监督部门班子成员。部门直属单位的纪委书记要把监督重点放在单位重大决策上，在单位决策时必须明确表态，不表态或者表态不明确要被追究责任。决策时单位党委和纪委意见不一致，要报告上级纪检组织。

纪检组织的监督责任就是要找到问题，党组织的主体责任就是要把纪检组织找到的问题解决到位，从“割韭菜”做到“挖韭菜”。主体责任不是哪一个或哪几个人的责任，每名党员领导干部身上都扛得有主体责任，都要主动解决职责范围内存在的问题。厅党组决定 5 年内对厅直单位全覆盖开展巡察。巡察坚持问题导向，找到问题才收兵，找不到问题不收兵。找不到问题，找到的问题不具体，工作不到位。巡察做到“三个见面”，即涉及人员人人见面，报账发票张张见面，所涉项目个个见面。巡察和执纪审查相结合，透过现象看本质，对背后的实际运作过程“画像”，把监督从“前台”做到“后台”，从“表象”做到“真相”。厅党组决定，对厅机关和厅直属单位开展交通扶贫工作专项巡察。

第二，关于执纪审查。交通项目业主权下放市州和县区市人民政府，市县交通运输部门成了被“围猎”的重灾区，频繁出现重大腐败案件，交通运输领域仍然是重大腐败案件易发多发的领域。执纪审查是落实“严”要求最直接、最有效的手段。要坚持问题线索件件调查到位、件件处理到位、件件通报到位，通报到单位系统的每一个人。越小的问题，越要调查到位，越要处理到位，越要通报到位。凡是对违纪问题负有责任的人员一律纳入处理范畴。有问题就有责任，既有直接责任、间接责任，也有主体责任、监督责任，所有责任都必须落实到具体人头上，说不出责任人姓甚名谁，工作没做到位。

执行党的纪律，是凭规则来做事，不是凭个人意志来做事，没有操作空间，纪律规矩面前“一刀切”。执行党的纪律不是冰冷的，不是生硬的，是有感情的，也是有温度的。违纪者的态度是量纪的重要标准，知错认错改错的，一律依纪依规从轻从宽处理，不知错不认错不改错的，一律依纪依规从严从重处理。批评教育也是处理违纪责任者的一种方式。办案是最好的调研。一个案子查下去，一个人的一切，一个单位的一切，都可大白于天下。违纪行为人总觉得自己做得天衣无缝，其实在强大的组织面前，没有查不穿的违纪案件。

第三，关于规范业务。纪检工作的立足点和出发点是规范和推动本单位的业务工作。纪检工作对实现党组织目标的积极作用，要证明出来、体现出来。最好的途径就是通过执纪监督，发现和掌握业务活动中存在的突出问题，推动负有责任的单位和部门把问题整改到位、解决到位。驻厅纪检监察组以巡察为契机推动厅直系统业务工作和内部管理上新台阶。事实证明纪检不是业务工作的阻力，而是助力，是规范业务活动的重要抓手。纪检工作发现问题，负有主体责任的单位和部门不解决，比没有发现问题还要严重。各级党组织是整改纪检发现问题的责任主体，党组织负责人是第一责任人，分管领导和部门负责人是直接责任人。问题整改要从“割韭菜”做到“挖韭菜”，整改不到位要启动“二次问责”。

第四，关于宣传教育。坚持“三个全覆盖”。省厅打造的“纪检微平台”全覆盖到市、县交通系统每一名干部职工；此次培训的汇报传达提纲全覆盖到市、县交通系统各级领导班子成员；此次培训的内容全覆盖到市、县交通系统每一名纪检人员。市、县交通部门主要负责人要在适当的场合强调“纪检微平台”的转发和推送，强调要把“纪检微平台”覆盖到交通系统每一名干部职工，并提醒干部职工关注了解“纪检微平台”发布的信息。

第五，关于组织队伍建设。厅党组支持驻厅纪检监察组把厅直系统纪检组织建起来、管起来、用起来、作用发挥出来。厅直单位纪检组织负责人由驻厅纪检监察组会同厅人事教育处提名。厅直单位纪检组织负责人年度考核以驻厅纪检监察组为主。厅直单位的执纪审查以驻厅纪检监察组领导为主。厅直单位纪委书记一律不分管与纪检工作相冲突的业务工作。纪检跳出业务是为了更好地监督业务。纪检工作要做到业务层面，但不做业务，做不到业务层面不合格，陷入业务工作也不合格。在纪检工作岗位不履职就应该调整，单位出了问题，纪委书记就应该被追究责任。省厅的做法已编印成册，下发市县交通运输局。驻市、县交通运输局纪检组长要逐项向党组或主要负责人报告。市县交通系统各级党组织和纪检组织可以参照做、比照做、按照做，或者选几项做。

4.效果

这次培训将驻厅纪检监察组的工作效应释放到市州，成为各市州工作的重要参考和示范。同时也通过“三个全覆盖”和“四个做到”，进一步凝聚了共识，增强了凝聚力，形成工作合力，推动全面从严治党真正落地落实。在此过程中，也收获无数学员的好评，下列仅是部分展示。

“在工作中存在的很多困惑，通过这次培训找到了答案，坚定了信心，拓展了工作思路。”“讲课接地气、很有指导性。”“本次培训凝聚着极高的智慧和极大的心血，对我们各级领导干部都有极大的教育意义。感觉是润物无声、潜移默化、通俗易懂。”“之前很多想不明白的问题、找不到解决办法的难题，都在这次培训中找到了答案！非常感谢这次培训。”“参加本次培训收获很多，启发很大，开阔了视野，理清了思路，明确了方向，掌握了办法，特别是资料汇编，非常完善，几乎涵盖了派驻纪检组所有的工作内容，有了这些内容的支撑，坚定了我们做好派驻工作的信心。”“作为一个‘新兵’，抱着学习、学习再学习的态度，通过本次培训解决了入门的迷惑，应该说是一场及时雨，整个培训给我一个务实的感受，用心干事，用匠心干成事，同时还要有对干纪检事业的情怀。”“唯一遗憾的是，这段时间东忙西忙，还没来得及认真学习资料，没听到后两个专题。听有个学员说，工作整不走的时候翻翻资料，上面几乎都能找得到答案。”“这次培训内容没有花架子，实在、实用，听了茅塞顿开。”“这次培训很实在，有好多内容就是我们一直没有找寻到的答案。”“培训内容务实管用，尤其是梳理汇总的工作制度工作报告等，对市（州）、区（县）派驻机构的纪检工作具有很强的指导性和操作性，培训课程的讲授语言直白，开门见山，一语中的，让学员们听得很认真，而且深受启发，解答了当前工作中遇到的一系列疑问。”“本次培训既有理论的高度，又有实例分析，深入浅出，获益匪浅。很有针对性，实用性，指导性。”“这次培训从邀请函到培训的每一项安排，从六百多的实用‘宝典’到汇报传达提纲的印发，每一个做到极致的细节，值得我们学习，都让我们有着满满的感动。”“听了这两天的培训感触很深，我想用两个字来概括：‘干’‘情’，‘干’就是用心干事，用匠心干成事，这里面包含了很多很多。‘情’就是对纪检工作的情怀，也是对事业抱有的情怀。这两个字是做所有工作的前提。”“本次培训探索出了新时期纪检组工作规范和工作模式，点滴纪检和微平台工作为纪检工作全覆盖提供了便捷的宣教平台和有效的舆论阵地，纪检系统在普遍借鉴。”“培训的人用自己的语言，用自己的话，分七个专题把纪检组两年来的工作做了深入浅出地介绍，很贴近我们市州的实际，很接地气，我们是越听越有劲，一点都不感到疲倦。”

可以看出，通过驻厅纪检监察组的系统培训，通过负责人授课和厅直有关单位扎实开展的成效汇报工作，纪检组和厅直系统的工作理念和举措有效地释放到全省交通纪检系统，一些单位跟进学习并在本单位进行推广实施，起到了良好示范带头作用。

（六）区县纪检组长培训（2018）

1.概况

严格地讲，驻厅纪检监察组对市州区县交通的纪检工作是不承担职责的。但是，根据 7 月 20 日派驻监督模式研讨会上与 21 市州交通运输系统纪检组组长（副组长）讨论的结果，以及市州交通运输系统纪检组提出希望将驻厅纪检监察组做法扩散到区县开展培训的请求，驻厅纪检监察组仍然决定9月3日–5日在交通干部管理学校再次开展全省交通运输系统纪检组长培训。培训中，《如何做好交通系统纪检工作》的报告围绕区县纪检组改革现状及面临的困难和问题，有的放矢地从纪检组织队伍建设、三项任务十项工作、执纪监督审查、党纪党规解读、宣传教育等11个专题，全面阐释厅党组、驻厅纪检监察组的工作理念、典型做法和经典案例。2018年9月3日–5日，全省交通运输系统区县纪检组长培训，近100人参训。对厅党组和驻厅纪检监察组的做法，建议县（市、区）交通运输系统各级党组织和纪检组织“参照做”“比照做”“按照做”“选几项做”，推动全省交通运输系统全面从严治党往前再“走一步”。

2.培训精神传达

2018年9月3日–5日，驻厅纪检监察组对参加培训的区县交通运输系统纪检干部下发了培训精神的汇报传达提纲，涉及执纪监督、执纪审查、业务规范、宣传教育、队伍建设五个方面，简要概述了派驻机构的工作如何开展，厅纪检组近年来工作开展情况，并对区县派驻机构提出“三个全覆盖”和“四个做到”的方案要求。[18] 具体内容如下：

第一，“纪检微平台”每名交通干部职工“全覆盖”。截至目前，183个驻区县交通运输局纪检组已有157个区县实现“纪检微平台”转发全覆盖，建议目前尚未转发全覆盖的区县于今年10月30日前，全面完成转发全覆盖任务；已经实现全面转发的区县下一步主要查漏补缺实现交通系统干部职工全覆盖。各驻区县交通运输局纪检组将“纪检微平台”转到工作群的同时，要确保区县局机关处室、局下属单位转发到每名交通干部职工；建议实现转发全覆盖的区县纪检组要积极争取县纪委的认同、支持，争取其他派驻纪检组的支持及群众的口碑相传将纪检微平台覆盖到体制内其他单位部门；建议积极争取各自分管领域的支持、争取行业指导的支持、争取管理服务对象的支持将纪检微平台覆盖到交通行业；积极将各地各单位好的做法发现和宣传出来，共同塑造“纪检微平台”品牌。

第二，传达提纲各级党组织“全覆盖”。各区县纪检组长培训结束后要向区县交通运输局主要负责人汇报培训情况；区县交通运输局要召开局党组（党委）扩大会将传达提纲传达至局班子成员、局中层干部及局属单位主要负责人。会议由局党组（党委）书记主持，强调培训精神并作出具体要求，纪检组长要提出本系统纪检工作安排。局下属单位主要负责人要在班子扩大会上传达培训班传达提纲，并提出落实的具体意见。各区县纪检组要将传达提纲印至每一位党员领导干部，保证所有领导干部人手一册。

第三，培训内容每名纪检干部“全覆盖”。培训内容由听课提纲、汇报提纲和工作资料汇编三部分组成。区县纪检组要将培训内容释放到系统每一名纪检干部。区县纪检组长要组织本级纪检人员学习听课提纲、汇报提纲和工作资料汇编，并将三套资料印至每一位纪检干部。

第四，“四个做到”。《培训研讨会传达提纲》里的工作做法，各级党组织可“参照做”“比照做”“按照做”“选几项做”；《工作资料汇编》里的工作，各级纪检组织可“参照做”“比照做”“按照做”“选几项做”。

三、培训成效的外溢

驻厅纪检监察组的几次培训产生显著影响，其理念和做法在部分市州纪检系统得以学习推广。德阳市、遂宁市等市州，营山县等县市区交通运输部门结合自己实际情况，“比照做，参照做，选几样做”，取得明显成效。

（一）德阳市纪委驻交通运输局纪检组的实践[19]

1.目前队伍建设情况

驻局纪检组与局党委多次召开专题会商议，确定设立2个纪委（交通局机关纪委、第一汽车运输公司纪委）。按照省厅做法，协同局党委印发《关于进一步加强基层党组织纪检队伍建设的通知》，对纪检委员需具备的条件作了明确规定，人员名单经过驻局纪检组和局政工人事科多次酝酿，最终提交党委会审定。目前已选拔15名纪检委员，重点从政治立场坚定、业务水平高、学习能力强的年轻干部中筛选产生，同时将确定的纪检委员纳入局后备干部人才库，激励干部珍惜机会，认真履职。

2.主要做法

（1）强化制度建设。参照省厅《务实有效持之以恒地抓好“十项工作”》，纪检组结合自身实际，制定《务实有效持之以恒地抓好“九项工作”》的工作意见，明确信访举报件件处理到位、加大执纪审查工作力度、单位班子成员述责述廉等九项工作。找准每个岗位、每项职责、每名人员的廉政风险点，坚持用“制度管人、流程管事”。同时协助督促交通局党委制定“五级责任清单”，明确党委班子、主要负责人、班子成员、中层干部及一般干部的责任，确保主体责任“一竿子插到底”。

（2）强化能力素质建设。统一发放《中国共产党党章》《中国共产党纪律处分条例》，建立工作微信群，及时发布了200余期省厅开发的“纪检微平台”，供干部学习、交流。联同局党委举办2期培训班，就纪检业务知识和相关法律法规以及纪检委员做什么、怎么做、谁来做进行深度解读。同时，探索“以案代训”“实战轮训”等学习培训模式，纪检委员轮流参加纪检组纪律审查及其他工作。

（3）强化考评体系建设。比照省厅《关于厅直系统纪检组织落实“两为主”、推进“三转”工作实施意见（试行)》，协助局党委制定《中共德阳市交通运输局委员会关于局属单位纪检组织落实两为主、推进三转”工作的实施意见(试行)》，明确由驻局纪检组牵头对纪检委员监督执纪问责等情况进行考核，年度考核主要依据驻局纪检组商局党委确定。加强考核结果运用，年末对敢于担当、成绩突出的纪检委员出具工作表现意见，对政治立场坚定、工作积极认真的优先提拔使用，对不敢担当、履职不到位的进行组织调整或追究责任。

（4）强化监督保障。召开局党委（扩大）会，专题研究纪检队伍“两为主”“三转”工作，所有新任纪检委员列席会议，会上对局属单位和内设机构一把手提出要求，要切实将主体责任扛在肩上，做到“四个亲自”，认认真真按照责任清单逐条落实，对本单位纪检干部要大力支持和提供履职保障，让他们扎扎实实做好“九项工作”。同时，驻局纪检组与机关党委共同开展全覆盖调研，到各基层支部就“五级责任清单”和“九项工作”的推进落实开展调研，听取存在的困难及意见建议，年底纪检组还将会同局党委对工作开展情况进行督查，确保主体责任落实到位，监督责任落地生根。

（二）遂宁市纪委监委驻住建局纪检监察组的实践[20]

驻厅纪检监察组的成功做法，遂宁市纪委监委驻住建局纪检监察组是如何直接拿来按照做、比照做、参照做和选择做的？根据其汇报，情况如下。

第一，按照做，按照“厅直单位按党章规定设置纪检组织”的提法和做法，建立健全了遂宁市驻住建局纪检组综合监督部门及下属单位内设纪检组织。

哪里有党组织，哪里就有纪检组织，实现党章要求的纪检组织全覆盖。驻局纪检监察组学习借鉴驻厅纪检监察组这一做法，去年10月制发《关于配齐配强纪检人员的通知》，通知要求驻在部门、综合监督单位及下属单位党组织，按照党章要求加强党的基层组织建设，规范设置基层纪检组织，配齐配强纪检人员。11月，被监督单位的3个机关党委，全部按程序成立机关纪委；2个党总支、17个党支部全部按程序产生了纪检委员或纪检员，配齐配强专兼职纪检干部26人，各部门内设纪检组织及下属单位纪检委员、纪检员实现了全覆盖。

第二，比照做，比照驻厅纪检监察组建立“全省交通运输系统纪检微信群”和运行管理的做法，建立了驻住建局纪检组QQ群，命名为“驻住建局纪检组微平台”。比照省纪检微信群，建立“纪检组微平台”，学习管理办法，明确了群规则。以QQ群形式建立，是为了方便群文件、群图片的保存，方便群成员们后期资料查找，这既是针对纪检干部的宣传平台，又是宣传资料库。通过纪检微平台把党的声音传递到综合监督部门及下属单位基层纪检组织，再由各基层纪检组织通过单位职工QQ群、微信群平台把声音传递到基层党员干部，实现了宣传无盲区、教育全覆盖。通过纪检组微平台，及时传达驻厅纪检监察组发布的各类信息，传递管党治党政治信号和党风廉政建设工作要求，解读党纪和政策条规，通报典型案例，转发中央省市相关权威发布，安排布置相关工作。五部门分管领导、机关纪委及下属单位纪检干部35人加入了该平台，截至目前推送各类信息5000余条，教育辐射五部门及下属单位近1000名党员干部。

第三，参照做、选择做，参照驻厅纪检监察组对厅直纪检系统提出的“三项任务十项工作”，驻局纪检监察组进行了变通和加减，提出了对纪检组和综合监督部门内设纪检组织的“三项任务八项工作”。

（三）营山县纪委驻交通局纪检组筹备组“三个全覆盖”情况汇报

第一，“纪检微平台”覆盖情况。一是实现了驻在单位全覆盖。营山县纪委驻交通局纪检组筹备组负责营山县发改局、交通局、运管局、公路局、路政大队、海事处、高速办、南运集团营山分公司等8个单位。纪检组坚持第一时间将省交通厅纪检组“纪检微平台”信息转发给各驻在单位，要求大家认真学习，仔细领会，并学以致用。二是实现了营山县纪检系统全覆盖。9月学习归来后，营山县纪检组向县纪委书记汇报了学习和工作情况，并将省交通厅纪检组“纪检微平台”作了特别报告。县纪委书记认真阅读了微平台内容，在得到省交通厅同意后，立即要求县纪委宣传部将“纪检微平台”内容在县纪检系统持续进行转发，转发内容受到了体制内各单位干部职工的广泛关注和好评。三是坚持将平台内容全面落实。纪检组在日常工作中，将平台所传授的知识、工作方法、工作要求等内容全面运用，并收到了好的效果，平台成为指导工作的“聚宝台”。

第二，传达提纲各级党组织覆盖情况。培训结束后，驻交通局纪检组筹备组及时向县纪委和驻在部门主要负责人汇报了培训情况。交通局党委召开了扩大会，局下属单位召开了专门会议，结合交通系统工作实际，对培训提纲、主要精神进行了传达，并对党风廉政建设工作进行了一次专题研究，取得了良好效果。“驻省交通厅纪检组9月组织的培训是一场及时雨，‘纪检微平台’信息是我们形影相随的老师，为各级派驻纪检组织悉心传授知识、指点迷津、教导方法。营山县驻交通局纪检组筹备组将培训内容释放到驻在单位每一名干部职工，将培训的精神作为日常纪检监察工作的指南，把培训学到的工作方式方法运用到实际工作中，少走了很多弯路，收到了良好的效果。希望近年每年都能有这样一次学习培训机会，让各级思想更统一、行动更一致、能力不断得以提升。”这些反馈集中表达了大家的心声。[21]

总体而言，通过培训的方式，省厅带动、示范、引领和推动了全省交通运输系统党风政风行风积极变化。厅党组和驻厅纪检监察组以2016年省委巡视整改为契机，持续开展了46场巡视，反馈问题涉及党纪党规解读、厅直纪检系统“三项任务十项工作”、厅直系统纪检监察组织队伍建设“十条意见六十条解读”、厅直系统纪检工作“三种思路四种方法”、厅机关各部门和厅直单位首轮巡察、扶贫工作专项巡察等14项工作，在厅直系统形成“严”的压力和“严”的氛围，推动厅直系统交通运输业务和干部职工思想行为规范迈上一个新台阶。市县交通运输系统各级党组织和纪检监察组织按照本级党委、纪委的安排部署，对省厅的做法“参照做、比照做、按照做、选几项做”，把省厅的工作效应释放到全省交通运输系统，由此省、市、县交通运输系统实现了“同频共振”。全省各级交通运输系统党组织和纪检监察组织各自履行职责，在党风廉政宣传教育等工作方面，针对交通运输系统的共性，通过“大家一起做”，真正实现了同向发力、成果共享。省厅面向社会推出的宣传栏目“点滴纪检”创刊号《成风化俗之交通变化：蜀道在延伸 纪检在行动》秉承“交通人为交通做件事”的思路和理念，动员全省交通人参与推送，实现辐射人群超1000万人次、点击阅读量超80万人次，“地毯式”覆盖了全省交通运输领域。“交通运输领域将一步一步收紧”的信息随之在网络高密度扩散，演化成覆盖全省交通运输领域的一场党风廉政宣传教育，演化成面向整个社会的一次交通正面形象的宣传与塑造，点燃了全省交通人“身为交通人，关心交通事”的激情，是全省交通运输系统“同频共振”的一次有效实践。

注：

[1] 厅直系统纪检业务培训参训人员问题汇总（精选部分）。

[2] 厅直系统培训要点。

[3] 如何做好纪检工作在——厅直纪检系统“三项任务十项工作”深度解读（听课要点），参见《工作资料汇编（一）》，第375页。

[4] 四川省交通运输厅：“纪检微平台”第六季 纪检之“怎么做”（节选第48-52则）。

[5] 四川交通运输厅：《驻交通运输厅纪检组关于围绕“做什么、怎么做、谁来做”开展厅直系统纪检业务培训的情况报告》，第511-512页。

[6] 四川省交通运输厅：《加强厅直纪检组织建设开创纪检工作新局面》（专题片脚本）。《工作资料汇编（一）》，第516页。

[7] 四川省交通运输厅：《厅直系统纪检业务培训分组讨论

优秀发言选编》，《工作资料汇编（一）》，第446–459页。

[8] 笔者对参加实战轮训人员的访谈，2018年8月7日，四川省交通运输厅。

[9] 四川省交通运输厅：《实战轮训心得体会》，《工作资料汇编（一）》，第295–298页。

[10] 四川省交通运输厅：《关于安排厅直单位纪检人员到纪检组实战轮训开展情况的报告》，《工作资料汇编（一）》，第299–300页。

[11] 四川省交通运输厅：《关于申报举办2017年纪检业务培训班的函》，《工作资料汇编（一）》，第319页。

[12] 四川省交通运输厅：《关于参加中国纪检监察学院2018年纪检监察业务培训班的函》，《工作资料汇编（一）》，第325页。

[13] 四川省交通运输厅：《关于举办纪检监察干部纪律审查业务能力培训班的通知》。《工作资料汇编（一）》，第325页。

[14] 四川省交通运输厅：《省纪委驻交通运输厅纪检监察组关于落实“两项工作”的具体意见》。

[15] 四川省交通运输厅：《全省交通运输系统纪检组长培训暨派驻监督模式研讨会工作方案》，2018年6月。

[16] 四川省交通运输厅：《全省交通运输系统纪检组长培训暨派驻监督模式研讨会精神汇报传达提纲》2018.7

[17] 四川省交通运输厅：《“三个全覆盖”和“四个做到”贯彻落实工作方案 》2018.7

[18] 四川省交通运输厅：《“三个全覆盖”和“四个做到”贯彻落实工作方案》2018.9

[19] 中共德阳市纪委驻市交通运输局纪检组：《中共德阳市

纪委驻市交通运输局纪检组关于纪检队伍建设工作的报告》，2018年。

[20] 遂宁市纪委监委驻市住建局纪检监察组王海军在全省交通运输系统纪检监察组组长培训会上的发言，2018年9月。

[21] 四川省交通运输厅：《营山县纪委驻交通局纪检组筹备组“三个全覆盖”情况汇报》，2018年。

第七章
组织队伍建设之派驻机构
——四种关系的处理 [1]

派驻监督是党内监督和国家监察的重要形式，也是深入推进党风廉政建设和反腐败斗争的创新性制度安排。派驻监督中派出单位与派驻纪检监察组、派驻纪检监察组和驻在部门党组、派驻纪检监察组和驻在部门直属单位、派驻纪检监察组和驻在部门整个系统这四种关系是派驻监督的核心关系。在目前影响派驻监督效果的所有因素中，这四种关系的处理至关重要。几次中纪委监委全会都强调要持续深化“三转”，推进纪检机关内部体制改革，完善地方派驻工作机制，推动管党治党责任全面覆盖和层层传导。积极探索处理好这四种关系，是派驻机构在监督过程中有效发挥“派”的权威和“驻”的优势的重要前提和保障，是影响派驻监督效果的重要因素，同时这也是实践中亟待思考和解决的重要课题，对提升派驻监督实效，促进纪检监察工作高质量发展意义十分重大。

2016-2020 年期间，在坚决执行党中央关于派驻监督的相关制度、规定和政策的大背景下，四川省纪委监委驻交通运输厅纪检监察组在处理四种关系方面进行了大胆探索，准确定位，逐步形成了富有实效的工作模式和工作理念，取得了较好成效，其做法得到省纪委监委领导的赞扬，也通过现场会得到推广，通过媒体得到报道，提供了派驻机构怎么做的交通厅答卷。即：政治上业务上始终坚持派出单位的领导和指导，始终坚持与派出单位的沟通交流，有效处理了与省纪委监委的关系；厅党组的高度重视和积极推动至关重要，驻厅纪检监察组重视与厅党组的有效沟通、协同，积极推动厅党组出台“三项任务十项工作”“十条意见六十条解读”等重要文件，并始终致力于纪检工作服务于单位的中心工作，获得厅党组支持，有效处理了与厅党组关系；从解决人少事多矛盾入手，积极寻找突破点，积极采取有效措施，通过培训、实战轮训、强化述责述廉实效、纪检微平台宣传、进行内部巡察等等举措，有效解决了提升派驻监督实效的工作重心、工作机制、队伍建设等几大抓手，有效调动了厅直系统纪检人员的积极性，实现对厅直单位的强指导，从而有效撬动厅直单位的纪检工作，有效处理了与厅直单位的关系；坚持系统一盘棋的理念，将工作效应释放到全省交通系统，引导全系统结合地方实际创新工作，逐步实现纪检工作科学化规范化，有效处理了与全省交通运输系统的关系，形成了驻厅纪检监察组工作卓有成效的重要保障。以四川省纪委监委驻交通运输厅纪检监察组的实践为例，深入分析其对几种关系的处理，有助于根植于派驻监督实践，强化和丰富关于派驻监督的相关理论研究。

第一节　省纪委监委与派驻纪检监察组的关系

一、省纪委监委对派驻纪检监察组的直接领导

2013 年党的十八届三中全会通过了《中共中央关于全面深化

改革若干重大问题的决定》，该《决定》对新时代深化派驻监督改革提出了具体的思路，“全面落实中央纪委向中央一级党和国家机关派驻纪检机构，实行统一名称、统一管理。派驻机构对派出机关负责，履行监督职责”，明确了中央一级派出机关与派驻纪检监察机构是直接的领导与被领导的关系。遵照这样的制度设计，在正式制度中，省纪委监委与派驻交通厅纪检监察组是领导与被领导关系，派驻纪检监察组受省纪委监委的直接领导，省纪委监委不仅是上级领导，也是派驻纪检监察组的“娘家”和强有力的后盾。派驻纪检组编制、人事、考核、提拔等由省纪委负责，但后勤保障等工作条件由驻在部门提供。派驻纪检组向省纪委监委负责并报告工作，由省纪委监委直接领导、统一管理。派驻纪检监察组必须坚决接受省纪委监委的直接领导，并将省委和省纪委监委的要求转化成厅党组的意志和决定，进而转化成厅直系统的共识和行动，既是其首要的核心的工作，也是其开展工作的先决条件。如何将省纪委监委的要求进行转化，是驻厅纪检监察组要重点琢磨的工作。

在坚持省纪委监委领导的基础之上，实际的工作中二者还有一种支撑关系，虽然这种支撑关系与领导与被领导关系不在一个层面。支撑就是纪检组要向省纪委监委寻求纪检组工作的支撑，省纪委监委要支持驻厅纪检监察组的工作，做驻厅纪检监察组工作的强有力的后盾。派驻机构在开展工作的过程中要善于借助、利用、发挥省纪委监委对派驻机构开展工作的支撑作用。但实践中，双方往往缺乏经常性的沟通，派驻纪检监察组极少主动寻求派出单位的支持，派出单位对驻在部门的纪检工作缺乏全面准确地掌握，往往难以为派驻组织工作中遇到的困难提供支撑，从而导致派出单位领导职能发挥受限或是弱化现象。

原驻厅纪检监察组负责人谈道："人员的任命上，过去我们派出的纪检组的组长任命在省纪委监委，但是其他干部的任免都要尊重驻在部门的意见。但是现在就不一样了，人事任免权省纪委监委一盘棋通盘考虑，驻在部门与派驻机构主要是后勤保障上的帮助。和过去相比派驻机构的独立性和权威性增强。"[2]

二、驻厅纪检监察组和省纪委监委的"双主动"

（一）驻厅纪检监察组主动汇报情况

驻厅纪检监察组在坚持领导和寻求支撑方面认识到位，主动汇报。从实际情况看，有很多工作，单凭纪检监察组是不太好做的[3]。如何寻求上级领导对工作的支撑，是驻厅纪检监察组一直在着力思考和实践的问题，也直接影响到驻厅纪检监察组工作的力度和效度。2016 年以来，驻厅纪检监察组开展的各项工作，在开展前都主动向省纪委监委领导报告，和相关部门沟通，形成共识，得到其认可和支持；驻厅纪检监察组在开展过程中，及时沟通进展情况；工作结束后，及时形成专题报告，做到一事一报告。例如"十条意见六十条解读"中第八条关于"两为主"的规定，[4]厅直单位纪委监委书记由驻厅纪检监察组提名，年度考核以驻厅纪检监察组为主，纪检办事机构负责人任命经驻厅纪检监察组同意。以上这些条款都是纪检监察组向省纪委监委主动征求意见，得到了省纪委监委的支持，整个工作进展情况，也及时进行了汇报。这样，就可以把自己的工作转化成执行省纪委监委的精神和意志，在一些情况下用省纪委监委的名义来开展，可以极大减少在实际工作中的阻力，更容易形成共识，推动工作。

原驻厅纪检监察组负责人谈道："怎么利用纪委监委的直接

领导，来消除和抵消工作中遇到的这些情况，这就是我们在工作中需要去思考的问题。有些工作在开展之前，包括纪委监委，纪委监委联系的室、常委、副书记，甚至于纪委监委书记，多沟通多报告，将思路、想法转化成纪委监委的要求，纪委监委的意志，在实际开展工作过程中推动起来，相对来说阻力就相对少一些，就弱一些，这就是在实际工作中怎么去利用纪委监委的直接领导。[5]”

及时向省纪委监委报告厅党组和厅直系统各级党组织以及党员领导干部履行主体责任的情况，也是主动汇报的重要表现。原省交通运输厅负责人在省直机关落实主体责任和监督责任现场会上指出：“厅党组定期向省纪委监委报告落实主体责任情况，重要情况及时向驻厅纪检监察组通报。厅党组成员主动向驻厅纪检监察组报备个人有关事项，督促分管单位不折不扣落实驻厅纪检监察组的监督意见。厅党组与驻厅纪检监察组在落实省委、省政府和省纪委监委部署要求、推动全省交通运输持续健康快速发展、推动全省交通运输领域党风政风行风持续好转上形成工作共识。”其与新华社四川分社座谈中谈道：“省纪委监委对省管干部的监督，也有驻厅纪检监察组协同配合的关系。这里面，对省管干部的监督，是以省纪委监委为主，驻在部门配合监督。”

（二）省纪委监委主动提供支撑

四川省纪委监委也主动为驻厅纪检监察组提供帮助和支撑。时任四川省纪委监委书记要求省纪委监委的执纪监督部门协同配合驻厅纪检监察组，加强对驻在部门班子的监督。在两年的工作中，驻厅纪检监察组和省纪委监委案管室以及四室保持着密切的联系。[6] 省纪委监委还支持厅党组和纪检监察组的创新实践，比如厅党组《关于厅直系统纪检监察组织落实“两为主”、推进“三转”工作的实施意见（试行）》第五条关于“提名权”的规定[7]，规定派驻纪检监察组和人事部门对厅直单位纪委监委书记等的共同提名权，在本质上体现了厅党组对驻厅纪检监察组的赋权，体现了集体研究的决定。这一创新举措便得到省纪委监委的认可和支持，是直接影响到纪检工作能否真正启动的关键点位，被称为“控制性工程”，大幅提升了驻厅纪检监察组的权威和分量，带来了纪检干部的流动和交流，对于纪检队伍力量保障和纪检工作的推动具有重要作用。在实际操作过程中其办法还成为厅直较大规模单位开展工作的参考。[8]“两为主”的规定，同样也体现了省纪委监委支持保障驻厅纪检监察组监督执纪问责。

最重要的表现，就是驻厅纪检监察组工作得到省纪委监委高度肯定。2017 年 7 月，省纪委监委在交通厅召开“省直单位纪检监察组织队伍建设现场会”，总结推广驻厅纪检监察组工作经验，并初步确定拟将第二次在厅召开规模更大规格更高的落实“两个责任”现场会，显示对其工作的鼓励和支持。

在省纪委监委书记来省交通运输厅调研座谈会上，该负责人也谈道：“这两年来基本上每一项工作在开展前、方案酝酿过程中和方案出来后我们都到省纪委监委相关的部门去进行沟通，包括纪检组织队伍建设、包括巡察、包括我们的党纪党规解读的讲稿、包括前面我们向社会推的那个点滴纪检里面的内容都送去省纪委监委宣传部，让他们帮我们把关，看有无负面影响。进而形成共识，再倒回来在面上推开，这样也减轻了工作中的一些矛盾。九项工作开展的过程基本很顺畅，基本没什么阻力，包括那个厅直系统纪检组织队伍建设的‘十条意见’也是一次性上党组会、一次性通过，征求意见当中也没有收到过不同的意见。这些工作开展过程中离不开省纪委监委各个部门的支持。如果单纯要驻厅纪检监察组去开展这些工作的话，力度、效果、下面接受度肯定要差些，派驻的权威就体现在具体事项的支撑上来。”

案件处理方面，驻厅纪检监察组和省纪委监委也及时充分沟通，形成共识，案件突破等环节寻求其力量支持。“在这两年工作中，我们和省纪委监委案管室和四室保持了比较密切的联系，案件查办工作中他们给了我们大力指导。”原驻厅纪检监察组负责人谈道：“单凭纪检监察组是不太好做工作的，我可以通过寻求省纪委监委的支持，甚至转化成省纪委的意志，或者用省纪委监委的名义来开展，它在实际工作当中遇到的阻力会少一些，更容易形成大家的一种共识，这一点不是一个制度性的问题，而是一个用什么工作方法、工作技巧的问题。”[9]

三、取得的成效

驻厅纪检监察组接受省纪委监委领导，纪检监察组组长和省纪委监委主要负责人保持密切、顺畅、深入的沟通，获得支持，使工作形式和工作方式发生变化。即，将具体的创新设想转化成省委和省纪委监委的要求、意志和决定，经厅党组主要负责人以厅党组决定的形式，转化成厅直系统的共识和行动，从而撬动了厅直系统的纪检工作，驻厅纪检监察组执纪监督的威信极大增强，干部流动、调整加快，组织队伍建设逐步成型，监督职能得到强化。有些驻厅纪检监察组不能做也做不了的工作，比如省管干部的信访举报等，在有省纪委监委的直接支撑的情况下，监督工作也做得更加到位。省委和省纪委监委“以巡视整改为契机推动面上工作”的要求，成为厅党组、驻厅纪检监察组、厅直系统两年来工作的“主旋律”，演化成厅里步步推进、具有内在逻辑、形成整体效应的“八项系列工作举措”，把省纪委监委的要求和厅里工作做到有机结合，推动了纪检监察工作。

第二节 厅党组与驻厅纪检监察组的关系

2014 年 6 月《党的纪律检查体制改革实施方案》、2018 年《中华人民共和国监察法》明确规定了纪检监察派驻机构和驻在部门党组之间是监督与被监督的关系，是代表上级纪委监委履行对驻在部门的监督职责。但在具体监督过程中，派驻纪检监察组怎么监督、监督的权限、处理的范围、种类、情形等相关内容未加以明确与细化，派驻机构的处分权未界定清楚，应该发挥何种职能，起到何种作用，还不够明确。派驻机构承担过多原属于党组主体责任和党风廉政建设的日常工作，过多与职责无关的具体业务，难以集中精力聚焦主责主业。[10] 而碍于长期共事的同事交情，又存在不敢坚持原则、不想面对矛盾、不愿得罪人等现象，导致派驻纪检监察组对驻在部门的监督低效，与制度设计预期的监督与被监督的关系相差甚远。

一、监督与被监督关系是前提

驻厅纪检监察组始终坚持一个基本前提和原则，即它对厅党组的监督是省纪委监委对厅党组的监督，是上级对下级的监督。厅党组自觉在驻厅纪检监察组的监督下开展工作，定期向省纪委监委报告落实主体责任情况，重要情况及时向驻厅纪检监察组通报。厅党组成员主动向驻厅纪检监察组报备个人有关事项，督促分管单位不折不扣落实驻厅纪检监察组的监督意见。厅党组与驻厅纪检监察组在落实省委、省政府和省纪委监委部署要求、推动全省交通运输持续健康快速发展、推动全省交通运输领域党风政风行风持续好转上形成工作共识。

二、协同与配合的关系是保障

驻厅纪检监察组注重与厅党组的协同配合关系，将对厅党组的监督视为一种灵活的监督。厅党组全力支持驻厅纪检监察组履职，对违纪人员和事实的处理，以驻厅纪检监察组意见为主。驻厅纪检监察组提出的工作，需要厅党组作决定的，以厅党组的名义作决定、提要求，落实、执行情况由厅党组审议。驻厅纪检监察组工作中遇到困难，厅党组出面解决，为纪检监察组工作扫除障碍，排除阻力。实践中，这种协调配合具有以下几个创新点。

（一）监督业务与监督人的灵活转换

对监督系统和监督班子、监督业务和监督人的灵活转换，是驻厅纪检监察组的特色做法。在他们看来，任何一项业务的背后，都有人的身影，这种监督是对人最有效的监督。领导干部的作风体现在工作上，违纪违规问题也与分管业务息息相关，个人谋取私利主要是利用其所从事业务的权力和权力影响来实现的。因此，对驻在部门业务的监督是有效的切入点。驻厅纪检监察组从业务入手，深入弄清其中人的关系。深入系统去监督系统工作，最后转化成监督班子；深入业务监督业务，最后转化成对人的监督，落脚到对党员干部的监督，达到对厅党组的监督。同时，驻厅纪检监察组也保持警醒，“纪检工作要做到业务层面，但不做业务，做不到业务层面不合格，陷入业务工作也不合格。”[11] 把监督业务的效应转化为监督领导干部的压力，驻厅纪检监察组提出的整改意见，厅党组责成相关处室和单位整改，整改不到位，启动“二次问责”。

（二）协同配合增强做事底气

派驻纪检监察组在驻在部门开展工作不顺利，厅党组的不配合往往是重要原因。驻厅纪检监察组和厅党组之间的协同配合，改变了这一刻板印象。厅党组充分认识到，纪检工作是助力，不是阻力，是加分项，不是减分项。前已述及，厅党组制定的文件中提出，厅直单位纪委监委书记由驻厅纪检监察组提名，年度考核以驻厅纪检监察组为主，纪检办事机构负责人任命经驻厅纪检监察组同意，厅直单位的执纪审查以驻厅纪检监察组领导为主等等，整个过程就是双方协同配合的表现，使纪检监察组做起事更有底气。影响深远的“三项任务十项工作”，也是在厅党组的督促下，驻厅纪检监察组根据《中国共产党党内监督条例》的规定和中央纪委监委、省纪委监委落实 “三转”的要求而制定的。

（三）协同配合增强纪检力量

厅党组积极支持驻厅纪检监察组把厅直系统纪检队伍管起来、带起来、用起来。驻厅纪检监察组工作人员少，业务水平不高，驻厅纪检监察组“打着灯笼找人”，总结了“不为我所有，但为我所用”的工作思路，建立“厅直系统纪检微信群”，组建了一支执行能力强、工作效率高的四百多人的纪检队伍，成为驻厅纪检监察组工作的主要依靠力量。

为了提高能力素质和工作水平，纪检监察组还组织厅直专兼职纪检人员到中国纪检监察学院、北戴河培训中心、交通运输部党校、井冈山干部学院、同济大学、省交通干校培训 100 人次，其中纪检业务培训 50 人次。这也是厅党组和派驻纪检监察组协同配合的成果。原驻厅纪检监察组组长谈道：“这些事如果只是驻厅纪检监察组自己做，几乎是完成不了的。”“省委和省纪委监委的要求，经厅党组主要负责人，以厅党组决定的形式，转化成厅直系统的共识和行动，其中的转化工作，就是纪检监察组组长天天要琢磨的工作。”

“沟通协调有两个基础：第一个基础是中央和上级的要求，这是应该共同遵守和执行的；第二个基础是协同配合，这也是需要共同遵守执行的。不管是厅党组也好，驻厅纪检监察组也好，大家的共同目标，就是让交通系统风清气正。交通业务能够规范，交通系统的干部职工思想能够规范，交通系统的风气能够顺畅，这就是党组、纪检组共同的一个目标。有了这一个共同的目标，大家就有了一个协同配合的基础，没有这两个共同的目标，人与人之间的沟通协调是不能长久的。[12]”厅党组与驻厅纪检监察组在监督与被监督关系的基础之上，协同配合，主体责任和监督责任相辅相成，各级党组织借助纪检之力推动工作、规范工作的意识和行动更明显了，共同把责任传导压实给了下级党组织，把责任担当的动力提升了上来，形成了“1+1>2”的效应，推动了“两个责任”落实，帮助每一级组织、每一个党员干部明确职责，发挥作用。

第三节 驻厅纪检监察组与厅直系统纪检组织的关系

在制度设计层面，派驻纪检监察组与驻在单位党组是监督与被监督的关系，但和驻在部门直属单位纪委监委的关系尚未有明确规定。直属单位纪委监委受所在单位党委的领导，纪委监委书记由同级党委选举而非厅党组派驻。对于一些有较多直属单位的驻在部门，纪检监察组即使想要对其实行有力监督、整合驻在部门纪检力量，也会因缺乏中央文件对二者关系的权威规范，使这些积极作为师出无名。没有文件的操作性指导，驻在部门直属单位与派驻纪检监察组产生纪检业务往来时往往一头雾水，不知该不该配合、该怎么配合，造成各直属单位纪检机构单打独斗、纪检力量不能整合、派驻纪检监察组与驻在部门关系松散的不利局面。在实践中，派驻纪检监察组还存在缺乏“派”的权威的问题。比如，纪检工作需要抽调直属单位人员时四处碰壁，说话没人听，直属单位成为派驻监督的“飞地”，感受不到监督执纪问责的压力。直属单位重要事项、决策不会事先询问本单位纪委监委书记的意见，纪委监委书记的不同意见得不到尊重，而纪检监察组织的工作大多未触及本单位纪检问题的本质等。究其原因，纪委监委和党委两个责任不清、直属单位纪检监察组织不健全、纪检人员不到位、纪检监察组织工作中遇到困惑和困难得不到专业指导、纪检人员业务能力不足、办案能力差等，则是普遍现象。就四川省交通运输厅的具体情况看，有厅内设机构 19 个，34 个直属单位，其中如高管局还代管了 7 个正处级单位，每个支队下设若干大队，覆盖在全省高速公路沿线。从厅直系统现状看，存在纪检监察组织没有全覆盖、工作头绪多、没有重点、忙于应付、浮在面上[13]、单打独斗、纪检人员地位低下、自我认同感差、编制少、老化严重、工作难以有效开展等问题。[14]

一、大家一起做的基本理念[15]

交通运输系统是个大系统，重大腐败案件的发生，与系统的党风政风行风，与厅直系统的党风廉政建设紧密相关。组织赋予驻厅纪检监察组的职责是监督厅级层面。纪检监察组既要严格按职责行事，又不能头痛医头，脚痛医脚，要既专注自身职责，又着眼系统全局。中央纪委要求派驻监督突出关键少数，关键少数就是厅班子和省管干部，同时又要处理好树木与森林的关系，不能只有树木没有森林，也不能只有森林没有树木。关键少数这些就是树木，而监督厅直系统就是森林。从这样的现实出发，派驻机构单打独斗，仅仅靠驻厅纪检监察组自身人员的力量，是无法撬动整个系统的。整个系统工作做不起来，监督被监督单位班子和班子成员的效果就会大打折扣。因此，派驻机构要会同被监督单位党组织，把直属系统纪检组织建起来、管起来、用起来、作用发挥出来，驻厅纪检组织离不开厅直系统各级党委、纪委的参与和支持，失去支持就会形成上不沾天下不着地的局面。原驻厅纪检监察组负责人在省纪委书记来厅里现场调研时汇报指出：“支持或不反对驻厅纪检监察组对厅直系统纪检队伍的调配和使用。在我们这两年的工作中，如果纪检组离开了厅直系统这支队伍，就是‘上不沾天，下不着地’的局面。纪检组六个人，哪怕我们24小时工作，面对将近1万人的厅直系统，也推不动，还得要靠这个系统才能把工作推动，这一点是我们这两年感触比较深的。所以整个系统力量的整合和调动使用很重要。”

正因如此，驻厅纪检监察组将自己和厅直单位纪检监察组织的关系定位为强指导，其出发点和基本理念就是“系统一起做”，这意味着：

首先，驻厅纪检监察组要协助厅党组把组织队伍建起来、管起来、用起来，协助厅党组加强厅直系统纪检组织建设。其中，厅直系统各级党组织是主体，驻厅纪检监察组是协助。“反腐败工作，党组织负主体责任。各级党组织才是反腐败工作的主体。在重视纪委履行监督责任的同时，一定不能忽略了党组织的主体责任。监督责任无法代替主体责任。主体责任不尽责，反腐败工作的成效是会受到很大的局限的。”其次，加强对厅直系统纪检工作的指导，驻厅纪检监察组对厅直系统纪检工作的指导是强指导关系。从职责职能上讲，驻厅纪检监察组对厅直系统纪检工作的定位是指导。厅党组为了落实驻厅纪检监察组对厅直系统纪检工作的指导而提出了具体的落实措施，即“十条意见六十条解读”，确保驻厅纪检监察组对厅直系统纪检工作强有力的指导。其目的是通过撬动厅直系统的纪检组织，促进整个厅直系统管理的规范。具体地说，一是通过驻厅纪检监察组 6 个人撬动厅直系统纪检组织 400 多人；二是通过厅直系统纪检组织这 400 多人，撬动整个厅直系统各级党组织、各级领导干部、干部职工 8000 人。最终，驻厅纪检监察组要实现监督关键少数和重点对象的目的，也是需要发动厅直系统纪检组织形成合力，形成良好的政治生态。

二、强指导的主要形式

将自己和厅直单位纪检监察组织的关系定位为强指导，这实际是厅党组授权给驻厅纪检监察组的一种指导权力，其指导形式主要有以下五个方面。

（一）出台“三项任务十项工作”

“三项任务十项工作”是指导厅直纪检系统具体要做的工作，目的是指导厅直纪检工作回归纪律检查的本位。“三项任务”为执纪、监督、队伍建设。“十项工作”包括：执纪任务 4 项（即信访举报件件处理到位、扫除厅直单位办案空白点、案件件件通报到位、党纪党规解读全覆盖）、监督任务 3 项（即纪委监委书记在单位集体决策时表态必须明确、纪委监委出具的廉洁意见一票否决、单位班子成员向纪委监委述责述廉）；队伍建设任务 3

项（纪检监察组织要有机构有人员、纪检工作“三转”、纪检人员培训）。“三项任务十项工作”符合中央精神和省纪委监委落实纪检机构“三转”的要求，符合厅直系统的实际，目标明确、内容具体、操作简单，是驻厅纪检监察组这几年的工作总纲。

（二）颁布“十条意见六十条解读”

厅党组颁布了《关于厅直系统纪检监察组织落实“两为主”、推进“三转”工作的实施意见（试行）》及其解读材料（“十条意见六十条解读”），这是指导厅直系统工作的纲领性文件，具有很强的操作性。“十条意见六十条解读”明确了厅直单位纪委监委书记由驻厅纪检监察组提名，年度考核以驻厅纪检监察组为主，纪检办事机构负责人任命经驻厅纪检监察组同意，厅直系统纪律审查以上级纪检监察组织领导为主等重要规定，解决了依靠谁做事、如何来做事、做事效果如何等核心问题。[16] 详细解读使得厅直单位落实问题没有回旋的空间，必须执行到底，是调动厅直属系统纪检队伍积极性的核心抓手，也对厅直系统纪检工作实现强有力的指导提供了依据和保障。

（三）加强对纪检人员的多方位培训

培训是“三项任务十项工作”的重要内容。厅党组出台的《关于厅直系统纪检监察组织落实“两为主”、推进“三转”工作实施意见（试行）》中，再次提出“厅直系统纪检干部原则上每年至少参加一次业务培训，并轮流参加省纪委监委、驻厅纪检监察组纪律审查及其他重要工作，加强实战锻炼”，在“十项任务六十条解读”中，这项工作被分解为两项具体任务：“专兼职纪检干部原则上每年参加一次业务培训。目前提供的纪检业务培训主要有：中央纪委监委及省纪委监委组织的培训、驻厅纪检监察组组织的培训、交通部纪检监察组组织的培训。”“实践培训。轮流到驻厅纪检监察组、省纪委监委相关室、交通部纪检监察组参与纪律审查工作，建立厅直单位纪检工作人员轮流到驻厅纪检监察组实践培训三个月的机制。”驻厅纪检监察组自身举办了150人的厅直单位培训、组长亲自授课、提前发放资料、强化培训管理；还组织参加了三期中国纪检监察学院的北戴河培训、中国政法大学的专题培训等多单位培训。选派在前期培训中表现优秀的纪检人员来驻厅纪检监察组进行实战轮训，直接从干实际工作抓起。实战轮训中能力强的评价好的，给予了发展和上升的空间。培训抓到了纪检工作可持续发展的重要抓手，提升了纪检工作人员的素质和能力，激发了大家的激情，整个厅直系统得以撬动。

（四）加强述责述廉作用

为推进监督责任落实，将“纪检人员以上级纪检监察组织考核为主”落实到位，驻厅纪检监察组安排开展厅直单位纪委监委书记（纪检委员）述责述廉工作。2016年以来每年度厅直单位纪委监委书记述责述廉，不讲套话，只讲干货，只讲做了几件事，有何效果；严格执行每人五分钟，到点叫停；参会人员以直接排名方式开展对纪委监委书记（纪检委员）履职情况和厅直单位纪检工作情况的测评，结果作为个人和单位年度考核的重要依据。对排序靠前的提拔重用，排序靠后的交流轮岗。述责述廉述出了责任、压力和动力，带动了厅直系统干部队伍的变化。厅直纪检系统纪委监委书记和纪检人员被动员起来，开始认真琢磨把工作抓到点子上、落到实处。

（五）建立厅直系统纪检工作微信群

微信群里有近五百人，涵盖厅机关处室负责人、纪检工作联系人及各单位主要负责人、分管领导、纪检人员。纪检监察组通过该群发布工作安排及工作信息，而各单位也在该群分享其工作动态。除涉密工作外，每单位工作都以不超过 20 字的“一张图片+一句话”即时播报。微信群即时性强，省去很多沟通成本，工作方式的转变带来工作效益的提升，成为与整个厅直系统沟通工作的重要运转枢纽，起到了整合和调动资源的作用。

驻厅纪检监察组与厅直单位关系的处理带来了显著成效。最明显一点，就是形成了一支 320 余人的能够干事的专兼职纪检队伍，地位逐步增强，说话越来越管用，更多的人愿意来做这项工作。认为纪检就是整人、纪检监察组织严肃执纪就是有意过不去等负面看法越来越少，对纪检敬畏感越来越明显，正面积极评价多了，对纪检的支持多了。纪检对交通业务的支撑保障作用逐渐显现，一些做法、思路、理念逐渐在厅直系统以至全省交通系统被效仿，示范带动作用体现出来了，纪检队伍活力激发出来了，纪检人员更加自信、有底气。各级党组织借助纪检之力推动和规范工作的意识和行动更加明显。

第四节 驻厅纪检监察组与全省交通运输系统的关系

在制度设计上，严格来讲，派驻纪检监察组与驻在部门所处行业系统没有关系。驻交通厅纪检监察组对市（州）、县（市、区）交通运输局纪检监察组织实际上并无职能职责，不能越职去管。但是市州县交通系统出了问题，影响的是社会对整个交通系统的看法，交通厅要承担舆论责任。厅机关干部违规违纪违法受全省交通系统环境的影响，交通厅作为全省交通运输的行业主管部门，具有行业监管的责任。此外省市县交通系统问题存在共性，一些共同的思路和方法可全省共享。所以驻厅纪检监察组既不能超越职能职责，又要去做联系全省交通系统的事情。具体而言，在处理驻厅纪检监察组和全省交通运输系统关系中，交通厅的做法如下。

一、释放工作效应

通过培训会、纪检资料、执纪监督问责工作手册等把省厅党组和驻厅纪检监察组工作效应释放到全省交通运输系统，工作信息共享，信访举报信息互通，案件资源共享，起到示范、引领、带头作用。2018 年 7 月、9 月先后举办了全省交通运输系统市州纪检监察组组长、区县纪检监察组组长培训及派驻监督模式研讨会。方式为“面对面”授课+讨论学习。培训后形成了“三个全覆盖”“四个做到”的思想共识和行动共识[17]。“三个全覆盖”即“纪检微平台”全覆盖全省本系统每名干部职工、培训《汇报传达提纲》全覆盖全省本系统各级领导干部、培训内容全覆盖全省本系统每名纪检干部。“四个做到”即厅党组和纪检监察组的做法，市县本系统各级党组织和纪检监察组织可以“参照做”“比照做”“按照做”“选几项做”[18]。

二、建立宣传载体和平台

通过纪检微平台、点滴纪检、全省交通运输纪检微信群等搭建面向全省交通运输系统的平台，持续向全系统干部职工传递全面从严治党的信息和压力。纪检微平台每个工作日不间断不重复地推送一条党风廉政信息，用自己的话说自己的事，用通俗的语言，阐释中央政策和党的纪律。纪检微信群转发到 34 个厅直单位19个处室21个市州183个县市区交通局，层层转发，直接覆盖全省20余万干部职工，廉政教育效应逐步向全省交通运输系统散播。此外，在培训名额非常紧张的情况下，结合市州和县级两次培训的表现和微信群转发的表现，驻厅纪检监察组专门为全省市县交通系统纪检人员考虑了去外地培训的名额。

三、督促落实行业监管责任

厅党组担起主体责任，开展行风建设“五大行动”，举全行业之力推进政风行风好转。以交通运输建设项目为载体，将行业监管延伸到项目施工现场，落实到项目管理人员。循着项目资金流动的轨迹，将行业监督延伸到项目资金使用的最末端。驻厅纪检监察组督促检查厅机关和厅直单位，通过落实行业监管责任来推动全省交通运输工作的规范。

驻厅纪检监察组不局限于自身责任领域，借助网络等科技手段和宣传载体，将厅从严管理的信息、做法、效应释放到全省交通运输领域，带动交通运输系统党风政风行风发生积极变化，带动参与交通运输领域勘测、设计、建设、管理、服务以及使用、受益的社会各方主体的积极变化，促使交通运输领域“社会满意度”综合提升，为交通运输业的健康发展提供了保驾护航的作用。如德阳市纪委监委驻交通运输局纪检监察组培训学习后“参照做”“比照做”，结合实际提出了“三项任务九项工作”，开始取得效果。遂宁市纪委监委驻市住建局纪检监察组结合工作情况，出台了“三项任务八项工作”[19]，是省厅纪检监察组经验的践行者和直接受益者。这些因素，不仅加强了队伍建设，强化巩固了良好政治生态，也为交通运输事业提供了坚强政治保障，四川交通运输事业近年来连续保持高位求进的良好态势，就是最有力的证明。

第五节 有效处理四种关系的总结及思考

综上，驻厅纪检监察组在派驻实践中对涉及的四种关系的处理进行了有益探索，为今后派驻监督工作的开展提供了一些有益启示，同时也带来对于派驻工作有效开展的一些思考。

第一，面临派驻改革后的新形势新要求，工作的推进，关键在人。派驻机构想不想做事，敢不敢做事，是首要问题。驻厅纪检监察组作为派驻机构，准确定位、不忘初心、牢记使命、坚守职责、敢于担当、敢于创新，始终坚持派出单位的领导和指导作用，积极寻求支撑，是其能有效履职的前提。

第二，驻厅纪检监察组工作能否取得成效，厅党组的高度重视和积极推动至关重要。必须始终围绕厅党组的中心工作，通过创造性工作服务于单位的中心工作，推动厅直系统交通运输工作规范、协助厅党组管理上一个新的台阶，高度重视与厅党组的有效沟通和协同，以实践成绩证明纪检工作保障发展到位，才能真正获得其支持和帮助。让纪检工作成为交通运输业务开展的助力而不是阻力，是加分项而不是减分项，是驻厅纪检监察组执行到位见成效的核心原因。

第三，驻厅纪检监察组坚持积极创新、坚持“大家一起做”“一竿子插到底”“说到做到”“做一件成一件”“一根筋精神”“拥抱互联网+”和“打着灯笼找人”等理念，从解决人少事多矛盾入手，积极寻找突破点，积极采取有效措施进行强指导，从而有效撬动厅直单位的纪检工作，是实现“派”有权威、“驻”有优势的重要保障。

第四，始终坚持纪检人做人做事的情怀，坚持系统一盘棋的理念，将工作效应释放到全省交通系统，引导全系统结合地方实际创新工作，是实现纪检工作科学化规范化、进而推动全系统中心工作的内在动力。这种情怀、这些理念是今后推动派驻工作的宝贵精神财富，是处理派驻监督中的多重关系的有益借鉴。

第五，个人经历及其配合协调的因素。必须看到，省交通运输厅取得成绩，除了上述理念方法因素之外，一个单位的主要负责人的纪检经历具有很重要的影响。原厅党组书记曾担任过某地区的纪委书记，对纪检工作重要性有深刻认识。在如何处理好厅党组与驻厅纪检监察组的关系方面，会更主动、更容易设身处地换位思考，从较高的政治站位真正采取措施支持纪检组干事作为，这为驻厅纪检监察组处理与厅直单位、省交通系统纪检机构的关系提供了支撑和指导。原驻厅纪检监察组负责人曾在省级机关从事纪检、政法相关工作并积累了比较丰富的工作经验，既有对实际工作中纪检工作本质和实效发挥的哲学思考，又有对思维方法和做事做人情怀的长期深入思考。驻厅纪检监察组骨干成员也具有专注纪检工作和思考纪检工作的经历和特点，从而具备了处理与省纪委监委关系的良好条件，这为驻厅纪检监察组改革创新政策把握和运用、寻求指导帮助和咨询等提供了得天独厚的条件。可以说，厅党组和驻厅纪检监察组实际形成了抓好派驻监督问题的高度认同，达成了共识。主观能动状态催生实际的制度安排，由此形成融洽的工作配合和相互支撑。这给实际工作中派驻纪检组处理好这几种关系、积极主动履职创造性开展工作提供了思考。当然，如果党组和纪检组的领导人更换了，这样的工作机制和效果是否还会继续保持稳定？这仍然是一个值得继续关注的问题。

第六，新形势下有效处理纪检与监察两方面的关系，成为新课题。既派又驻，派有权威驻有优势，是派驻监督的初衷目的。过去的派驻仅仅涉及纪委派驻，目前所述的工作，也仅仅着眼于监察体制改革之前驻厅纪检组的工作，且只是阐述组织队伍建设取得成效的做法，在监督职责方面如何利用内部巡察促进监督职责的落实这一核心问题尚未得到全面充实阐述。机构改革后，纪检监察组同时涉及两个纪律审查和监察职能，如何在原有制度机制和方法上有效履行监察职能，纪与法如何在派驻单位实践中有效衔接，新成立的纪检监察组还尚待总结实践经验，也更待基于实践基础上的理论提炼。

注：

[1] 该章部分内容转引自本稿负责人指导的硕士生邹燕学位论文《派驻监督过程中四种关系的有效处理研究——以××省纪委监委驻交通运输厅纪检监察组的实践为例》2020.西南交通大学，特此说明。

[2] 转引自邹燕：《派驻监督过程中四种关系的有效处理研究——以××省纪委监委驻交通运输厅纪检监察组的实践为例》，西南交通大学硕士学位论文，2020。

[3] 四川省交通运输厅：《组织队伍建设通稿排版》，第480–481页。

[4] 四川省交通运输厅：《关于厅直系统纪检组织落实“两为主”、推进“三转”工作实施意见（试行）》，《工作资料汇编》第一册“专项工作”，第65页。“两为主”原本是“查办腐败案

件以上级纪委领导为主，线索处置和案件查办在向同级党委报告的同时必须向上级纪委报告。各级纪委书记、副书记的提名和考察以上级纪委会同组织部门为主。”具体内容为：“厅直系统各单位纪律审查以上级纪检监察组织领导为主，涉及本单位管辖干部违纪问题的信访举报和案件线索，以及信访举报和案件线索处置情况应报上一级纪检监察组织备案。”“厅直系统纪检工作机构和纪检工作人员年度考核应征求上级组织意见。”

[5] 四川省交通运输厅：《驻交通运输厅纪检监察组2016年以来工作情况汇报材料（四项工作）》，2019年5月22日。前已述及，引文内容采用原来表述，以呈现采访时的具体内容。下同。

[6] 四川省交通运输厅：《驻厅纪检监察负责人在省纪委领导来省交通运输厅调研座谈会上的发言材料》，第5–6页。

[7] 内部资料：《驻厅纪检监察组工作资料》第一册“专项工作”，第73页。具体内容为：“厅直单位纪委书记、设党总支的纪检委员人选由驻厅纪检监察组商厅人事劳动处提出并联合考察，厅人事劳动处提交党组会研究决定。厅直单位纪委委员、纪检工作机构主要负责人和设支部的厅直单位的纪检委员、纪检员选拔任用应征求驻厅纪检监察组意见”。

[8] 内部文稿：《组织队伍建设通稿排版》，第52页。

[9] 转引自邹燕：《派驻监督过程中四种关系的有效处理研究——以××省纪委监委驻交通运输厅纪检监察组的实践为例》2020.西南交通大学 [D]。

[10] 内部资料：《“派驻监督之四川交通模式”课题十二场座谈会材料》，第34页。

[11] 内部资料：《组织队伍建设通稿排版》，第310页。

[12] 原驻厅纪检监察组组长在德阳市交通运输系统党风廉政建设专题讲座上的讲话材料，2019 年 4 月 12 日。

[13] 内部资料：《“派驻监督之四川交通模式”课题十二场座谈会材料》，第 126 页。

[14] 内部资料：《全省交通运输系统纪检干部培训两天材料》，第 12 页。

[15] 邹燕：《派驻监督过程中四种关系的有效处理研究——以××省纪委监委驻交通运输厅纪检监察组的实践为例》2020.西南交通大学 [D]。

[16] 内部资料：《组织队伍建设通稿排版》，第 512 页。

[17] 内部资料：《组织队伍建设通稿排版》，第 514 页。

[18] 内部资料：《组织队伍建设通稿排版》，第 505 页。

[19] 内部文稿：《遂宁市在全省交通运输系统纪检监察组组长培训会上的发言》，第 5 页。

后　记

党的二十大报告指出，“全面从严治党是党永葆生机活力、走好新的赶考之路的必由之路”。十八大以来，四川省交通运输厅党组和四川省纪委监委驻省交通运输厅纪检监察组坚决贯彻执行党中央和四川省委关于全面从严治党的若干决定，进行了一系列卓有成效的党风廉政宣传教育工作。2016 年以来，四川省交通运输厅党组和驻厅纪检监察组在实践中不断深化优化举措，进一步推进了该项工作，取得明显成效，也得到省纪委监委的肯定和好评。

2018 年 5 月，西南交通大学廉政与治理研究中心受四川省交通运输厅委托，展开对派驻监督之四川交通模式的共同研究。课题组针对“组织队伍建设”“执纪监督”“党风廉政宣传教育”等主题展开密集调研。在两年多的时间里，课题组先后参与 10 余场大型座谈，实地走访厅直系统多家单位和广安、德阳市等多地交通运输局，访谈近百位四川交通纪检人，参加了驻厅纪检监察组举行的多次交通系统的培训，形成 200 余万字课题资料。其间，双方将派驻监督模式中的党风廉政宣传教育部分细化为“执行到位见效果之组织队伍建设”课题，由西南交通大学马克思主义学院田雪梅教授负责承担，多位博士研究生参与其中。

本书重心在于反映驻四川省交通运输厅纪检监察组在加强厅直系统纪检组织队伍建设的实际情况。包括组织队伍建设的背景、工作内容、工作机制、工作平台、业务培训的人员发展以及派驻机构四种关系的处理等内容，充分体现在该项工作上的坚持与创新。课题组成员多次听取了四川省交通运输厅相关领导和相关专家的修改意见，几易其稿。书稿为集体智慧的结晶，主要著作者为田雪梅、於玉丹。整个研究思路、实施调研、课题的统筹协调均由田雪梅教授承担。特别值得一提的是，已经入职四川农业大学马克思主义学院的张旭博士，在本课题的资料收集整理、校对、调研和讨论等方面起到非常重要的作用。此外，时为硕士生的曾蕾、何万婷、邹燕、张琴、王梦佳等同学也参与了课题调研、思路讨论和部分资料整理等工作，同样为本书付出了辛勤劳动。西南交通大学党委副书记、纪委书记张学龙，以及纪委巡察办的李立、杨育鸿等老师不辞辛苦为本课题提供方便和帮助，西南交大出版社的罗爱林等老师也为本书出版提供智慧和指导，使得本书最后能在光明日报出版社得以出版，对他们的辛苦工作，我们课题组成员表示由衷的致谢。

本成果同时也是课题组几位成员完成四川省哲学社会科学重大课题“解决大党独有难题的理论与实践研究”（SC22ZDY32）、西南交通大学科学研究基金（廉政专项）“百年大党人民监察员制度的发展历程和经验研究”（XJLZ22L04）、“中国共产党以廉洁家风培育新时代廉洁文化的理论和实践研究”（XJLZ22L10）、“全面从严治党视域下精准监督的科学内涵研究”（XJLZ22L09）的阶段性成果。在此，对四川省社科联和西南交通大学廉政中心的大力支持表示衷心感谢。

最后特别要感谢的是在课题调研、写作和修改过程中给予我们宝贵指导和支持的四川省交通运输厅的各位领导和工作人员。在本书调研和写作过程中，我们不仅感受到了四川省交通运输厅以及地方交通纪检人严谨的工作作风、细致的工作态度和创新的工作方法，也见证了四川交通运输系统在推动全面从严治党向基层延伸过程中的崭新变化。在中国共产党以伟大自我革命引领伟大社会革命进程中，本书内容是交通运输行业全面从严治党纵深推进过程中的一段鲜活记录和重要案例。由于我们的水平有限，其中的一些思考记录也有不尽成熟之处或错误之处，诚挚希望得到大家的批评指正，尤其期待得到纪检监察实务工作者和相关研究者的指正和赐教，特此感谢。

作　者

2023 年 8 月

派驻监督的
四川省交通运输厅实践研究
（2016-2020）

第二卷　廉政宣传教育

张学龙　娄高◎著

光明日报出版社

图书在版编目（CIP）数据

派驻监督的四川省交通运输厅实践研究：2016-2020. 第二卷，廉政宣传教育 / 张学龙，娄高著. --北京：光明日报出版社，2023. 10

ISBN 978-7-5194-7531-4

Ⅰ. ①派… Ⅱ. ①张… ②娄… Ⅲ. ①中国共产党—纪律检查—宣传工作—四川—2016-2020 Ⅳ. ①D262. 6

中国国家版本馆 CIP 数据核字（2023）第 197175 号

前　言

开展党风廉政宣传教育是党风廉政建设和反腐败斗争的一项基础性工程，是塑造反腐倡廉良好氛围的重要手段，是持之以恒推进全面从严治党，深入推进新时代党的建设新的伟大工程，以党的自我革命引领社会革命的现实需要。

十八大以来，中央高度重视党风廉政宣传教育工作，不断拓展党风廉政宣传领域和阵地，持续增强党风廉政教育科学性和有效性，为坚定不移推进党的自我革命和深化全面从严治党提供了坚强保障。当前，随着反腐败斗争压倒性胜利的形成与全面巩固，全面从严治党战略部署与党的建设新的伟大工程也迈入新阶段，产生新要求，特别是依靠党的自我革命跳出历史周期律这一路径的日渐清晰以及“解决大党独有难题”的提出，党风廉政宣传教育工作意义更加重大，日益大有可为。各级党风廉政宣传教育主体必须以锐意进取的精神，不断推动党风廉政宣传教育工作方法、理念、思路与制度机制的创新发展，提高党风廉政宣传教育工作的科学化水平、精细化程度。正因如此，深入、及时、全面总结地方党风廉政宣传教育的成功实践、提炼理论成果，是实现高质量党风廉政宣传教育，一体推进不敢腐、不能腐、不想腐的重要途径。

本书对2016至2020年，四川省交通运输厅党组和四川省纪委监委派驻省交通运输厅纪检监察组为贯彻执行中共中央和四川省委关于全面从严治党的若干决定所进行的一系列卓有成效的党风廉政宣传教育工作进行了深入细致的梳理、总结与分析，包括工作开展背景、代表性工作呈现、经验总结与分析等内容。该书是对四川省交通运输厅党风廉政宣传教育工作的忠实记录和总结，亦可作为基层各级党委（党组）、各级纪委监委、各纪检监察机关派驻机构开展党风廉政宣传教育工作的参考。

由于作者水平有限，书中难免有不足之处，恳请实务工作者、学者和广大读者提出宝贵意见。

作　者

2023年2月

目　录

第一章
厅党风廉政宣传教育工作的背景与现状

腐败是党执政面临的最大威胁，它严重侵蚀党的执政基础，为人民群众所深恶痛绝。党中央高度重视腐败问题，强调反腐败才能兴党兴国，坚持有腐必反、有贪必肃，以“无禁区、全覆盖、零容忍”的态度惩治腐败。十八大以来，四川省交通运输厅党组（以下简称厅党组）和四川省纪委监委派驻省交通运输厅纪检监察组（以下简称驻厅纪检监察组）[1]为贯彻执行中共中央和四川省委关于全面从严治党的若干决定，进行了一系列卓有成效的党风廉政建设与反腐败斗争。其中，党风廉政宣传教育工作尤具代表性。

第一节 党风廉政建设与反腐败斗争新形势

一、全面从严治党向基层不断延伸

党的十八大以来，以习近平同志为核心的党中央以高度的责任担当和非凡的政治勇气，直面党在新的历史时期所面临的“四大危险”和“四大考验”，下真功夫解决严重侵蚀党的肌体的不正之风和腐败顽疾，花大力气扭转长期存在于党的建设中“失之于宽”“失之于软”的问题。在这一过程中，习近平总书记于2014年10月8日在党的群众路线教育实践活动总结大会讲话中首提“全面推进从严治党”[2]新命题。同年12月，习近平总书记在江苏调研时将全面从严治党纳入“四个全面”战略布局，从而把党风廉政建设和反腐败斗争提升到一个全新的战略高度。

十八大以来，以习近平同志为核心的党中央从中央政治局立规矩开始，从落实中央八项规定精神破题，言出纪随、抓铁有痕，不断推进全面从严治党向纵深发展。通过“零容忍”“无死角”惩治腐败，层层落实管党治党政治责任，贯彻新时代好干部标准，高悬巡视利剑以及深化党的制度建设等措施，使党的建设取得了若干历史性成就，反腐败斗争形势取得压倒性胜利并全面巩固发展。全党上下逐步形成了党风廉政建设与反腐败斗争一级抓一级、层层传导压力的局面。在党中央的坚强领导下，中央和地方各级纪委监委忠实履职、勇于担当，不断助力全面从严治党向纵深发展。特别是各级派驻机构立足职能职责，充分发挥“派”的权威与“驻”的优势，擦亮了派驻监督的探头，为全面从严治党向纵深传导，向死角延伸提供了有力的支撑。

与此同时，以习近平同志为核心的党中央高屋建瓴，深思熟虑，持续推进全面从严治党向基层延伸，扎实做好党的建设中强基础、健肌体的工作，不断夯实党的执政根基。随着“打虎”“拍蝇”双管齐下，各级纪委监委大力惩治群众身边的腐败，将全面从严治党导入国家治理的末梢神经，为脱贫攻坚等事关国计民生的重要工作提供了有力保障。这期间，十八届六中全会、十九届中央纪委历次全会等一系列重要会议相继对推动全面从严治党向基层延伸作出重大决策部署。《中国共产党巡视工作条例》《关于新形势下党内政治生活的若干准则》《中国共产党纪律处分条例》《中国共产党党内监督条例》《中国共产党问责条例》等“四梁八柱”性政策文件也陆续出台或更新。在以习近平同志为核心的党中央高度重视和坚强领导下，各级党委（党组）持续增强“四个意识”、坚决做到“两个维护”，及时全面深入贯彻中央决策部署，真抓实管、从长从严，真正把严的标准、严的措施、严的纪律落实到基层。全党上下抓基层、强基础的氛围日益浓厚，基层全面从严治党工作越来越严、越来越实。在此基础上，习近平总书记于十九届中央纪委四次全会告诫全党，“要清醒认识腐蚀和反腐蚀斗争的严峻性、复杂性，认识反腐败斗争的长期性、艰巨性，切实增强防范风险意识，提高治理腐败效能”[3]，要稳中求进，把“严”的主基调长期坚持下去，不断巩固发展反腐败斗争压倒性胜利。

在党中央的坚强领导下，四川省坚持以习近平新时代中国特色社会主义思想为指导，认真落实全面从严治党各项部署要求，使全面从严治党工作在四川全境落地生根，努力构建起四川风清气正、崇廉尚实、干事创业、遵纪守法的良好政治生态。2013年，四川省认真贯彻落实中央八项规定精神，带头弘扬党的优良传统和作风，结合四川实际，出台了四川省委省政府关于改进工作作风、密切联系群众的十项规定。[4] 2014年11月，四川省委十届五次全会通过《中共四川省委关于坚持思想建党与制度治党紧密结合全面推进从严治党的决定》，在思想教育、干部选用、惩治腐败、制度治党等方面作出“八个务必从严”的规定。[5] 2015年，四川以查处南充贿选案举一反三，认真落实全面从严治党的各项部署要求，勇于担当、主动作为，进一步凝聚起推进四川“两个跨越”的强大力量。2016年，省委十届九次全会审议通过的《中共四川省委关于加强和规范党内政治生活 严格党内监

督 巩固发展良好政治生态的决定》标志着四川全面从严治党步入了新境界。[6] 2017年，省委省政府牢记习近平总书记对四川“营造风清气正的政治生态”的嘱托，以省委十一届二次全会召开为契机，对治蜀兴川各项部署进行了进一步丰富完善和战略谋划，强调把各级党组织建设得更加坚强有力。

党的十九大以来，四川省加速推进全面从严治党向基层延伸。紧盯“关键少数”，强化各级领导干部特别是“一把手”的主体责任。严格执行问责条例，把主体责任落实情况作为巡视和监督检查的重点，以强有力问责督促各级党组织履行全面从严治党政治责任。大力度惩治群众身边的“微腐败”，严肃查处侵害群众利益的突出问题，有针对性地开展扶贫领域腐败和作风问题集中治理，全力保障脱贫攻坚决战决胜。精准查处涉黑涉恶腐败和“保护伞”，铲除黑恶势力滋生蔓延的“土壤”。随着全面从严治党不断向基层延伸，向深处推进，四川省政治风气与政治生态逐步净化，有力助推了治蜀兴川各项事业蓬勃发展。2020年，中共四川省委十一届八次全会指出，将以高质量发展为主题，“把严的主基调长期坚持下去，认真落实全面从严治党主体责任、监督责任，锲而不舍落实中央八项规定精神，持续纠治形式主义、官僚主义，切实为基层减负。加强对公权力运行的制约和监督，坚定不移惩治腐败，营造风清气正的良好政治生态”。[7]

十八大以来，党中央和四川省委持续就全面从严治党问题不断作出新部署，提出新要求，达到新境界。近十年以来的工作，持之以恒、久久为功，使我们不难感受到全面从严治党这种“严”的信息和压力已经从党中央释放到全党、全国及全社会，并持续抵达中国共产党治国理政的末梢神经。正是在这样的背景之下，四川省交通运输厅党组和驻厅纪检监察组以全面从严治党向基层延伸为主线，以落实“两个责任”为抓手，进行了一系列包括党风廉政宣传教育工作在内的具有鲜明地域和行业特点的全面从严治党的四川交通实践。

二、党风廉政宣传教育重要性凸显

宣传教育工作历来是意识形态工作的主要组成部分，也是党的一项极端重要的工作。2013 年 8 月，习近平总书记出席全国宣传思想工作会议并发表重要讲话。他强调，面对正在进行具有许多新的历史特点的伟大斗争，我们必须克服许多前所未有的挑战和困难，为此，必须坚持巩固壮大主流思想舆论，弘扬主旋律，传播正能量，激发全社会团结奋进的强大力量。在事关大是大非和政治原则问题上，必须增强主动性、掌握主动权、打好主动仗，坚持正确政治方向，站稳政治立场，坚定宣传党的理论和路线方针政策，坚定宣传中央重大工作部署，坚定宣传中央关于形势的重大分析判断，坚决同党中央保持高度一致，坚决维护中央权威，帮助干部群众划清是非界限、澄清模糊认识。[8]

随着全面从严治党战略的提出与纵深推进，习近平总书记围绕这项新时代重大战略部署的宣传教育也作出了一系列重要指示。他在十八届中央纪委六次全会上指出：“随着反腐败斗争持续深入，社会上出现了一些值得注意的舆论倾向和氛围。有几种论调还很有些市场，比如，反腐同群众利益无关，反腐让干部不作为，反腐影响经济发展，反腐是权力斗争，反腐应当缓缓手，等等。对这些模糊认识和错误言论，必须加以辨析、引导，驳斥错误言论，化解消极情绪，消除偏见误解，说清楚我们党反腐败不是看人下菜的‘势利店’，不是争权夺利的‘纸牌屋’，也不是有头无尾的‘烂尾楼’，从而为深入开展党风廉政建设和反腐败斗争营造良好舆论氛围。”[9] 2016 年 7 月 1 日，在庆祝中国共产党成立 95 周年大会上，习近平同志指出：“要把理想信念教育作为思想建设的战略任务，保持全党在理想追求上的政治定力，自觉做共产主义远大理想和中国特色社会主义共同理想的坚定信仰者、忠实实践者，在全面建成小康社会、实现中华民族伟大复兴中国梦的历史进程中充分发挥先锋模范作用。”[10]

近十年间，党中央把宣传思想工作摆在全局工作的重要位置，作出一系列重大决策，实施一系列重大举措。各责任主体围绕全面从严治党推动宣传教育工作不断强起来，以高质量的党风廉政宣传教育推动党的建设新的伟大工程走向深入。中央纪委监委不仅在其下属网站、报刊、杂志等平台开设主题专栏，推出系列评论员文章，交流学习习近平新时代中国特色社会主义思想体会，阐释党中央坚定不移全面从严治党的战略部署，还通过制作《红色通缉》《国家监察》等专题片，出版《新中国成立以来党风廉政建设纪事》《党的十九大以来查处违纪违法党员干部案件警示录》等书籍，创新方式与内容，不断增强宣传思想工作的吸引力、感染力、说服力。十九届中央纪委四次全会更提出：“做深查办案件‘后半篇文章’，做实同级同类干部警示教育，以案释德、以案释纪、以案释法；加强思想道德和党纪国法教育，推进廉洁文化建设，注重家风建设，引导党员、干部修身律己、廉洁齐家，培养现代文明人格。”随着中央对党风廉政宣传教育的阐释越来越明，要求越来越高，这项工作也走入了新境界，其重要性日趋凸显。

在这样的背景下，十八大以来，四川省交通运输厅党组和驻厅纪检监察组为贯彻执行中共中央和四川省委关于全面从严治党的相关决定，立足“两个责任”，充分发挥主观能动性，也开展了一系列卓有成效的党风廉政建设宣传教育工作。其中，既有组织理论学习、开展警示教育等常规方式，还针对厅直系统所暴露的问题，做好了案件通报、组织培训等手段创新。

（一）传统宣教手段的持续运用

好的宣传教育方式是桥梁和纽带，有效连接着教育者和受众。党风廉政宣传教育既要注重与时俱进，不断创新方式方法，也要针对性地用好在以往工作中已被证明行之有效的传统手段。

其中，高水平筹备、高质量召开年度党风廉政建设工作会议是四川省交通运输厅的一大亮点。厅党组与驻厅纪检监察组不仅将召开党风廉政建设工作会作为全系统认真学习习近平新时代中国特色社会主义思想，全面贯彻中央和省委关于全面从严管党治党和加强党风廉政建设系列重要部署的有力抓手，还通过违纪违法案件情况通报、系统内部交流发言、抓会议精神传达等环节，将每一次党风廉政建设工作会变成全系统内的一次大回顾、大检视、大学习，从而使普遍性的工作部署会产生后续效应。此外，厅党组和驻厅纪检监察组致力于将传统宣教方式合理搭配，科学设置，使其产生“组合拳”效果。通过打造廉政文化办公走廊，实地走访廉政基地，集体观看警示教育片，全覆盖发送廉洁短信等方式，使得党风廉政宣传教育全时段、全方位、全对象展开，不断在系统内营造敬畏纪律、严守纪律、廉洁自律的浓厚氛围，时刻提醒广大党员干部不忘初心、强化责任、恪守纪律规矩，切实筑牢廉洁自律防线。

（二）高度重视案件通报

案件通报是党风廉政建设工作中一项日常工作，是指为切实发挥典型案件的警示作用，教育广大党员干部筑牢党纪国法和思想道德防线，增强遵纪守法的自觉性，在违法违纪案件查办完结后，各级纪检监察组织以案为鉴，通过对典型案件成因的分析，掌握案件发生的主客观因素，开展带有剖析、反思、总结性质的通报工作。四川省交通运输厅在对“案件通报”这项工作进行普遍性的实践上，更进一步，做出“案件件件通报到位”的举措。除了涉及保密工作的案件，查处的违纪违法案件实行件件通报到位，通报到每一个人，以更好实现案件通报目的。

驻厅纪检监察组坚持对违纪当事人点名道姓通报曝光。越是领导干部，越是存在面子思想，就越要通报曝光。驻厅纪检监察组注意到，十八大以来，中央纪委监委和省纪委监委不断通报违反中央八项规定精神的案件，数量比过去大幅度增加，不断向社会释放信息，有效地聚集了舆论和群众关注度，形成了社会影响力，也传导了从严的压力。驻厅纪检监察组坚决不认同案件曝多了、问题讲多了，其负面效应会影响党组织和党员干部形象的观点，而是坚持认为通报曝光带来的正效应大于负效应。因此，驻厅纪检监察组和厅直纪检系统查出的问题，无论问题大小，都要通报到厅直系统内每个单位、每一个人，做到通报全覆盖。

通报范围与方式的改变带来的是工作人员的认知不同。以往在单位内通报，大家往往认为是驻厅纪检监察组在小题大做，借题发挥。但在整个厅直系统全覆盖通报后，这些“小题大做”的事情被整个系统工作人员获悉，干部职工反而重视起这些容易让自己违纪的“小事”。在案件件件通报，件件通报到位，件件通报到人的过程中，也促成整个系统形成“严”的氛围和压力。党员干部开始以身边事、案中人为镜鉴，在工作中格外小心，时刻把全面从严治党的若干“严”的要求和规范记在心中，践行在工作中。有厅直系统职工对此直言：“处理通报人人见面，这让我们基层感受很深。过去单位发生点事一般是大事化小、小事化了，实在化不了的也想的是尽量减少影响，缩小知情范围，生怕影响到单位整体声誉和对当事人改正错误造成不利。现在不同了，处分通报不但要大张旗鼓地传达学习，还要做到人人见面，个个谈体会、写感想，并把它作为硬规定。一时间大家觉得压力很大，过去大家觉得不是事儿的事儿，现在照样有人受处分，给大家感触很深。”[11]

（三）善于捕捉宣传教育契机

2017年5月17日，省纪委在省交通运输厅召开省直机关纪检组织和队伍建设工作现场会。此次“现场会”的规模大、规格高。四川省纪委，省监察厅时任相关领导以及省纪委部分中层干部，97个省级单位的常务副厅长、派驻纪检监察组组长参加了会议。

按照全省派驻机构的统一部署，厅党组和驻厅纪检监察组认真落实省委省纪委的要求，结合厅工作实际，希望能释放1+1>2的效应，有效传递厅党组、驻厅纪检监察组的工作理念、有效做法，与各单位共同学习、领会全面从严治党新形势下，纪检监察工作面临的新挑战、新任务、新要求。

“现场会”结束后，驻厅纪检监察组将会议内容制作成为配套资料。随后，在全省交通运输系统召开会议，对资料学习作了详细部署。同时，依托于厅党组和驻厅纪检监察组严格周密的组织，全省交通运输系统各单位也在观看“现场会”录像，领悟“现场会”精神要求上有力落实到位。厅党组和驻厅纪检监察组从而以落实省纪委“现场会”精神为契机，整体推动了全省交通运输系统党风廉政建设工作。

一是落实“现场会”精神做到了省、市、县交通运输系统

“三个全覆盖”，即党员全覆盖、党组织全覆盖、领导干部全覆盖。厅党组将“现场会”的效应释放到全省交通运输系统，将“现场会”全程实况录制成“现场会视频资料”，组织省、市、县交通运输厅（局）机关和下属单位所有的党支部、党员和领导干部观看，直接覆盖1354个支部、28955名党员和领导干部。将“现场会”资料编印成“现场会两个读本”，印制8079套，直接覆盖省、市、县交通运输系统各级领导干部，尤其是各级党组织主要负责人和班子成员。将厅党组、驻厅纪检监察组、厅直系统纪检工作资料编印成“现场会两套资料”，印制2142套，全省交通运输系统纪检人员人手一套。

二是落实“现场会”精神实现了对全省交通运输系统各级党组织、各级领导干部、全体党员一次整体内心真实触动。各级、各地、各单位党员尤其是领导干部对纪检工作总体看法有了较明显的改变，“务实”“积极”“有效”“亲切”是评价中使用较多的词语，纪检的正形象、正效应、正能量得到普遍的认知和认可。同时，也对厅党组所部署开展的党风廉政建设工作有了新的感觉，“力度大了”“要求严了”“有责任了”“有压力了”，是比较普遍的感觉。相当部分市、县交通运输局党组书记、局长着手安排模仿、借鉴厅党组的做法来开展和落实各项党风廉政建设工作。

三是落实“现场会”精神为全省交通运输系统开展纪检工作提供了“样板”和“范例”，纪检组织和人员实实在在地动起来了。驻厅纪检监察组的工作直接释放到了省、市、县交通运输系统每一个纪检组织和每一名纪检工作人员，一项一项工作开始在各级各地各单位落地生根。随着涵盖省、市、县三级各单位240名纪委书记和厅直系统193名纪检人员的两个“微信工作平台”

发挥作用，在厅直系统经验证行之有效的“理念”“思路”“措施”在全省交通运输纪检系统迅速传播并发生“化学反应”，开始影响纪检人员的思维方式和工作方式，并体现在具体工作中。纪检工作人员找到了组织荣誉感，有了集体归属感，这些感受犹如一股新的力量，使整个系统的纪检工作开始高效转动起来。

可以说，“现场会”的召开不仅为与会者进行了一次深刻的党风廉政宣传教育，向外界传递了四川省交通运输厅自十八大以来全面从严治党的新思路、新经验、新成果，其内容和精神更是在厅直系统上下产生了广泛的影响，对全系统干部职工了解全面从严治党最新动态，产生压力，规范行为起了相当积极的作用。

（四）以干部培训带动宣传教育

为落实厅党组关于厅直单位纪委书记（纪检委员）由驻厅纪检监察组会同厅人事教育处提名考察要求，驻厅纪检监察组会同厅人事教育处完成了厅直系统132名纪检人员的干部花名册；分别召开纪委书记、纪检工作人员座谈会，向每一名纪检人员征集工作中遇到的困惑或问题共374个。2017年2月27日至3月3日，驻厅纪检监察组就厅直系统当前急需解决的“做什么、怎么做、谁来做”的问题，召开了由厅直系统132名专兼职纪检人员参加的，为期5天的纪检业务培训。培训围绕“发现问题、落实责任”部署“三项任务十项工作”，解决了“做什么”的问题；围绕“务实有效”总结“三种思路四种方法”，解决了“怎么做”的问题；围绕“办案能力、文字能力、协调能力”制定“十条意见六十条解读”，解决了“谁来做”的问题。

此次培训还对每个学员讨论发言进行排序，对每个学员的答卷进行排序，排序靠前的直接安排到驻厅纪检监察组或推荐到省纪委相关处室实战培训，优先参加年度委托中央纪委北戴河培训中心组织的培训班，并作为厅直纪检骨干和后备人才。通过培训，参训人员有感觉、有触动、有压力。有学员认为这是参加工作数十年来最严的培训，也有学员坦言感受到了纪检监察工作的责任和压力，更有学员感慨通过担当履责找到了纪检人的存在感和价值。[12]

2018年，为全面落实时任省纪委主要领导2018年4月18日在驻厅纪检监察组调研时作出的“加强派驻监督模式研究，争做派驻机构标杆”指示精神，驻厅纪检监察组于7月16日至18日举办全省交通运输系统纪检监察组组长培训及派驻监督模式研讨会，于9月3日至5日举办全省交通运输系统区县纪检监察组组长培训会。驻厅纪检监察组主要负责同志围绕派驻机构改革现状及面临的困难与问题，有的放矢地从纪检组织队伍建设、“三项任务十项工作”、执纪监督审查、党纪党规解读、宣传教育等11个专题，全面阐释厅党组、驻厅纪检监察组的工作理念、典型做法和经典案例。培训再次凝聚了全省交通运输系统的共识和共同行动，对厅党组和驻厅纪检监察组的做法，县（市、区）交通运输系统各级党组织和纪检组织“参照做”“比照做”“按照做”“选几项做”，将大力推动全省交通运输系统全面从严治党往前再“走一步”。

第二节 厅党风廉政宣传教育仍待继续提升

一、宣传教育工作流于表面

2016年，经群众举报反映，驻厅纪检监察组查处了厅直系统某同志存在的违反中央“八项规定”精神等问题。这一案例的查处引起了驻厅纪检监察组的思考：十八大以来，党中央高度重视党风廉政建设和反腐败斗争，注重建设良好的党内政治生态，营造良好的党风政风。2012年，新一届中央领导集体在十八届中央开局之年便通过了《十八届中央政治局关于改进工作作风、密切联系群众的八项规定》，此后中央“八项规定”精神随着全面从严治党的纵深展开在全党、全社会传递开来。但在这一案件中，违纪者显然是并未将党的纪律规矩当一回事。这是为什么呢？厅党组、驻厅纪检监察组研判厅内对干部职工的党纪宣传教育工作做得还不到位。一方面，少数党员干部对党风廉政建设宣传教育不够重视，总以为只是完成“规定动作”，从而使宣教工作流于表面，致使部分职工纪律规矩意识淡薄。另一方面，党风廉政宣传教育的学习读本、宣传资料、专题讲座、警示教育活动数量虽然比较充分，但也存在工作泛化，没有针对性的问题。这必然导致无效的、低效的宣传教育，无质量、低质量的宣传教育过度重复、无效重复下去。

须知，党风廉政宣传教育并不是重复一百次、一千次，就会自动形成遵纪守法的氛围。如果没有重点、流于表面，反而过犹不及。厅党组、驻厅纪检监察组敏锐地意识到宣传教育属于思想政治工作，属于改造人的工作。一个系统各单位，或者一个单位各个部门之间的工作是有很大区别的，不同群体的心理感受也是不一样的。宣传教育工作，就是要把眼光从做了什么转到效果是什么之后，再向前走一步，把所针对的群体再细分，然后有针对性地开展工作。对于本单位宣传教育对象，他们的内心在想什么，在期盼什么，担心什么，顾虑什么？宣教主体必须全面掌握、精确研判。如果不清楚这个群体的基本情况，大而化之地去开展党风廉政宣传教育，只会事倍功半。

二、宣传教育工作脱离纪检监察主业

2017年，驻厅纪检监察组查处了厅直系统某干部违纪案，相关当事人在明知自身行为构成违纪事实的情况下，在组织谈话中拒不交代事实，并在随后的审查调查中存在虚假陈述，抗拒审查的行为。这一案件的办理过程使得驻厅纪检监察组深深感受到当前宣传教育存在的一个重要问题，就是宣传教育脱离了各项纪检监察工作，造成各说各的，各做各的。宣传教育工作本身来源于各项纪检监察工作的开展，当事人在执纪审查这一环节还做出不实陈述、提供虚假情况这一行为说明，以前的党风廉政宣传教育工作并未做到与纪检监察主业相一致，并未产生互为前提、互相助力的效果。

厅党组、驻厅纪检监察组准确地把握住纪检监察工作与宣传教育工作具有的辩证关系，提出执纪审查的目的就是要为后续的宣传教育工作提供基础性支撑。每一项纪检监察主业最后都有宣传教育，而每一项宣传教育工作都发源于各项纪检监察工作的开展；没有脱离纪检监察工作开展的纯粹的宣传教育，也没有脱离宣传教育的纪检监察工作，宣传教育工作之后一定是纪检监察工作的开展。

注：

[1] 2019年省级派驻机构改革完成前，名称为四川省纪委派驻四川省交通运输厅纪检组。

[2] 习近平：《在党的群众路线教育实践活动总结大会上的讲话》[N].《人民日报》，2014-10-09 (002).

[3] 习近平在十九届中央纪委四次全会上发表重要讲话强调 一以贯之全面从严治党强化对权力运行的制约和监督 为决胜全面建成小康社会决战脱贫攻坚提供坚强保障 李克强栗战书汪洋王沪宁韩正出席会议 赵乐际主持会议 [J].中国纪检监察，2020 (02) :4-6.

[4] 四川省委、省政府出台十项规定 [J].四川档案，2013 (01) :4-5.

[5] 中共四川省委十届五次全会举行 全会由省委常委会主持 省委书记王东明作重要讲话 [J].四川党的建设（城市版），2014 (12) :2.

[6] 中共四川省委十届九次全会举行 全会由省委常委会主持 省委书记王东明作重要讲话 [J].四川党的建设（城市版），2016 (12) :12-15.

[7] 《中共四川省委关于制定四川省国民经济和社会发展第十四个五年规划和二〇三五年远景目标的建议》[N].四川日报，2020-12-10 (001).

[8] 习近平在全国宣传思想工作会议上强调 胸怀大局把握大势着眼大事 努力把宣传思想工作做得更好 刘云山出席会议并讲话 [J].党建，2013 (09) :4-6。

[9] 中共中央纪律检查委员会、中共中央文献研究室：《习近平关于全面从严治党论述摘编》 [M] .北京：中央文献出版社，2016:195.

[10] 习近平. 在庆祝中国共产党成立95周年大会上的讲话 [N] .《人民日报》，2016-07-02 (002) .

[11] 来自四川省高速公路管理局（执法总队）某工作人员2018年8月9日在“派驻监督之四川交通模式”课题第八场座谈会上的发言内容（根据录音整理），座谈会地点为四川省交通运输厅10楼会议室。

[12] 来自驻厅纪检监察组工作人员2018年6月20日在“派驻监督之四川交通模式”课题首场座谈会上的发言内容（根据录音整理），座谈地点为四川省交通运输厅10楼会议室。

第二章
党纪党规解读：释放从严信号的代表性工作

2015 年 8 月 17 日至 9 月 23 日，根据四川省委巡视工作领导小组的统一部署，省委第二巡视组对四川省交通运输厅开展了专项巡视，并于 2016 年 1 月向厅反馈巡视情况。四川省交通运输厅在对巡视所发现的一系列问题进行调查和处理的过程中，发现其中相当一部分问题，是党的十八大以来反复强调与警示的。相关单位与人员对此仍不以为然，不把纪律规矩当回事，依然凭借着惯性思维和习惯做法行事。因此，党纪党规解读的出发点和落脚点就是要把党的十八大以来的新规定、新要求，再作一次系统的、全面的、明确的告知。

第一节 党纪党规解读的由来

一、巡视整改的契机

（一）发现问题：在巡视中找到薄弱点

2016 年 1 月，省委第二巡视组向省交通运输厅反馈巡视意见，提出交通运输厅存在主体责任落实不到位、领导表率作用发挥不好、监督责任落实有差距、相关单位违纪违规、党风廉政建设制度形同虚设和执行上级有关规定搞变通等问题，并同时提交了相关问题线索37件。驻厅纪检监察组以此为契机，就这些问题所暴露出的厅直系统对相关党纪党规掌握薄弱的情况，开始有组织的对厅直系统查漏补缺。

厅党组、驻厅纪检监察组主要负责同志从中央八项规定精神落实情况、党委主体责任和纪委监督责任三方面展开分析。首先提出四川省交通运输厅对中央八项规定精神的落实不够到位，甚至在巡视整改过程中，还继续出现违规行为，干部职工的惯性思维和行为还依然存在，无法适应动辄得咎的新常态和新要求。其次，党组织履行主体责任停留在表面上，形式多于内容，没有真正沉下来，去发现问题、研究问题、解决问题。最后，指出纪委的监督责任落实有差距，对纪检岗位和纪检工作，纪检工作人员都还有认识不到位的问题。

2015年8月省委第二巡视组对交通运输厅进行巡视，根据巡视反馈意见，厅党组高度重视并立即进行了整改，对巡视中发现的涉及纪律问题的28件线索，由驻厅纪检监察组牵头进行了逐条初核。初核后转立案调查后给予党纪政纪处分11人，给予组织处理12人，诫勉谈话15人，批评教育34人。现就其中典型问题通报如下。

——关于巡视发现违反八项规定精神和党的纪律问题的通报节选[1]

驻厅纪检监察组根据巡视整改中的问题，反复思考、总结已查案件中违纪者的自白。一些违纪者认为：过年过节收红包礼金是礼尚往来；替人办事收受好处是应有的劳务；投资经商办企业是应分的红；高利借钱给关系人是利息收入；个人事项不报告，民主生活会不如实陈述，有来无往，来的多往的少，组织调查拼命掩盖，不如实陈述。这些普通人从小被教育的伦理法规，驻厅纪检监察组却发现在厅直系统一些党员领导干部脑中早已经被抛诸脑后。党纪法规教育是党风廉政教育的重要组成部分，而开展党纪党规解读教育已势在必行。

（二）解决问题：透过薄弱点讲清纪律规矩

驻厅纪检监察组以问题为导向，加大执纪力度，对巡视发现的问题全力查处。针对巡视发现的 28 条问题线索全部核查，党纪重处分 2 人，轻处分 9 人，组织处理 12 人，诫勉谈话 15 人，批评教育 34 人，纳入处理的共 60 人、72 人次。按照“从重从严”的基调来把握，做到所有问题全部核查，所有责任人全部处理，所有处理全部到位，涵盖管人、管项目、管资金的核心部门和单位，并充分体现了“四种形态”的要求。同时，进一步要求厅直系统对信访举报件件件处理到位，逐步消除办案空白点，全面通报案件处理结果。

开展党纪党规解读，是“两学一做”活动的需要，也是落实巡视整改问题的需要，是经厅党组决定，并报省纪委、省委巡视办、省委第二巡视组后开展的一项重要活动，是利用巡视成果推动面上工作有效开展的一项具体措施。党纪党规解读是全省交通运输系统把党的十八大以来的纪律规矩讲解清楚，信息精神传递到位的宣传教育工作。党纪党规解读的文稿，也是送省纪委相关部门和厅党组主要负责同志把关和审查，确保解读是符合中央纪委、省纪委和厅党组工作精神的。

2016 年 8 月 4 日，省纪委会议部署纪委书记大宣讲。驻厅纪检监察组主要负责同志以此为契机，旋即在 2016 年 8 月 5 日向原四川省交通运输厅公路规划勘察设计研究院[2]领导班子成员，内设部门及下属企业的行政及技术正副职、财务人员、纪检监督员，党支部（总支）委员，团干部及机关各部门工作人员进行了首次党纪党规解读，并由此推动党纪党规解读工作全面展开。

二、铺垫纪检主业开展

通过党纪党规解读，全省交通运输系统把党的十八大以来越发严明的纪律规矩讲清楚，把招呼打到位，向系统上下传递着不是执纪越来越松，而是执纪越来越严，规矩越收越紧的信息，为纪检工作的良好开展作了有效的铺垫。

例如，驻厅纪检监察组通过党纪党规解读反复强调违反中央八项规定精神和四风问题要坚决查处。厅直系统信访举报及线索处置中就增加了不少这方面的问题：工作期间违反规定和管理服务对象打麻将、领导干部违反规定安排亲属人员在本单位工作并担任重要岗位或关键岗位职务、违反招投标规定发包工程、采购等项目、违规低价出租、出售国有资产、违反规定用公款在娱乐场所消费、公款购买并赠送礼品、违规收受红包礼金土特产、公车私用、不向组织报告并违规操办婚丧嫁娶事宜、违规举办庆典活动并发放贵重纪念品。党纪党规解读直接带动了驻厅纪检监察组执纪审查的全流程变化。

传递“严”的信息，释放“严”的压力。落实全面从严治党“严”的要求是纪检监察工作的中心词、主题词，也是纪检监察工作的主基调。纪检监察工作就是要围绕“严”字开展，把“严”字体现出来，释放出去，释放到整个厅直系统，释放到每个人。使“严”的气息弥漫在工作氛围中，“严”的压力浸透在工作骨髓里，让整个厅直系统感受到严的压力。

第二节 党纪党规解读的做法

党纪党规解读的讲稿筹备从2016年5月开始写作到2016年8月5日最终完成，历时近三个月的时间，驻厅纪检监察组全体人员都参与了写作，其间几易其稿。讲稿从中央八项规定精神、党委（党组）主体责任和纪委（纪检监察组）的监督责任三个角度出发，内容包含了相关的党纪党规、工作要求、存在的问题、涉及典型案件和启发认识等多方面的内容，并采用了用自己的话说自己的事的独特风格。

一、确定讲稿

（一）内容：体现中央政策和中央精神

历时三个月打造出的党纪党规解读讲稿，在内容上与中央保持高度一致，但又并非通常意义上的照本宣科。传统的拿着文件资料在会上照着念一遍的方式，存在着实效性不足的问题。厅党组、驻厅纪检监察组秉持着工作再往前走一步的做法，在党纪党规解读工作中，充分领悟中央精神，结合自身存在问题，打造出了具有鲜明四川交通运输特色的党纪党规解读讲稿。

以下为讲稿节选：

1.执纪不是慢慢松下来，而是越来越严，越收越紧。有的人认为十八大以来，反腐败取得了很大成果，该松口气、歇一歇了。但中央近期反复强调，全面从严治党，从宽松软走向严紧硬是一个长期过程，现在仅仅是一个开端。中央纪委在持续释放严的信号。违反中央八项规定精神问题还远远没有解决，问题还是很严重。不管是从领导讲话上、工作部署上，还是从通报的被查处案件数量上都可以看出，从严治党的决心和力度没有变，高压态势是一个长期的常态。有人说，纪严于法、纪在法前、纪法分开，实践“四种形态”，意味着反腐败就要减缓收兵。绝对不是。“四种形态”对应的是全面从严治党，就是要运用批评教育、诫勉谈话、组织调整、党纪处分等各种手段，使纪律严起来、管住大多数。这对党员干部的要求不是变松了、而是更严了，执纪的力度不是小了、而是更大了。运用“四种形态”，严格分类处置问题线索，把纪律挺在前面，抓早抓小，使红脸出汗成为常态，组织处理、党纪处分的运用更经常了，也可以说是因为轻微违纪就受处分处理的人更多了。

2.必须持续下去，驰而不息，没有停止的时间。一是从三年来的反腐败形势看，腐败问题还在不断出现，并没有杜绝，没到收兵的时候。持续曝光案件，案件持续不断，问题不断出现。要想根本上解决，任重道远。二是腐败现象死灰复燃，反弹力度很大。成都有的高档餐饮又在不知不觉中开张营业了，大家平时可以注意观察一下。三是中央纪委不断释放强调持续下去的信息，以前是十八大到十九大的五年，是集中执纪高压反腐的五年，要为十九大营造良好的政治环境。现在释放的信息是十九大以后的持续反腐，会越来越严。四是执行八项规定精神不是停下来的问题，而是成为生活工作习惯的问题。饭局不再是人际交往的主要载体和平台，不再是业务联系与沟通的主要载体与平台，喝酒不再是加强人际关系的主要手段，应转化到更健康、更理性的方式上去。五是违反中央八项规定精神就是违反政治纪律，这是中央纪委举办的培训班上讲出的观点。中央颁布的八项规定，违反八项规定精神，就是和中央不保持一致，就是违反政治纪律。把遵守中央八项规定精神提高到了很高的高度。

3.逗硬较真，审查纪律就是政治纪律。纪律审查本质上是党内审查，是严肃的政治工作。纪检部门不发现问题不行，发现问题不处理不行，处理问题不到位不行，处理了不执行到位不行。有一个方面没有做到，都要追究责任。一是执行纪律没有操作空间。违纪行为被曝光了，被抓住了查实了，只能根据错误的事实和党纪的规定来进行处理，回旋的余地都没有，有的干部要求放一马，打个让手，都没有一点空间和可能。我们的执纪工作要接受上级纪委、同级党组、巡视机构、举报人和人民群众的监督，没有谁敢来打让手，大事化小，小事化了。二是量纪越来越重，组织调整力度越来越大，个人付出的代价越来越大。现在人们的生活水平越来越好，人人都不缺吃，甚至还营养过剩，还想方设法减肥，为了一顿吃请却要付出沉重的政治代价。大多数领导干部也不缺用，有的房子几套，存款若干，工资也不算低，却为了一个红包，一点土特产，接受党纪政纪和组织处理。问题还在于，收的土特产，有的根本就没有用上，有的放过期了，就扔掉了。

4.不能把纪律和规矩不当回事。贯彻落实中央八项规定精神有个上热下冷的问题。厅机关要热，厅直属单位要热，直属单位的一级、二级、三级下属单位也要热起来。系统的最基础的层次，就是和群众联系最直接最多的层次，更要热起来。否则就会是上面九级风暴，下面纹丝不动。不能搞明热暗冷，开会的时候热，传达学习文件的时候热，述责述廉的时候热，上班的时候热，落实到自己的一言一行一举一动的时候也要热，在组织视线之外的时候也要热，一个人的时候也要热。纪检组织也不能内热外冷，除了纪检组织、纪检工作人员热，党的各级组织、全体党员、全体党员领导干部也要热……

——《巡视反馈问题相关党纪党规解读》摘录[3]

一事一总结，一事一报告，一事一沟通。驻厅纪检监察组主动开展的党风廉政宣传教育，事前、事中、事后都要和省纪委监委相关部门、厅党组沟通、汇报。此次的党纪党规解读文稿，是驻厅纪检监察组与省纪委充分沟通，取得厅党组大力支持，形成共识后形成的，目的就是在遇到困难阻力时的，寻求工作开展的支撑与后盾。同时，纪检监察组在开展工作前后都会向省纪委和上级领导进行工作汇报，这样做的目的就是要确保所产生的党纪党规讲稿高度契合中央和四川省相关精神，保证解读工作是准确、全面、真实地反映了全面从严治党的新要求新动态。

驻厅纪检监察组准备的巡视发现相关问题党纪党规解读材料，通过层层开展解读，既剖析了老问题，又提出了新要求，使解读活动实际成为了一个党内集中教育的过程，大大异于传统的老办法。不同之处还体现在教育的材料不一样，过去的教育材料基本上都是大而化之，上下一般书，理论放之四海而皆准，这便很难入心入脑，主要原因是当事人觉得离自己很远，没有触动。但这次的讲稿一改文件风格，用的都是大白话，一听就懂，讲的都是身边人的事，讲的都是认识人的事，引起了大家心灵震撼。其次是教育方式不一样。过去开展教育活动，普遍方式是党委集中授课，讲完就算大功告成。这次解读却是厅党组牵头划成了若干个解读小组，分片区分机构直接把教育内容送到了一线，送到了末端。

因此，党纪党规解读的内容是非常受学员认同的。党纪党规解读中关于主体责任内容的讲解让学员们收获不少。不少学员认为，只有静下心来沉下身来，把自己分管范围内的问题解决了，消除风险点，才能真正解除自己被追究主体责任的可能。过去那种一板一眼走形式，把形式走到位就能免除主体责任的时代一去不复返了。单位出了问题，就要被追究主体责任，这是一个基本的理念。只有真正解决问题才是解除主体责任的唯一途径。

履行主体责任的核心，就是管好人，做好事。管好人，就是对管理范围的人员执行纪律的情况负有责任，就是要真管起来。做好事，就是要着力规范和推动业务工作。巡视所反馈的问题，虽然已向巡视领导小组报了整改报告，但并不是说这些问题都从制度机制层面进行了根本解决。驻厅纪检监察组在谈话中，把这些问题交给各单位各部门负责人，在工作中再去研究部署，加强工作规范，推动工作发展，证明了纪检监察工作的开展是业务发展的助力而非阻力。

（二）风格：用自己的话说自己的事

在讲稿的风格上，四川省交通运输厅的党纪党规解读彰显出明显的特色，那就是“用自己的话说自己的事”，用四川交通的话语讲四川交通的问题，传递四川交通所需的党纪党规知识，教育四川交通运输系统干部职工。句子结构并不是十分对仗工整，力求用简单的结构把意思表达到位；用语不再是广泛的引经据典，而是用平实的语言将工作感受表达出来；内容不是生硬地照本宣科，讲的都是系统内纪检工作中发生的事情。

以下为讲稿节选：

纪检工作者们常说，现在纪委书记、纪检组组长不好当了，处理别人的人，履职不到位，哪一天也有可能被处理。一是办案空白点要被追究责任。对于本单位、本部门存在的问题，一定要实事求是，认真分析。存在办案空白点的单位，如果本单位真的没有问题，那就要认真总结经验，全系统推广；如果有问题而没有发现和查处，那就是监督责任履职不到位，就要被追究责任。二是单位出了问题，个人要被追究责任。对发生重大腐败案件和严重违纪行为的单位和部门严格执行问责机制，实行 “一案双查”，既要追究当事人责任，又要倒查追究相关领导责任，包括党委和纪委的责任。凡是单位班子或班子成员出了问题，党委书记要承担主体责任，纪委书记要承担监督责任。分管范围内出了问题，分管领导要承担主体责任。怎么才能避免被追责？只是为了做工作而做工作，是不行的了。把问题捂住、不暴露，抵抗调查，不是解决问题的方法，只有沉下心来，认真研究解决问题，真正把问题解决了，才能真正解脱责任，党风廉政建设才会有效果。三是纪检部门对应该发现问题而没有发现就是失职，发现不报告、不处置就是渎职。对于失职、渎职的行为，将按照纪委监督责任追究办法，追究相应责任。四是纪检工作压力将会越来越大。十八大以来，反腐败力度大，纪委的任务越来越重，纪委的责任越来越大。要担好这个责任，容不得有一丝懈怠、半点拖延，要自觉做到在其位谋其政，强化规矩意识，筑牢思想防线，守住清廉底线，始终保持高压态势不放松，真正使本单位全体干部职工做到不能腐、不敢腐、不想腐。

——《巡视反馈问题相关党纪党规解读》摘录 [4]

（三）目的：传递严的讯息和压力

党纪党规解读的讲稿从解读中央八项规定精神、全面从严治党的责任落实、党风廉政建设与反腐败斗争最新要求等层面出发，但最主要的目的还是针对巡视整改所发现的问题，对系统内所有党员干部职工敲响全面从严治党的警钟，传递全面从严治党严的信息和压力。

受众，尤其是领导干部不可能都像专家一样仔细吃透每部法规。驻厅纪检监察组始终认为纪律条规，除了当事人自身进行学习掌握，也应有相应的顾问。纪检组织和纪检人员就应当成为干部职工的“法纪顾问”，而广大干部要善于利用好本单位的“法纪顾问”。也因此，四川省交通运输厅的党纪党规解读使得整个厅直系统明显的有了感觉。什么感觉？有了“严”的感觉，聚集了“严”的压力，形成了系统上的规范效应。这说明这样的党纪党规解读才是真正具备客观效果的。如何理解这种感觉和效应？是大家在茶余饭后，在坐电梯的时候，在吃饭的时候，无意识流露出的对党纪国法的敬畏，厅党组和驻厅纪检监察组认为，这才是真正的效果，而非简单的解读场次与受众数量。

二、开展党纪党规解读工作

党纪党规的解读工作不是片面的、区域性的，是全覆盖进行的。驻厅纪检监察组在厅党组的大力支持下，结合通报巡视发现问题的调查处理情况，开展巡视发现问题相关党纪党规解读，把问题通报到每一个人，党纪党规解读到每一个人。这样的解读一共安排了 46 场，对厅直系统实现了全覆盖，涵盖 14 名厅级干部、314 名处级干部，覆盖 3537 名干部职工。厅党组班子全体成员更专题听取了党纪党规解读。此外，驻厅纪检监察组还将党纪党规解读从厅直系统拓展到全省交通运输系统，摘编解读要点，形成六个系列，利用厅直宣传载体持续刊发，覆盖全省 5 万名从业人员。

（一）解读的安排

党纪党规解读计划安排共开展46场，面向厅直系统内14名厅级干部、314名处级干部和3537名干部职工，以实现对厅直单位党纪党规解读的全覆盖。

（二）解读工作的具体执行

巡视发现问题相关党纪党规解读统计表节选[5]

序号	单位名称	通报人	主持人	参会人员范围	参会人数	参会地点	解读时间	备注
1	厅党组			厅党组成员、巡视员、副巡视员，厅直单位主要负责同志、厅机关处室主要负责同志	48	厅机关十二楼会议室	2016.9.2	已解读
2	厅公路设计院（第1场）			厅公路设计院领导班子成员（6人），内设部门及4个下属企业的行政及技术正副职、财务人员、纪检监督员，19个党支部（总支）委员，30名团干部及机关各部门工作人员	220	厅公路设计院2号楼6楼会议室	2016.8.5	已解读
3	厅重点公路监理处（咨询监理公司）（第1场）			厅监理处领导班子成员（6人），内设10个处室正、副职，在蓉所有员工	90	厅监理处太升南路办公区3楼会议室	2016.8.8	已解读
4	厅运管局			厅运管局领导班子成员（6人），内设14个处室正副职，在家所有干部职工、局直4个企业全体中层	81	厅运管局3楼会议室	2016.8.10	已解读

5	厅航务局、四川省交通运输工会			厅航务局领导班子成员（9人），内设10个处（室）正（副）职，在蓉全部职工；四川省交通运输工会领导班子成员及全体职工	86	厅航务局7楼会议室	2016.8.11	已解读
6	厅高管局			厅高管局领导班子成员（5人），调研员（7人），内设8个处室正、副职，下属8个直属单位班子成员、监督科长，机关全体干部职工	120	厅高管局3楼会议室	2016.8.12	已解读
7	厅公路局			厅公路局领导班子成员（7人），调研员（4人），内设副总工、16个处室正副职及其他党员同志，11个下属单位领导班子成员及纪检干部，兴蜀公司领导班子及中层干部	130	厅公路局会议室	2016.8.15	已解读
8	厅交通设计院（第1场）			厅交通设计院领导班子成员（5人），内设28个部门及3个下属企业的中层干部	65	厅交通设计院3楼B区会议室	2016.8.16	已解读
…	……	…	…	……	……	……	……	……

2016年5月24日，厅党组决定对厅直系统开展巡视发现问题相关党纪党规解读，以深入落实巡视整改要求。报经省纪委、省委巡视办、省委第二巡视组同意，在驻厅纪检监察组的牵头下，此项工作正式展开。此后的三个月时间里，驻厅纪检监察组完成了近3万字的解读材料，并报送省纪委相关部门和厅党组主要负责同志审查；确定了7名党纪党规解读人员，并进行了解读工作培训。在8月5日至11月8日的3个月里，驻厅纪检监察组共开展解读46场，涵盖厅直系统上下共14名厅级干部、314

名处级干部，覆盖干部职工3537人。每场讲解前，均对8个典型案例、72人次的处理情况，点名道姓向参会人员通报。这样的通报不是简单地依靠被监督对象的自觉来开展工作，而是确保利益当事人，深刻明了其中的利害关系，意识到自己的行为会导致严重后果，确保他们养成遵纪守法的自觉。因此，在进行党纪党规解读时，驻厅纪检监察组总是深刻把握干部职工心理，倾向于从人性趋利避害的方面来讲述一些案例。

5月24日：驻厅纪检监察组决定对厅直单位开展“巡视发现问题相关党纪党规解读”，深入落实和整改巡视发现问题。

5月27日：报经省纪委、省委巡视办、省委第二巡视组同意，厅党组决定对厅直单位全覆盖开展“巡视发现问题相关党纪党规解读”。

6月3日：处务会安排工作。研究党纪党规解读的结构和内容，分配工作任务。

6月16日–20日：准备通报材料、修改解读材料。

6月21日：驻厅纪检监察组启动解读材料撰写工作。

7月8日：按照党纪党规解读提纲开始撰写第二部分。

7月29日：完成3万字的解读材料，并报送省纪委相关部门和厅党组主要负责同志审查。

7月29日：确定7名党纪党规解读人员。

8月1日：对7名解读人进行解读工作培训。

8月5日–11月8日：历时3个月，开展解读46场，涵盖厅机关和34个直属单位、14名厅级干部、314名处级干部，覆盖干部职工3537人。每场讲解前，均对8个典型案例、72人次的处理情况，点名道姓向参会人员通报。

——2016年党纪党规解读工作日志[6]

（三）解读材料的持续利用

46 场党纪党规解读结束后，驻厅纪检监察组所作的专题报告得到了主管部门的充分肯定。解读材料三万余字，这些内容在厅直系统进行传播后，也引起了强烈反响，效果显著。因此，驻厅纪检监察组将党纪党规解读材料进行归纳、提炼、整理编出 70 多条，每条不到 500 字的信息，取名叫“纪检微平台”，通过覆盖全省交通运输行业近五万名职工的四川交通手机快讯（四川交通手机报）[7] 向 5 万干部职工点对点进行推送。从厅直系统层面做到全省交通运输系统，“纪检微平台”坚持用自己的话说自己的事，系统地、全面地传递执纪越来越严、规矩越收越紧的明确信息，使得巡视整改与执纪审查引起的震动在持续，压力在传递，效应在放大，不把纪律和规矩当回事的惯性思维在慢慢扭转。干部职工对纪律和规矩的敬畏之心在逐渐形成。

党纪党规解读材料集聚了纪检监察组全体同志的心血和智慧，产生了非常好的效果。党纪党规解读后，如何让这些解读材料继续发挥作用，把价值最大化，是一直萦绕在驻厅纪检监察组心头的事。党纪党规解读最初的预期就是会在中层或者中层干部以上有一个比较大的震动和反响。但实际上，从最终效果来看，它对整个系统都形成了一个非常大的影响。这就是厅党组和驻厅纪检监察组所一直秉持的观点，即推动工作再向前走一步，不积跬步无以至千里，一项工作要久久为功，逐步思考、继续前行，直到走不动为止。

第三节 党纪党规解读的特点及启示

一、党纪党规解读的特点

党纪党规解读主要有以下六个方面的特点：一是展现当事人的心理，包括当事人自身的不以为然、抵触、反感、讨厌、内心拒绝、抗拒等态度。二是传递严的信息和压力。三万六千字的讲稿，是解读的核心内容，传递的是严的信息和压力。讲稿集中了厅党组、驻厅纪检监察组的集体智慧，征求了省纪委相关部门及厅相关部门的意见，目的就是将新的要求全面准确地告诉大家。三是用自己的话说自己的事。不讲套话、空话，讲实话，讲厅直系统里发生在大家身边的事。四是全覆盖，讲到每一个人。这项工作从 2016 年 8 月至 9 月开始共进行 46 场，完成了对厅直系统的全覆盖，最后 1 场更是覆盖到了厅党组的扩大会上。五是追求效果导向。每场三个小时，基本上鸦雀无声。内心有感觉，思想有触动，行为有规范，违规有收敛，产生了系统性效应。六是再走一步。驻厅纪检监察组始终坚持“再走一步”的工作理念，以开阔的视野将纪律检查工作的各项任务有机融合。以一点的突破求得持续地长进，在一个又一个的再走一步中，达到工作层面的起承转合，行云流水。最终水到渠成，收获到积极而广泛的政治、经济和社会效果。

二、开展解读工作的启示

党纪党规解读中，受众心态如何？他们在想什么，担心什么，害怕什么，顾虑什么？违纪风险点在哪？这是驻厅纪检监察组重点考虑的问题。同一个讲稿，不同的解读思路可能会带来不一样的效果。解读工作如果照本宣科，往往容易脱离受众实际，主讲人也调动不起听众的激情，自说自话，讲完了事。缺少精品，也无法传递信息和压力。开展党纪党规解读要分清受众，更要因地制宜。

一是纪检工作要善于做大家的“党纪法规顾问”。驻厅纪检监察组认为制定法规、执行法规、遵守法规三个层次的工作对法条的理解和掌握要求是不一样的。党纪法规的立法背景、立法精神、演化的历史沿革、法条体系是法规制定者需要明了的。但党纪法规的执行者是广大党员干部，不是专业人士。党纪法规对遵守者来讲，不应是高深莫测的、艰深难懂的。法规是否通俗易懂，一看就明白，看了就知道哪些可为哪些不可为，这是制定党纪法规时的就应做考虑的。遵守法规则是要求受监督者心中有法，而心中有法的前提就是知法、懂法。纪检工作要善于做大家的“党纪法规顾问”，要通过这样的党纪党规解读使广大被监督主体不能把纪律和规矩不当回事。

二是党风廉政教育要“用自己的话说自己的事”。解读效果需要传递出来的信息归根到底就是一个字：“严”。但一个部门、一个单位、一个系统有自身业务特点，有自身的干部职工队伍，违纪违规问题有自身的滋生土壤和条件。党风廉政宣传教育不能脱离自身的实际情况。要把全面从严治党的纪律要求置于单位自身的语言环境中，干部职工才更容易接受，要针对本单位的具体人、具体事，干部职工的体会才更加深刻，效果才更好。必须直接讲问题，讲厅直具体单位，具体事，具体人，解读到厅直系统的语言体系之中，从而距离拉近、提升效果。

注：

[1] 四川省交通运输厅党组：《关于巡视发现违反八项规定精神和党的纪律问题的通报》，第 1 页。

[2] 四川省交通运输厅公路规划勘察设计研究院为四川省交通运输厅直属单位，2019 年完成转企改制，更名为四川省公路规划勘察设计研究院有限公司，成为国有企业。

[3] 驻厅纪检监察组：《巡视反馈问题相关党纪党规解读》（综合版），第 14–16 页。

[4] 驻厅纪检监察组：《巡视反馈问题相关党纪党规解读》（综合版），第 49–50 页。

[5] 驻厅纪检监察组：《巡视发现问题相关党纪党规解读统计表》，第 1–2 页。

[6] 驻厅纪检监察组：《十四项工作日志（三）：党纪党规解读》，第 1–2 页。

[7] 2018 年，因业务调整和机构重组，四川交通手机快讯受众调整为全省交通运输系统 1 万余名领导干部。

第三章
纪检微平台：新媒体时代的党风廉政教育案例

十八大以来的党风廉政建设实践已经证明将新媒体运营思维科学运用到党风廉政建设特别是党风廉政宣传教育工作中，是可以取得良好工作效果的。这既是宣传教育工作理念上的创新，也是新时代有效开展党风廉政建设的必然要求。基于这样的认识，驻厅纪检监察组在厅党组的大力支持和上级纪委监委的紧密领导下，积极依托互联网平台开展党风廉政宣传教育，从把握受众心理、把握传播规律、把握阅读效果入手，寓政治性于时代性，打造了以“纪检微平台”为代表的一系列新时代四川交通党风廉政宣传品牌。

第一节　“纪检微平台”的由来

一、四川交通手机快讯的启示

2016 年 10 月，驻厅纪检监察组会同四川省交通宣传中心（简称厅宣传中心）[1] 就本单位党风廉政宣传教育工作进行深入沟通。经了解，厅宣传中心共有报纸、网络、手机快讯、杂志、电台、微信公众号、微杂志、声像等 9 个宣传平台。这之中，厅宣传中心主动在交通运输部核心媒体《中国交通报》上开辟四川专刊，每月刊发四个版面，集中宣传四川交通运输发展成就。通过运营中交新闻网四川频道，中心实现嵌网播出四川交通广播《四川交通》节目，打造网络宣传平台。中心还编发《四川交通运输》杂志月刊。随着手机快讯、微信公众平台、微杂志、电台节目的创办，中心还将传统媒体与新媒体进行深度融合。通过对行业重大决策进行权威发布，对行业法规政策进行深度阐释，对行业管理和技术方面的经验成效、改革创新举措进行深入剖析，对行业发展趋势进行前瞻性探讨，对重点项目、突破性成果进行深度挖掘等途径，宣传中心讲好了交通故事，树立了行业新风，展示系统新形象。此外，四川省交通运输厅信息中心（简称厅信息中心）[2] 所负责运营维护的厅网站、厅官方微信和官方微博也是四川省交通运输厅对外宣传的重要窗口。

厅宣传中心和厅信息中心掌握着四川交通系统丰富立体的传播媒介，其中既有传统媒介，也有近年来强势崛起的互联网新媒体平台，这些都为驻厅纪检监察组创新开展党风廉政宣传教育工作提供了扎实的渠道基础。驻厅纪检监察组在综合研判宣传对象的精确性、受众覆盖的广泛性以及传播内容的可读性和宣传频次的可持续性等多方面因素后，选择了能在每个工作日点对点辐射四川交通行业近 5 万名干部职工的四川交通手机快讯作为传递从严治党信息的宣教平台。

纪检监察工作的创新开展并不意味着在新时代的时髦潮流中迷失自己。信息技术的革命，固然为媒体产业带来了颠覆性的改变。但新媒体时代传播学的“用户思维”更强调有用，而非工具选择本身，这是驻厅纪检监察组在开展党风廉政宣传教育中所始终牢牢把握的。中央在抓什么、干部正想什么、纪检能做什么？

正是基于这三条铁的标准，驻厅纪检监察组首先选择了看上去似乎已经落后于时代的手机快讯，但每日点对点覆盖省内交通行业数万名领导干部的传播特质却是与“纪检微平台“栏目所契合的。

二、党纪党规解读工作的延伸

2016年，厅直系统46场党纪党规解读结束后，近四万字的解读内容在厅直系统引起了强烈反响。为此，驻厅纪检监察组以专题报告的形式将相关做法呈送上级，得到了省纪委主要领导充分肯定。就在这项工作已经步入尾声之时，纪检监察组却不循常规，深入思考能不能在这项工作的基础上再往前走一步。中国纪检监察报《学思践悟》栏目的文章《只要方向正确，迈出一步就是成绩》[3]启迪了驻厅纪检监察组，即工作再往前走一步，哪怕只走半步就是效果。

党纪党规解读形成了丰富立体的讲稿，而四川交通手机快讯则覆盖了交通运输行业近五万名党员干部，内容与形式不谋而合。为了将工作再往前走一步，驻厅纪检监察组将党纪党规解读材料进行归纳、提炼、整理编出70多条，每条不到500字的信息，取名叫“纪检微平台”，通过手机快讯向四川交通行业5万干部职工点对点进行推送。就这样，工作往前走了一小步，党纪党规解读从部门讲台走向了手机快讯。

三、两个微信群运转现实需要

2016年7月，驻厅纪检监察组建立涵盖厅直系统所有单位和党组织的“厅直系统纪检微信群”，厅直系统专兼职纪检人员、厅直单位和厅机关各处室主要负责人等437名干部职工入群。

2017 年 6 月，本着上下齐心，共同抓好全省交通运输系统党风廉政建设和反腐败工作，营造全系统良好政治生态的初衷，驻厅纪检监察组建立覆盖全省交通系统的“全省交通系统纪检微信群”，驻厅纪检监察组全体成员、各市州、县区交通部门纪检人员共计 478 人先后入群。

陆续建立的两个微信群既是高效的工作平台，也是精准的党风廉政宣传教育平台。为了有效运营两个纪检微信群，发挥其“双平台”的优势，驻厅纪检监察组将刊载于四川交通手机快讯的微平台信息制作成适合碎片化阅读的文字图卡在微信群内予以推送，并安排厅直系统与市县交通部门转发与反馈。在一段时间的推动后，微信内容基本实现了全省交通系统干部职工全覆盖。

第二节　“纪检微平台”的内容

“纪检微平台”虽然简短，但每一句话都在向党员干部传递全面从严治党严起来、紧起来、规范起来的信息。当党员干部们看到这些信息时，感受到的不是枯燥的说教，而是学到了作为一个党员干部应知应会的信息。“纪检微平台”，既有语言风格上的创新，也有内容上的创新。纪检监察工作强调既坚持“高线”又守住“底线”，“纪检微平台”就是明确地在把这些底线告诉广大党员干部，让他们知晓其中的利害关系。

一、第一阶段内容

2016 年夏天覆盖厅直单位的 46 场党纪党规解读取得了充分而显著的成效。秉持着再往前走一步的工作理念，驻厅纪检监察组结合厅党组部署，对解读材料进行再整理、再编辑、再利用，依托四川交通手机快讯，开始了“纪检微平台”栏目运作的第一阶段。2016年9月，党纪党规解读材料所编辑形成的【走进纪委】【走进党章党规】两季23篇信息首度在手机快讯进行刊载发布。其中【走进纪委】共10篇，如：“纪委是党代会选举产生的党的一级委员会”“厅直单位要按照党章规定设置纪检组织”“厅直单位纪检工作要突出主责主业”“厅直单位纪检组织也要落实‘三转’”“厅直系统办案和人事实行‘两为主’”等；【走进党纪党规】共13篇如：“党风廉政建设体现了从制定制度到执行制度的鲜明特点”“八项规定的执行到位对今后的纪检工作树立了典范和标杆”“廉洁自律准则被称为新时期的三大纪律八项注意”等。

“纪检微平台”第一季以“走进纪委”为主题，开门见山，简明而深刻地阐述了纪检监察组织的职能职责，指出驻厅纪检监察组是代表省纪委监委对驻在部门进行监督。通过对十八大以来，各级纪检组织持续三转，突出主责、狠抓主业的阐释，向全系统传递了党的工作开展到哪里，纪律保障作用就发挥到哪里的重要信息，以及驻厅纪检监察组规范系统工作，助力四川交通发展的信心和决心。

《驻厅纪检组受省纪委直接领导》省纪委派驻42个纪检组对省级单位实施监督，实现了全覆盖。派驻纪检组受省纪委的直接领导。派驻纪检组编制、人事、考核、提拔等由省纪委负责，后勤保障等工作条件由驻在部门提供。派驻纪检组向省纪委负责并报告工作。派驻机构由省纪委直接领导、统一管理，向省纪委负责，职责是监督驻在部门领导班子、省管干部和处级干部，调查内设机构、直属单位领导班子及成员、处级干部违反党纪的案件，对各级领导班子履行主体责任不力进行问责，对机关纪委、直属单位的纪检工作进行业务指导和监督检查等。

——“纪检微平台”第一季摘编

“纪检微平台”第二季则以“走进党章党规”为主题，结合2016年省委巡视反馈的问题线索，以自己的话说自己的事，在46场实体党纪党规解读后，继续抓学习、升温度、牢巩固，通过对中央八项规定、廉洁自律准则、纪律处分条例等党章党规的持续深入剖析，对全系统进行了一场深刻的而实用的线上党风廉政宣传教育。

《落实主体责任重在解决职责范围内存在的问题》单位党风廉政建设方面出了问题，就要被追究主体责任，这是一个基本的理念。只有真正解决问题不出问题才是解除主体责任的唯一途径。工作停留在开会、讲话、发文件、学习、宣传、写简报、报总结、考核得高分、评比得先进层面，跟不上落实主体责任形势需要。扎扎实实走形式，把形式走到位，不能免除主体责任。只有静下心来沉下身来，把自己职责范围内存在的问题解决了，不出问题不出大问题，才能真正解除自己被追究主体责任。厅直单位各级党组织要按照巡视发现的问题清单，一个问题一个问题地解决，年底述责时，逐项报告，逐项报告到位。

——“纪检微平台”第二季摘编

二、第二阶段内容

党纪党规解读材料所形成的“纪检微平台”前两季内容一经推出，便颇受系统内干部职工的好评。但这一栏目的形成出自对于党纪党规解读材料的再利用，在走进纪委与走进党章党规的内容刊发结束后，“纪检微平台”该走向何方？驻厅纪检监察组对此的创作运营陷入了短暂的枯竭与迷茫。但各方面的积极反馈以及“一竿子插到底”的工作理念使得驻厅纪检监察组并没有放弃对“纪检微平台”的探索。在这一时期，驻厅纪检监察组广泛搜集交通系统腐败案例，意图通过“纪检微平台”开展警示教育。但限于人力、精力和平台资源，这样的尝试效果并不理想。

在整理、编发交通系统警示教育案例受挫后，驻厅纪检监察组开始组织内部工作人员参照前两季的体例自行撰写“纪检微平台”。通过广泛查阅、学习相关规章制度、文件精神，陆续形成了有关信访举报线索处置、执纪审查等主题的共65条内容。但这65条的自我尝试始终距前两季有所差距，是一次不成熟的内部尝试。这一过程中，随着对巡视反馈线索调查核实的深入，驻厅纪检监察组对厅直系统信访举报的情况进行了摸排和分析，使得写作内容有了工作支撑。最终，有关信访举报、纪律审查的24则“纪检微平台”在第八季予以了重新修订刊发。

《不适应新形势新要求的惯性思维仍然存在》省委巡视组对厅巡视发现的问题，都是党的十八大以后发生的，2014年和2015年都占有一定比例。巡视组发现的问题主要集中在少数单位，并不说明其他单位和部门不存在问题，其他单位和部门也有信访举报和问题。在利益和矛盾面前，忽视纪律和规矩。继续沿袭传统的思维和习惯，无法适应从严治党动辄则咎新常态的要求，不能把纪律和规矩不当回事儿。

——“纪检微平台”第八季摘编

三、第三阶段内容

2017年3月，驻厅纪检监察组在厅党组的大力支持下，举办厅直系统纪检业务专题培训。驻厅纪检监察组高度重视此次培训，组织力量撰写了3.6万字的培训讲稿，为参训人员重点解读厅直系统纪检工作“做什么、怎么做、谁来做”三个问题。培训结束后，驻厅纪检监察组将培训讲稿、受训人员心得以及部分纪检干部的发言材料进行了再编辑，整理出“走进纪检人”“走进纪检工作之思路篇”“纪检之做什么”“纪检之怎么做”“纪检之谁来做”共五季63篇，利用“纪检微平台”予以刊发、推送。

《单位纪律审查空白纪委书记要被追究责任》纪委书记纪检组长不好当了，处理别人的人，履职不到位，也有可能被处理，纪检工作“压力山大”。纪检部门对应该发现问题而没有发现，发现不报告、不处置，要被追究责任。省纪委专门集体约谈了派驻纪检组组长和副组长，要求今年内扫除纪律审查空白点，年底前必须见成效，省纪委正在制定相关考核办法。工作做得好，确实没有案件的要认真总结经验，向上级纪检组织报告，向全系统通报。驻厅纪检组按照省纪委要求，对厅直各单位纪检组织明确提出了逐步扫除纪律审查空白点的要求，并将一一兑现。

——“纪检微平台”第三季摘编

《持续推动纪检工作实现“三转”》党的十八大以来，中央纪委用了完全不同以往的一套全新的语言系统，阐述了纪检工作新的理念、新的思路、新的方式、新的方法和新的要求，对监督主体履责提出了全新的更高的要求。纪检工作回归党章的基本要求，回归党的纪律检查，回归监督执纪问责主责主业。中央纪委通过网站、中国纪检监察报开辟专栏，向全党全社会阐释中央和中央纪委党的十八大以来的纪检工作。厅直系统有的纪检监察组织对回归主责主业还落实不够，工作还比较多地停留在表面上，还停留在日常具体事务上。有的对本单位本部门存在的问题发现不够、关注不够、解决不够，适应中、省纪委展现出来的全新的纪检工作还有相当大的一段差距。

——“纪检微平台”第四季摘编

《纪检从过去“十处打锣九处在”回归本位》纪检工作过去面铺得很宽，“十处打锣九处在”。业务部门在推动工作中，推不动的时候，就想借纪检监察处理人的手段来推动工作。纪检工作越来越宽，什么都管，该不该管的都在管。各级纪检机关参与的协调小组少则几十个多则上百个。陷入了业务工作中，做了业务部门的事，忘了自己的纪律工作。成天忙忙碌碌种别人的责任田，荒了自己的自留地。厅直单位纪检工作种别人责任田的情况还不同程度存在，纪律工作被忽略，被晾在一边。反正是得罪人的事，不干或少干更好。纪检工作没有开展起来，或者是应付了事，做些表面文章，干点不痛不痒的事。驻厅纪检监察组提出厅直纪检系统的“三项任务十项工作”，目的就是指导厅直纪检工作回归纪律检查的本位。

——“纪检微平台”第五季摘编

《落实“三项任务十项工作”需要深度上掘进、广度上拓展》落实“三项任务十项工作”不能照本宣科，要认真把握本单位、本系统的实际情况，深度贯彻和落实“三项任务十项工作”。每一项工作都是有文章可以做的，都是可能做成大文章的，都要解决本单位的问题。“三项任务十项工作”中的每一项都要持之以恒地抓下去，没有收兵的时间，没有减弱的时候。驻厅纪检监察组年中要抽查，年底要检查，存在的问题要通报、要整改、要落实，责任人员要受到追究，该调整的要调整。

——“纪检微平台”第六季摘编

《纪检监察组织和纪检人员自己要立起来，要别人做的自己首先要做》驻厅纪检监察组要求大家做的，驻厅纪检监察组首先要做到做好，做出标杆，做出旗帜，做出范例。纪检监察组织自己要做，带头做。厅直单位纪检人员自己要做，要去思考，要去琢磨，要去谋划，要去落实，要去推动，要去总结，要去宣传。纪检监察组织和纪检人员只有自己立起来了，才有号召力、影响力、动员力。

——“纪检微平台”第七季摘编

四、第四阶段内容

2017年8月，为强化厅党组、驻厅纪检监察组对厅直系统的监督，做到问题早发现早解决，厅党组决定参照省委巡视工作对厅直各单位开展巡察。2017年10月，6个巡察组进驻6家厅直单位全面开展集中巡察。对于巡察工作中的若干方法和理念，驻厅纪检监察组充分利用“纪检微平台”对其提炼总结，然后将相关内容释放到厅直系统和全省交通运输系统，形成了“纪检微平台”第九季巡察专题，带动了全省交通系统巡察工作的深入开展和交通业务的规范。

《厅党组决定对厅直单位开展巡察》厅党组参照和借鉴巡视巡察，决定对厅直单位开展巡察，检察厅直单位党组织以及厅直系统各级党组织贯彻落实省委、省纪委的决定以及厅党组、驻厅纪检监察组工作部署情况，重点检查中央“八项规定”精神、省委省政府“十项规定”、厅党组“十二项规定”执行情况。五年内，对厅直单位的巡察做到全覆盖。巡察工作是驻厅纪检监察组、厅直系统今后五年的重点工作。

——“纪检微平台”第九季摘编

五、第五阶段内容

2017年5月17日，四川省纪委在省交通运输厅召开省直机关纪检组织和队伍建设工作现场会议。会上，厅党组扛起全面从严治党的主体责任，同驻厅纪检监察组一道从根本上推动全面从严治党向基层延伸，推动纪检工作在厅直系统落地见效的一系列做法和成绩得到了省纪委和其他诸多参会单位的高度肯定。会后，驻厅纪检监察组密切配合厅党组部署，将现场会议视频资料释放至全省交通系统，以期通过工作方式和理念的呈现带动全省交通系统党风廉政建设的持续好转。秉承着再往前走一步的工作理念，驻厅纪检监察组也将相关信息形成“纪检微平台”第十季“推动全省交通运输系统党风政风行风变化”并予以了刊发。

《省厅带动、示范、引领和推动全省交通运输系统党风政风行风积极变化》厅党组和驻厅纪检监察组以2016年省委巡视整改为契机，持续开展了46场巡视反馈问题相关党纪党规解读、厅直纪检系统“三项任务十项工作”、厅直系统纪检监察组织队伍建设“十条意见六十条解读”、厅直系统纪检工作“三种思路四种方法”、厅机关各部门和厅直单位首轮巡察、扶贫工作专项巡察等14项工作，在厅直系统形成“严”的压力和“严”的氛围，推动厅直系统交通运输业务和干部职工思想行为规范上一个新的台阶。市县交通运输系统各级党组织和纪检监察组织按照本级党委、纪委的安排部署，对省厅的做法，“参照做、比照做、按照做、选几项做”，把省厅的工作效应释放到全省交通运输系统。

——“纪检微平台”第十季摘编

六、第六阶段内容

2018年7月与9月，全省交通运输系统市州和区县两级纪检监察组组长派驻监督课题培训研讨会相继召开，驻厅纪检监察组根据相关培训讲稿编写了“加强对被监督单位班子及成员的监督”“做好纪检工作后半篇材料”“始终保持执纪审查力度”“做好党风廉政建设宣传教育”“落实三转”等六季“纪检微平台”。

《派驻机构与被监督单位党组织是监督与被监督关系，派驻监督是上级对下级党组织的监督》派驻监督的重点是被监督单位的班子和班子成员。派驻监督不能只监督被监督单位管理干部，不监督被监督单位班子和班子成员；只监督被监督单位直属单位，不监督被监督单位机关和机关各处室。派驻机构对被监督单位直属系统的监督要落脚到监督被监督单位班子和班子成员。

——“纪检微平台”第十一季摘编

《纪检工作不仅仅是处理人，处理人是为了推动工作的规范》人处理了，工作没有规范，纪检工作的价值就没有充分体现出来。纪检工作“后半篇文章”主要是解决纪检监督中发现的问题，把问题解决了，同样的问题不再发生，就是把“后半篇文章”做好了。做好“后半篇文章”，才能避免问题“年年检查、年年纠正、年年再发生”。执纪审查、执纪监督、党风廉政宣传教育等各项纪检工作，都有“后半篇文章”需要做。

——“纪检微平台”第十二季摘编

《做的事情要管用，要有效果》宣传教育要在效果上下功夫，要改变做了就是效果的思维方式。编辑的宣传教育资料，不是编辑出来，发放到党员和党员领导干部手中，就万事大吉，就是成绩。关键是，党员和党员领导干部看没看这些宣传教育资料，看了后内心有没有感觉、思想上有没有触动，从中是否获取到“严”的信息，是否感受到“严”的压力，这才是关键。

——“纪检微平台”第十三季摘编

《党组织要担负起领导执纪审查工作的政治责任》厅直单位各级党组织是执纪审查工作的领导主体，加强对执纪审查工作的领导是党组织履行主体责任的重要内容，是党组织分内的事。本单位、本系统执纪审查工作不力，党组织也要承担责任，党组织的主要负责人要承担责任。纪检监察组织在执纪审查工作中，要自觉接受同级党组织的领导。

——“纪检微平台”第十四季摘编

《落实“三转”转变工作方式》转变工作方式，年年在提，时时在谈。转变工作方式是“三转”中最难转到位的。“三转”以来在转变工作方式上取得的成绩，目前有回潮的迹象，个别的慢慢地又回到过去的一些方式上去了。“转方式”，对基层纪检组织来讲有较大的探索空间，方式一变，工作效果就截然变了。

——“纪检微平台”第十五季摘编

《落实“三转”转作风之“用匠心把细节做到极致”》落实“三转”之“转作风”。这是一个老话题，也是时常提起的一个话题，说得很多，强调得很多，抓得很多，但这仍然是一个重要的话题。作风转变，是很难的一个方面，关键是要务实。这涉及一个干部、一群干部思想政治水平的提升，甚至涉及人的品质品行品性等基础性的问题。

——“纪检微平台”第十六季摘编

第三节 “纪检微平台”的特色

“纪检微平台”的核心要素集中在两方面。一方面就是有一个醒目的标题，通过一个简短的标题直接传递全面从严治党相关信息。另一方面就是内容完全用自己的语言表述，并且简洁明了。

“纪检微平台”中基本上没有文件式的话语。驻厅纪检监察组深知，党风廉政教育所面对的党员干部群体每天都在阅览各个层级的文件，他们会对读文件有审美疲劳，所以驻厅纪检监察组才转化成自己的语言来表述，要让他们一读上去就觉得新鲜、清新。

一、名称设置简洁

“纪检”：“纪检微平台”充分体现纪检特色，表现纪检内容，传递纪检声音。所谓纪检即纪律检查是指党的纪律检查机关维护党的纪律的活动。主要包括三方面：一是纪律检查制度建设活动，二是纪律检查工作实践活动，三是纪律检查理论研究活动。党的各级纪律检查委员会的主要任务就是：维护党的章程和其他党内法规，检查党的路线、方针、政策和决议的执行情况，协助党的委员会推进全面从严治党、加强党风建设和组织协调反腐败工作。

“微”：“纪检微平台”短小精悍。它具有醒目的标题，贴近人心的语言风格；它还有很强的开放性、可持续性，并同日常纪检监察工作同频共振互为补充，从而实现了党风廉政建设宣传的全覆盖，覆盖到每一个市州、每一个县市区，每一个部门，每一个单位，每一个干部职工；微小的背后充分体现了厅党组、驻厅纪检监察组同全省交通运输系统一道，对党风廉政建设与反腐败斗争工作矢志不渝、持之以恒的韧劲和毅力。

“平台”：“纪检微平台”是一个开放式的宣传教育平台，其内容还在不断地扩充。所有刊载于“纪检微平台”的内容都可以被受众快速而精准地阅读，而系统各单位与全体党员干部也可以充分利用这一平台，将相关内容按需转载至各系统、各单位内部平台，从而实现宣传教育的流动覆盖与更迭演化。

二、形式短小精悍

短小：每篇信息控制在500字以内，每个标题配有200~400个字的阐释。一条快讯读完仅需40~50秒。如果受众没有耐心读完一则完整信息，就算他们只看一眼标题，3秒钟的时间里也能获取这则“纪检微平台”快讯70%的信息。

直白：用自己的话通俗易懂地准确传递严的信息和压力，其语言特色接地气，群众容易接受。大家听得顺耳，听得入耳，听起来亲切，没有距离感，通俗、轻松，没有文件语言的指令感，易理解、消化。

精准：将交通行业领导干部所应知应会的规矩信息摘编提炼，在每个工作日点对点通过手机快讯传递到每一位交通系统的党员领导干部，并通过两个微信群的运用全覆盖到全省每一位交通系统的干部职工。

层次：“纪检微平台”两年来陆续刊载了“走进党章”“走进纪委”“走进纪检工作”“走进纪检人”等16季包含了纪律审查工作、巡察工作、培训工作、宣传工作、“三转”等方面的工作，有着极强的系统性和层次性。

总的来说，“纪检微平台”积极拥抱移动互联网，其形式充分把握人性，适应了当下碎片化、快餐化阅读的趋势。一则信息的阅读浏览少则只需要3到4秒钟，把整个内容看完，也不超过40秒钟。但简短背后绝对不缺乏知识量，每一则“纪检微平台”都是一篇浓缩的理论文章。潜移默化中，厅党组、驻厅纪检监察组反复强调的传递“严”的信息和压力、用自己的话说自己的事、宣传教育方式上的创新、宣传教育全覆盖、宣传教育做到人性的层面、调动厅直系统与全省交通系统等理念都在这一项工作中体现出来了。

三、内容结合实际

“纪检微平台”的内容特色首先体现在其对中央全面从严治党战略相关信息的详细解读。向系统干部职工传递中央全面从严治党从严与收紧的信息和压力，这是驻厅纪检监察组领会中央全面从严治党精神，策划“纪检微平台”最核心的思考。因此，驻厅纪检监察组把中央全面从严治党相关文件、讲话、讲稿中涉及的相关信息点位一一梳理，结合四川省交通运输厅的实际状况，予以编辑、整理，最终形成了“纪检微平台”的内容。

“纪检微平台”的特色还体现在结合交通实际，通过具体工作支撑来传递纪检声音。驻厅纪检监察组紧密配合厅党组工作布局，既牢牢地把握传递全面从严治党始终从严信息的工作主线，又在不同时间阶段，结合厅党组和驻厅纪检监察组所开展的巡察、培训、“现场会”等工作进行了不同角度的切入，使承载于移动终端的信息与交通业务工作和纪检监察工作有效链接，塑造出全面从严治党可触可感的良好氛围。

四、传播方式立体

（一）手机快讯

在厅宣传中心和厅信息中心所掌握的诸多传播媒介中，驻厅纪检监察组选择了四川交通手机快讯作为“纪检微平台”的最初刊载方式，通过在手机快讯中开辟“纪检微平台”专栏的方式，将全面从严治党与党风廉政建设相关信息在每一个工作日点对点发送至四川交通领域数万名党员领导干部，从而实现了信息的精准传播。2016 年 9 月，“纪检微平台”在四川交通快讯手机报完成首秀，在其后的三年时间里，陆续刊发 16 季近 350 余篇，而这一传播方式也一直沿用至今。

（二）微信群

“纪检微平台”的诞生，让交通系统不少领导干部纷纷感慨手机报的“沙漠”中出现了一片清爽的“绿洲”。结合厅党组总体工作部署，驻厅纪检监察组开始思考如何将这样优质的内容进行二次利用。随着“厅直系统纪检微信群”和“全省交通系统纪检微信群”的建立，“纪检微平台”也迎来了新的传播方式和传播路径，驻厅纪检监察组将微平台信息制作成适合碎片化阅读的文字图片在微信群内予以推送。

在厅直系统层面，“纪检微平台”经由厅直系统纪检微信群中各部门纪检干部的转发，传播至厅直单位、部门各自微信工作群，并最终覆盖到所有厅直系统干部职工。在全省交通系统层面，“纪检微平台”内容借由全省交通运输系统纪检微信群传播至市县交通局直属单位部门微信工作群，并最终覆盖至市县交通系统干部职工。通过对微信群的持续利用、开发与引导，“纪检微平台”基本实现了全省交通系统干部职工全覆盖。

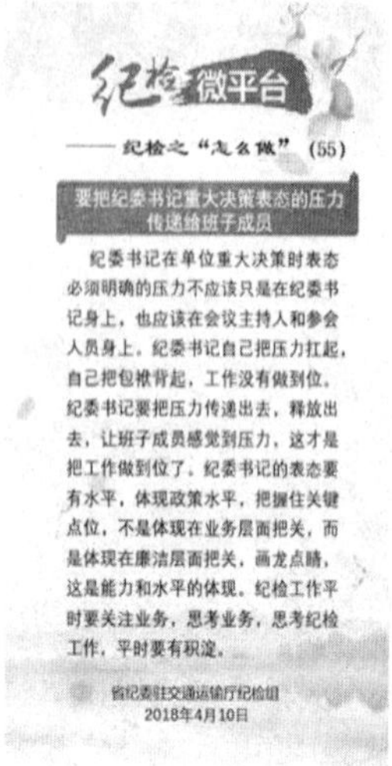

纪检微平台

——纪检之“怎么做”（55）

要把纪委书记重大决策表态的压力传递给班子成员

纪委书记在单位重大决策时表态必须明确的压力不应该只是在纪委书记身上，也应该在会议主持人和参会人员身上。纪委书记自己把压力扛起，自己把包袱背起，工作没有做到位。纪委书记要把压力传递出去，释放出去，让班子成员感觉到压力，这才是把工作做到位了。纪委书记的表态要有水平，体现政策水平，把握住关键点位，不是体现在业务层面把关，而是体现在廉洁层面把关，画龙点睛，这是能力和水平的体现。纪检工作平时要关注业务，思考业务，思考纪检工作，平时要有积淀。

省纪委驻交通运输厅纪检组
2018年4月10日

【附图】“纪检微平台”在微信群中的传播样板

（三）编印成册

“纪检微平台”这个种子通过微信群走进了各单位，也播撒到了系统每一名干部职工心中。各单位广泛采取集中印刷，编印“纪检微平台”学习手册的形式，对微平台的内容进行再温习，再巩固。厅高速公路执法大队工作人员在接受访谈时就表示：“除了每天一期的日常转发，我们还以‘纪检微平台’的内容为基础结合支队自身的实际制作了相关的纪检刊物。定期摘录，定期制作，并下发几个大队进行学习。”[4]

除此之外，四川交通职业技术学院把“纪检微平台”前13季184期印制成口袋书籍发放至学院正科级以上干部专题学习。厅高速公路监控结算中心（简称厅监控结算中心）[5]将“纪检微平台”内容上传至OA平台纪检专栏“打卡”学习、发放汇编资料到支部强化学习等形式，实现“纪检微平台”全员覆盖，向职工全面传递从严从紧的信息和压力。厅造价站将“纪检微平台”每期内容转发至全站干部职工微信工作群，做到全覆盖，也将“纪检微平台”内容打印装订成册分发给各党小组进行宣传学习。

第四节　“纪检微平台”的传播

最初，“纪检微平台”只是停留在四川交通手机快讯上。随着工作的逐步推进，驻厅纪检监察组开始思考它的进一步运用，于是开始在厅直系统纪检微信群进行推送。因缘巧合中，“纪检微平台”被系统干部职工自发地转载到了部分厅直单位内部工作群。驻厅纪检监察组觉得这个做法可以引导，便鼓励大家转发到各自工作单位的微信群之中。2018 年年初，驻厅纪检监察组参照厅直系统的做法在全省交通运输系统纪检微信群转发“纪检微平台”。慢慢地，就形成了现在全系统愿意自发来做的局面，这也是全省对四川省交通运输厅党风廉政宣传教育工作的一种由衷认可。

一、传播演化

（一）从手机报到厅直纪检微信群

一直以来，派驻纪检工作在厅直系统没有宣传方面的完整呈现，总是给人留下神秘的印象。“纪检微平台”在手机快讯诞生后，得到了系统上下积极的反馈。但手机报并不是系统所有干部职工都能接收到。于是，驻厅纪检监察组开始谋划和制作“纪检微平台”在微信群中的二次传播，以期激发、提升厅直系统纪检工作。

2018 年 1 月 7 日，“纪检微平台”第一则信息开始在厅直系统纪检微信群转发。该群始建之初，包括了厅直单位所有纪检干部大约180人，后陆续加入厅机关处室主要负责人、纪检联络员、厅直各单位纪委书记、主要负责人，人数达到488人。就这样，“纪检微平台”的推送从手机报走向了厅直系统纪检微信群。

手机报上的“纪检微平台”，发送的是文字。而在微信群发，用一段文字，阅读效果却并不是太好。为了便于阅读，驻厅纪检监察组专门制作了一个“纪检微平台”的图片模板。而这一过程也经历了几个阶段，从便于阅读，到便于转发，到格式的规范统一，到格式的完善，这一过程，也展现了四川交通纪检人注重细节，将工作做到极致的态度。

（二）从厅直系统纪检微信群到厅直单位工作群

一次偶然的机会，“纪检微平台”在厅直系统纪检微信群发出后，厅直某单位纪委书记将当期微平台的内容转发到了本单位这一工作群里，供大家参考学习。当时，这一厅直单位的微信工作群有490多人，涵盖了本单位全体干部职工。这一个不经意的举动，却使得“纪检微平台”突破传统组织层级，覆盖到了这一单位的每一名干部职工。这一举动被同在单位工作群里的驻厅纪检监察组工作人员所留意，并在厅直系统纪检微信群给予了肯定和表扬。此后，越来越多的厅直系统单位开始参照此种做法，驻厅纪检监察组都予以了肯定与表扬。

党风廉政宣传教育不仅要讲重点，也要讲普及。可以说，一个不经意的举动却蕴含了不可估量的价值。本意是面向领导干部的“纪检微平台”讯息却在这一瞬间有了新的使命，从党员领导干部走向全体干部职工，从关键少数走向绝大多数，这不仅是一条信息的简单流转扩展，更是四川省交通运输系统党风廉政建设迈开的一大步。

（三）大规模提倡阶段

前述厅直单位的转发案例使得驻厅纪检监察组发现“纪检微平台”还可以往下再走一步，实现每一名干部职工全覆盖。驻厅纪检监察组通过以“先进典型”的树立开始引导各单位将微平台转发至各单位工作群，并将转发的情况进行截图反馈到厅直系统纪检微信群中。驻厅纪检监察组通过点赞和表扬，在潜移默化中对其他单位提出了转发要求。即使一开始并没有强制各单位转发，但其他单位凭借着高度的政治敏锐性和捕捉信息能力开始参照执行，从而慢慢开始覆盖到厅直系统每一名干部职工。

（四）形成工作机制阶段

“纪检微平台”开始在厅直各单位工作群自发转发的过程中，各单位并未在群里予以反馈。为了激活微信群，也为了将“严”的信息和压力持续传递到每一位干部职工，驻厅纪检监察组开始要求厅直系统转发“纪检微平台”并覆盖到每一名干部职工，并须反馈转发情况。

2018 年 4 月 9 日，驻厅纪检监察组对厅直系统各单位每日转发覆盖情况进行了首次通报，摸排转发全覆盖是否实现。为了确保工作落到实处，驻厅纪检监察组还随机抽取四个单位将一周以来转发到单位各种工作群的情况截屏发至厅直系统微信群，在检查四个单位落实情况的同时，也向全系统释放出转发工作必须较真、逗硬，一抓到底的信息。就这样，“纪检微平台”从厅直系统纪检微信群转到了厅直各单位工作群，甚至延伸到了单位的其他各种工作群，覆盖到了每一位干部职工。彼此转发的你追我赶之间，让厅直系统微信群荡起了涟漪。

厅直某单位纪委书记便表示："小举措撬动了纪检工作的大格局。过去我们习惯于大手笔搞轰轰烈烈的大场面，但是2016年下半年以来，我们的很多小动作却起到了春风化雨润物无声的神奇效果。'纪检微平台'当初建立的时候，谁也没想到会发生如此大的作用。可以说这个平台目前是我们所属厅直各单位纪检工作的竞技场。图片加文字50个字，做了什么一览无余，没有空话，是能力培养的大讲堂。定期发布教育材料，转发经验感悟，大家彼此借鉴，共同提高，这是第二个大讲堂，同时它还是信息传递的烽火台。对存在的共性问题，特别是敏感时期应把握的关键和需要做的工作，及时传递了消息，迅速抓好落实，不辱使命，不枉职责。"[6]

从上述过程不难看出，厅党组和驻厅纪检监察组的一举一动、一言一行都可以向外传递全面从严治党的相关信息。一次小小的抽查不仅检查了四个单位的转发落实情况，更是向整个厅直系统传递了厅党组、驻厅纪检监察组狠抓党风廉政宣传教育这项工作，且必须碰硬、较真的态度，从而以点带面，打开了工作局面。

（五）厅直系统定型、巩固阶段

在2018年厅直系统纪委书记、纪检负责人述责述廉会上，驻厅纪检监察组深入贯彻中央纪委、省纪委抓落实的相关精神，开始要求各单位纪委书记、纪检负责人必须将党风廉政宣传教育工作开展情况单独作为一项工作进行汇报。"纪检微平台"的转发推送工作也通过这样的方式进一步强化、巩固。

驻厅纪检监察组主要负责同志曾在讲话中这样谈道："关于'纪检微平台'。刚才大家在述责述廉当中都谈到，我们的要求是覆盖到每一个人。2016年以来，我们一直在给大家打招呼、传递信息。现在‘纪检微平台’还在持续给大家释放信息，希望大家每天花几十秒钟看一下，对大家都有好处，如果你们都没看到，就下来找一下你们的纪委书记。要提醒干部职工都看一下，不能视而不见，不能不当回事。”[7]

（六）从厅直系统到全省交通运输系统

2017 年 6 月，省直机关纪检组织和队伍建设工作现场会议后，为将厅党组、驻厅纪检监察组的工作理念和工作效应释放到全省交通运输系统，驻厅纪检监察组在厅党组的支持和推动下，召集全省 21 个市州驻交通运输局纪检监察组组长参加座谈会。会上，驻厅纪检监察组结合厅党组会议精神，安排了两项任务：一是组织各地交通系统观看“现场会”视频；二是建立全省交通运输系统纪检微信群，把各地市州交通运输局主要负责人、纪检监察组组长、全体纪检干部及市局下属单位纪检负责人及各区县纪检负责人纳入此群。目前，该群已有 481 人。

由于彼此没有上下级领导关系，建群之初，该群如“一潭死水”。大家对驻厅纪检监察组所推送的内容并无过多反馈。适逢此时，厅直系统转发“纪检微平台”已经开始活跃了起来。驻厅纪检监察组便考虑把微平台转到全省交通运输系统纪检微信群。同时，也开始按照厅直系统的做法提出建议、渐次引导、逐渐扩散。在扩散的过程中，驻厅纪检监察组也会通报市州区县的转发情况，通过鼓励、表扬、点赞的方式进行，进而把整个工作群进行了激活，也实现了“纪检微平台”转发从厅直系统到全省交通系统的跨越。

为沟通、交流派驻机构改革后交通运输系统的纪检工作，共同推动全省交通运输系统党风廉政建设工作，2018 年 3 月 12 日，驻厅纪检监察组在厅党组大力支持下，再次牵头召开全省交通运输系统纪检监察组组长座谈会，会上提出实现“纪检微平台”转发全覆盖，其中甘孜、凉山、阿坝三州在2018年年底完成，其余市州均在2018年6月底完成“纪检微平台”转发全覆盖。2018年4月4日，驻厅纪检监察组开始引导各地市州、区县将“纪检微平台”转发至各单位工作群。6月28日，厅党组、驻厅纪检监察组发出倡议，要求将“纪检微平台”信息覆盖到全省交通系统每一名干部职工。

为了推动转发全覆盖，驻厅纪检监察组于2018年5月12日、20日、27日连续三次通报，推动了16个地市州135个区县分成三批实现了转发全覆盖。第一批次：达州（5月2日）、南充（5月7日）、资阳（5月10日）、泸州（5月11日）。第二批次：绵阳（5月12日）、德阳（5月14日）、广元（5月14日）、眉山（5月14日）、广安（5月14日）、宜宾（5月14日）、雅安（5月14日）。第三批次：攀枝花（5月15日）、自贡（5月16日）、内江（5月16日）、遂宁（5月16日）、巴中（5月17日）。

5月的集中通报之后，驻厅纪检监察组重点关注未转发全覆盖的5个市州，先易后难，循序渐进进行引导，成都（6月5日）、乐山（6月14日）成为第四批转发全覆盖市州，凉山州于9月14日实现转发全覆盖。

2018年9月，个别市州在群里反馈“已转发”的热情开始减弱，工作进入一个疲软期。为了实现“纪检微平台”“同频共振”，驻厅纪检监察组集中一周的时间每天对反馈转发情况进行通报，将工作持续开展，“一竿子插到底”。为了将厅党组、驻厅纪检监察组的工作理念、工作效果、可借鉴的方法和工作模式释放到全省，推动全省交通运输系统和厅直单位全面从严治党向纵深推进。2018 年 7 月，结合厅党组部署，驻厅纪检监察组还组织各市州派驻交通运输局纪检监察组组长、副组长、相关纪检人员开展派驻监督之交通模式的培训研讨会。培训会除了专题授课外，还组织各市州交通运输局纪检监察组组长开展了小组讨论。讨论内容主要有三点：一是“纪检微平台”应该怎样转发，如何覆盖到每名干部职工？二是本次培训精神如何传达落实到位？三是“点滴纪检”推送工作应该怎么做？泸州市、广安市纪检部门还就本市州和区县“纪检微平台”转发工作如何实现全覆盖做了工作交流。2018 年 9 月，全省各区县交通系统纪检人员培训会召开，基层纪检工作者围绕上述问题再次进行了热烈的探讨。

两次培训会后，驻厅纪检监察组均提出了“三个全覆盖”和“四个做到”贯彻落实方案，强调“纪检微平台”覆盖全省交通干部职工。也正是两次培训会后，21 个驻市州交通运输局纪检监察组基本实现转发全覆盖，183 个驻县区交通运输局纪检监察组已有 152 个区县实现转发全覆盖。对于未实现转发全覆盖的 31 个区县，驻厅纪检监察组建议由市州纪检监察组负责督促指导落实，并建议凉山州 2018 年内实现区县转发全覆盖，阿坝、甘孜两州 2018 年内实现一半以上区县转发全覆盖，2019 年 6 月 30 日前全面完成转发全覆盖任务。

目前，除阿坝、甘孜少数地区受通信条件限制外，全省基本实现了 21 个市州和 167 个区县转发全覆盖，下一步主要任务是查漏补缺实现交通系统干部职工全覆盖。此外，驻厅纪检监察组还建议实现转发全覆盖的市县两级纪检监察组要积极争取市、县纪委监委的认同、支持，争取其他派驻纪检监察组的支持以及群众的口碑相传将“纪检微平台”覆盖到体制内其他单位部门。同时，驻厅纪检监察组建议各派驻纪检监察组组长积极争取自身联系领域的支持、争取行业指导的支持、争取管理服务对象的支持将“纪检微平台”覆盖到交通行业，并通过积极将各地各单位好的做法发现和宣传出来，共同塑造“纪检微平台”品牌。

不难看出，“纪检微平台”，说的事与讲的理，依托的是交通领域，直面的是纪检监察工作。派驻纪检监察组是纪委监委的“触角”“探头”，是大家眼中的“小纪委”。正因如此，派驻机构工作的全面性，完整性，广度与维度，显示出很强的兼容性。厅党组、派驻纪检监察组工作中形成的材料、方法、理念，既可以横向亦可纵向传递传播，伴随着认同、认可、同理、需求、共享、交流。好评与点赞的背后是大家基于纪检监察工作的统一认识。四川省交通运输厅要引领、示范、带动全省交通运输系统党风政风行风的积极变化，通过宣传教育载体和平台，将厅里的工作释放到全省交通运输系统，做到“全覆盖”。全省交通运输系统各级党组织和纪检组织“参照做”“比照做”“按照做”“选几项做”，使厅直系统的工作效应正在向全省扩散。

感谢信

致每一位交通纪检人：

“纪检微平台”自推出以来，得益于每一位交通纪检人的参与和努力，实现了高密度的传播和扩散，目前已覆盖全省21个地市州和152个县交通运输局。“纪检微平台”作为全省交通运输系统党风廉政建设的宣传品牌，成为了交通纪检一家人工作纽带、情感纽带，在全省交通领域和其他工作领域逐步产生了一定的积极效应，这一切离不开每位纪检人的辛勤付出，更离不开各级党组织的大力支持、配合和参与，驻厅纪检组衷心感谢大家！待第一阶段覆盖到全省各市州和区县目标实现后，我们一起朝覆盖全省每一位交通干部职工而携手前进!!

驻厅纪检组

【附录】关于“纪检微平台”推送的感谢信

二、传播范围

（一）市州、区县纪检系统

随着“纪检微平台”开始向全省交通系统干部职工全覆盖，其影响力越来越大，覆盖范围越来越广，以“纪检微平台”为代表的四川交通党风廉政宣传教育工作正在起着系统性效应。泸州、巴中、遂宁等地市纪委监委联合驻厅纪检监察组，以“纪检微平台”为基础模板，结合本地本单位实际，推出了各市州的定制版本。平昌、石棉等县将“纪检微平台”推送至社区、村组这样的行政体系“末梢神经”，这些举措都使得“纪检微平台”的影响范围大大扩展。

泸州市纪委相关负责人专程带队到厅学习厅派驻机构改革经验。厅党组、驻厅纪检监察组将自身的资料汇编毫无保留地分享给了泸州市的同志。其中，泸州市高度重视学习借鉴驻厅纪检监察组党风廉政宣传教育经验，“干多支”推广微平台，实现交通运输系统20个单位全覆盖，转发辐射市级25个派驻纪检监察组和90多个部门（单位）、7个区县、142个乡镇（街道）。

泸州市在“纪检微平台”“点滴纪检”推送工作中得到了省厅纪检监察组的肯定，其中一方面得益于我们保持和延续了原来省、市、县已经建立起的交通运输系统纪检工作群，坚持派驻监督“围绕中心、服务保障”这一工作理念。全省交通一盘棋，让我们与省厅保持了密切的关注和联系，很快地实现信息在全系统中的上传下达，迅速实现全覆盖。另一方面得益于市纪委监委对派驻纪检工作的重视和关注。派驻改革以来，市纪委监委非常关注省直机关派驻纪检监察组的工作经验，今年以来多次通过我纪检监察组向省厅纪检监察组和省水利厅机关党委咨询了解全面落实党风廉政监督责任和主体责任方面做法和经验。日常工作中，市纪委监委针对派驻纪检工作专门建立了派驻纪检工作群、社会评价“微腐败”整治工作群，覆盖市级各部门和市、县、乡、村（社区）纪检监察机构（组织），其中社会评价“微腐败”工作群的人数就已经达到400人。市纪委监委对市级部门、对区县纪委的信息传达非常及时，工作群也非常活跃，在得到市纪委监委的认同和支持后，“纪检微平台”通过全市纪检监督系统有关工作群迅速向市级各部门、各区县、乡镇、村（社区）进行扩散，部门、区县、乡镇、村（社区）又通过各自内部的工作群、当家人微信群等转发推送，这样一传十、十传百，促使“纪检微平台”推广辐射到了系统以外的各个单位和干部群众。

——泸州市纪委驻市交通运输局纪检监察组组长交流发言[8]

巴中市突出宣传抓氛围，创新方式抓落实，着力实现“纪检微平台”转发工作全域覆盖。通过不断推送“点滴纪检”和“纪检微平台”，使得“纪检微平台”在巴中交通运输局一些部门和一些领域发生“化学反应”，让“微”宣传释放出了纪检监察强大正能量，“微推送”助力“大学习”“大预防”，也增强了驻市交通运输局纪检监察组对外“软实力”。

“纪检微平台”在全省交通系统的转发，市、县都在转了，持续的问题怎么解决？转了，并不意味已经转到位，而是怎么覆盖到每一个单位、部门的每一名干部职工的问题。微信群是主渠道，还有黑板报、LED、广告屏推送、印制成册。不是一转了之，而是要去看，要去读，怎么提升干部职工对所转内容关注度的问题。在一些会议等场合，对微平台内容做些介绍和推荐，提些要求，做些强调。怎么提起干部职工的兴趣？在群里也可以做些引导，组织大家定期学习，通过考试、考察、考核等方式予以检查。“纪检微平台”是“互联网+”和行政手段有机结合的范例，是创新的范例。“纪检微平台”是纪检工作“三转”的集中体现。各地各单位好的做法怎么发现和宣传出来，怎么学习他人做法推动自己的工作，都值得我们探索。

——巴中市纪委驻市交通运输局纪检监察组组长交流发言[9]

遂宁市纪委驻市交通运输局纪检监察组比照全省纪检微信群，建立“纪检监察组微平台”，及时传达厅党组、驻厅纪检监察组发布的各类信息，传递管党治党政治信号和党风廉政建设工作要求，截至目前推送各类信息5000余条，教育辐射五个部门及下属单位近1000名党员干部。

我们以QQ群形式建立，是为了方便群文件、群图片的保存，方便群成员们后期资料查找，这既是我们针对纪检干部的宣传平台，又是宣传资料库。截图中的“纪检微平台成图”就是当时已经转发的130多条卡片信息的压缩文件。通过“纪检微平台”把党的声音传递到综合监督部门及下属单位基层纪检监察组织，再由各基层纪检监察组织通过单位职工QQ群、微信群平台把声音传递到基层党员干部，实现了宣传无盲区、教育全覆盖。

——遂宁市纪委驻市交通运输局纪检监察组组长交流发言[10]

石棉县纪委通过交通系统获得了“纪检微平台”相关内容，并高度重视，在县域纪检监察组织微信群进行推送，将新媒体的工具和手段运用到日常工作中，建立起实时、便捷、互动等优势，和可复制、可操作的有效模式。通过用好“纪检微平台”，为县域经济社会发展提供坚强的纪律保障。驻厅纪检监察组某工作人员便提起：“有一次回老家石棉，碰见我们那里一个纪检干部。他提起，你们的‘纪检微平台’，我们现在天天都有转发。

他们说已经感受到这些信息确实是好东西，而且已经为之所用。这位朋友还提到，他们现在已经由乡镇发到村干部，直达最基层村级组织‘细胞’。我听完觉得很不容易，这些影响也是我们没有想到的。”[11]

平昌县交通运输局纪检监察组通过召开会议、下发通知、张贴二维码、建立纪检宣传群、分享朋友圈等多种形式，大力推广“纪检微平台”。交运系统 14 个单位 1065 名职工关注率已实现 100%，县养路段等单位还将部分内容制作成警示语张贴上墙；并不断拓展宣传推广范围，已推广到全县 44 个乡镇 54 个部门，使“纪检微平台”真正成为党员干部接受廉政教育的微型课堂。平昌县纪委驻县交通运输局纪检监察组组长直言：“目前，全县交运系统党员干部的收看推广‘纪检微平台’已成为一种习惯和爱好，使廉政教育收到了‘发源于省厅、作用于全系统’的良好效果。局里不少同志反映‘纪检微平台’办得太好了，自开办以来，每天不由自主地就打开手机收看当天发送的微信内容，看到励志的廉政警句还在朋友圈转发一下，不光使自己在潜移默化中切实受到了廉政教育，而且给各自的同事好友以温馨的关怀和警醒。”[12]

（二）省直纪检系统

2018 年 9 月 10 日，驻厅纪检监察组尝试将微平台讯息在四川省纪委办公厅信息处 QQ 群、省纪委组织部派驻机构培训交流群、省纪委党风政风监督工作 QQ 群、省纪委组织部派驻机构培训交流微信群等省纪委派驻机构各类工作群进行释放。本意作为向省纪委机关反馈派驻工作信息的一种补充方式，但“纪检微平台”此时却意外收获了好评与点赞。

此后，驻厅纪检监察组从2019年1月2日起，将“纪检微平台”在省纪委办公厅工作交流微信群、省纪委组织部工作QQ群、省纪委案件监督管理室部门统计微信群、省纪委信访工作交流微信群、省纪委组织部派驻机构工作交流QQ群等6个群中进行每日不间断持续推送，“纪检微平台”开始向省直纪检系统延伸，逐步覆盖到了省纪委重点部门和主要业务处室。同样是派驻纪检监察工作，厅党组和派驻纪检监察组的工作做法和理念，在每日不重复的转发中，得到了其他省直部门和派驻纪检监察组的持续关注。从“试探”到“肯定”再到“坦然”，经历了“争鸣”与“共鸣”，“纪检微平台”受到了全省纪检派驻机构的广泛认同和持续关注。

三、传播效果

（一）规范系统工作

“纪检微平台”通过手机快讯、纪检微信群走进了各单位工作群，走进了交通系统每位干部职工。一颗颗种子在系统各单位播种下去后，在不同的土壤里生根发芽。四川交通人不仅掀起了阅读、学习“纪检微平台”的热潮，更是自觉将相关信息运用于实际工作。通过持续传递从严治党相关信息点位，“纪检微平台”正在助力着四川交通系统业务工作的持续向好，为四川交通党风廉政建设打开新局面。

通过多种形式的政策监督，纪检信息的推送，警示教育，现在手段很多，微信、QQ，还有各种现代的方式，让大家了解到更多的，对政策的解读。以前只是资料，到底是什么意思，不清楚，现在通过‘纪检微平台’就把这个事情说清楚，这个事情该不该干，该怎么干，让我们的干部职工，现在不仅是纪检干部，纪检干部是熟知，了然于心，是准确把握。对我们其他干部，对纪检监察工作、纪律规矩是了解，熟知于心的，这样才能够防止蛮干，才能够让大家知道，我们这个工作开展起来是没有风险的。在我们党委会研究工作的时候，我们都反复跟大家强调，党委会不是背锅会，不是说要上会的议题就可以，有风险、不规范的议题不能上会，不能说我们这个议题有点风险，我们党委会上会研究一下，不能够出这种事情。你承办部门，分管领导，在研究这个方向时候，首先在纪律框架中，拿出方案，具备条件，再上会，是大家都来把关，大家都来承担通过这种方式氛围形成，廉政意识有了，开展工作的底气也足了。

——厅直单位某主要负责同志谈“纪检微平台” [13]

我们企业最大的特色就是在第一线。要考虑我们怎样把这个“严”的信息传递给我们每一个生产部门的班子成员和下属单位，这个作用才达到了。如果光是隔了一层，或者我们去宣传，始终他们没有这根弦。我们的纪检委员，很多都不是做党建出身，而是搞公路的，搞水运的，或者搞监理的。他们对一些政策方针领悟得并不深刻，要他们去给基层一线宣传一些政策，宣传一些法规法律或者宣传一些案例，可能是做不到也是做不好的。但是作为基层第一线工作人员，他们既懂专业又与业主打交道，其风险并不亚于一名领导干部。还有生产公司的负责人，院属单位主要负责人，如果他的党风廉政意识不深的话，也是传递不到位的。现在纪检委员将“纪检微平台”层层转发到位、宣传到位、传递到位，恰到好处地破解了我们的宣传教育难题。

——厅属企业某主要负责同志谈“纪检微平台” [14]

“纪检微平台”成为基层执法人员的强心剂。很多年前应届毕业生进入大队，虽然他们在大学里面也要学习一些相关的知识，但是了解得却不是很深入。通过“纪检微平台”，或者进入大队之后，学习了相关纪律法规之后，他至少对纪检工作的一个认识有所提高。并不是像学生时代似的，不清楚为什么要搞纪检，纪检是为了什么。纪检工作搞好了，也就是为了我们执法工作打好基础，如果我们连执法当中都有问题的话，工作就很难开展。而且，就算开展了，廉洁这一块也是一票否决。每一周的“纪检微平台”的学习，都是给队员们打强心针。不仅告诉他们要求是什么，他们应该做到什么，还要告诉他们，能做什么，不能做什么。你一个家庭要想幸福，不能有两种人出现，一是家里面不能有病人，二是不能有犯人。

——厅高速执法人员谈“纪检微平台”[15]

我们的工作是路桥设计，是行善积德的民生事业。同时，我们手里也存在控制部分方案投资的权力。既然有权力，无论大小，都有可能被人钻空子，存在腐败的可能。在利益驱使作用下，就存在有人公关，违规变更，牺牲国家利益、为个人谋利的腐败现象。现在，“纪检微平台”深入我们的工作中了，随时为我们提醒，随时为我们保驾护航，这是好事啊！既防止了腐败的发生，也保护了我们的安全，让我们在工作中更有底气，让我们远离关系户、苍蝇户对我们的腐蚀。

——厅属企业职工谈“纪检微平台”[16]

(二) 助力纪检主业

2016年，省委巡视组反馈巡视意见，涉及了28条问题线索。结合厅党组部署，驻厅纪检监察组组织了四个工作组进行了调查。调查结束后，驻厅纪检监察组发现整个厅直系统尤其是厅属的几个企业化管理的单位，其干部职工对纪律和规矩的相当浅薄，没有掌握党纪国法若干应知应会信息。所以在业务工作中，这些干部职工都是凭借着过去的不规范经验来施行。这不仅从根源上扭曲和污染了四川交通系统反腐倡廉建设的土壤和氛围，也为驻厅纪检监察组开展执纪监督、执纪审查工作带来了一系列的障碍。“纪检微平台”的出现，打破了信息传递的障碍，扭转了干部职工对纪检监察工作的刻板印象，在四年的时间里助力了纪检各项主业的开展。

驻厅纪检监察组工作人员在受访时便提到：“2018 年，有两个群众到我办公室来反映他们单位的问题。他不是很愿意直接讲，有些顾虑。我就对他们讲，有什么事情你们就直接说，你们的信息按照规定都是保密的。他就说，‘以前我有一些事情想找组织反映，但我觉得组织可能也不是很可信。但自从看到你们纪检监察组搞点滴纪检和纪检微平台这些东西以后，我对组织恢复了信心，所以我今天就来了。’当然，他所反映的这些问题我们也正在调查核实当中。但他愿意来找组织，愿意来说这个事情，这就是宣传教育工作对群众心理所形成的一个触动，他愿意来反映问题了，是对我们的信任。”[17]

（三）传递交通声音

“纪检微平台”是驻厅纪检监察组在省纪委的密切领导和厅党组的大力支持下，打造的廉政宣传教育精品。遵循与坚持的是从工作中来，到工作中去，“用自己的话说自己的事”。“纪检微平台”来源于四川交通纪检工作，说的是四川交通故事，传递的是纪检声音，实现的是党风廉政宣传教育目的，记录的是四川省交通运输厅开展党风廉政建设的日常点滴。这些故事与片段是

“纪检微平台”的内容支撑，是宣传教育的背景，是整个系统纪检监察工作的理念与灵魂。微平台的转发在经历厅直系统地毯式覆盖、交通系统稳步进行的过程中，也持续发出了四川交通党风廉政工作的最强音。

其中，“纪检微平台”的转发量和辐射面，是党风廉政宣传教育有形的一方面，更为重要的则是无形的成风化俗。一举一动，一言一行，一点一滴，一招一式都是宣传教育。时时处处人人是宣传教育，这才是厅党组和驻厅纪检监察组工作最核心的一点。可以说，“纪检微平台”说的事与讲的理，依托的是交通领域，直面的是纪检监察工作。

（四）塑造教育品牌

驻厅纪检监察组在厅直单位纪检微信群和全省交通系统纪检微信群推送“纪检微平台”后，受到大家的认可，逐渐积累口碑，使得“纪检微平台”成为了全省党风廉政宣传教育工作中冉冉升起的明星品牌。厅直相关单位和部分市州纪检系统受到这一品牌的启发，主动与驻厅纪检监察组联系，寻求制作方法，纷纷打造本部门宣传栏目，开展分管领域的特色宣传。

厅机关党委某同志便表示：“纪检微平台，我觉得做得特别好，实际上就是作为我们厅机关来说，现在我看到一些处室也在借鉴他们的经验，搞这种东西就是一张小图片，就是一段文字，然后就是它起到应有的作用。实际上，这是一个扁平化的平台，我们说创建学习型组织，很多人以为学习型组织就是天天拿着书去看，实际上学习型组织最关键的就是建立一个扁平化的组织结构。那么信息传达、交流的扁平化，我觉得驻厅纪检监察组通过这些方式是真正实现了的。”[18]

厅直系统某单位主要负责同志也表示："我们在构建好教育宣传平台方面也是效仿我们厅党组和驻厅纪检监察组，厅直系统纪检工作群工作反应来得非常快，什么信息在第一时间都能够得到及时的传播和回应。我们也做了两个平台，在单位内网里面有两个党风廉政建设方面的专栏，然后我们也搞了两个工作群。我们有什么事、有什么消息，一般都是在这个平台上面去发布。目前，我们单位传统的通知、纸质文件少了不少，但是效果比以前还好得多，效果来得更快一些，让我们广大职工在第一时间能够接收到一些关于执纪更严的强烈信号。"[19]

注：

[1] 四川省交通宣传中心为四川省交通运输厅直属单位，负责传播交通信息，促进交通事业发展，承担《四川交通运输》杂志的编辑、发送，声像专题片的摄制及中国交通报驻四川记者站的工作等。

[2] 四川省交通运输厅信息中心为四川省交通运输厅直属单位，负责全省公路、水路交通信息化及交通系统信息网络的建设、协调和服务工作。

[3] 《只要方向正确 迈出一步就是胜利》 [N] .中国纪检监察报，2017-09-18 (001) .

[4] 笔者对四川省交通运输厅高速公路执法大队某工作人员的访谈，2018 年 8 月 7 日，四川省交通运输厅 10 楼会议室。

[5] 四川省交通运输厅高速公路监控结算中心为厅高速公路

管理局代管的事业单位，负责全省高速公路干线通信网络、联网监控、应急救援、指挥调度、联网收费、客户服务等系统的运行管理及维护管理工作。

[6] 来自四川省高速公路管理局（执法总队）某支队纪委书记于 2018 年 8 月 9 日在“派驻监督之四川交通模式”课题第八场座谈会上的发言内容（根据录音整理），座谈会地点为四川省交通运输厅 10 楼会议室。

[7] 驻厅纪检监察组：《驻厅纪检监察组原组长在厅直单位和厅机关处室主要负责人述职述廉会上的讲话材料》，2019 年 1 月 18 日，四川省交通运输厅 1 楼会议室。

[8] 泸州市交通运输局党组成员、派驻纪检监察组原组长：《在派驻监督之交通运输厅模式课题研讨会上的发言提纲》，2018 年 7 月 17 日，第 2 页。

[9] 巴中市交通运输局党组成员、派驻纪检监察组原组长：《突出宣传抓氛围 创新方式抓落实 抓力实现纪检微平台转发工作全域覆盖》，2018 年 7 月 17 日，第 1 页。

[10] 遂宁交通运输局党组成员、派驻纪检监察组原组长：《在派驻监督之交通运输厅模式课题研讨会上的发言提纲》，2018 年 7 月 17 日，第 2 页。

[11] 笔者对驻厅纪检监察组某工作人员的访谈，2018 年 11 月 1 日，四川省交通运输厅 9 楼办公室。

[12] 平昌县交通运输局：《平昌县交通运输局关于“纪检微平台”宣传推广工作的报告》，第 3 页。

[13] 来自厅直某单位主要负责同志 2018 年 7 月 27 日在“派驻监督之四川交通模式”课题第三场座谈会上的发言内容（根据录音整理），座谈地点为四川省交通运输厅 10 楼会议室。

[14] 来自厅属某企业主要负责同志2018年7月27日在“派驻监督之四川交通模式”课题第三场座谈会上的发言内容（根据录音整理），座谈地点为四川省交通运输厅10楼会议室。

[15] 来自四川省高速公路管理局（执法总队）下属某大队工作人员2018年8月9日在“派驻监督之四川交通模式”课题第八场座谈会上的发言内容（根据录音整理），座谈会地点为四川省交通运输厅10楼会议室。

[16] 笔者对厅属某企业干部职工的访谈，2018年8月9日，厅属某企业2楼会议室。

[17] 笔者对驻厅纪检监察组某工作人员的访谈，2018年8月2日，四川省交通运输厅917办公室。

[18] 来自四川省交通运输厅机关党委（纪委）某工作人员2018年6月27日在“派驻监督之四川交通模式”课题第二场座谈会上的发言内容（根据录音整理），座谈会地点为四川省交通运输厅10楼会议室。

[19] 来自四川省交通运输厅某直属单位主要负责同志2018年6月27日在“派驻监督之四川交通模式”课题第二场座谈会上的发言内容（根据录音整理），座谈会地点为四川省交通运输厅10楼会议室。

第四章
点滴纪检：以匠心打造的党风廉政宣传精品

“点滴纪检”是驻厅纪检监察组运用“互联网+”思维构建党风廉政宣传教育新模式的又一品牌栏目，旨在面向社会群众宣传交通系统党风廉政建设信息。“点滴纪检”从 2017 年 8 月开始启动，历时 8 个多月的策划、编辑、运作、推送等一系列工作，最终以创刊号《成风化俗之交通变化：蜀道在延伸，纪检在行动》正式向社会推出。通过行政手段与科技手段的高效运用，“点滴纪检”创刊号阅读量高达 70.87 万人次；经测算，直接覆盖的人群超过 1000 万人次。较之传统党风廉政宣传教育工作，“点滴纪检”充分运用了“互联网+”思维，顺应了新媒体时代背景下派驻监督工作的实际需要；生动塑造了交通系统党风廉政建设工作的良好形象，增强了人民群众的信心。“点滴纪检”向社会全景式展现了近年来省交通运输厅党风廉政建设的积极变化，是驻厅纪检监察组党风廉政宣传教育新模式的成功实践之一，其创作思路、运营模式、工作理念等可供有关单位复制、推广。

第一节 “点滴纪检”的由来

一、厅党风廉政对外宣传现状

党的十八大以来，四川省交通运输厅在省委省政府领导下，认真落实中央和国务院交通强国各项政策，加强全省交通运输行业的监管，推动了全省交通运输事业发展。广大社会群众对交通运输发展的获得感十分明显，对交通运输事业取得的成就也称赞有加。但是，社会大众对交通运输系统、交通运输行业、交通运输领域存在的腐败问题，仍然有一定的负面看法，群众对交通运输行业党风廉政建设的满意度仍然不高。省交通运输厅和全省交通运输系统、全省交通运输行业、全省交通运输领域如何贯彻落实中央全面从严治党的政策，中央全面从严治党政策在省交通运输厅和全省交通运输系统、全省交通运输行业、全省交通运输领域宣传和落实情况如何，亟待向外界展示。

（一）外界刻板印象固化

近年来，四川交通的变化日新月异，所取得的成绩有目共睹，人民群众在交通出行上的获得感日益增强。2018 年，全省公路水路交通建设完成投资 1590 亿元，连续 8 年超千亿元。全省公路总里程达到 33.2 万公里，位居全国第一。其中，高速公路通车总里程超过 7238 公里，位居西部第一、全国第三，实现所有市（州）、73%的县（134 个）通高速公路，建成和在建总里程超过 1 万公里。建成高速公路出川通道 19 个，毗邻 7 省（市、区）中除青海、西藏外均已实现高速公路大通道相连。普通国省干线公路规划总里程 4.1 万公里，基本实现市到县通二级公路（三州到县通三级及以上公路）；农村公路总里程 28.4 万公里、位居全国第一，基本实现乡乡通油路、村村通硬化路。可以说蜀中大地，四通八达，交通纵横成网。近五年来，四川交通服务水平也不断提升，智慧交通建设成果丰硕，高速公路 ETC 从无到有，一年内实现开通运营、全国联网、收费站全覆盖“三大跨越”。

近几年全省交通运输业快速向好发展的成绩斐然，但是社会各界在赞誉愈发便捷的四川交通的同时，仍然固守着交通领域权力大、利益大、收入多，是“肥差美职”，是腐败案件多发易发行业等“交通行业问题扎堆”的刻板印象，交通行业仍存在大量的负面评价。有驻厅纪检监察组工作人员坦言：“我在厅里面工作两年多时间。刚来的时候，体制外的同学、亲戚，一听说我到交通厅去，就都说交通厅是好单位。在他们心目当中，交通厅就是一个管项目管资金有权有钱的部门。这背后反映的其实是社会群众对交通系统的固有印象，认为交通厅效益好、福利多，伴随而来的当然还有‘腐败成堆’的负面廉政形象。”[1]

这一刻板印象由来已久，据公开报道统计，从 1995 年河南交通运输厅原厅长落马至 2020 年，全国已有 15 名省级交通运输厅厅长落马，涉及河南、贵州、云南、四川、广东、安徽、江苏、新疆、浙江、江西 10 个省份。

人民群众不了解厅党组和驻厅纪检监察组这些年在党风廉政建设和反腐败工作上的一些情况，社会各界也没有切实地感受到省交通运输厅党风廉政建设工作所取得的效果，这些都是产生刻板印象的原因。因此，厅党组和驻厅纪检监察组认为有必要向社会各界进行四川交通系统党风廉政建设工作的宣传，让社会群众了解全省交通运输领域所取得的这些成绩与四川交通运输领域不断加大的党风廉政建设力度密不可分，全面从严治党工作的深入开展正助力四川交通运输事业跃向新的台阶。

（二）对外宣传阐释不足

党风廉政宣传教育是纪检监察工作的重要组成部分。对社会群众，重在宣传党风廉政建设和反腐败工作的成效，增强社会群众对党风廉政建设的信心，增强社会群众对党的路线方针政策的认可和支持，为党赢得民心。对党员和党员领导干部，重在党风廉政教育，传递中央全面从严治党的信息和压力，规范思想和行为。

四川省交通运输厅目前共有包括广播、杂志、微博、微信公众号在内的12个宣传载体，却没有一个专门宣传党风廉政建设的载体。总体上看，传统宣教工作对“党风廉政宣传”与“党风廉政教育”并没有做明显的区分，更多的时候，是按一同项工作来安排部署。但“党风廉政宣传”与“党风廉政教育”毕竟是两个不同的概念，也是两项不同的工作。在工作对象、工作内容、工作效果、工作方式方法等诸多方面，“宣传”与“教育”还是有一定的区别的。“宣传”的重点是针对社会，重点宣传中央全面从严治党的政策和政策执行情况，争取社会群众的支持和认同。“宣传”工作更多的是依靠各级新闻媒体。“教育”则主要是针对党员尤其是党员领导干部，教育的是党的纪律、党的规定，是党内的各种工作措施、制度。教育的目的是教育党员尤其是党员领导干部遵纪守法。可以说，“党风廉政宣传”与“党风廉政教育”具有很强的关联性。“宣传”工作中脱离不了“教育”的成分，“教育”工作中也脱离不了“宣传”的成分，这也是一直以来把宣传教育作为一项工作对待的原因。

不区分“党风廉政宣传”与“党风廉政教育”的差异性，会给工作带来困扰。在实践中，不时出现对社会大众进行廉洁教育，对党员领导干部却不重点讲党的纪律规定的情况。传统“宣传”和“教育”在工作对象和内容、方式上出现了一些偏差，导致工作效果达不到预期。

二、前期宣教工作经验积累

互联网的兴起，既为宣传工作提供了新的手段和途径，同时也使人民接受信息的途径发生很大的变化，对党报、党刊、电台、电视台等传统媒体的影响力产生了强大的冲击。主动占领互联网这个意识形态的新阵地，抢占宣传的制高点，是掌握工作主动权的迫切要求，也是党风廉政建设宣传教育极其重要的方面。

（一）“纪检微平台”的新媒体经验

“纪检微平台”作为驻厅纪检监察组的党风廉政教育栏目，针对全面从严治党“严”的信息仍然存在传递不精准、不到位，领导干部上心不够等问题，自2016年6月正式开办以来，栏目采用“用自己的话说自己的事”，精准地将全面从严治党“严”的信息和压力传播耕种到了交通系统的干部职工心中，使其生根、发芽、成长，潜移默化地影响和改变着交通系统的“政治生态”，取得了不俗的成效。

党风廉政宣传教育工作不仅要在体制内开展，更需要做到体制外的社会层面上，而“纪检微平台”的受众主要是交通系统内的党员、领导干部等，目的是进行廉政教育，它在面向社会宣传时是有局限性的。另外，面向社会大众的党风廉政宣传教育工作，其廉洁教育的色彩在减弱，效果宣传的功能需更为突出。

“点滴纪检”深受“纪检微平台”优秀成功做法的启示，在工作理念上沿用了“纪检微平台”行政手段加互联网思维相结合的方式，在此基础上创新工作方式和内容，宣传包括省委、省纪委、省交通运输厅全面落实从严治党的信息和做法，宣传四川交通系统反腐倡廉的显著成效，为整个四川交通系统树立新形象，传递新声音。

（二）干部轮训的素材积累

2017 年 5 月，驻厅纪检监察组开展从厅直系统选拔优秀年轻干部到驻厅纪检监察组进行实战轮训工作，来自各单位的优秀年轻干部共 20 人分批次地参与了为期三个月的轮训工作。在此期间，轮训人员以在驻厅纪检监察组参加实际工作的方式进行了培训，最后取得了较为明显的效果。在轮训结束以后，大家的感受十分深刻，个人的变化也是十分积极的，许多轮训人员纷纷写下了自己的轮训心得。

轮训人员的心得体会，以一个角度，从侧面反映了一年多时间来纪检监察人员工作作风的变化。反映了一年多以来交通运输厅纪检工作思路、理念、方式、方法的深刻变化，更反映了一年来厅党组和驻厅纪检监察组协同配合加强党内廉政建设的成效。厅里的工作，管中窥豹，折射了党的十八大以来中央全面从严治党在基层带来的变化，这正切合了加强党风廉政建设宣传的动因。驻厅纪检监察组因此提出，从纪检人员的角度切入开展厅党风廉政建设宣传工作，这个意见得到了大家的认可。2017 年 8 月 20 日的组务会上，驻厅纪检监察组正式将此项工作纳入当年工作安排，并落实专人开始策划该栏目。

三、外宣新思路逐渐形成

四川省交通运输厅面对的是一个大的系统、大的行业、大的领域，厅党组和驻厅纪检监察组对交通运输厅的党风廉政宣传工作从以下六个问题出发，思考了具体思路：

第一个问题：向谁宣传？“交通运输系统党风廉政建设宣传”，是针对交通运输系统的宣传。“交通运输系统”的内涵和外延是什么？有四个群体：一是交通运输的管理者；二是交通运输的建设者和运维者；三是交通运输的直接使用者和受益者；四是交通运输涉及的不特定社会群众。省交通运输厅所开展的党风廉政建设宣传，必然首先应抓好厅直系统全体党员和党员领导干部的党风廉政建设宣传。省这一级的宣传工作做好了，对市、县，对全省，会起到示范带动作用和效果。市、县两级交通运输部门，按照职责范围，各自履行好各自的职责，做好本级本地区范围的宣传。省、市、区三级都各自做好了本级本地区的党风廉政建设宣传，全省交通运输系统的党风廉政建设宣传就会有明显的成效。

第二个问题：宣传什么？宣传中央、中央纪委和省委、省纪委的党风廉政建设和反腐败工作，是不变的主题。但是，落实到厅级层面，落实到厅直系统层面，落实到具体的操作层面，就是要向厅直各单位全体党员、全体干部职工传递全面从严治党的相关信息。这些信息用一个字概括，就是“严”，就是向大家传递全面从严治党纪律规矩越收越严的信息。

第三个问题：效果在哪儿？宣传工作有个从“做了什么”向“效果是什么”转型升级的问题。在做一项工作时，“再走一步”，琢磨一下工作的效果在哪儿，以工作的实际效果为导向，不能停留在做了什么的层面上。受众的“接受度”是衡量宣传工作的重要标准。“接受度”越高，宣传效果就好。“接受度”越低，宣传效果越差。厅党组和驻厅纪检监察组认为，本单位的党风廉政宣传工作，要从效果是什么的角度去谈，而不是只谈做了什么，重点找到效果在哪儿。为此，必须坚持“用自己的话说自己的事”，把中央和省委的相关要求，转化成自己的语言，转化成厅机关和厅直单位自己的事，用有现实感的语言，传递越来越严的信息。由此一来，“接受度”明显提高，效果也就提高了。

第四个问题：谁来宣传？厅党组认为，厅宣传中心是宣传党风廉政建设的当然主体，这毫无疑问。但党风廉政建设的宣传不仅仅是厅宣传中心的事，也是驻厅纪检监察组和厅直系统各级纪检组织的事。纪检监察组织要抓党风廉政建设宣传，这是纪检监察职责的当然内容，这一点也为驻厅纪检监察组所深刻认识。宣传工作没有做好，纪检监察工作就不能算是做得好了。厅直各级纪检组织是厅宣传中心开展党风廉政建设宣传工作的重要支撑，更是厅宣传中心开展党风廉政建设宣传基础素材的主要来源。厅直系统各级党组织也是党风廉政建设宣传工作的责任主体。厅直系统各级党组织尤其是主要负责人要树立党风廉政建设宣传的意识。党组织履行主体责任的情况，是党风廉政建设宣传的重要组成部分。

第五个问题：怎么宣传？对党风廉政建设工作，有的是“只做不说”，有的是“先做后说”，有的是“边做边说”。四川省交通运输厅党组和驻厅纪检监察组秉持“边做边说”的理念，认为“做”和“说”是一个问题的两方面，互相促进。宣传工作从来就没有离开过业务工作而孤立存在。离开业务工作去搞宣传，也只是为了宣传而宣传，是无源之水，无本之木。立足本职业务搞宣传，做好本职工作是最好的宣传，边做边说。只要是一个宣传的有心人，就会是无处不宣传，无时不宣传。宣传也脱离生硬、直接、简单，更加潜移默化，更加润物细无声。

第六个问题：具体做什么？厅党组和驻厅纪检监察组认为主要有四项：一是巡视发现问题相关党纪党规解读，落实解读到本单位每一个人的安排，整理解读资料在厅宣传中心宣传载体上开辟专栏连续刊载，适时将解读资料汇编成册。二是组织“在巡视发现问题调查处理中全面落实四种形态要求”“利用巡视成果整体推动面上工作”“开展巡视发现问题相关党纪党规解读”“加大纪律审查力度”等一批稿件在上级纪委监委门户网站和内部网上刊发，同时在厅宣传中心有关媒体上同步刊发，争取在省级媒体刊用。三是在厅宣传中心杂志《四川交通运输》上发表系列署名文章，全面阐述交通运输系统党风廉政建设工作尤其是厅党组和驻厅纪检监察组的工作思路和措施。四是厅直系统各单位务实有效持之以恒做好本职工作，立足主责主业的进展和效果，加强在本单位、本系统的宣传，加强对上级机关的宣传，加强对社会的外部宣传。

第二节　“点滴纪检”的制作

一、制作过程

从纪检人角度展示交通的整体形象，发端于实践轮训和培训后的心得体会，来源于省直机关纪检组织和队伍建设工作现场会上纪检人集体形象的正面效应。“点滴”两个字，主要来源于“纪检微平台”，“微平台”和“点滴”对应，主要是适应互联网时代碎片化的阅读习惯。驻厅纪检监察组由此开始策划面向社会大众的新宣传品牌栏目。经过充分的讨论与思考，栏目策划团队提出了把前期所搜集到的纪检人素材加工运用作为一个宣传载体以展示纪检干部风采，通过破除对纪检干部的刻板印象入手，以展示交通系统党风廉政建设的新气象、新风貌的思路。这一思路也得到了大家的充分认同和肯定，因此这一面向社会大众的宣传栏目最初被命名为“点滴纪检人”。

（一）形式的变化

确定“点滴纪检人”栏目后，驻厅纪检监察组的干部开始利用“美篇”这样一个手机软件。这是一个把图片和文字编辑好上传后，自动生成音乐小短片的网络平台。但是初次尝试，策划人员的思路与认识还很朦胧，既缺乏对工作的宏观把握，也缺少对新媒体工具的有效运用。这一缺乏宣传效果的作品也并没有得到驻厅纪检监察组内部的一致认可，这样的尝试很快便浅尝辄止。这一稿的问题在于，驻厅纪检监察组对工作的要求在不断更新，栏目设计必须符合新媒体宣传的需求，文字、图片、视频的穿插使用既要活泼又要诙谐，既要雅致又不能呆板。要求变高了以后，通过简单的手机软件制作出的产品就显得单薄，不厚重。

2017 年 8 月，驻厅纪检监察组开始与某广告公司进行合作。双方初步设想“点滴纪检人”按月推出，一年制作 12 期。第一、二期可以用相对成熟的两份学员心得作为素材。广告公司只需负责制作栏目标识和版面设计，统一风格和版式后，打造好前期样本即可。其他期则只需做好素材和资料的收集再在此基础上做内容修订即可。但广告公司为“点滴纪检人”做出的第二次尝试也失败了，出现了三个致命的问题。第一，没有明显的栏目标识，不能清晰直观地反映栏目信息和特点。第二，文字内容刻板化、口号化，栏目无法抓住受众的阅读心理，这样的内容在面向社会进行宣传时只会带来负面效应。第三，栏目表现形式单一冗杂，不具备新媒体传播的特性，完全不符合当今时代的阅读习惯。

在此基础上，驻厅纪检监察组希望更换一种形式，将以前的图片文字比较死板的内容做成动态的视频，认为效果可能会比较好。在此基础上，与广告公司进行第二次合作，这也是“点滴纪检人”的第三次尝试。经过多次的沟通打磨，制作公司将最初的文字加图片形式转而整理成了一个视频短片，将材料中所表达的内容配以大量党在延安时期的图片和视频资料进行编辑制作，但最后制作出的成品依然被否定了。

2017 年 12 月，驻厅纪检监察组忙于筹备又一次重要会议，但在筹备中依然没忘却未成形的“点滴纪检人”。其中，四川省交通运输厅官方微信公众号所推送的《以“人民的名义”铺就脱贫致富路》和《四川交通的“三生三世”你都知道吗？快来围观》两篇文章的风格与表达形式正好与“点滴纪检人”栏目想要呈现的风格相契合。《人民的名义》和《三生三世十里桃花》是当年度的电视热播剧，能够将社会的热点话题与朴实的交通工作自然结合，抓住读者的心，正是驻厅纪检监察组想要的。在充分吸收借鉴先进政务自媒体运营经验的同时，驻厅纪检监察组开始通过厅信息中心积极对接负责厅微信公众号运营的四川发布团队。

据了解，四川发布隶属于四川新闻网传媒（集团）股份有限公司。四川新闻网则是由省委宣传部主办、主管，先后被中央确定为全国六大地方重点新闻网站，被四川省委确定为同四川日报、四川人民广播电台、四川电视台并列的省级四家主要媒体之一，是我省及西部对外宣传不可或缺的一个重要的新型媒体。相比于传统广告公司，四川发布的制作团队能发挥网络媒体的优势，以文字、图片、音频、视频、互动等多种形式，立体展示四川及西部新闻信息内容，使宣传做到准确、鲜明、生动、内容丰富、形式多样，充分发挥政务新媒体引导网上舆论的主导作用。由于四川发布已与四川省交通运输厅合作运营微信工作号两年时间，对整个四川交通基本情况的了解是比较透彻的。同时，该公司在面向社会群体进行宣传时的模式和文章制作需要表达的方式也较为成熟。因而，双方在“点滴纪检人”栏目合作初期一拍即合，迅速达成一致，共同制作“点滴纪检人”栏目，并以微信公众号的方式进行宣传推送。驻厅纪检监察组开始对这次的制作有了底气和信心，而这样的底气和信心正是源自川网传媒及四川发布团队在新媒体传播运营方面的实力和经验。

（二）内容的调整

在内容的选取上，驻厅纪检监察组也费了一番周折，做了多次尝试。第一次是以实践轮训后的心得体会为素材，向外展示纪检人的工作场景。第二次想以纪检监察组工作人员在延安培训的心得体会为素材进行加工制作，制作公司应驻厅纪检监察组的要求将这些心得由最初的文字加图片形式转而整理成了一个视频短片，将材料中所表达的内容配以大量战争时期延安的图片和视频资料进行编辑制作，但最后制作出的成品依然被否定了。2017 年年底，驻厅纪检监察组决定将 2017 年 5 月省纪委在厅召开的省直机关纪检组织和队伍建设工作现场会上几位同志的发言材料纳入素材收集范畴，其中包括时任省交通运输厅党组主要负责同志、驻厅纪检监察组主要负责同志、厅直系统三家单位的党委或纪委主要负责同志等五位领导干部的发言材料。此时，驻厅纪检监察组认为“点滴纪检人”记录纪检人点滴瞬间的栏目设计已无法对如此丰富厚重的素材做立体的展现。因此，决定将“点滴纪检人”更名为“点滴纪检”，栏目立意也变更为立足于现实素材向外界系统展示四川交通运输系统党风廉政建设新成就、新气象。

（三）风格的重塑

栏目的标识集中体现了栏目的风格，而栏目的标识设计，既需要立足于当前，又需要谋划于长远。在从“点滴纪检人”走向“点滴纪检”后，驻厅纪检监察组认为这一栏目是面向社会大众宣传交通运输系统党风廉政建设工作情况的重要平台与载体，其策划制作反映了厅党组的工作理念，倾注了驻厅纪检监察组的大量心血，因此需要一个规范统一、视觉辨识度高的栏目标志。此外，推出“点滴纪检”是为了持续宣传纪检监察工作的具体内容，因此还需要有品牌意识，以使这项工作长期坚持下去。因此，栏目标识的设计经历了漫画版、交通版、报头版三个版本，最后才敲定为报头版。

一是漫画版。在与四川发布合作制作“点滴纪检人”阶段，驻厅纪检监察组希望以展现纪检人平凡而不平庸的点滴瞬间为栏目初衷，追求栏目内容更加具体、生动、接地气。因此，栏目标识设计的最初想法是要契合新时代年轻人的口味，引发大家的关注兴趣，由此才诞生了漫画版的标识。在第一版漫画标识的设计上，尽管形象活泼，但放之四海而皆准，没有体现交通特色，同时也缺乏素雅的品位。

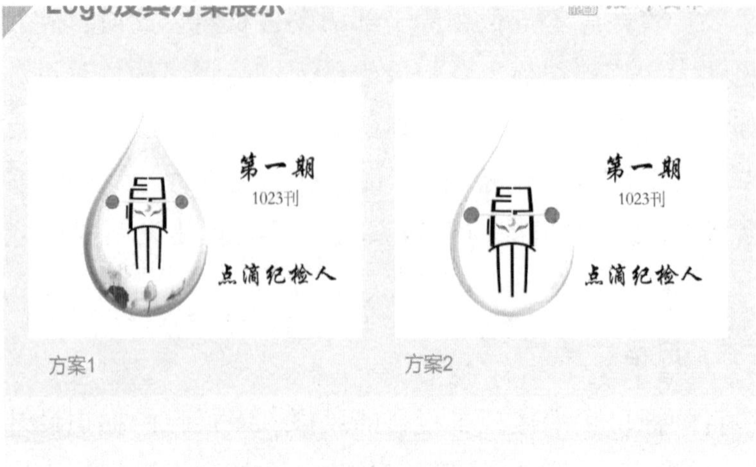

【附图】栏目标识设计初稿（一）

二是交通版。驻厅纪检监察组认为面向公众宣传交通，宣传交通运输系统的党风廉政工作，传递全面从严治党“严”的信息，在内容展示和风格选择上必须精雕细琢，栏目标识规范必须体现相当的政治高度和政治引导。第二版在设计方面考虑到交通与纪检工作的结合，融入了交通的元素和图片，并将漫画版改为了交通版。但是该版栏目标识成图效果显得过于花哨、繁杂，依然没有达到驻厅纪检监察组所追求的稳重、雅致的要求和高标准。

【附图】栏目标识设计初稿（二）

三是报头版。活泼的漫画版和交通特色版均被否定后，驻厅纪检监察组领导提出了栏目LOGO风格必须典雅、简单，不失内涵，主题要明确、特色要鲜明、立意还要深远。经驻厅纪检监察组与制作方多次沟通和调整，最终参照《人民日报》的刊头，确定了“点滴纪检”的栏目标识。

【附图】“点滴纪检”栏目标识设计最终版

在设计报头版的LOGO时，驻厅纪检监察组联合设计人员首先对字体的选用做了大量的筛选后，定下了行书的形式，报头“点滴纪检”四个字采用王羲之字体，给人以大气简约、稳重典雅的整体观感。字体颜色上使用的是《人民日报》报头字体一样的颜色，主要是为了更好地发挥它的视觉引导功能，既吸引眼球，又庄重大气。对LOGO底色，也为突出主题而选择了较浅一点的米色。刊号、网址的设计则主要是为了向读者更全面、更便捷地进一步了解四川省交通运输厅的相关工作而设计。

二、产品呈现[2]

（一）“点滴纪检”创刊号开篇词

忆往昔，蜀道难，难于上青天。看今朝，蜀道变通途。6820公里高速，蜀中大地纵横成网；18条出川大通道，联结四面、通达八方；32万公里农村公路，直达老家村口。

作为全省交通运输的谋划者、组织者、推动者，交通运输厅肩负了省委省政府赋予的重任，扛起了9000万父老乡亲的期盼。作为一个成立于1952年的老单位，一个有34个直属单位、23个党委、19个党总支、362个支部、4353名党员、8000余名从业人员的大系统，连续7年组织完成建设投资超过1000亿元。项目多、资金密集、任务重，廉政风险防控压力大。厅党组落实全面从严治党政治责任，加强厅直单位纪检监察组织队伍建设，充分发挥纪检监察组织作用，为交通运输发展提供强有力的支撑和保障。

落实党风廉政建设责任制，厅党组态度鲜明，行动到位，扛起了主体责任。厅党组主体责任和驻厅纪检监察组监督责任分得清，驻厅纪检监察组原来承担的主体责任工作交得出去，交出去的工作有部门接手，接手的部门担得起做得了。厅党组明确了厅党组主体责任的八项内容，明确了厅党组成员、机关党委书记分管党风廉政建设工作，明确了厅机关党委（纪委）作为厅党组承担主体责任的日常办事机构，配备纪委书记、副书记，从厅直单位和市州纪委选调2名专职工作人员。厅直单位党组织参照厅党组的做法，明确党委主体责任的日常办事机构，让主体责任在本单位落地生根。主体责任落实彻底、到位，为纪检监察组织专注执纪监督问责腾出了更多的时间和精力。

（二）“点滴纪检”创刊号主要观点节录

四川省交通运输厅党组主要负责同志：责任落实到位。厅党组深刻把握党的十八大以来纪检工作的新形势、新任务、新变化，切实强化组织领导，层层传导压力，推动责任落实。

一是落实主体责任。厅党组坚决扛起管党治党主体责任，着力推动各级党组织担起加强纪检组织建设的主体责任，担起领导纪检工作的主体责任，层层压实主要负责人第一责任和分管负责人“一岗双责”，“围绕中心抓纪检，抓好纪检促发展”的氛围更加浓郁。

二是明确监督责任。精准定位纪检组织职责，出台《厅直系统纪检组织落实“两为主”、推进“三转”工作实施意见》，在机构设置、人员配备、轮岗交流、绩效考核等方面做出专门安排，保障纪检组织专注监督执纪问责。

三是完善责任机制。按照“清单制+责任制”的工作要求，结合深化拓展三项整改“回头看”，建立主要负责人、班子成员和纪检组织负责人“两个责任”清单，实行台账管理。对发现的问题，坚持“一案三查”，既追究直接责任，又追究主体责任，还追究监督责任，动真碰硬追责问责。

厅党组主要成员：厅党组和负责同志思路很明确，按照“两为主”要求落实驻厅纪检组的职能职责，目的就是要让驻厅纪检组发挥主导作用，能够把厅直纪检系统组织起来，动员起来，把纪检工作开展起来，把监督作用发挥出来。

驻厅纪检监察组主要负责同志：抓住责任这个“牛鼻子”。“动员千遍不如问责一次”，纪检工作要落实到责任。我们提出，责任不到位，责任不到具体人头，纪检工作没有做到位。

一是找问题。要落实责任，首先要找到问题。找到问题，是纪检工作最基础的工作。找不到问题，工作没有做到位。我们坚持以问题为导向，要求厅直纪检组织和人员尤其是纪委书记必须对本单位的问题要有总体把握和评估，对容易出问题的点位和环节要做到心中有数，能说出一二三来。说不出一二三来的，工作没有做到位。要求每个单位发现一个问题，查深查透一个问题，年底检查验收。对找不到问题，纪检工作没有涉及本单位具体问题的，安排巡察，用巡视的方式方法去帮助查找问题。

二是落实责任。坚持所有问题调查到位，所有信访举报件处理到位。坚持凡是对问题负有责任的一律纳入处理。坚持把认错改错态度作为量纪重要因素。凡是不认错不改错的一律依纪依规从严，凡是认错改错的一律依纪依规从宽。坚决打破“坦白从宽、牢底坐穿、抗拒从严、回家过年”。坚持把工作做到人性层面，对知错改错的考虑后路，不一棍子打死。执纪结果较明显的体现出“四种形态”的鲜明特点，执纪的效果得到提升，干部职工有较好的接受度。回顾总结一年来的工作，总体上推动了工作，归根结底，就是抓住了责任这个“牛鼻子”。

厅机关纪委主要负责同志：作为厅党组主体责任日常工作办事机构，机关党委（纪委）现在是机关最忙的部门之一，工作更实，责任更重，承担了指导全省交通运输系统党风廉洁建设工作、厅直系统党风廉洁建设考核工作、厅直系统科级以下党员违纪问题调查处理和出具干部廉洁意见工作、党风政风行风建设工作、党员干部日常廉政教育工作，省直纪工委安排的工作。

厅人事教育处主要负责同志：这个文件很有亮点。比如，纪检组织全覆盖；厅直单位纪委书记提名以驻厅纪检组为主；纪检人员考核以上级纪检组织为主；纪律审查以驻厅纪检组领导为主；纪委书记满5年轮岗或交流；纪委书记在集体决策时必须明确表态。

厅属某单位纪委负责同志：院党委会研究业务外包事项，院里是有个办法，但这个办法是过去业务量很小的时候制定的。随着院业务的发展，外包项目逐步增多，个别项目金额较大，还采取过去制定的办法，存在廉洁风险。以前会上我没有提这个事，现在要明确表态，还要记录在案，我不能不提了，要不然哪天就要追究我的责任。

驻厅纪检监察组工作人员：这一年来，我们做的工作头绪比以前少了，也就是6件事。现在是做一件事成一件事。一次再平常不过的纪检培训，都能撬动整个厅直系统的工作，不仅使纪检系统动起来，还让整个厅直系统动起来，动得还很彻底很到位。这一年变化很大，纪检工作方方面面都在变，但最核心的是理念上的变化，简单地说，就是纪检人就要干纪检事，干就要干出效果来。

厅属某企业主要负责同志：抓工作、推动业务发展，纪检是很有效的手段，这点在监理咨询公司体现得十分明显。我现在感受到了，纪检是业务工作的助力，而不是阻力。纪检工作抓好了，是一个单位的加分项，不是减分项。纪检有成绩了，党委书记也有成绩。我深刻地体会到，厅党组抓纪检的价值和效果慢慢体现出来了。

（三）“点滴纪检”创刊号结语

厅党组把全面从严治党作为首要政治责任，一手抓党风廉政建设和反腐败工作，一手抓交通建设发展，两手抓，两手硬。全省交通运输建设保持高位发展，高速公路里程全国第二，农村公路里程全国第一，去年全省完成投资全国第二。省委省政府和交通运输部主要领导给予充分肯定，中央电视台新闻联播头条重点报道。2017 年，全省交通运输工作完成投资 1499 亿元。厅党组正在带领全省交通运输系统全体干部职工开拓创新、埋头苦干。“潮平两岸阔，风正一帆悬”，四川交通运输正站在更高的起点上，向建设现代综合交通枢纽宏伟目标扬帆启航！

第三节 “点滴纪检”的传播

一、推送的方式

一个好的宣传产品诞生后，要取得最大化的宣传效应，首先要传播出去。“点滴纪检”创刊号制作完成后，驻厅纪检监察组重点考虑的就是如何推送出去。传统的党风廉政宣传，一是靠单一的行政指令动员进行传播，二是单纯地靠互联网“自我演化”的方式任其自然传播。面对信息化时代背景以及社会公众对纪检监察工作的误解等工作困境，驻厅纪检监察组将行政手段和互联网手段有机地结合起来，运用多种手段对“点滴纪检”进行了高密度推送，最终造就了运用“互联网+”思维和行政手段有机结合来开展党风廉政建设宣传教育工作的成功范例。

（一）微信群推送

微信是一款跨平台的通讯工具，它支持单人、多人通过手机网络发送语音、图片、视频和文字。截至 2016 年第二季度，微信已经覆盖中国 94%以上的智能手机，月活跃用户达到 8.06 亿。[3]这样的覆盖规模也使得微信完全具备了作为党风廉政宣传教育平台的优秀素质。

2016 年 7 月，驻厅纪检监察组建立涵盖厅直系统所有单位和党组织的“厅直系统纪检微信群”，厅直系统专兼职纪检人员、厅直单位和厅机关各处室主要负责人等 437 名干部职工入群。2017 年 6 月，本着上下齐心，共同抓好全省交通运输系统党风廉政建设和反腐败工作，营造全系统良好政治生态的初衷，驻厅纪检监察组建立覆盖全省交通系统的“全省交通系统纪检微信群”，全省交通系统纪检人员共计 478 人先后入群。

“点滴纪检”创刊号诞生后，驻厅纪检监察组以上述两个微信群为主阵地，通过发动群内所有专兼职纪检干部将创刊链接层层转发至各自单位、部门、支部的工作群与个人朋友圈中，在短时间内实现了全省交通系统的宣传全覆盖。随后，驻厅纪检监察组鼓励四川交通人通过微信向身边的亲朋好友进行“点滴纪检”的再推送、再宣传，从而实现了“点滴纪检”创刊号的高密度、宽辐射传播。

（二）QQ 群推送

网络新媒体工具除了微信，还有一个体量大、历史悠久的宣传阵地，即腾讯 QQ。各单位在此之前已经依托 QQ 软件建立了很多工作群，每一名干部职工也有自己的同学群、战友群、购物群。为了扫除传播死角和盲点，驻厅纪检监察组引导所有的干部职工除在微信群和朋友圈进行“点滴纪检”的转发推送外，还可以向 QQ 群、QQ 动态进行推送和传播。在这一过程中，“四川纳税人财务”“四川教育纪检监察”“中国汽车维修行业协会”“中国路网联盟群”等一大批地域性、行业性 QQ 群组中对“点滴纪检”的广泛传播起到了重要作用。

（三）手机报短信推送

在充分开发微信、QQ等即时通讯软件传播功能的基础上，驻厅纪检监察组往前再走一步，高度重视短信推送。一方面，驻厅纪检监察组依托厅宣传中心主管的四川交通手机快讯将“点滴纪检”创刊链接予以推送。四川交通手机快讯是交通运输厅深耕六年的手机彩信栏目，传播高峰时覆盖全省交通运输行业近5万名干部职工。通过手机讯息的点对点发送，“点滴纪检”不仅链接了庞大的宣传对象，更实现了党风廉政宣传教育关键人群的精准覆盖。另一方面，驻厅纪检监察组提出广大交通干部职工为四川交通说句话的传播理念，鼓励信息接收者继续通过短信的方式将“点滴纪检”创刊链接发送给手机里的联系人，从而开展地毯式宣传。

（四）网站推送

“点滴纪检”创刊号不仅上载至四川省交通运输厅官方网站以及厅直系统和各市州交通运输局官方网站，还通过各种途径转载至国家交通运输部官方网站，以及中国交通新闻网等全国性大型网站，使得“点滴纪检”在一定程度上走出四川，走向全国，为治蜀兴川的形象塑造，为四川交通的拓展争先贡献了自己的一份力量。

（五）微博推送

微博平台信息共享便捷迅速，并可以通过多种方式外链其他网络平台，在任何时间、任何地点即时发布信息，其信息发布与传播速度远超传统纸媒及一般网络媒体，其信息开放程度更远胜于微信、QQ等即时通讯软件。由厅信息中心运营的四川省交通运输厅新浪微博官方账号“@四川交通”拥有66万粉丝数。“点滴纪检”创刊之时也通过“@四川交通”微博账号予以了发布，并通过“@四川高速”“@四川交通职业技术学院”等关联账号的转发实现了矩阵式、立体式传播。

二、推送的组织

常言道，酒香不怕巷子深，但处在飞速变动的信息化社会，难免酒香也怕巷子深。“点滴纪检”是四川交通纪检人主动学习、不断探索，经历主观思维转变，而后经过上百次打磨呈现的作品。它饱含着每一位纪检工作者的热血，要让好的作品得见天日，不能辜负作品背后承载的交通人的心血。如何将“点滴纪检”推到舞台中央，接受观众的检阅，使其效益最大化便成了驻厅纪检监察组工作中的重中之重。

“点滴纪检”创刊号的制作构思有着强烈的互联网属性，但其传播与覆盖却不能像其他互联网产品一样“野蛮生长”。互联网的最大特点是自我传播、自发传播。但是“点滴纪检”还没有达到能够在互联网能够自发转发、自发推送、自发传播的程度。这既有制作条件的客观限制，也受到工作内容本身的严肃性所影响。基于这些认识，驻厅纪检监察组采取了让互联网思维和行政手段相结合的工作思维、工作方式，互联网手段是传播的途径与方式，行政手段则是发动、调动、动员干部职工参与推送，同时动员全省交通行业的人参与推送，发动交通人的身边人参与推送。

以互联网思维和行政手段相结合的手段确保“点滴纪检”的推送达到预期效果，“组织”的力量必不可少。“点滴纪检”诞生的第一个周五，驻厅纪检监察组就对其进行了预推送，利用周末时间对相关舆情予以了摸排，在确保没有不利因素干扰栏目传播之后，驻厅纪检监察组在次周一开始了对“点滴纪检”的大规模有组织推送。在此后的10天时间内，驻厅纪检监察组根据“网络手段+行政手段”的推送理念，充分取得四川省纪委和厅党组的支持，全力调动厅直各单位、市州各纪检监察组的力量，统筹协调，形成了传播的整体规模与科学频率。全省交通系统的“同频共振”之下，“点滴纪检”创刊号在蜀中大地点燃的宣传会战终由点滴“星星之火”扩散成无尽“燎原之势”。

(一) 驻厅纪检监察组推送工作的组织分工

“点滴纪检”栏目的推送工作由驻厅纪检监察组总负责，其内部全员参与，权责到位，并落实最终的工作方案。因此，推送的组织首先从纪检监察组内部分工部署开始。2018年3月伊始，驻厅纪检监察组在内部召开了安排推送工作方案的组务会议。会议上对驻厅纪检监察组每一位工作人员在推送“点滴纪检”创刊号过程中要做的每一项工作，关注的每一个点做了详细的安排。方案设计中充分运用管理学思维，把握人性，关注正向激励，以专人负责各单位、各微信群的督促、鼓励与反馈。在这一过程中，驻厅纪检监察组也在不折不扣地践行着“大家一起做”的工作理念，充分挖掘了每一个人的无限潜能，并以点带面充分调动了系统其他参与者的积极性。

据纪检监察组内部推送工作分工方案，“点滴纪检”的推送有专人协调省纪委办公厅、宣传部、组织部、信访处、省纪委第四纪检监察室等上级部门的支持。厅直系统各单位、各部门也有专人负责督促督办推送转发情况并汇总相关数据。对于21个市

(州)、183 个区县的交通系统，纪检监察组则划分片区，由专人负责督促督办推送转发情况并汇总相关数据。推送的主要方式则是由纪检监察组专人在厅直系统纪检微信群、全省交通运输系统纪检微信群等群组发布“点滴纪检”创刊链接，号召群里单位(部门)主要负责同志、纪委书记、纪检干部（专兼职）转发到个人微信朋友圈、微信工作群、朋友群、QQ 群和个人微博等，同时发动全体干部再动员亲戚、朋友、同学、亲属及业务联系人等通过个人微信朋友圈、微信工作群、朋友群、QQ 群和微博等方式进行转发和推送。驻厅纪检监察组相关责任人负责关注和汇总微信群信息反馈情况，每天向驻厅纪检监察组主要负责同志汇报情况，并每天负责将汇总情况和督办情况在群里通报，做得好的单位和个人可在群里进行表扬和点赞。

（二）交通运输厅机关各处室推送工作的组织安排

2018 年 3 月 8 日，驻厅纪检监察组在厅党组的大力支持下，召集厅机关处室相关负责人安排部署“点滴纪检”创刊号宣传推送工作，要求大家集中 10 天（2018 年 3 月 11 日–21 日）时间，面向社会推送“点滴纪检”创刊号“成风化俗之交通变化：蜀道在延伸 纪检在行动”。会上，驻厅纪检监察组要求各处室认真组织、积极倡导，在遵从自愿的前提下，鼓励全体干部职工积极参与该项工作，争取覆盖每一位干部职工及干部职工的每一名亲朋好友。此外，驻厅纪检监察组为各处室提供了一份详尽的、有针对性和可操作性的推送方案，方案充分考虑机关各处室的实际情况，具体到部门、细化到岗位，为所有参与推送的干部职工标定了一份明确的操作指南。

从 3 月 8 日以厅机关各部门为基础开始试推送，“点滴纪检”创刊号在一个周末的两天时间内收获了3万多的点击率。在随后集中推送的十天中，在驻厅纪检监察组的鼓励、引导下，各单位除了按照要求顺利推动各项工作之外，还充分发挥主观能动性，主动召开“点滴纪检”创刊号转发推送专题会议，积极督促检查单位职工的转发推送情况，圆满地完成了转发推送工作。

据驻厅纪检监察组所拟定的厅机关各部门推送方案，参会人员会后应立即向处室负责人汇报“点滴纪检”推送工作要求，处室负责人组织全处人员开会，安排部署“点滴纪检”推送工作。各处室须明确1名联络人员负责督办本处室“点滴纪检”的推送转发工作，并将联络人员姓名、联系方式通过“厅直系统纪检微信群”报送驻厅纪检监察组。以处室名义开通的官方微信公众号、微博和其他微信工作群、QQ工作群等对内对外工作平台联络人员要负责上传和推送。处室有业务联系的单位和公司，联络人员要动员联系单位和公司在官方微信公众号、微博、微信工作群、QQ工作群等工作平台进行转发和推送。如厅建管处、厅外经处要动员交投集团、港航集团等公司进行转发推送。

在具体人员层面，处长（主任）、副处长（副主任）要带头转发到个人微信朋友圈、微信工作群、朋友群、QQ群和个人微博；要带头动员有业务联系的单位和个人通过官方微信公众号、微博、微信工作群、QQ工作群、个人微信朋友圈、微信朋友群和个人微博等渠道进行转发和推送。要发动亲戚、朋友、同学等群体通过个人微信朋友圈、微信工作群、朋友群、QQ群和个人微博等渠道进行转发和推送。全体干部职工（包括借用人员）要积极参与到这一过程中，利用各种渠道、广泛发动身边力量进行转发和推送。各处室联络人员要每天在群里反馈工作平台和干部职工当日推送转发情况，驻厅纪检监察组将在“厅直纪检系统微信群”每日通报各部门推送情况。

（三）除机关外厅直系统各单位推送工作的组织安排

参照厅机关各处室推送工作的组织安排，驻厅纪检监察组继续召开了厅直系统宣传工作安排动员会。除要求厅直系统各单位纪委书记（纪检委员）会后立即向单位主要负责人报告“点滴纪检”推送方案，召开专题会议安排部署下属单位推送工作，并明确专人负责推送工作以外，还要求单位对内、对外工作平台，包括门户网站、官方微信公众号、微博、微信工作群、QQ 工作群等安排专人进行上传和推送。

对于涉及面较广的几个单位，驻厅纪检监察组还制定了更为细致的规定：厅运管局要在运输公司、自动购票等微信群、QQ 群进行推送，并号召工作对象通过微信朋友圈、微信朋友群、QQ 群、个人微博等渠道进行转发和推送；厅公路规划勘察设计研究院、厅交通勘察设计研究院要在从业人员微信群、QQ 群等进行推送，并号召从业人员通过个人微信朋友圈、微信朋友群、QQ 群、微博等方式进行推送。四川交通职业技术学院、四川省交通管理学校、四川交通运输职业学校（四川交通技师学院）要在在校学生、培训对象微信工作群、QQ 工作群等进行推送，并号召学生、培训人员通过个人微信朋友圈、微信朋友群、QQ 群、个人微博等方式进行推送。厅高速公路管理局要发动四川交投集团、铁投集团、川高公司、成渝公司、四川路桥、成都市交投集团、各高速公路运营公司在公司门户网站、官方微信公众号、微博、微信工作群、QQ 工作群等进行推送。号召公司干部职工通过个人微信朋友圈、微信工作群、微信朋友群、QQ 群和个人微博等方式进行推送，并动员、号召其家人、朋友、同学等群体进行推送。

在这一过程中，厅信息中心负责在厅微信公众号、官方微博、门户网站设立专栏，上传和推送“点滴纪检”栏目；负责网络舆情的监测和管控工作；负责收集汇总厅相关公共网络平台推送的数据。厅宣传中心负责在中国交通新闻网设立专栏上传和推送“点滴纪检”链接，在《四川交通》杂志和《四川交通快讯》手机报进行刊登和发布；负责收集汇总相关的刊发和推送数据。

在推送过程中，厅直各单位还积极探索转发推送“点滴纪检”创刊号的新途径，主动向单位行业监管对象、服务对象等进行推送。例如：厅公路规划勘察设计研究院在单位内外网链接“点滴纪检”创刊号；厅运管局利用“四川运管安全与服务”“四川交通企协”等微信公众号，以及四川汽车客运票务网、四川省驾驶计时培训监管平台等积极转发推送“点滴纪检”创刊号；厅宣传中心主动对接中国交通新闻网、今日头条、网易新闻、一点资讯等各大移动媒体平台转发推送“点滴纪检”创刊号；厅信息中心横向与省直部门、纵向与全国交通运输系统各单位之间转发推送“点滴纪检”创刊号。

（四）全省 21 个市州交通局推送的组织安排

2018 年 3 月 12 日，驻厅纪检监察组在厅党组的大力支持下，召开全省交通运输系统纪检监察组组长座谈会。会上市（州）纪委派驻交通运输局纪检监察组组长交流沟通派驻机构改革工作开展情况，安排部署“点滴纪检”创刊号宣传推送工作。由于市州、区县交通局纪检监察组与驻厅纪检监察组之间不存在指导关系和领导关系，因此驻厅纪检监察组提出并倡导“交通的事，需要每个交通人关心，需要每个交通人发挥作用”的工作理念。驻厅纪检监察组深刻地指出，党风廉政宣传不仅是宣传部门、纪检部门的职责，也是每个党组织、每名党员的分内事。交通运输系统的廉政问题仍然是体制内外关注的焦点，这既有自身存在的问题，也有系统与社会公众沟通不够的问题。驻厅纪检监察组希望各市（州）、县（市、区）交通运输局（委）大力支持、积极倡导，在遵从自愿的前提下，鼓励本地区、本系统、本单位全体干部职工积极参与该项工作。座谈会后，各市州及时召开各种专题会议安排部署“点滴纪检”的推送工作。

据纪检监察组所制定的市州交通局推送方案，建议各派驻纪检监察组组长会后向市（州）交通运输局（委）主要负责人报告驻厅纪检监察组“点滴纪检”栏目的推送工作，并建议各派驻纪检监察组组长主动联系市纪委宣传部门，争取他们的支持，利用其宣传工作载体和网络平台进行推送和转发。鼓励市（州）交通运输局（委）召开专题会议，对局（委）机关、局（委）下属单位和县（市、区）交通运输局（委）推送工作进行安排部署。对于实行综合派驻的单位，还建议发动其他派驻单位在单位门户网站、官方微信公众号、微博、微信工作群、QQ 工作群等进行上传和推送。动员、号召其他派驻单位全体干部职工通过个人微信朋友圈、微信工作群、微信朋友群、QQ 群和微博等渠道进行推送，并动员、号召其家人、朋友、同学等群体进行推送。驻厅纪检监察组寄希望于以市州交通系统为圆心，广泛发动相关力量通过微信朋友圈、微信工作群、微信朋友群、QQ 群和微博等方式进行高密度转发推送。

（五）全省 183 个县区市交通局推送工作的组织安排

驻厅纪检监察组在召开全省交通运输系统纪检监察组组长座谈会之时不仅为市州各交通运输局纪检监察组准备了“点滴纪

检”推送方案，更为各区县纪检监察组准备了推送方案，并建议各市州纪检监察组会后第一时间召开本地区推送座谈会，在安排市州交通运输局直属机关、局属单位进行转发推送之时，也要向所属地区县交通局通报座谈会精神，部署“点滴纪检”推送任务。与此同时，驻厅纪检监察组也在全省交通运输系统纪检微信群内充分发动各区县交通系统纪检监察组组长主动作为，召开座谈会部署本县区推送工作，共同为交通做一件事、出一份力，打好“点滴纪检”宣传全省会战。除了建议单位干部职工通过微信朋友圈、微信工作群、微信朋友群、QQ群和微博等渠道进行推送，并动员、号召家人、朋友、同学等群体进行推送。更建议各市（州）、县（区、市）交通运输局（委）每天在“全省交通运输系统纪检微信群”反馈推送和转发“点滴纪检”的工作动态，并及时分享各单位抓工作落实方面的好措施和好做法，从而实现了“点滴纪检”在省市县三级的立体式传播。

（六）借助全省纪检系统宣传力量的推送

驻厅纪检监察组还充分争取了四川省纪委的支持，为“点滴纪检”宣传内容把关，为宣传渠道谋力。通过查阅驻厅纪检监察组上报给四川省纪委相关处室的请示报告，四川省纪委系统当时主要从以下几个方面支持了“点滴纪检”创刊号的推送：一是在省纪委门户网站、省纪委内网、省纪委微信公众号等新媒体进行上传和推送。二是在省纪委宣传部各类微信工作群、QQ工作群进行转发和推送。三是号召省纪委全体干部、巡视办全体干部通过个人微信朋友圈、微信工作群、朋友群、QQ群和微博等方式进行转发和推送。四是组织市（州）纪委、县（市、区）纪委门户网站、办公内网、官方微信公众号、微博等新媒体进行上传和推送。五是号召市（州）纪委、县（市、区）纪委干部通过个人微信朋友圈、微信工作群、朋友群、QQ群和微博等方式进行转发和推送。六是组织各市（州）、县（市、区）纪委宣传部号召各市（州）、县（市、区）各部门纪检组织在本单位（部门）门户网站、办公内网、官方微信公众号、微博等新媒体进行上传和推送。七是组织各市（州）、县（市、区）纪委宣传部发动各市（州）、县（市、区）各部门纪检组织动员本单位（部门）干部职工通过个人微信朋友圈、微信工作群、朋友群、QQ群和微博等方式进行转发和推送。

通过对接省纪委宣传部，"点滴纪检"创刊号"成风化俗之交通变化：蜀道在延伸 纪检在行动"在省纪委微信公众平台"廉洁四川"予以了单独刊发。省纪委宣传部也在此基础上组织了全省21个市州、183个区县的纪检监察系统宣传力量对"点滴纪检"进行了积极转发。通过对市州纪检系统的不完全统计，由"廉洁四川"独立推送的"点滴纪检"点击阅读量达到10万人次以上。

总的来看，驻厅纪检监察组针对内部分工、厅机关各处室、厅直系统、21个市州交通运输局、县市区交通运输局、纪检系统宣传部门制定的每一份推送方案，都是一份详尽的操作手册。每个单位、每个部门、每个人做什么、怎么做，都非常具体明确，"明确到了小学生都十分清楚做什么怎么做的程度"[4]。驻厅纪检监察组固然也可以通过层层安排部署，层层抓落实来安排部署"点滴纪检"创刊号的推送工作。但他们没有因循守旧，对推送工作提出泛泛的面上要求，而是拿出了六个实实在在的具体推送方案。在方案制作出台后，更不是一发了之。在方案的落实上，驻厅纪检监察组分别通过召开会议、提出号召对每一个传播主体的任务予以明确。定了的事就要执行，执行就要执行到位。“点滴纪检”创刊号的制作、推送过程，就是体现纪检工作转作风的过程。转作风体现在具体工作中，赋予了转作风具体的内涵，具体的内容，体现了实实在在的成效。

三、推送的统计

“点滴纪检”推广平台主要由网站、微信、微博三大类型构成，其中主要依靠在微信端密集推送、转载“四川发布”客户端所呈现的“点滴纪检”创刊号链接。“点滴纪检”创刊号正式推出后，驻厅纪检监察组积极联系省纪委、并组织厅直系统、全省交通运输系统进行了大范围转发推送。与此同时，驻厅纪检监察组持续关注各个推送平台的数据增长情况，选定每天上午、下午两个特定时段查看后台自动统计的阅读量。从厅信息中心提供的数据统计情况来看，截至 2018 年 3 月 23 日，推送工作尾声，“点滴纪检”创刊号阅读量高达 70 多万人次，其中厅属官方网站、微信、微博合计约 10 万人次阅读量，“四川发布”原生链接约 50 万人次点击阅读，省纪委微信公众号“廉洁四川”及各市州区县纪检系统也独立贡献了约 10 万余人次的阅读量。经测算，“点滴纪检”直接覆盖的人群超过 1000 万人次。

第四节　“点滴纪检”的总结

一、“点滴纪检”的效果

效果在哪？这是厅党组和驻厅纪检监察组在部署开展党风廉政宣传教育时首先和一直考虑的问题。中央全面从严治党的信息是否传递到位，是衡量“点滴纪检”效果的首要标准。因此，“点滴纪检”不能只是停留在泛泛而谈的层面，而应深化、具体化、明确化中央全面从严治党在四川交通运输领域的落地生根。其中，辐射的人群数量，是衡量宣传工作的重要标准。作为四川交通的一项重要宣传，对四川交通领域受众的覆盖程度越高，宣传效果越好。受众的接受度、认可度，是宣传的本质效果。受众接受度不高，或者没有接受度，宣传就没有效果。

（一）进行推送的效果

2018 年 3 月 16 日，残留的寒意并未冻结四川交通的脉动，在这个冬日，四川交通的建设者、管理者和使用者们在联结四面、通达八方的四川交通网络里，在千万个智能终端链接的开放生态中，在川中无数个车站、码头、工地、服务区中因为同一篇文章而驻足，而阅读，而思考。来自四川省交通运输厅厅直系统各处室、各单位共 8000 余人，来自全省 21 个市州、183 个区县的交通系统干部职工以及铁投集团、交投集团等所有奋战在蜀中大地的交通人共同参与、掀起了一场有关交通系统党风廉政宣传的大会战。更为重要的是，“点滴纪检”不仅是一次面向社会的宣传，对于所有参与推送工作的四川交通人来说，这也是一次生动而深刻的党风廉政主题教育。

从厅直单位推送情况来看，厅运管局转发微信群、QQ群278个，覆盖约23751人。运管安全与服务微信公众号、四川汽车客运票务网、运管局官网、四川交通企业管理协会网站点击量为21302次。同时积极开展运输企业的推送工作，对340家运输企业进行了推送。厅宣传中心在手机快讯重点关注栏目头条刊出《驻厅纪检监察组推出“点滴纪检”创刊号》，并在今日头条、网易新闻、凤凰一点资讯APP客户端上向社会大众推送。同时持续在手机快讯头条位置刊出重要提示，号召大家关注“点滴纪检”并附上链接，利用四川交通广播FM101.7在黄金时段播出“点滴纪检”创刊号相关消息，扩大在社会大众中的影响力，树立良好形象。

从厅机关处室推送情况来看，厅办公室27位同志点对点转发120余人，转发至108个微信群。除在亲朋好友、同学家长群中点对点推送外，还在有工作业务来往的群体中积极推送，涉及中央媒体记者群、省级媒体记者群、省直有关部门工作群等，得到大量点赞和好评。厅建设管理处13人持续通过微信群、QQ群、朋友圈等方式推送“点滴纪检”创刊号累计80余次，向建设项目公司、部建设市场工作群、部造价站长群、省建设管理工作群等广泛推送，并动员身边亲属和朋友转发扩散。

从市州交通系统推送情况来看，绵阳市在各区县交通运输局、川交设计公司、力源公司、质监站等7个官网进行悬挂刊登，转发微信群96个，QQ群37个，超过6000余人参与推送。宜宾市在4个门户网站进行宣传，转发QQ群12个约覆盖1050人，转发微信工作群6个，转发微信朋友群24个约覆盖3100人，转发到微信朋友圈68条，发放宣传单40份。

在本书编写组的调研采访中，还捕捉到了大量的工作细节：例如，绵阳市某区交通运输局一位老党员在看了创刊号内容后就表示四川交通党风廉政建设和反腐败斗争工作成绩斐然，要全力支持，虽然自己不会操作微信朋友圈，但还是在年轻同事的帮助下进行了转发分享；绵阳市某驾校的教练员在转发时表示纪检同志很辛苦，我们要多宣传、多支持；成都市某公司的一位出租车司机也表示现在我们交通便利，群众认可度非常高，纪检工作为四川交通领域取得的这些成就提供了坚强的保障。

（二）产品辐射的效果

“点滴纪检”创刊号全景式展现了近年来四川省交通运输厅党风廉政建设所取得的积极变化，其转发推送取得了点击阅读量70余万人次、辐射量1000万人次的突破。这种正面的、地毯式的、全覆盖的宣传让社会公众对四川省交通运输厅的党风廉政建设工作有了全面而深刻的了解。“点滴纪检”在全省交通运输系统和社会大众中的扩散，实现了“全面从严治党在四川交通领域落地生根”的明确信息在网络上高密度传播，实现了对交通运输领域党风廉政建设宣传的“地毯式”覆盖，实现了交通系统党风廉政建设工作的发声，点燃了全省交通人“身为交通人，关心交通事”的激情，其效应在全省漫溢，从而使一篇文章，演化成覆盖全省交通运输整个领域的一场党风廉政宣传教育，也使一篇文章演化成面向整个社会的一次交通正面形象的宣传与塑造。

驻厅纪检监察组一位工作人员在采访中回忆：“我记得我们是礼拜五开始试推送‘点滴纪检’，双休日之后的下个礼拜一才正式推出。预推送出去过后，礼拜一刚上班，一位厅领导就跟我说，昨天他回到家，他夫人就跟他主动说起了我们这个推送。其实，他太太所在的单位跟交通系统并无交集，我们也没有针对任何人做过特别的推送，但这个事情还是从我们交通系统传播到了系统之外的人群那里。显而易见，‘点滴纪检’创刊号从交通系统内传到了社会上，然后在社会上传播演化后又漫溢回交通系统。大家足以看出，它的社会覆盖面到底有多大。”[5]

（三）受众接受的效果

驻厅纪检监察组策划“点滴纪检”的初衷就是贯彻省纪委和厅党组要求，要让社会群众感受到、体会到中央全面从严治党战略部署在交通系统落地生根，了解到四川省交通运输厅通过落实中央全面从严治党战略部署，实现了交通系统的业务规范、实现了交通运输行业的发展。“点滴纪检”创刊号以“成风化俗之交通变化：蜀道在延伸 纪检在行动”为标题，使受众直观的接收到交通系统党风廉政工作发生变化的核心信息。此外，通过点击浏览正文以及文章链接的转发，“点滴纪检”都在向社会大众释放着不同层面的宣传效果，从而完成了党风廉政宣传教育对受众心理的把握，取得了宣传的综合性效果。

当时，驻厅纪检监察组主要负责同志的一位晚辈甚至后来还专门通过微信和他讨论起“点滴纪检”中“逗硬”一词到底是用斗争的“斗”，还是创刊号中那个逗乐的“逗”。这件小小的趣事，在本书编写者看来，至少可以反映出作为一个不在体制内工作的年轻人，当他看到这篇文章后，还能有兴趣来探讨这个“逗”字，来谈论里面的内容，这足以见得“点滴纪检”的确开始走向了社会，塑造着大众对于四川交通党风廉政形象的重新思考。

一位驻厅纪检监察组工作人员便表示：“以往我身边的人对纪检工作存在一定程度的误解，认为纪检工作是‘繁文缛节’，对业务造成了阻碍，束缚了我们的手脚。随着政治生态的好转，特别是像‘点滴纪检’这样反映纪检监察工作真实现状报道的广泛传播，大家对纪检工作的看法越来越客观，规矩意识越发增强，按原则做事就轻松多了，反而少了很多‘繁文缛节’。现在干部职工酒局饭局少了，身体状况、精神状态明显好了，干事创业的本钱得到保障，更多地将时间和精力放在本职工作上。”[6]

（四）形象塑造的效果

“点滴纪检”不仅从正面塑造了四川交通系统党风廉政建设的新形象，更以事实为支撑，通过厅党组和驻厅纪检监察组对全面从严治党战略部署的落实以及纪检工作对交通业务的塑造与规范，也让社会群众进一步认识到中央全面从严治党战略部署的深远意义，从而为党中央、为党和政府的形象塑造添砖加瓦，从根本上加深了社会群众对党的领导的拥护，厚植党执政的社会群众基础。

栏目创刊号《成风化俗之交通变化：蜀道在延伸，纪检在行动》以扎实厚重的笔触全景式展现了近年来交通运输厅党风廉政建设所取得的积极变化，改善和塑造了四川交通的形象，助力了交通系统的业务工作。内宣与外宣通过“互联网+”思维交织结合，共同营造了交通运输系统开展纪检工作的良好氛围。依托互联网，尤其是移动终端手机，在厅党组的坚强领导下，驻厅纪检监察组发动全省每一个交通人，用推送方式实现在网络扩散。“点滴纪检”创刊号《成风化俗之交通变化：蜀道在延伸，纪检在行动》实现阅读量超 80 万次，覆盖人群超 1000 万，取得惊人的转发推送成果。

在这一过程中，交通系统纪检工作成果也实现了共享。省、市、县的交通纪检工作，市州与市州的交通纪检工作，县市区与县市区之间的纪检工作，虽然各单位、各地区有各自不同的情况，但总体上离不开交通这个属性，交通系统纪检工作有一定的共通性，一个单位、一个地区的有效做法，当然可以向全省释放出效应。如何调动发挥每个纪检人员的积极性，直接关系到纪检工作的成效。厅党组和驻厅纪检监察组一直认为纪检工作不仅仅是纪检人的事，也是每一名干部职工的事，让每一名干部职工参与到纪检工作上来，从单纯的被监督对象转变成主动去发挥纪检工作的积极作用，纪检工作的效果才会体现得更加充分。

二、“点滴纪检”的启示

（一）大家一起做

党风廉政宣传教育要做到“全覆盖”。党风廉政宣传教育突出党员领导干部这个重点的同时，也要注重宣传教育的面，即工作对象群体的“全覆盖”。党风廉政宣传教育覆盖到每一个党员、每一个干部职工，一个不漏。纪检监察工作，尤其是纪检监察的宣传工作，要做到监督对象群体中去，而不是停留在纪检监察系统、停留在纪检监察人员之内，内部循环，“点滴纪检”创刊号的推送无疑是一次有效的尝试。

如何有效调动监督对象的参与积极性？“点滴纪检”的转发推送过程给了我们答案。为了让整个推送能产生实效，驻厅纪检监察组把厅直系统各处室、各单位以及各市州、区县交通运输局在推送当中的工作方案制作出来，针对如何去安排，怎样去部署这项工作都详细地予以了规定，以保证各单位能够把这项工作落实。如果没有提供这一套工作方案，那么每个地区、每个单位的工作方式，工作能力的差异都会导致传播效果的参差不齐。

除此之外，驻厅纪检监察组还喊出了“交通人为交通做一件事”的口号，在行政手段的动员中蕴藏绵绵温情，以情感纽带动员大家，这也正是驻厅纪检监察组所倡导的把工作做到人性层面，捕捉群体性的心理，并进一步利用这样的情感纽带，动员交通人身边的亲朋好友，关心自己亲人的工作，为我们的转发出一份力。

“大家一起做”的理念背后其实是党风廉政宣传教育需要精心组织和策划。党风廉政宣传教育体现在时时处处，但不能是“零敲碎打”，想起什么就做什么，没有“章法”，没有“套路”。党风廉政宣传教育需要精心组织和策划，组织策划背后，是用“心”做事。“心”用得不够，事情不可能做得好。用多少“心”，效果就有多大。

（二）以匠心出精品

“点滴纪检”只是党的十八大以来全面从严治党背景下的一个“小浪花”，这个细节却可以作为一个有意义的样本为我们研究分析党的十八大以来全党、全国、全社会党风廉政建设的变化提供一个切入点。

从工作演化过程本身来说，“点滴纪检”是不可复制的。它发源于十八大以来四川省交通运输厅党组和驻厅纪检监察组对党风廉政建设持之以恒地落实改进所形成的累累硕果，它有赖于厅直系统特别是驻厅纪检监察组全体干部职工的恒心与毅力，它借助于全省交通系统所形成的高度凝聚力战斗力。

但“点滴纪检”和其他党风廉政宣传产品并没有本质的不同。其他各级部门、各单位平时工作中都在制作各种形式的党风廉政宣传产品，并且也取得了非常好的效果。如果要讲“点滴纪检”和其他大多数宣传产品的不同之处，在于四川省交通运输厅持匠心对“点滴纪检”创刊号在策划、制作、推送等的各个环节，下足了功夫，投入了足够的力量和精力，做到了现有资源的最大化调动使用。在调动使用这些资源过程中，在传统的行政手段基础上，融入了互联网的思维，借助了互联网的力量。

例如，“点滴纪检”及其创刊号从创办之初就秉承“工作做到人性层面”的理念，从社会公众心态出发，思考创办符合互联网时代公众阅读习惯的宣传教育栏目。什么样的栏目名称吸引公众眼球？什么样的栏目风格激发公众兴趣？什么样的推广方式适应公众习惯？驻厅纪检监察组在“点滴纪检”的创办及运营过程中，始终以社会公众的阅读兴趣和阅读习惯作为“点滴纪检”栏目风格设定的重要依据，坚持将党风廉政建设宣传教育工作做到人性层面，这就是匠心的体现。

因此，从某种意义上来说，“点滴纪检”是可以复制的，它是纪检监察工作系统性思维、创新性思维和全局性思维的体现。它是厅党组与驻厅纪检监察组把小事做成大事、关注每一个细节等工作理念的高度结晶。

注：

[1] 笔者对驻厅纪检监察组某工作人员的访谈，2018 年 9 月 7 日，四川省交通运输厅 1124 办公室。

[2] 产品呈现内容均为“点滴纪检”创刊号内容节录，详见

四川发布.成风化俗之交通变化：蜀道在延伸 纪检在行动 [EB/OL] .http://www.scpublic.cn/news/getNewsDatail?id=94369

[3] 参见腾讯控股 2016 年度第二季度及上半年财务报告，2016 年 8 月 17 日。

[4] 笔者对驻厅纪检监察组某工作人员的访谈，2018 年 8 月 2 日，四川省交通运输厅 910 办公室。

[5] 笔者对驻厅纪检监察组某工作人员的访谈，2018 年 9 月 28 日，四川省交通运输厅 1124 办公室。

[6] 笔者对驻厅纪检监察组某工作人员的访谈，2018 年 8 月 7 日，四川省交通运输厅 917 办公室。

第五章
总 结 分 析

十八大以来，在四川省纪委监委的坚强领导和厅党组的大力支持下，驻厅纪检监察组全面落实中央和四川省党风廉政建设和反腐败斗争相关决策部署，深入贯彻习近平新时代中国特色社会主义思想，不断提高政治判断力、政治领悟力、政治执行力，运用“互联网+”思维，积极探索新时代党风廉政宣传教育新模式，全面传递党风廉政建设相关信息，充分释放全面从严治党严的压力，以新技术、新思维、新方法做细做实了监督责任，将制度优势充分转化为治理效能，推动了全面从严治党向下延伸，向纵深发展，是坚持和完善党和国家监督体系，促进新时代纪检监察工作高质量发展，强化对权力运行制约和监督的生动基层实践。在这一过程中，涌现了不少崭新的工作方法、展现了一些创新的工作思路。这些工作方法与思路既是十八大以来党中央全面从严治党工作方法与理念在基层的展现，也饱含了四川交通运输人，四川交通运输系统纪检工作者们的智慧结晶。对四川省交通运输厅所开展的这场党风廉政宣传教育“大会战”进行梳理、总结与分析，既是对全面从严治党波澜壮阔历程中一段宝贵样本的忠实记录，也是坚定不移全面从严治党，深入推进新时代党的建设新的伟大工程重要理论参考。

第一节 经验总结[1]

一、构建“互联网+”党风廉政宣传教育模式的背景

四川省交通运输厅党组、驻厅纪检监察组基于新媒体时代背景与派驻监督工作需要，对于“互联网+”时代宣传教育的机遇与挑战，传统宣传教育与监督工作的落差等方面进行了深入思考与科学研判，积极探索了“互联网+”党风廉政宣传教育模式。

（一）时代背景：“互联网+”时代党风廉政宣传教育的机遇与挑战

习近平总书记在十九大报告中强调，要“善于运用互联网技术和信息化手段开展工作”，以全面增强执政本领。2017 年 12 月，他在致第四届世界互联网大会的贺信中提到，“当前，以信息技术为代表的新一轮科技和产业革命正在萌发，为经济社会发展注入了强劲动力，同时，互联网发展也给世界各国主权、安全、发展利益带来许多新的挑战”[2]。互联网时代的党风廉政宣传教育，同样是机遇与挑战并存。

党的十八大以来，互联网为党风廉政建设以及反腐败工作提供了重要支撑，开创了全面从严治党的新局面。2013 年，新开通的中央纪委监察部网站成为网络举报的重要渠道。随后，人民网、新华网等网站先后开通了“网络举报监督专区”，地方各级纪检监察机关的举报网站、举报电子邮箱也陆续开通，这些不同层次的举报网站充分拓展了监督渠道。在中央纪委国家监委网站“一网一端一微”立体传播形态的影响下，各级纪检监察机关纷

纷运用新媒体、新技术助推党风廉政建设以及反腐败工作步入新阶段。在“互联网+”的助力支持下，全国7.72亿网民及媒体的网络监督正能量被激活，纪检监察系统党风廉政宣传教育工作迈上新台阶。

近年来，四川省交通运输厅与时俱进拥抱“互联网+”，充分运用微信、微博、网站，以及舆情监测等工具，将网络手段与行政手段相结合，陆续创建厅直系统和全省交通运输系统两个纪检微信群、创办和运营“纪检微平台”“点滴纪检”两个品牌栏目。符合“互联网+”时代宣传教育工作要求的宣传教育模式基本成型，有力推动了交通系统党风廉政建设和反腐败工作的开展。

不过，“互联网+”党风廉政建设还有许多课题值得深入研究。网络为党风廉政建设和反腐败工作创造出无限可能，但如何给网络注入人性、注入价值观，在推动“互联网+”党风廉政建设中着力构建不敢腐、不能腐、不想腐的长效机制等问题仍有待进一步思考。四川省交通运输厅所构建的“互联网+”党风廉政宣传教育模式还将进行“第二阶段”的探索。

（二）现实维度：传统宣传教育模式与派驻监督工作需要存在落差

就派驻监督工作的现实需要而言，传统宣传教育模式已经无法满足新时代党风廉政建设的客观要求。这不仅是交通系统宣传教育工作独有的问题，也是传统宣传教育模式在各行业，尤其是在基层党风廉政建设中的通病。主要表现在以下几个共性方面的问题：

一是宣传与教育不分。当前，纪检监察工作中宣传教育的分量和比重非常大，越往基层越突出。基层纪检组织通过多样化的方式方法，面向党员、干部、职工、社会群众开展广泛的宣传教育工作。然而，在宣传教育工作的开展过程中，面向社会群众的宣传与面向干部职工的教育没有被科学区分，常常出现宣传工作与教育工作的混淆，从而导致宣传教育工作因对象偏差而效果弱化。

二是宣传教育泛化与粗化，缺少“精品”。当前党风廉政建设宣传教育工作开展得很充分，但是却过于泛化，重复、低效的宣传教育反而更容易产生反感、排斥、抵触、不接受的负效应。宣传教育工作的执行力很到位，工作精神和工作状态值得肯定，但是成果相对粗化，没有匠心投入的成果与作品往往难以成为“精品”。

三是宣传教育浮在面上，没有触动人性、形成压力。当前党风廉政建设宣传教育工作依旧浮于表面，在形式上缺少对社会、对经济、对政治的把握，在内容上没有聚焦“严”的信息和压力，在效果上没有让对象群体产生心理触动。宣传教育要把握受众的心理状态、心理需求，将效果导向从评奖、评优转向受众群体心理、思想的触动和行为的规范。宣传教育工作最重要的任务就是传递严的信息和压力，凡是没有达成这一目的，无论宣传教育的形式新颖与否、内容丰富与否，都不是有效的宣传和教育。

四是宣传教育脱离各项纪检工作。没有脱离纪检工作开展的纯粹的宣传教育，也没有离开宣传教育的纪检工作。党风廉政宣传教育工作都源于各项纪检工作的开展，是监督、执纪、问责的后半篇文章；宣传教育与监督、执纪、问责共同服务于纪检工作。但就现有宣传教育工作而言，脱离纪检工作的宣传教育依然存在，与监督、执纪、问责无法良性互动的宣传教育同样存在。

二、构建“互联网+”党风廉政宣传教育模式的主要做法

2016年来，四川省交通运输厅结合工作实际，先后建立厅直系统和全省交通运输系统两个纪检微信群，为开展交通系统纪检工作提供了精准、高效的网络平台；陆续创办“纪检微平台”“点滴纪检”2个品牌栏目，开创了识别精准、优势互补、内外结合的“互联网+”党风廉政宣传教育新模式。

（一）创建两个微信群，运用“互联网+”思维方式的“双平台”

2016年7月，驻厅纪检监察组在厅党组的支持下，建立涵盖厅直系统所有单位和党组织的“厅直系统纪检微信群”，厅直系统专兼职纪检人员、厅直单位和厅机关各处室主要负责人等437名干部职工入群。2017年6月，本着上下齐心，共同抓好全省交通运输系统党风廉政建设和反腐败工作，营造全系统良好政治生态的初衷，驻厅纪检监察组建立“全省交通系统纪检微信群”，驻厅纪检监察组、各市州、县区交通部门纪检人员共计478人先后入群。

两个微信群内一律实名制沟通，对于非工作信息、涉密信息则均不予以发布。驻厅纪检监察组将非涉密工作信息直接在群内发送，同时要求厅直各单位并鼓励市、县交通部门将自身非涉密纪检工作在各所在群以“一张图片+一句话”的方式进行实时播送。智能终端的运用消解了时间与空间的规制，这些在过去以“天”和“周”为单位进行传导的信息现在做起了“秒速运动”，同时也解决了信息在流转过程中流失、耗散与迟滞的问题。通过简单明晰的规则与精细持久的运营，发端于社交软件的微信群开

始真正从“社交平台”走向“工作平台”。

在打破时空界限的同时，两个微信群的运用也最大限度地减少了冗余环节，克服了科层管理的弊端。每一部手机终端通过微信群在蜀中大地纵横交互，形成独特的信息流转传递的“路网”。厅党组和驻厅纪检监察组的信息可以瞬时传送至这一“链路”的每一个节点，每一个终端末梢也能够畅通无阻的反馈与互动。更为重要的是，这是一个开放的生态体系。微信群内所发布的重要信息，只需要接收者手指一动，转发至各自单位、部门、支部的工作群中，短短几秒便能扩散至全省交通系统的每一位干部职工乃至其他行业系统之中。对象精准、传递迅速、互动通畅、覆盖完全，两个微信群所呈现的这些互联网时代的新特点使得其完全具备了作为优秀宣传教育平台的一切素质。厅党组和驻厅纪检监察组依托两个微信群，通过两个宣传品牌的打造，不断向全系统干部职工传递从严治党“严”的信息，使得遍布巴蜀大地的数十万交通人正在“云端”形成合力。

（二）创建“纪检微平台”，针对交通系统的干部职工传递严的信息

从巡视反馈问题线索来看，针对交通领域领导干部传递从严治党“严”的信息，仍然存在不精准、不到位和接收者上心不够的问题。为此，驻厅纪检监察组在厅党组的支持下，策划运作了“纪检微平台”栏目，依托“四川交通手机报”，在每个工作日将相关信息点对点发送给四川省交通领域5万余名领导干部（2018年起调整为1万人），持续精准传递“严”的信息和压力。

“纪检微平台”坚持让纪律和规矩落地，“用自己的话说自己的事”，以问题为导向精准传递信息。驻厅纪检监察组将需要

交通系统领导干部应知应晓的信息点摘编提炼，形成系列专题。栏目自2016年正式开办以来，已陆续刊载“走近党章党规”“走进纪委”“走近纪检工作”“走近纪检人”等16季专题共184篇。

“纪检微平台”符合互联网时代阅读与传播的特点。除了手机彩信，“纪检微平台”栏目还通过交通运输部、四川省交通运输厅门户网站、“厅直系统纪检微信群”和“全省交通系统纪检微信群”等方式进行广泛传播和深度覆盖。其内容短小精炼不过数百字，却贴合了现代人碎片化阅读的习惯。在每一则标题的设置上，则力求鲜明精准，如“派驻纪检监察组对驻在部门党组是上级监督”“每一个党员领导干部肩上都扛有主体责任”。每一标题下配有数百字的简短阐释，使得接收者能在短时间内把握大部分有用的信息，从而真正做到了从小处发幽，于微中见理。

“纪检微平台”呈现演化与迭代的特征。在开始运作的半年时间内，“纪检微平台”凭借着新颖的形式和扎实的内容逐渐集聚口碑，得到了厅领导和各方面的关注与认可。厅财务处、审计处、机关党委等部门纷纷效仿，打造本部门的“微平台”栏目。这也是“纪检微平台”的原初形态。随着“厅直系统纪检微信群”和“全省交通系统纪检微信群”的建立，“纪检微平台”迎来“版本更迭”。驻厅纪检监察组将微平台内容制作成适合碎片化阅读的文字图片在微信群内予以推送，并安排厅直系统与全省交通部门转发与反馈，基本实现了全省交通系统干部职工全覆盖。当前，“纪检微平台”正迎来又一次演化更新。驻厅纪检监察组联合巴中等市纪检部门，以“纪检微平台”为基础，结合本地本单位实际，推出了各市州的定制版本。可以说，“纪检微平台”正逐步成长为具有四川交通特色的党风廉政宣传教育综合性品牌。

（三）创建“点滴纪检”，针对社会群众宣传交通系统党风廉政建设信息

近年来，交通系统不断加大的党风廉政建设力度力助四川交通迈向了新高度，取得了新成就。但不可否认的是，交通领域因其项目多、资金量大等特点，依然存在着一些问题。因此，各界在赞誉愈发便捷的四川交通之时，仍然固守着“交通行业问题扎堆”的刻板印象。为此，驻厅纪检监察组从 2017 年 8 月开始策划“点滴纪检”宣传品牌，作为厅微信公众号下子栏目，面向全社会，正面宣传四川交通系统党风廉政建设工作。

“点滴纪检”始终遵循“用户体验至上”的宗旨。驻厅纪检监察组准确把握社会群众的心理感知，力求“点滴纪检”的内容厚重扎实，通过大而全的画卷使得社会群众对近三年来交通领域党风廉政建设所发生的改变有触动，有感觉。栏目创刊号《成风化俗之交通变化：蜀道在延伸，纪检在行动》历时半年的策划、编辑、运作，由 21 分钟视频、16 人采访、11 张图片、1.2 万字组成，厅党组和驻厅纪检监察组主要负责人均直接参与其中，全景式地展示了 2016 年来交通厅的党风廉政工作。用户体验至上还体现在对细节的孜孜以求，“点滴纪检”创刊号历时半年，几易其稿，除了文字的严谨，小到页面配色、字体搭配也是反复雕琢，力求带给每一位读者最好的阅读体验。

“点滴纪检”的运作推出有机结合了行政手段与网络手段。创刊号《成风化俗之交通变化：蜀道在延伸，纪检在行动》采用微信传播。驻厅纪检监察组首先依托覆盖厅直系统 357 个党支部和全省 21 个市州、183 个县市区交通局的两个纪检微信群将“点滴纪检”创刊号覆盖到全省交通系统的所有纪检人员。随后，再由纪检人员将“点滴纪检”创刊号转发至本单位、本部门微信工

作群，覆盖到全省每一个交通人。驻厅纪检监察组同时要求每个交通人再通过微信、QQ 和短信将“点滴纪检”创刊号覆盖到自己身边的每一个人。最后，驻厅纪检监察组建议每个交通人动员其亲人、同学、战友进行推送和转发，并请求省纪委宣传部组织纪检系统予以传播支持。通过行政手段与科技网络的有机结合，“点滴纪检”创刊号阅读量高达 70.87 万人次，直接覆盖人群超过 1000 万人次。

三、构建“互联网+”党风廉政宣传教育模式的初步成效

随着两个微信群、两个宣传教育品牌栏目的构建，“互联网+”党风廉政宣传教育模式初步形成，宣传教育的系统性效应开始产生；不仅在交通系统内部营造出严的氛围，宣传教育的影响力也逐步走向全省、走出交通、走向社会。

（一）两个宣传教育品牌已构建完成

从宣传教育的受众对象来看，“纪检微平台”针对交通系统的全体干部职工特别是领导干部，传递执纪越来越严、规矩越收越紧的信息；“点滴纪检”向社会群众宣传交通系统党风廉政建设的新变化、新成就；两个宣传品牌栏目各有侧重，互相配合，搭建起全方位立体式的宣传教育架构。这也解决了长期以来存在于党风廉政宣传教育领域的弊端即宣传与教育不分的问题，是对党风廉政宣传教育的一次正本清源，也有力地提升了宣传教育工作的成效。

从栏目的具体风格来看，“纪检微平台”走“小而精”的路线，每日一则，最大限度满足网络时代碎片化阅读的需求，潜移默化地强化着交通领域干部职工的规矩意识。“点滴纪检”则反

其道而行之，坚持高站位、厚笔触，通过“大而全”的立体式画卷呈现交通领域党风廉政建设的新变化。可以看出，四川省交通运输厅始终坚持高站位，不跟风、不媚俗，既契合时代潮流又牢牢把握原则，有机结合了“互联网+”思维与党风廉政宣传教育。

从所达到的状态效果来看，“纪检微平台”作为四川省交通运输厅党风廉政教育常态化内容，至今已刊发 16 季共 350 余篇，得到了系统内外的积极反馈，正成长为具有交通特色的党风廉政宣传教育的综合性品牌。“点滴纪检”栏目创刊号《成风化俗之交通变化：蜀道在延伸，纪检在行动》深度传播，影响广泛，并作为厅微信公众号固定子栏目得以保存。可以说，两个栏目已经达到了厅党组和驻厅纪检监察组的初步预期，并正逐步演化出新的形态，产生新的效果。

（二）“互联网+”党风廉政宣传教育模式已基本成型

四川省交通运输厅“互联网+”党风廉政宣传教育模式集中体现为两个微信群和两个品牌栏目。其中两个微信群代表“厅直系统纪检微信群”和“全省交通系统纪检微信群”两个微信群，这也是进行“互联网+”党风廉政宣传教育的“主阵地”。两个品牌栏目指“纪检微平台”“点滴纪检”。两个栏目各有侧重，与两个微信群形成合力，构建起党风廉政宣传教育的立体布局。

“互联网+”党风廉政宣传教育模式做到了内宣与外宣的结合。对内，以“纪检微平台”为抓手，厅党组与驻厅纪检监察组向全省交通系统持续传递“严”的压力，成风化人，久久为功。对外，“点滴纪检”栏目创刊号《成风化俗之交通变化：蜀道在延伸，纪检在行动》以扎实厚重的笔触全景式展现了近年来交通运输厅党风廉政建设所取得的积极变化，塑造和改善了四川交通的形象。内宣与外宣通过“互联网+”思维交织结合，共同营造了交通运输系统党风廉政建设的良好氛围。

“互联网+”党风廉政宣传教育模式以效果为导向，直达人性层面。交通运输厅“互联网+”宣传教育模式针对性地把握准了干部职工、社会群体和纪检人员的心理状态、心理需求。在此基础上，驻厅纪检监察组以匠心打磨工作，成效显著。“纪检微平台”用自己的话说自己的事，用身边的案例解读党纪党规，说到每一位干部职工的心坎上去。“点滴纪检”以厚重的篇幅、严谨的笔触带给社会大众以震撼，对改善交通系统的刻板印象大有裨益。

（三）宣传的系统性效应已开始产生

宣传教育贯穿于纪检工作开展的全过程。“纪检微平台”线上线下同步推进党纪党规解读工作，持续向厅直系统和全省交通系统传递“严”的压力。“点滴纪检”创刊号以省直机关纪检组织和队伍建设现场会为契机，大力宣传交通系统党风廉政建设新成就。交通运输厅充分运用党风廉政宣传教育的“互联网+”新模式，持续抓、经常抓，持之以恒地将宣传教育落实于纪检各项主业工作，落实于交通业务工作，落实于四川交通行业的工作开展与干部职工的行为规范。

宣传教育真正塑造了四川交通领域“严”的氛围。厅党组、驻厅纪检监察组针对巡视所反映出来的干部职工纪律规矩意识淡薄、社会群众评价改善不大，纪检队伍薄弱等问题系统性、创造性地开展党风廉政宣传教育工作，成效显著。厅直系统各单位特别是一些廉政风险较高的单位，一改过去对规矩漠不关心，一切围绕业务的旧思维，树立了新规范，建立了新制度，使得各单位的业务工作迈向新台阶。“严”的氛围还体现在纪检工作重要性的不断攀升。现在，纪委书记有发言权，纪检工作有重要性，纪检人员有自豪感。干部职工对纪检和纪检干部的态度在大幅度地转变，业务工作对纪检工作的需求与依赖在不断上升，整个交通行业的规范意识在不断增强。

宣传教育开始走向全省、走出交通、走向社会。四川省交通运输厅党组、驻厅纪检监察组始终秉持着上下齐心，共同抓好全省交通运输系统党风廉政建设和反腐败工作，营造全系统良好政治生态的初衷。通过几年的努力，已经在全省交通系统形成了推动治蜀兴川交通先行，共同做好四川交通行业党风廉政建设的共识。此外，驻厅纪检监察组以匠心打造的宣传教育品牌已经扩散至省内多地区、多部门，甚至走向社会大众。巴中市、泸州市参照省厅的做法，创造性地开展本地区党风廉政宣传教育工作，成效不俗。“点滴纪检”的广泛传播使得社会群众不仅为近些年交通行业党风廉政的变化所触动，也为“点滴纪检”这一栏目形式所触动。各界所做的积极反馈正印证着交通运输厅“互联网+”党风廉政宣传教育的效应的不断扩散。

四、构建“互联网+”党风廉政宣传教育模式的启示

在“互联网+”党风廉政宣传教育模式的背后，是厅党组与驻厅纪检监察组开展党风廉政宣传教育工作理念的指导、工作经验的积累、工作情怀的流露。其中，不乏相对成熟、可资借鉴的实践经验。

（一）边做边总结边宣传

四川省交通运输厅始终基于自身实际工作开展宣传教育，坚持用自己的话说自己的事。上述宣传教育栏目既不是凭空想象，

也不是刻意为之，都与厅党组和驻厅纪检监察组的实际工作密切相关，是前期各项主业工作厚积薄发、水到渠成的必然之举。

“纪检微平台”缘起交通运输厅所开展的“党纪党规解读”工作。驻厅纪检监察组充分利用党纪党规解读的讲稿和解读后所形成的良好政治氛围，趁热打铁，运用互联网手段策划运作了“纪检微平台”栏目，采用“一句话+一张图”的精简模式，通过显眼、醒目的方式让广大干部职工快速阅读党纪党规相关内容解读。这种“一句话+一张图”的宣传模式也带动了厅直单位及全省交通系统的宣传工作，成为厅直单位和全省交通系统宣传、汇报、交流各自单位工作开展情况的特定模式。

“点滴纪检”缘起于驻厅纪检监察组对交通系统纪检人及其点滴风采的体悟。一批批埋头苦干、脚踏实地的交通纪检人的不断涌现，成为驻厅纪检监察组正面宣传交通行业党风廉政建设新变化的切入点。在“点滴纪检人”的创办过程中，适逢省纪委“现场会”的筹备工作。在持续总结工作、不断调整思路、反复修改稿件的过程中，驻厅纪检监察组的工作目标由宣传“交通系统纪检人”形象提升为宣传“四川省交通系统”，“点滴纪检人”栏目则进一步升华为“点滴纪检”栏目。在“现场会”召开之际，“点滴纪检”之创刊号——“成风化俗之交通变化”应运而生。

（二）网络手段与行政手段相结合

“互联网+”思维是四川省交通运输厅开展党风廉政宣传教育工作的核心理念和鲜明特色，网络手段成为推动宣传教育工作的重要抓手。厅党组和驻厅纪检监察组采用网络手段与行政手段相结合的方式，坚持“大家一起做”的工作理念，实现了宣传教育工作开展与落实双到位，营造出广泛动员、人人参与的良好氛围。

网络手段为主，保障宣传教育工作开展到位。“纪检微平台”“点滴纪检”两个栏目的运营主要基于厅直系统纪检微信群和全省交通系统纪检微信群两个网络平台。“纪检微平台”由驻厅纪检监察组干部定期在两个微信群中发布每期内容，厅直单位和全省交通系统纪检人员转发相关内容到各自单位的工作群，内容辐射到全省交通系统全体干部职工。“点滴纪检”创刊号先后通过四川省交通运输厅官方微信、微博、网站，以及“四川发布”等网络平台进行推送，内容辐射到交通系统内外共计 1000 万余人。

行政手段为辅，保障宣传教育工作落实到位。驻厅纪检监察组在落实宣传教育工作的过程中，适当选择了行政手段以保障工作到位。首先，在会议精神的传达与学习方面，驻厅纪检监察组通过开会布置、情况反馈，以及巡察、考试考核等方式来促进工作落实。如，驻厅纪检监察组在第一批五个单位巡察时，专门检查了各单位传达“现场会”会议精神、发放会议资料的情况；召开全省交通系统纪检监察组组长培训会之际，驻厅纪检监察组专门印制了“会议精神汇报传达提纲”，并通过座谈会的形式再次强调相关工作的落实要求。其次，在两个微信群的创建和运营过程中，驻厅纪检监察组通过群规则的制定与落实来保障两个微信群的正常运作。在两个栏目的创办初期，驻厅纪检监察组通过公布不同阶段各单位的转发、覆盖情况，营造了良性竞争的氛围；对于转发及时、到位的单位，驻厅纪检监察组以“点赞”等形式予以肯定；对于不遵守群规则的单位，驻厅纪检监察组会依次提醒、教育、批评等加以督促。再次，在“点滴纪检”创刊号的推广过程中，驻厅纪检监察组借助行政手段实现宣传、推广效果的最优化。一方面，驻厅纪检监察组要求交通运输系统每一位干部职工主动将“点滴纪检”创刊号转发朋友圈，积极向自己身边的亲朋好友推送；另一方面，高速公路管理局在候车室、服务站、收费站的电子屏幕上滚动播放“点滴纪检”创刊号的相关视频内容，观看人群范围扩大至省内外各行各业。

驻厅纪检监察组以网络手段为主、行政手段为辅推动宣传教育工作，保障工作开展与工作落实双到位，形成了“时时、处处、人人是宣传”的工作效应。在宣传无时不在、无处不在，人人是宣传员的氛围中，驻厅纪检监察组开展党风廉政建设宣传教育工作切实收到理想的效果。

（三）提升宣传教育工作的针对性

四川省交通运输厅提倡宣传教育工作要“怎么见效果怎么做”，绝不做无效、低效的宣传教育工作。在实际工作开展过程中，驻厅纪检监察组始终坚持这一工作导向，努力提升宣传教育工作的针对性，做到宣传与教育有区分、把握人性、关注受众心理需求等，极大提升了交通运输厅纪检工作的实际效果。

宣传与教育有区分，宣传面向社会群众，教育面向干部职工。在开展党风廉政建设宣传教育工作过程中，驻厅纪检监察组等主体区分了宣传工作与教育工作的差异，明确了宣传工作面向社会群众，教育工作面向干部职工的工作思路；宣传工作旨在向社会群体展现省交通运输厅党员干部廉洁自律的良好形象，教育工作旨在营造向省交通运输厅系统党员干部及所有职工传递“严”的信息、形成“严”的压力。在宣传工作方面，通过“点滴纪检”创刊号向社会群众树立了交通系统党员干部的良好形象，视频拍摄和人物采访分别从宏观与微观、客观与主观的视角展现了四川省交通运输厅党风廉政建设的可喜成果。在教育工作方面，通过“党纪党规解读”“纪检微平台”“案例通报”等一系列工作向广大干部职工传递了越来越严的信息，专题讲座、知识手册、身边事教育身边人等，分别从理论与实践、抽象与具体的层面引导干部职工“不敢腐”“不能腐”“不想腐”。

把握人性、关注受众心理需求。在新媒体迅猛发展的时代，“互联网+”思维成为新时代纪检工作的新导向。四川省交通运输厅所开展的党风廉政建设宣传教育工作，既在信息发送上满足了新媒体时代背景下人们碎片化“浅阅读”的需求，也在信息接收上顺应了人们的心理状态和心理特征。“纪检微平台”“点滴纪检”两个栏目，无论是推送形式，还是语言风格，都完美契合了新媒体时代信息传播的特征，极大地激发了广大干部职工的阅读兴趣。“党纪党规解读”也一改往常抽象高深、空洞乏味的讲解内容，驻厅纪检监察组结合具体事例，撰写3.6万字的讲解内容，具体可感、生动形象的解读对于干部职工更具吸引力。“案例通报”更是坚持“身边事教育身边人”的原则，将交通系统内部查处的案例通报到每一位干部职工，从而产生“内心有感觉，思想有触动，行为有规范，违规有收敛”的教育效果。

每个品牌栏目职能分工不同，各司其职服务宣传教育工作。四川省交通运输厅提升宣传教育工作针对性还体现在两个品牌栏目的职能分工方面，“纪检微平台”负责向交通系统干部职工传递严的信息、形成严的压力，“点滴纪检”负责向社会群体宣传交通系统党风廉政建设信息，两个品牌栏目实现了宣传工作与教育工作的区分、内宣与外宣的结合，针对不同工作目标、面向不同对象群体的定点推送，最终实现了各项宣传教育工作的有序推进和扎实开展。

（四）做好宣教工作“后半篇文章”

中央一再强调，要适应反腐败斗争形势任务的现实需要，重在将治标成果转化为治本效果，“以‘后半篇文章’高质量促进纪检监察工作高质量”[3]。四川省交通运输厅在开展工作过程中，始终坚持以巡视巡察整改推动交通系统业务工作规范化。就党风廉政建设的宣传教育工作而言，做好“后半篇文章”主要体现在“宣传教育本身作为后半篇文章”“宣传教育工作的后半篇文章”两个层面。“宣传教育本身作为后半篇文章”，即每一项纪检工作最后都是宣传教育；“宣传教育工作的后半篇文章”，即宣传教育工作再向前走一步。

做好巡视巡察整改的“后半篇文章”，通过“案例通报”“党纪党规解读”“培训会”等，在精准整改巡视巡察问题的同时做好宣传教育工作。巡视巡察有助于积极推动纪检工作，驻厅纪检监察组2016年以来的各项工作开展都源于巡视巡察整改。在巡视巡察中发现，厅直系统还存在把纪律和规矩不当回事儿、纪检组织作用发挥不充分等突出问题。为此，驻厅纪检监察组开展了全面、系统、准确、清楚的宣传教育工作，以宣传教育全覆盖精准整改巡视巡察问题。首先，进行全覆盖的“案例通报”。厅党组和驻厅纪检监察组要求各单位将巡视巡察中处理的案子进行通报，党组中心组（扩大）学习会、民主生活会、全体职工大会等层层通报，确保“案例通报”到每一位干部职工。其次，开展全覆盖的“党纪党规解读”。交通运输厅一共开展了46场巡视反馈问题相关党纪党规解读，通过专人讲解、现场示范、培训讲课人等多种形式讲解到每一个人。再次，召开全覆盖的“培训会”。驻厅纪检监察组于2017年2–3月、2018年7月先后召开了面向厅直系统和全省交通运输系统纪检监察组组长的业务培训，计划于 2018 年 9 月召开面向各区县纪委派驻交通运输局纪检干部的业务培训；同时，驻厅纪检监察组陆续选派纪检干部参加了中纪委、交通运输部、中国政法大学等组织的培训活动。

做好宣传教育的“后半篇文章”，通过两个品牌栏目的推广、检查、考核等方式，进一步深化“党纪党规解读”“现场会”“培训会”等宣传教育工作。“纪检微平台”“点滴纪检”两个品牌栏目的创办与推广，均是在进一步深化“党纪党规解读”“现场会”“培训会”等宣传教育工作，是以日常化的宣传教育方式将各类宣传教育活动的作用发挥到最大限度。此外，驻厅纪检监察组还通过突击检查以及考核考评的方式检查“党纪党规解读”的覆盖情况，“现场会”和“培训会”会议精神的传达和学习情况等，通过行政要求督促宣传教育活动的落实到位。

近年来，四川省交通运输厅一直在努力探索如何做好“巡视的后半篇文章”，从被动应付转向主动抓机遇，把巡视巡察视为推动党风廉政建设的契机与机遇，在整改巡视巡察问题的同时进一步创新发展宣传教育工作，不断向广大干部职工传递执纪越来越严、规矩越收越紧的信号。

第二节 理论分析

一、契合中央精神，以党和国家决策部署为根本遵循

习近平总书记在十九届中央纪委六次全会上全面总结新时代全面从严治党的历史性成就，深刻阐释中国共产党在长期执政条件下解决自身问题、依靠党的自我革命跳出历史周期率的成功路

径。[4] 十八大以来，驻厅纪检监察组以中央党风廉政建设与反腐败斗争相关决策部署为根本遵循，以习近平新时代中国特色社会主义思想为根本指引，把稳正确政治方向，坚持“严”的主基调不动摇，做细做实监督责任，走出了新时代党风廉政宣传教育的有效之路。

新时代党和国家监督具有鲜明的政治属性。“坚持和完善党和国家监督体系，必须紧紧抓住坚持党的领导这个‘纲’、坚持以习近平新时代中国特色社会主义思想为指导这个‘魂’”[5]，始终坚持正确的政治方向。驻厅纪检监察组在进行党风廉政宣传教育的过程中，充分把握政治方向，积极彰显政治属性，将网络手段与行政手段相结合，以新媒体宣传教育品牌栏目充分体现中央在大政方针上的引领、在思想理论层面的要求，将习近平新时代中国特色社会主义思想特别是其中全面从严治党的观点作为宣传教育的主要内容，将增强“四个意识”、坚定“四个自信”、做到“两个维护”落实到新时代党风廉政宣传工作的开展中。通过党纪党规解读守住高线，划出底线，既强化理想信念宗旨，又明确纪律规矩意识。通过“纪检微平台”栏目用自己的话说自己的事，让纪律和规矩落地，压实管党治党主体责任和监督责任，以问题为导向精准释放全面从严治党“严”的信息和压力；通过“点滴纪检”栏目，面向全社会正面宣传四川交通系统党风廉政建设工作，让群众感受到全面从严治党就在身边，不断厚植党执政的政治基础和群众基础。

权责统一，权责对应，落实全面从严治党责任制是新时代全面从严治党的重大实践和理论创新。驻厅纪检监察组利用宣传教育工作的开展持续强化两个责任，层层传导压力，推动四川交通运输系统各级党委（党组），纪委（纪检监察组）守土担责，协同配合，巩固发展党风廉政建设和反腐败斗争全系统一起抓的良好局面，取得了四川交通运输领域管党治党的丰硕成果。驻厅纪检监察组将“纪检微平台”作为宣传“两个责任”的重要载体，开辟专栏，以“主体责任是对党章基本要求的回归和落实”“每个党员领导干部肩上都扛有主体责任”“落实主体责任重在解决职责范围内存在的问题”等具体篇目和“走进纪委”“走进纪检人”“纪检工作怎么做”等多季主题，结合本地本系统实际状况，深刻阐释党风廉政建设“两个责任”的理论内涵、指导理念和落实方法。开展党风廉政宣传教育既是纪检监察机关落实监督责任，有效治理腐败的基础性工程，也是党委（党组）落实全面从严治党主体责任的内在要求和不可推卸的责任。驻厅纪检监察组在厅党组的大力支持下，主动作为、积极探索，以“互联网+”思维的运用为手段，同厅党组一道开创了四川省交通运输厅线上线下互补，传统现代并进，内宣外宣结合的党风廉政宣传教育立体式格局，是两个责任协同配合，高效运作的典型案例。

高质量的全面从严治党工作还充分体现在监督工作全覆盖。驻厅纪检监察组始终坚持党和国家的监督体系覆盖到哪里，党风廉政宣传教育工作就要开展到哪里，充分运用“互联网+”思维，将网络手段和行政手段相结合，把党风廉政宣传教育全覆盖作为监督工作全覆盖的重要内容和重要保障。通过建立“厅直系统纪检微信群”和“全省交通运输系统纪检微信群”，以系统专兼职纪检干部为纽带，以网络推送、线上传达为手段，将四川交通运输系统所有行使公权力的干部职工纳入党风廉政宣传教育体系，实现了宣传教育对象的全覆盖。通过案件通报、“纪检微平台”转发、培训精神传达三项工作的全覆盖，使得党风廉政宣传教育从“人员全覆盖”迈向“信息全覆盖”，从“有形覆盖”走向

“有效覆盖”，进一步做实了监督责任，在系统上下持续释放全面从严，越来越严的强烈信号。强化纪律规矩意识的党纪党规解读，源出于巡视整改的案件通报，解读派驻监督工作理念的“纪检微平台”等栏目梯次搭配所形成的宣传教育矩阵，也共同体现着纪律监督、监察监督、派驻监督、巡视监督“四个全覆盖”的工作格局。此外，党风廉政宣传教育同监督工作一样，既要全面覆盖，也要兼顾重点人群。四川交通手机快讯点对点辐射行业数万名党员领导干部，两次纪检业务培训会涵盖所有市州区县交通系统纪检监察组组长，案件通报持续对各厅直单位领导班子形成震动。这些宣教措施既抓整体，又讲重点，共同塑造了四川交通运输系统全面从严治党良好氛围的形成。

一体推进不敢腐、不能腐、不想腐，不仅是反腐败斗争的基本方针，也是新时代全面从严治党的重要方略。十九届六中全会对此指出，“全党必须铭记生于忧患、死于安乐，常怀远虑、居安思危，继续推进新时代党的建设新的伟大工程，坚持全面从严治党，坚定不移推进党风廉政建设和反腐败斗争”[6]。驻厅纪检监察组始终把党风廉政宣传教育作为纪检监察工作的重要组成部分并贯穿于工作开展的全过程，充分认识宣传教育的警示、预防和教育功能，将宣教作为前期各项主业工作厚积薄发、水到渠成的必然之举，服务于四种形态的运用，三项主业的开展，把宣教工作的开展作为以案促改、治病救人的重要手段，做好了监督执纪的“后半篇文章”，一体推动着“不敢腐、不能腐、不想腐”的机制在四川交通运输领域的形成。驻厅纪检监察组将巡视巡察中所处理的案件进行整理，并利用党组中心组（扩大）学习会、民主生活会、全体职工大会进行层层通报，充分发挥“案例通报”的教育警示作用。同时，针对巡视巡察中所暴露的厅直系统纪律和规矩意识淡薄、纪检组织作用发挥不充分等问题，驻厅纪检监察组开展了相关问题的党纪党规解读，通过专人讲解、现场示范、培训讲课等多种形式使干部职工对应知应会的信息入脑入心。“纪检微平台”则充分利用党纪党规解读的讲稿和解读后所形成的良好政治氛围，运用互联网手段将专题化的宣讲转化为日常化的学习，持续释放教育效果，深度修复政治生态。

二、强化治理能力，以主观能动性的发挥创造治理效能

坚持和完善党和国家监督体系，强化权力运行的制约监督，客观上要求各级纪检监察机关充分发挥主观能动性，“在更深层次更高水平上深化转职能、转方式、转作风，不断提升履职尽责水平”[7]，将制度优势转化为治理效能。

驻厅纪检监察组创造性地以党风廉政宣传教育强化制度执行力，将制度优势转化为了治理效能，具有可复制性和推广性。强化制度执行力，首先就要坚定制度自信，自觉尊崇制度。驻厅纪检监察组在党纪党规解读，“纪检微平台”等党风廉政宣传教育工作的开展过程中自觉对标中央的方针政策部署，准确完整领会与传达党和国家监督体系制度的内容和精神，以宣传教育栏目为载体，在全系统不断增强制度意识，营造制度执行的浓厚氛围。强化制度执行力，重点是提升制度执行的刚性。驻厅纪检监察组运用互联网思维所构建的新时代党风廉政宣传教育模式，统合不同栏目，区分重点人群，兼顾线上线下，以案例通报传导压力，以党纪党规解读划清底线，以“纪检微平台”转发强化督促，共同形成了增强制度执行的党风廉政宣传教育立体布局。增强制度执行力，还要提高运用制度履行职责的能力和水平。驻厅纪检监

察组始终将开展党风廉政宣传教育工作同增强政治判断力、政治领悟力、政治执行力结合起来；同做好纪检主业结合起来；同增强创新本领，运用互联网思维结合起来；同增强斗争本领，占领舆论阵地结合起来，形成了边做边总结边宣传，宣传教育全覆盖，网络手段与行政手段相结合等一系列好的工作理念，为新时代通过党风廉政宣传教育增强制度执行力，将制度优势转化为了治理效能积累了宝贵经验。

驻厅纪检监察组创造性地以党风廉政宣传教育工作的开展巩固拓展全面从严治党的工作成效，以党风廉政宣传教育“推动化风成俗，成为习惯”[8]。从内容上看，“纪检微平台”日推一则，持续解读党纪党规，久久为功，在潜移默化间影响系统干部职工的思想状态。“点滴纪检”更是以“成风化俗”为主题，全景式展现十八大以来四川交通运输领域党风廉政建设和反腐败斗争工作的系统改变和显著提升。从风格上讲，驻厅纪检监察组坚持用自己的话说自己的事，一改照本宣科的传统宣教理念，将中央党风廉政建设和反腐败斗争相关政策精神、决策部署以本系统语境，本单位工作落地生根，从根本上对党风廉政宣传教育对象产生触动，形成压力。从工作方法上看，驻厅纪检监察组将虚的党风廉政宣传教育工作做实，将点上的工作做到面上去。通过对宣传教育品牌栏目的推广、检查、考核，以“一竿子插到底”的工作理念，进一步深化系统党风廉政宣传教育工作，强化党风廉政相关信息传递，从而将各类宣传教育活动的作用发挥到最大限度。驻厅纪检监察组策划、制作、推广、反思党风廉政宣传教育的全过程，也是其“一言一行皆是宣传，时时处处都在教育”工作理念的全方位展示，是驻厅纪检监察组面向新时代高质量履职尽责的充分体现。

驻厅纪检监察组创造性地以党风廉政宣传教育工作开展为契机，加强建设忠诚干净担当的高素质专业化基层纪检监察队伍。中纪委十九届六中全会对此指出，要“落实政治过硬、本领高强要求，努力做党和人民的忠诚卫士”[9]。除了以党纪党规解读，“纪检微平台”推送持续助力全面从严治党在全系统落地生根，针对交通系统基层纪检工作力量薄弱，思路不清等问题，驻厅纪检监察组还面向全省交通系统纪检人打造了“咱们的小喇叭”栏目，将自身可供地方交通部门参照模仿的工作做法和需全系统共同行动的工作信息总结归纳，统一推送。“咱们的小喇叭”栏目既是留存云端的指南，也是永不下线的培训，以“大家一起做”的全局思维与系统理念，持续影响带动厅直系统和地方交通部门纪检监察力量，互助互补，互通有无，打造了四川交通运输系统一支坚强有力、素质过硬，团结高效的纪检监察队伍，也契合了中央整合体系资源，加强协同配合，汇聚监督合力的理念与思路。新时代新任务新要求还体现在对“互联网+”思维的运用。驻厅纪检监察组秉持着“不为我所有，但为我所用”的思路，在人员，经费有限的情况下，以匠心出精品，构建起新媒体背景下党风廉政宣传教育的新模式。不同栏目各有侧重，与两个微信群形成合力，以效果为导向，不仅在交通系统内部营造出“严”的氛围，其影响力也逐步走向全省、走出交通、走向社会。

总的来看，驻厅纪检监察组开展新时代党风廉政宣传教育的过程既是传递中央精神，释放从严压力的过程。同时，也是驻厅纪检监察组履职尽责的过程，其工作有着清晰的制度导向，做实了监督全覆盖，强化了政治监督，增强了监督实效性，推动了干部严格履职尽责，实现了有效的党内监督，形成了求真务实、清正廉洁的新风正气，推动形成风清气正的良好政治生态，保障了四川省交通运输厅中心工作的开展，服务于“治蜀兴川，交通先行”的战略部署。宏观层面，驻厅纪检监察组所开展的党风廉政宣传教育工作也汇入了以党的自我革命引领社会革命的洪流，通过创新开展党风廉政宣传教育做实做细监督以推动整改、促进改革、完善制度，保障了国家治理各项决策部署、政策措施在四川交通运输领域的贯彻落实，把相关制度优势转化为国家治理效能，适应了国家治理体系和治理能力现代化的要求。

注：

[1] 此部分经验总结已作为党风廉政建设典型案例由驻四川省交通运输厅纪检监察组报送，收录于四川人民出版社 2020 年出版的《四川反腐倡廉建设报告·2017 蓝皮书》一书，此次略有删改。

[2] 习近平：《习近平致第四届世界互联网大会的贺信》[J] .中国产经，2017 (12) :27–29.

[3] 穆红玉：《以“后半篇文章”高质量促进纪检监察工作高质量》 [J] .中国纪检监察，2020 (23) :26–28.

[4] 习近平在十九届中央纪委六次全会上发表重要讲话强调坚持严的主基调不动摇 坚持不懈把全面从严治党向纵深推进 李克强栗战书汪洋王沪宁韩正出席会议 赵乐际主持会议 [J] .中国纪检监察，2022 (03) :4–6.

[5] 杨晓渡：《坚持和完善国家监督体系》 [N] .《人民日报》，2019–11–29 (006) .

[6] 《中共中央关于党的百年奋斗重大成就和历史经验的决议》 [N]．《人民日报》,2021-11-17 (001)．

[7] 杨晓渡：《坚持和完善国家监督体系》 [N]．《人民日报》，2019-11-29 (006)．

[8] 《中国共产党第十九届中央纪律检查委员会第四次全体会议公报》 [N]．中国纪检监察报，2020-01-16 (001)．

[9] 《中国共产党第十九届中央纪律检查委员会第六次全体会议公报》 [N]．《人民日报》，2022-01-21 (001)．

参考文献

[1] 习近平：《在党的群众路线教育实践活动总结大会上的讲话》 [N] .《人民日报》，2014-10-09 (002) .

[2] 习近平在十九届中央纪委四次全会上发表重要讲话强调 一以贯之全面从严治党强化对权力运行的制约和监督 为决胜全面建成小康社会决战脱贫攻坚提供坚强保障 李克强栗战书汪洋王沪宁韩正出席会议 赵乐际主持会议 [J] .中国纪检监察，2020 (02) :4-6.

[3] 四川省委、省政府出台十项规定 [J] .四川档案，2013 (01) :4-5.

[4] 中共四川省委十届五次全会举行 全会由省委常委会主持 省委书记王东明作重要讲话 [J] .四川党的建设 (城市版)，2014 (12) :2.

[5] 中共四川省委十届九次全会举行 全会由省委常委会主持 省委书记王东明作重要讲话 [J] .四川党的建设 (城市版)，2016 (12) :12-15.

[6] 《中共四川省委关于制定四川省国民经济和社会发展第十四个五年规划和二〇三五年远景目标的建议》 [N] . 四川日报，2020-12-10 (001) .

[7] 习近平在全国宣传思想工作会议上强调 胸怀大局把握大势着眼大事 努力把宣传思想工作做得更好 刘云山出席会议并讲话 [J] .党建，2013 (09) :4-6.

[8] 中共中央纪律检查委员会、中共中央文献研究室：《习

近平关于全面从严治党论述摘编》[M].北京：中央文献出版社，2016

[9] 习近平：《在庆祝中国共产党成立 95 周年大会上的讲话》[N].《人民日报》，2016-07-02（002）.

[10]《只要方向正确 迈出一步就是胜利》[N].中国纪检监察报，2017-09-18（001）.

[11] 四川发布：《成风化俗之交通变化：蜀道在延伸 纪检在行动》[EB/OL].http://www.scpublic.cn/news/getNewsDatail?id=94369

[12] 习近平：《习近平致第四届世界互联网大会的贺信》[J].中国产经，2017（12）:27-29.

[13] 习近平在十九届中央纪委六次全会上发表重要讲话强调 坚持严的主基调不动摇 坚持不懈把全面从严治党向纵深推进 李克强栗战书汪洋王沪宁韩正出席会议 赵乐际主持会议 [J].中国纪检监察，2022（03）:4-6.

[14] 杨晓渡：《坚持和完善党和国家监督体系》[J].党建研究，2019（11）:15-18+35.

[15]《中共中央关于党的百年奋斗重大成就和历史经验的决议》[N].《人民日报》，2021-11-17（001）.

[16]《中国共产党第十九届中央纪律检查委员会第四次全体会议公报》[N].中国纪检监察报，2020-01-16（001）.

[17]《中国共产党第十九届中央纪律检查委员会第六次全体会议公报》[N].《人民日报》，2022-01-21（001）.

后　记

党的二十大报告指出，“全面从严治党是党永葆生机活力、走好新的赶考之路的必由之路”。十八大以来，四川省交通运输厅党组和四川省纪委监委驻省交通运输厅纪检监察组坚决贯彻执行党中央和四川省委关于全面从严治党的若干决定，进行了一系列卓有成效的党风廉政宣传教育工作。2016年以来，四川省交通运输厅党组和驻厅纪检监察组在实践中不断深化优化举措，进一步推进了该项工作，取得明显成效，也得到省纪委监委的肯定和好评。

2018年5月，西南交通大学廉政与治理研究中心受四川省交通运输厅委托，展开对派驻监督之四川交通模式的共同研究。课题组针对“组织队伍建设”“执纪监督”“党风廉政宣传教育”等主题展开密集调研。在两年多的时间里，课题组先后参与10余场大型座谈，实地走访厅直系统多家单位和广安、德阳市等多地交通运输局，访谈近百位四川交通纪检人，参加了驻厅纪检监察组进行的多次交通系统的培训，形成200余万字课题资料。期间，双方将派驻监督模式中的党风廉政宣传教育部分细化为“执行到位见效果之宣传与教育”课题，由西南交通大学纪委张学龙书记亲自挂帅承担，多位博士研究生参与其中。其中，本书的经验总结部分还作为党风廉政建设典型案例，收录于四川人民出版社 2020 年出版的《四川反腐倡廉建设报告·2017 蓝皮书》一书。

本书重点在于反映驻四川省交通运输厅纪检监察组在党风廉政宣传教育工作上的坚持与创新。课题组成员思想互相碰撞、深入交流，初稿形成于 2018 年 12 月，此后多次听取了四川省交通运输厅相关领导和相关专家的修改意见，六易其稿，目前书稿实为集体智慧的结晶。其中，课题负责人张学龙同志在确定研究思路、实施调研、内容撰写与修改等工作中发挥了关键作用。他带领和指导课题组成员娄高博士按背景现状、代表性工作呈现、理论总结等板块展开撰写。课题组田雪梅教授也为课题的统筹协调和质量把控作出重要贡献。值得一提的是，西南交通大学王迎迎老师、曾蕾、何万婷、邹燕等同学也参与了课题调研、资料梳理、思路讨论等工作，同样为本书付出了辛勤劳动。西南交通大学纪委巡察办的李立、杨育鸿等老师不辞辛苦为本课题提供方便和帮助，西南交大出版社的罗爱林等老师也为本书出版提供智慧和指导，使得本书最后能在光明日报出版社得以出版，对他们的辛苦工作我们课题组成员表示由衷的致谢。

本成果同时也是课题组几位成员完成四川省哲学社会科学重大课题“解决大党独有难题的理论与实践研究”（SC22ZDY32）、西南交通大学科学研究基金（廉政专项）“百年大党人民监察员制度的发展历程和经验研究”（XJLZ22L04）、“中国共产党以廉洁家风培育新时代廉洁文化的理论和实践研究”（XJLZ22L10）、“全面从严治党视域下精准监督的科学内涵研究”（XJLZ22L09）的阶段性成果。在此，对四川省社科联和西南交通大学廉政中心的大力支持表示衷心感谢。

最后特别要感谢的是在课题调研、写作和修改过程中给予我们宝贵指导和支持的四川省交通运输厅的各位领导和工作人员。在本书调研和写作过程中，我们不仅感受到了四川省交通运输厅以及地方的交通纪检人严谨的工作作风、细致的工作态度和创新的工作方法，也见证了四川交通运输系统在推动全面从严治党向基层延伸过程中的崭新变化。在中国共产党以伟大自我革命引领伟大社会革命进程中，本书内容是交通运输行业全面从严治党纵深推进过程中的一段鲜活记录和重要案例。由于我们的水平有限，其中的一些思考记录也有不尽成熟之处或错误之处，诚挚希望得到大家的批评指正，尤其期待得到纪检监察实务工作者和相关研究者的指正和赐教，特此感谢。

作　者

2023 年 8 月

派驻监督的
四川省交通运输厅实践研究
（2016-2020）

第三卷　监督监察

李春梅　何莹◎著

光明日报出版社

图书在版编目（CIP）数据

派驻监督的四川省交通运输厅实践研究：2016-2020. 第三卷，监督监察 / 李春梅，何莹著. -- 北京：光明日报出版社，2023. 10

ISBN 978-7-5194-7531-4

Ⅰ. ①派… Ⅱ. ①李… ②何… Ⅲ. ①中国共产党—纪律检查—工作—四川—2016-2020 Ⅳ. ①D262. 6

中国国家版本馆 CIP 数据核字（2023）第 197176 号

前　言

党和国家监督体系是国家治理体系的重要组成部分，是党在长期执政条件下实现自我净化、自我完善、自我革新、自我提高的重要制度保障。党的十九届四中全会通过的《中共中央关于坚持和完善中国特色社会主义制度、推进国家治理体系和治理能力现代化若干重大问题的决定》强调“坚持和完善党和国家监督体系”，进一步明确了党和国家监督体系在国家治理体系中的重要地位和对中国特色社会主义制度建设的重大意义。

在党和国家各项监督制度中，党内监督是最根本的、第一位的。只有坚持以党内监督为主，才能推动各类监督有机贯通、相互协调。巡视是党内监督的重要方式，是实现党内自我监督、自我净化的有效途径。作为巡视制度向基层的延伸和拓展，巡察一直受到党中央的高度重视。党的十八大以来，巡察工作紧紧围绕党和国家工作大局，加强监督监察，督促基层党组织、党员干部自觉把思想和行动统一到党中央的决策部署上来，推动管党治党责任传导到党组织的神经末梢，厚植了党执政的政治基础。2016年，党的十八届六中全会修订出台的《中国共产党党内监督条例》规定：“省、自治区、直辖市党委应当推动党的市（地、州、盟）和县（市、区、旗）委员会建立巡察制度，使从严治党向基层延伸。”2017年，党中央结合各地实践探索，把巡察制度作为全面从严治党向基层延伸的重大创新举措，制定《关于市县党委建立巡察制度的意见》，推动各省区市党委全面铺开市县巡察工作。同年修订颁布的《中国共产党巡视工作条例》规定：“党的市（地、州、盟）和县（市、区、旗）委员会建立巡察制度，设立巡察机构，对所管理的党组织进行巡察监督。”党的十九大修正的《中国共产党章程》把巡视巡察制度明确写进党章，要求党的市（地、州、盟）和县（市、区、旗）委员会建立巡察制度。2021年，中共中央办公厅印发《关于加强巡视巡察上下联动的意见》强调，要建立健全巡视巡察联动机制，坚持巡视巡察一体谋划、一体部署、一体推进，不断提升政治巡察工作水平，形成“横向到边、纵向到底、全国一盘棋”的巡视巡察监督体系。因此，及时总结巡察工作实践、提炼工作经验，是实现高质量监督，推进政治监督具体化、常态化、实效化的重要途径。

按照党中央的整体部署，参照四川省省委巡视模式，四川省交通运输厅党组认真履行巡察工作主体责任，驻厅纪检监察组积极发挥参与、支持、协助作用，探索并制订厅直系统巡察工作意见与方案，于2017年印发《中共四川省交通运输厅党组关于开展厅直单位巡查工作的通知》，正式启动厅直系统巡察工作。2018年，厅党组根据省委巡视办相关文件修改调整原有通知并印发《中共四川省交通运输厅党组关于开展巡察工作的意见》，规范巡察提法（将“巡查”更改为“巡察”），强调巡察要求，增加新的巡察办法。根据相关意见和方案，四川省交通运输厅党组和驻厅纪检监察组陆续对厅直系统各级党组织贯彻落实省委、省纪委的决定以及厅党组、驻厅纪检监察组工作部署情况开展巡察工作。

本书对四川省交通运输厅2016年至2020年在厅直系统开展巡察工作的理论与实践探索进行了详细阐述，具体包括巡察准备、集中巡察、自查自纠、整改、专项巡察和巡察与执纪审查一体化等六部分内容。该书作为对四川省交通运输厅巡察实践工作的记录和总结，也为本省乃至全国各市（地、州、盟）和县（市、区、旗）党委今后开展巡察工作提供有益参考。

由于编者水平有限，书中难免有不足之处，恳请同行学者和广大读者提出宝贵意见。

编　者

2022年4月

目 录

第一章
巡察准备

巡视制度是党内监督的一项重要制度。党的十八大以来，以习近平同志为核心的党中央把巡视作为党内监督的战略性制度安排，深入推进巡视工作的理论、实践和制度创新，探索出一条实现党内自我监督、自我净化的有效途径，巡视工作取得了明显的成效，受到社会的普遍关注和人民群众的一致拥护和支持，为统筹推进“五位一体”总体布局和协调推进“四个全面”战略布局提供了坚强保障。作为巡视监督制度向基层的延伸和拓展，巡察自探索建立起就受到党中央的高度重视。2016年通过的《中国共产党党内监督条例》明确规定，省、自治区、直辖市党委应当推动党的市（地、州、盟）和县（市、区、旗）委员会建立巡察制度，使从严治党向基层延伸。习近平总书记多次作出重要指示，强调要做深做细市县巡察，打通全面从严治党“最后一公里”。

2016年以来，为全面贯彻党的十八届六中全会精神，强化党内监督、推动全面从严治党向纵深发展，中共四川省交通运输厅党组（以下简称“厅党组”）主动扛起主体责任，参照巡视的方式和内容开展厅直系统巡察工作，四川省纪委监委驻交通厅纪检监察组（以下简称“驻厅纪检监察组”）在省纪委的坚强领导和指导下，积极协助厅党组落实整个厅直系统的巡察工作。

由于巡察工作处于探索阶段，前期精密充分的准备工作就极为重要。为推进巡察工作开好局、起好步，厅党组和驻厅纪检监察组在巡前准备上做足功夫，从巡察办法、方案的制订，到巡察对象的明确、巡察组的组建，再到前期巡察资料的搜集和巡察培训等，各项准备工作部署严密，确保巡察工作扎实有序推进。

第一节 开展巡察工作的意义

党的十八大以来，中央和省委的巡视巡察工作不断深化，把落实全面从严治党推向了一个新的高度。在厅直系统开展巡察工作，是党内的“政治体检”、作风的“专项会诊”、精神的“集中补钙”和思想的“深刻警醒”。开展厅内部巡察，是中央巡视工作向基层延伸的探索，是强化党内监督、严肃党的纪律的客观需要，是有效治理微腐败、巩固党风廉政建设成果的重要途径，也是密切联系群众、营造良好干群关系、推动工作深入开展的重要保障。

一、开展巡察工作是中央巡视工作向基层延伸的探索

中央开展巡视工作以来，取得了巨大成效，“不敢腐”的震慑作用已经形成，并得到了全党全国人民的高度认可。在实际工作中不能上级坚强有力、成效卓著，下级等待观望、无所作为，而要上行下效、各方联动，形成强大合力。因此，党的十九大以来，各地不断创新巡视巡察的模式和方式，积极构建“省—市—县”巡视巡察联动体制。开展省级巡视工作，有利于突出党的领导、强化党的建设，有效推动全面从严治党的上下贯通、相互促进，为全面提高党的建设质量，有效提升党的执政能力提供了有

力支撑。

中国共产党自成立以来，各个时期都非常注重党风廉政建设，重视党内监督。一方面，巡视是党中央和省级党委开展的监督检查，在党内监督中发挥着不可替代的作用。而巡察作为中央巡视工作向基层的延伸，从监督目的、监督属性和监督方式来讲，都与巡视存在极高的契合度，两者都是党委为了履行全面从严治党主体责任，深入发现管党治党方面存在的突出问题，净化政治生态，对所管辖的党组织开展的政治监督。另一方面，巡察和党内巡视的根本目的是一致的，都可以用十六字方针来体现，即发现问题、形成震慑、推动改革、促进发展。同时，巡察和巡视带有天然的政治属性，都要求从政治的高度发现和分析问题，要从发现的单纯业务问题入手，进一步挖掘深层次原因，要透过现象看清本质。因此，巡察是巡视工作向省—市—县延伸的有效方式，同时也是巡视监督全覆盖的创新之举。巡察制度也是由巡视制度启发、衍生而来的一项监督制度，与巡视制度同宗同源、一脉相承，通过开展巡察工作，将巡视向下延伸，补齐了基层党内监督的短板，打通了群众直接反映问题的通道，发现并督促解决了许多发生在基层群众身边的突出问题，初步形成有力震慑，得到了广大群众的肯定和拥护。

从现实层面来看，2015 年 8 月，四川省委巡视交通运输厅时在厅直系统发现了诸多问题。两年多来，尽管厅直系统坚持积极落实问题整改工作，但对一些整改难度大、整改周期长的问题存有畏难情绪，存在推诿扯皮、敷衍整改、逃避整改等现象，而且巡察督查这些问题的效果也往往不理想。因此，如何落实监督职责，如何主动发现问题、纠正错误、规范制度，是摆在驻厅纪检监察组面前的重大课题。厅党组开展巡察工作是中央巡视工作向基层的拓展和延伸，是为省委再次巡视厅和厅直系统做好前期准备和铺垫，旨在通过开展自我检查，自己发现问题，自己整改问题，自己规范工作，把问题解决在巡视到来之前。同时通过对交通运输厅巡察工作进行分析研究，提出优化办法，推动问题解决，促进改革发展，以小见大，为省委对省直部门开展巡察做出有益探索。

二、开展巡察工作是完善党内监督的需要

2017 年 10 月，党的十九大召开，习近平总书记在十九大报告中提出，要“构建党统一指挥、全面覆盖、权威高效的监督体系，把党内监督同国家机关监督、民主监督、司法监督、群众监督、舆论监督贯通起来，增强监督合力”[1]。同时，还明确指出要“深化政治巡视，坚持发现问题、形成震慑不动摇，建立巡视巡察上下联动的监督网”[2]。这为新时代建立与完善党和国家监督体系提供了基本遵循，也为持续深化巡视巡察提供了基本遵循，而巡察作为党内监督的一种重要手段，有利于逐步构建中央、市、县三级巡视巡察监督体系，能够有效消除巡视监督盲区，优化监督布局，前移监督关口，传导责任压力，实现党内监督工作全覆盖。

首先，开展巡察工作能够弥补党内监督的薄弱环节。从当前反腐败斗争的实践来看，腐败多发易发的重点领域和关键环节，往往是监督尤其是党内监督力量薄弱的地方。当前，党内监督最薄弱的环节，就是对“一把手”的监督仍存在着“上级监督不到、同级监督不了、下级不敢监督”的问题。而巡察工作就是对下级领导班子及成员进行监督，特别是近距离查找领导班子，尤

其是“一把手”是否存在贪污腐败现象、是否存在违规调整提拔干部、是否存在违反民主集中制等问题，能够有效解决对“一把手”的监督失控现象。

其次，开展巡察工作能够实现巡视全覆盖。巡视是党内监督的战略性制度安排，是党之利器、国之利器。强化巡视监督要进一步推动巡视工作向基层纵向延伸。中央和各省级党委对本级所管辖的对象，基本实现了巡视全覆盖。但省级层面的巡视，仅巡视到市，延伸到县，对乡镇党委和市直、县直单位的巡视监督仍然是个空白。巡视全覆盖不仅要横向全覆盖，在纵向上也要向与群众接触紧密的基层延伸。基层党员干部处于党的执政体系的“神经末梢”，与群众联系紧密，他们是各项党的路线方针政策的最终落实者，是中央、省委和市委决策部署的最终完成者。他们与群众交往密切，他们的形象直接关系到党和政府的形象。驻厅纪检监察组开展的巡察工作，可以有效填补对基层党员干部巡视监督的空白，实现巡视全覆盖，为开辟党内监督新途径、新格局做了有效探索。

党的十八大以来，各级党委和纪检监察机关坚决落实全面从严治党“两个责任”，推动党风廉政建设和反腐败斗争取得了新的成效。但从巡察情况来看，有的党组织领导作用弱化，党的思想建设、组织建设缺失，履行主体责任不到位，干部选任不规范，依然存在违反中央八项规定精神的问题；有的基层党组织党建工作薄弱，对党员的教育管理不力；有的纪检机构履行监督责任不到位，纪律审查力度不够，职能作用没有完全发挥。开展巡察工作，就是要通过发现问题，形成震慑，逐层传递压力，逐级压实责任，促使各级党组织切实担负起全面从严治党的政治责任，确保党的路线方针政策落到实处，实现党内监督全覆盖。

三、开展巡察工作是有效治理微腐败的重要渠道

党的基层组织是党全部工作和战斗力的基础。基层党组织和党员干部队伍的好坏，直接关系到中央和地方各项重大决策的落地。总体上讲，基层干部队伍主流是好的，但同时也存在部分基层干部贪污侵占、虚报冒领、挤占挪用等问题。习近平总书记强调，“微腐败”也可能成为“大祸害”，它损害的是老百姓切身利益，啃食的是群众获得感，挥霍的是基层群众对党的信任。开展巡察工作，是打通全面从严治党延伸至基层“最后一公里”的利器，是有效治理微腐败的重要渠道，有助于精准整治发生在群众身边的不正之风和腐败问题，夯实基层改革发展稳定的基础，让群众看得见党风廉政建设的成果。

目前，一些基层党组织管党治党不力、组织涣散、功能弱化、战斗堡垒作用不强；个别基层党员形象不好、律己不严、故意刁难群众、态度蛮横、欺压百姓、吃拿卡要，贪污侵占、优亲厚友、截留私分、虚报冒领等问题仍然存在。“苍蝇”乱飞，随处可见，甚至个别小官巨贪让人触目惊心。从巡视中受理的人民群众来信来访看，80%以上信访件反映的是基层存在的突出问题，其中反映乡科级以下干部违纪违规问题的占总量的70%以上。[3] 基层的微腐败现象必须加以重视，只有把从严治党的各项措施延伸到基层，充分发挥巡视巡察的利剑作用，推动解决好基层腐败问题，让群众看到、感受到、享受到反腐倡廉的成果，增加对党的信心，党的执政基础才能进一步巩固。

厅党组巡察的方向在基层，重点也在基层。在具体的巡察工作中，巡察组始终坚持问题导向，紧盯重点人、重点事、重点问题，聚焦中心、攥紧拳头，紧紧围绕作风、纪律、腐败和选人用

人等方面发现问题，并进一步创新巡察工作的方式方法，进驻前“做足实功”让出剑更准，进驻后“下沉一级”了解情况，关注群众切身利益，聚焦群众身边腐败问题，发现并推动解决侵害群众利益的突出问题。通过开展巡察工作，把管党治党责任切实压在基层党组织的肩膀上，推动解决群众身边的腐败问题和作风问题，让基层群众真切感受到党在身边、正风肃纪就在身边。通过一次次的巡察推动全面从严治党向基层延伸，向纵深发展，把管党治党的责任真正落实到基层，让党的基层组织努力服务群众、联系群众、组织群众，充分发挥其战斗堡垒作用。

厅党组巡察工作的开展就是把“利剑”插向基层，有效打通了全面从严治党的“最后一公里”，把全面从严治党的信号播入人民群众的心中，让人民群众切实感受到党中央的反腐倡廉就在身边，收获幸福感、安全感和获得感。

四、开展巡察工作是密切联系群众的现实需要

中国共产党取得革命、改革胜利的关键原因，就是坚持群众观点，走群众路线，密切联系群众。目前部分党员干部高高在上，脱离群众，是党执政后最大的危险。巡察工作逐步扩展到基层，这也成为与群众沟通的桥梁和纽带，直面群众所反映的问题，为群众的“畅所欲言”提供保障，给基层群众反映问题提供了渠道，方便党倾听群众呼声。

第一，开展巡察工作能够畅通群众反映渠道。厅党组开展巡察工作能够进一步拓宽党和群众联系的渠道。巡察工作一个重要的工作方法是公布信访的地点、电话、意见箱，这样能够直接和群众联系，广泛征求群众意见，倾听群众心声。此外，巡察组也可以通过多种途径和普通党员、群众直接沟通，这样就增加了群

众反映问题的渠道。通过巡察，把群众的意见收集起来，反映给上级，使下情上达的渠道更加畅通。

第二，开展巡察工作激发了党员、群众的监督。党章明确规定党员有监督权，但实际操作中，党员对党员干部的监督往往流于形式，缺乏监督手段和渠道，有时反映和举报的问题不仅得不到解决，甚至还会遭受打击报复。巡察组通过公开举报方式，畅通举报渠道，将被巡察单位的领导班子，特别是“一把手”置于广大党员干部和群众的监督之下，极大调动了广大党员、群众的积极性。群众通过这种方式把自己了解的情况直接反映给巡察组，巡察组可以督促被巡察单位和相关部门整改落实，促使问题解决，使人民群众和广大党员干部的知情权、参与权、监督权得到真正落实。

第三，开展巡察工作能够维护群众的利益。当前，一些与群众利益密切相关、群众反映强烈的问题迟迟得不到解决，群众意见很大。厅党组通过巡察可以发现一些问题，特别是与群众生活密切相关的教育、医疗、食品药品安全、土地征用、城市房屋拆迁、环境保护等方面存在的损害群众切身利益的突出问题。巡察组可把这些问题汇报给上级党委，反馈给被巡察单位，并提出有针对性的整改意见和建议，督促他们认真加以解决，使群众的利益得到维护，进而促进社会和谐稳定。

党的十九大要求持之以恒正风肃纪，凡是群众反映强烈的问题都要严肃认真对待，凡是损害群众利益的行为都要坚决纠正。厅党组开展巡察工作时把精准发现、解决群众身边腐败和作风问题摆在突出位置，作为巡察的聚焦点和发力点，结合实际、突出重点，发现问题、形成震慑，切实解决巡察工作“为了谁”的问题，在巡察过程中始终坚持以人民为中心，把巡察工作和群众利益紧密联系在一起，深入基层一线，走到群众身边，通过巡察传导解决基层群众诉求的责任和压力，体现巡察的震慑效应。

第二节 巡察工作的前期准备

巡察整改开展得如何，前期准备工作至关重要，厅党组始终坚持“四个必须”，为做好巡察工作提供保障。一是制订巡察方案、巡察办法，为巡察工作的顺利开展提供制度保障；二是确定被巡察单位，要求被巡察单位必须具有代表性；三是组建巡察组，要求选用巡察组工作人员必须精准，把好政治素质关和业务素质关，确保更全面精准地找出被巡察单位问题；四是全面收集资料，巡察入驻前，从各方面收集资料，初步了解被巡察单位的具体情况；五是开展巡察业务培训，搞好培训才能打好有准备的仗，使其在巡察过程中查找问题更快、更准。基于这五方面的考虑，巡察组多方入手，着手准备。

一、巡察的确定：以发现问题为导向

派驻监督工作的本质属性就是发现问题、解决问题，发现问题是巡察工作的生命线，只有发现了问题才能对被巡察单位形成震慑。自“三转”以来，驻厅纪检监察组聚焦监督执纪问责、主责主业，在执纪和问责上取得明显成效，初核及函询、立案调查的数量均逐年增加，彰显了全面从严治党的时代强音。但在履行监督职能方面，囿于传统的监督手段、方式，致使巡察工作浮在表面、开展不够深入，难以及时发现被巡察单位存在的问题。因此，怎么监督？有效监督的方式是什么？因此，如何进行有效监督是当前巡察工作亟需解决的重要问题。

党的十八大以来，从中央到地方各级党委，为落实全面从严治党要求，围绕“发现问题，形成震慑”开展了一系列的巡视巡察工作。2015年，省委巡视组对交通运输厅进行了巡视，在厅直系统发现了诸多问题，部分问题为历史遗留问题，且情况较为严重。两年多以来，厅直系统始终致力于整改问题，干部职工压力倍增。由于省委巡视受限于时间、范围和单位，多数没有被巡视的厅直系统（单位）并不代表没有问题，驻厅纪检监察组如何落实监督职责，把这些问题找出来、纠正过来、规范起来更是摆在面前的重大课题。

巡视监督是党章赋予的重要职责，中央、省委开展巡视，市(州)、县（市、区）党委开展巡察，厅党组在厅直系统开展巡察工作，是巡视、巡察工作的延伸。巡察和巡视一脉相承，工作目标任务、方式方法基本相同，都是上级对下级的监督，都以发现问题为主要目的，都具有较强的专业性、权威性和震慑力。但巡察与巡视又不尽相同，巡视由中央、省委组织，更具有权威性，巡察是厅党组组织的内部体检，巡察组工作人员对被巡察单位有整体了解，也知悉被巡察单位可能存在的问题风险点，能够更容易地发现问题。但是，如何有效推动巡察整改工作，以持续深化和巩固成果实现巡察监督长效化，仍是当前所要解决的关键问题。为此，厅党组和驻厅纪检监察组积极探索，2017年参照省委巡视模式，在省直部门中率先制定厅直系统巡察工作意见，检查厅直系统各级党组织贯彻落实省委、省纪委的决定以及厅党组、驻厅纪检监察组工作部署情况，重点检查中央“八项规定精神”，省委、省政府“十项规定”以及厅党组“十二项规定”执行情况。5年内对厅直34个单位实现巡察全覆盖，坚持问题导向，谨遵相关规定和要求，发现问题、分析问题和解决问题，推进巡察工作的稳步开展。[4]

二、巡察办法的制定：先定规矩后操作

巡察对厅党组而言是一项全新的工作，厅党组基于多方考虑，决定先确定整个巡察工作的规矩，进而组建巡察组按照既定规矩开展巡察。因此，2017 年 5 月，厅党组确定开展巡察后，着手起草巡察办法。办法的制定并不是一蹴而就，而是经过多次讨论和反复修改，最初拟定的《中共四川省交通运输厅党组关于对厅直单位开展巡查的意见》经过多次修改后最终定稿，并于 2017 年 8 月党组会上通过，正式定名为《中共四川省交通运输厅党组关于开展厅直单位巡查工作的通知》[5]（以下简称《通知》）。《通知》规定，巡查要分期分批进行，五年内实现厅直系统全覆盖。[6] 常规巡查内容为：执行《党章》和其他党内法规情况；落实党风廉政建设主体责任和监督责任情况；落实中央“八项规定”和省委、省政府“十项规定”精神情况；落实厅党组和上级纪检监察组织布置的工作情况等。而专项巡查的内容要根据需要具体确定。此外，还明确指出巡查工作参照省委巡视工作方式，采取听取汇报、开展谈话、查阅资料、检查项目、公布举报电话和举报箱、受理信访、延伸巡查、专项检查等方式进行。巡查要坚持以发现问题为导向，对巡查的重点事项和发现的问题涉及的人员做到谈话了解人人见面，涉及的财务开支发票张张审查，涉及的项目个个检查。

虽然通知内容不多，篇幅也不长，但每一条规则都是关键点位，比如，第一，“坚持以发现问题为导向”。巡察工作主要就是找问题，而且要严格规范地找问题。问题找不准，药方就开不出，病灶就没法解决，巡察工作效果就会打折扣。要抓准问题，

提振大家解决问题的信心，使梳理问题的过程成为统一大家思想的过程。在找问题上要讲原则，态度要坚决，不蜻蜓点水，不搞手下留情，要深入进去，弄透一个单位、一个部门的真实情况。不仅要找厅直系统的问题，也要找厅直系统下属单位的问题。第二，“全覆盖”。巡察工作是厅党组、驻厅纪检监察组、厅直系统今后五年的重点工作。5 年内对厅直系统实现巡察全覆盖，并且这 5 年内通过巡察常态化，定期对党组织进行体检，实现监督“纵向到底”。第三，“三个见面”。巡察组与被巡察单位（部门）干部职工人人见面谈话了解；巡察组对被巡察单位（部门）财务开支进行张张发票审查；巡察组对被巡察单位（部门）作为业主的项目个个检查。要从中找出问题的蛛丝马迹，从表面现象看到事情的本来面目，还原事情的真相，从中调查出违纪违规的情况。这次巡察办法的出台为巡察工作提供了相应的理论依据，使得厅党组的巡察工作有据可依，顺利进行。整个巡察工作开展起来后，应该说基本上是按照办法定下的规矩执行到位、做到位的。

2017 年 8 月，厅党组参照巡视模式，在省直部门中率先制定厅直系统巡察办法，决定 5 年内对厅直 34 个单位实现巡察全覆盖，并对 6 个厅直单位启动了第一轮巡察，实践证明驻厅纪检监察组的思路是对的。2018 年 5 月，省委巡视办将驻厅纪检监察组列为省直部门巡察试点单位，下发了《关于在省直部门开展巡察工作试点的通知》（川委巡办〔2018〕27 号），文件对省直单位开展巡察工作的总体要求、主要工作、制度机制等作了明确规定。按照省委巡视办文件要求，厅党组在原印发的《中共四川省交通运输厅党组关于开展厅直单位巡查工作的通知》基础上，对厅党组开展的巡查办法及时进行了规范和修改调整，发布了《中共四川省交通运输厅党组关于开展巡察工作的意见》（以下简称《意见》）。《意见》[7] 对原《通知》的内容进行了修改。第一，将“巡查”改为“巡察”；同时，在规范巡察要求的基础上又制定了新的巡察办法，增加和调整了许多新的内容，巡察对象增加了厅机关各处室全覆盖。第二，巡察内容确定厅党组的巡察是政治巡察，分为常规巡察和专项巡察两类。第三，确定了巡察时间，常规巡察时间一般为 3 个月，专项巡察时间一般为 1 个月；遵从“时间服从质量”的原则，巡察时间可适当缩短或延长。第四，巡察组织方式确定由厅党组统一领导巡察工作，驻厅纪检监察组协助厅党组开展巡察工作。成立厅党组巡察工作领导小组，组长由厅党组书记担任，成员由厅党组副书记、厅分管人事工作领导、厅机关党委书记、驻厅纪检监察组组长组成，负责全面研究部署巡察工作。成立厅党组巡察工作领导小组办公室，成员由驻厅纪检监察组、厅人事教育处、厅机关党委（纪委）组成，负责厅党组巡察日常工作。办公室主任由驻厅纪检监察组副组长担任。组建巡察人才库，择优遴选厅机关处（室）、厅直系统副处级以上领导干部进入巡察组组长库；择优遴选厅直系统纪检监察、党建人事、财务审计等人员，驻厅纪检监察组工作人员进入巡察干部人才库。根据巡察工作需要，可在厅直系统抽调巡察人员。第五，结果运用增加了相关整改内容，规定被巡察单位党委及班子成员、厅机关处（室）党支部是巡察整改的责任主体。巡察整改既要整改巡察发现的问题，也要举一反三，整体推动单位业务工作规范。未被纳入巡察的单位，也要针对巡察发现的共性问题开展自查自纠。整改不力的，启动“二次问责”。

三、巡察方案的制订：循序渐进、反复讨论、多次修改

为强化厅党组、驻厅纪检监察组对厅直系统的监督，厅党组决定参照巡视工作方式，对厅直系统开展全覆盖巡察工作，做到问题早发现早解决。为做好第一轮巡察工作，根据《中共四川省交通运输厅党组关于开展巡察工作的意见》，制订了《省纪委驻交通运输厅纪检组第一轮巡察工作实施方案》（以下简称《方案》），决定了巡察的方向和重点。开始巡察前，厅党组安排巡察组相关同志草拟《方案》。厅党组由于之前缺乏相关经验，只能摸着石头过河，在起草过程中，先通过认真学习中央、省委的文件，再参考学习中央和各省公开报道的巡视工作情况。此外，巡察组工作人员还主动学习各级纪委工作的先进经验等，将相关人员在巡察工作实施中的工作经验、资料汇编系统搜集和梳理出来。除此之外，还借鉴省委巡视办的《十届省委巡视工作资料汇编》等相关资料，利用单位内网等内部资源获取其他驻厅纪检监察组开展内部巡察工作时的一些工作档案，通过仔细查阅、认真整理后提炼出一些具有启发性、开拓性、创新性的经验做法，再进行梳理归纳，加以借鉴。《方案》初步成形后，驻厅纪检监察组在交通厅内部召开了座谈会，召集相关人员讨论巡察方案的可行性，巡察组领导带着驻厅纪检监察组工作人员进行过若干次讨论，最终，经过 18 次修改、召开讨论会后，《方案》基本确定下来。

现有的《方案》首先明确指出，从 2017 年 8 月下旬启动巡察工作，巡察时间一般为 3~6 个月。巡察组根据工作开展的具体情况，遵从“时间服从任务”的原则进行适当调整。巡察的时间界限为十八大以来，重点是 2016 年 1 月 1 日起至巡察进场之日。

其次，还强调应该采取不同的方式方法，多渠道开展巡察工作，主要的巡察方式有：（1）听取汇报。听取被巡察单位党组织、纪检组织党风廉政建设、纪检监察工作情况报告。（2）开展谈话。以发现问题为目的，与被巡察单位巡察重点事项和发现的问题点涉及的人员做到人人见面。（3）查阅资料。对被巡察单位巡察重点事项和发现的问题点涉及的财务开支发票，做到张张审查。必要时，对有关材料进行复印备案。（4）检查项目。检查巡察对象作为业主的基建项目、设备采购项目、科研项目的经费拨付使用、招标投标、合同签订等环节是否规范，做到巡察重点事项和发现的问题点涉及的项目个个检查。（5）公布举报电话和举报箱。在被巡察单位办公地设置举报箱，公布巡察工作监督范围、时间安排以及巡察组举报电话、电子邮箱等。（6）受理信访。指定专人负责受理巡察对象的来信、来电、来访和网上举报等，并逐一登记和记录。（7）延伸巡察。根据工作需要，由巡察组组长确定延伸巡察单位和时间，对被巡察单位下属机构（单位）相关情况进行巡察。（8）专项检查。根据情况，可对被巡察单位进行专项检查；也可根据需要，按照程序抽查核实领导干部个人重大事项情况。按照被巡察单位的具体情况，巡察组可以结合组内实际情况，采取明察暗访等方式进行巡察。

再次，《方案》确定了巡察的内容，包括：（1）落实中央“八项规定”、省委省政府“十项规定”和厅党组“十二项规定”精神情况。（2）贯彻中央、省委和厅党组重大决策部署以及抓作风建设、巡视问题整改、工作推进情况。（3）执行“三重一大”集体决策贯彻民主集中制情况。（4）落实驻厅纪检监察组安排部署的“二项任务十项工作”情况。（5）落实省纪委现场会精神情况，观看现场会视频，是否做到“三个全覆盖”，现场会“两套资料”是否发放到位。(6) 厅直系统纪检业务培训精神的贯彻执行情况。(7) 被巡察单位纳入此次巡察的业务事项：四川交职院开展后勤服务专项巡察；厅公路设计院开展对公路勘察设计一分院等分院的专项巡察；厅高管局开展对厅监控结算中心资金使用、项目实施和物资采购等情况的专项巡察；厅交通设计院重点巡察对外委托、发放职工福利、物资采购、基建项目等情况；厅信息中心重点巡察信息化建设项目、物资采购等情况；厅史志总编室重点巡察资金使用情况、“八项规定”的执行情况等。

最后，《方案》还对巡察工作作了明确要求。第一，严守政治纪律。被巡察单位要讲政治、顾大局，巡察期间不得阳奉阴违，如有对抗巡察，不提供或不按时提供资料，提供资料不全，隐匿资料、篡改资料、伪造资料，不如实陈述，避重就轻，整改不到位等情况的将追究相关人员责任。第二，严守组织纪律。巡察组要按照厅党组、驻厅纪检监察组的要求开展巡察工作。巡察实行组长负责制，所有同志都要服从组长安排、服从管理，只对组长负责，不得向所在单位汇报，要按照分工抓好各项工作落实。第三，严守工作纪律。巡察各个环节都要依纪依规，开展谈话工作必须 2 人参加，遇到重大问题、敏感事项、重要情况要及时请示报告。第四，严守保密纪律。严格遵守《巡察工作保密承诺书》，坚决杜绝向家属、同事以及被巡察对象跑风漏气、泄露工作秘密。对涉密材料、被巡察单位提供的资料必须明确专人实行清单化管理，不得复印、拍照，不得带离办公室。第五，严守廉洁纪律。巡察组工作人员严格遵守中央“八项规定”精神和省委、省政府“十项规定”。巡察期间，轻车简从、厉行节约，以身作则、率先垂范，严格遵守廉洁纪律。

厅党组结合巡察工作实际，制定了巡察方案、巡察办法，方案和办法的制定明确了巡察的内容、方式、程序，明确了巡察组的各项工作职责，严明了工作纪律和内部管理制度，确保了巡察工作规范化，是确保中央和省市决策部署落到实处的重要举措，充分体现了厅党组和驻厅纪检监察组对巡察工作的重视，同时也进一步加强了巡察工作的领导，也为巡察组巡察工作高效有序运行提供了重要制度保障。

四、明确巡察对象：注重被巡察单位的代表性

制订方案后确定第一轮被巡察的具体单位是第一个需要解决的问题。巡察办法确定 5 年内对厅直 34 个单位实现巡察全覆盖，如果不明确第一轮的巡察对象，30 多个厅直单位哪些查哪些不查，哪些先查哪些后查，就会引起矛盾。因此，厅党组对于第一轮被巡察单位的选择确定了以下原则：第一，信访反映情况。重点考虑信访反映比较多、问题较集中的单位；第二，单位体量。一般单位大问题就比较多，所以重点考虑大体量的单位；第三，重点考虑上一轮没有被巡视过的单位，其中也包括一些已被省委巡视过，但由于存在的问题较多、整改问题不彻底的部分单位。鉴于这几方面的标准，在进行准确判断、认真选择后，确定了六个被巡察单位。[8]

四川省交通运输厅交通勘察设计研究院。首先这是一个大单位，其次是一个经营性单位，有很多风险状况，问题比较多，并且在省委巡视时就发现了很多问题线索，因此交通设计院就确定为第一轮被巡察单位。

四川交通职业技术学院。一是该单位体量大，二是其代表了一类学院学校，而学校在党风廉政建设方面问题较多。另外，这

几年该单位发展快、投资大、项目多，而在入驻之前纪检监察组恰好接到对该单位的一个信访举报，于是趁巡察机会近距离调查举报案件。

四川省公路规划勘察设计研究院。除了省委巡视的院机关外，公路院还有将近2000人的一大支队伍，支出较多，再加上一线生产单位不好管理，很多工作理不清楚，容易出问题、出事情，所以将公路设计院也纳入被巡察单位。

四川省交通运输厅高速公路监控结算中心。该单位管理信息化项目，投资量大、项目多，所以监控结算中心也容易出现问题。

四川省交通厅交通史志总编室。该单位属于小单位，但是接到过几封举报这个单位乱发稿费的信件，问题很敏感，厅党组就想借着巡察把举报问题调查清楚。

四川省交通运输厅信息中心。该单位体量虽小，但涉及8个亿的应急二级招标项目，项目大，资金多，存在着大风险。信息中心的主任新上任，不敢冒风险，主动要求纪检监察组对他们单位展开巡察。

以上六个单位涉及不同领域，公路院和交通院是企业性质，交职院是学校性质，而监控中心和信息中心属于事业单位性质，他们都具有各自的特色，具有一定代表性。

五、组建巡察组：合理搭配凸显“专业性”

巡察由组长组织实施，副组长支持配合，组员参与执行。巡察组内部要经常交流沟通巡察情况，明确核查、谈话重点。同时也要通过组务会、微信群（非涉密内容）等多渠道加强沟通。巡察组要加强与厅党组、驻厅纪检监察组的联系，工作情况、问题线索等要及时沟通报告。巡察人员既要努力工作，也要讲规矩，做到以下几方面：一是讲政治。巡察工作是政治巡察，巡察组全体人员必须旗帜鲜明讲政治，顾大局。巡察工作不能流于业务层面的工作，不能流于业务层面的问题，业务上的问题由业务部门自行解决和处理。二是见效果。巡察工作遵从"时间服从质量"的原则，可进行适当调整，务求实效。巡察重在把问题找准找到位。巡察期间，巡察组不得干扰被巡察单位工作正常开展，不能搞得人人自危、人心惶惶。巡察的目的是预防问题、规范工作、推动工作。巡察工作服务于厅党组和各级党组织的中心工作。三是守纪律。厅党组要通过巡察工作发现人才，检验考察干部。将巡察工作的落实情况与巡察组人员考评相结合，形成以巡察发现和报告党员领导干部或地区、单位违反政治纪律、政治规矩、违纪违法、管理漏洞等问题线索的数量和质量为考核标准的评价体系，制定考核评价办法，对巡察干部实施绩效考核。四是巡察人员要采取随笔的形式，对工作点滴、体验感悟、细节情景等进行记录，越朴素越好，越真实越好。巡察结束后，每个巡察人员要提交巡察心得体会，驻厅纪检监察组将择优在"点滴纪检人"推送。

巡察工作涉及方方面面，巡察组的组建首先就要对巡察组的人员进行合理搭配，既要有组织者也要有专业人员，否则很难保证巡察的效果。因此，巡察组的组建要做到以下几点：

第一，遵循能者优先的原则，而非按资排辈。相比于其他巡察部门，厅党组在组建巡察组的时候就提出了一个观点：不一定要科级干部来当组长，谁能找出问题，谁来当巡察组长。这是很重要的出发点和处理问题的核心点，所以巡察组的组长和副组长不分级别、不分年龄、不讲资历，谁能找到问题谁干。

第二，结构合理，驻厅纪检监察组的人员担任厅直系统巡察的组长或副组长。巡察组有一个特殊之处，即驻厅纪检监察组的人员还兼任被巡察单位巡察组的副组长，对巡察组其他成员的工作有一个指导和监督，在具体的巡察工作中达到相应效果。

第三，业务素质过硬，配好巡察人才。巡察人员大部分是优秀的年轻干部，驻厅纪检监察组的人员要全部参与，不是纪检监察组的人也能够参与。选人时要有一定标准，（一）要敢于找问题、敢于监督、敢于坚持原则，这是最基本的要求；（二）要有政治意识；（三）要有一定的业务能力，比如说，财务人员、信息化方面的专业技术人员、审计人员、法律人员；（四）要有一定巡察经验，能够找问题，有能力找到问题。

第四，合理安排，人员交叉配备。将有能力、有技术、有觉悟、有勇气的这些人员全部选出来，交叉安排，分布到各个组，每个组也是综合考虑，每组要保证有一个财务人员，或者懂工程、懂技术的人员，具体的人员分配依据被巡察单位的具体情况来定。但对专项巡察来说，就找被巡察单位内部能干的、优秀的人员组建巡察组。[9]

六、前期巡察资料的搜集：全面了解情况

巡察组在开展巡察工作前要通过一定方式比较全面地了解被巡察单位、领导班子及其成员的情况。只有巡察前对被巡察单位领导班子整体运行情况、党风廉政建设情况、社会关注情况、被巡察单位的热点焦点问题以及被巡察单位承担的主要职能、公权力运行情况等有充分了解，才可以在巡察过程中有的放矢。既对被巡察单位有整体了解，也能够知悉被巡察单位可能存在的问题

风险点，进而每个巡察组才能根据了解的情况制订具体的巡察方案。厅党组面上的巡察工作方案只是一个指导性的文件，具体的操作方案每个巡察组有每个组不同的特色，每个被巡察单位性质也各有千秋，有企业性的、有事业性的、有行政部门的，因此每个组进驻前必须事先全面了解情况，有针对性地查阅资料、了解被巡察单位的基本情况。例如，被巡察单位作为业主的项目清单；被巡察单位提供本单位及下属单位干部职工名单，名单包括姓名、性别、出生年月、学历、所在部门、职务、任职时间；本单位机关中层以上干部的选拔任用资料；被巡察单位制度建设合订本（另附新制订、修订、修改制度）、领导责任分工、各科室职责分工；2016 年以来财务资料（包括会计凭证、银行日记账和现金日记账等）；2016 年以来中央和省、厅、局（总队）下发的由被巡察单位承担任务的文件（或复印件），局（总队）领导的批示件，局（总队）的督办件，以及相应的情况汇报等；2016 年以来财务资料（重点为公务接待费、公务用车、培训费用、会议费用、物资采购、外部委托、职工福利、房屋维修及“四统一”项目）等。

2017 年 8 月 30 日，驻厅纪检监察组通过召开巡察动员大会，着力解决巡察组工作人员对巡察工作流程不了解等问题，并通过制定巡察手册以明晰巡察工作内容。尤其针对巡察的重点进行了详细阐释，比如，财务看什么？接待方面看什么？公车方面看什么？这些都是党委的决定决策，巡察前期准备工作任务清单、巡察流程，见面会上的讲话模板、巡察组工作纪律等明确下来，将所能了解到的都纳入巡察组的巡察手册，确定了一个大致方向，制定了巡察工作整体流程图（详见附录一），让巡察工作有章可循，有序整体推进。

七、开展巡察培训：全面提高巡察业务水准

在巡察开展前，有必要进行巡察培训，对巡察人员进行专门的政治培训和业务培训，强调工作要求和工作纪律，同时研究分析被巡察单位在特点和业务方面可能存在的问题点位等情况，以提升巡察人员的政治素质和业务能力，确保良好的巡察效果。

（一）召开巡察动员培训会，提高巡察工作质量

为了更好地开展巡察工作，启动第一轮巡察，驻厅纪检监察组于 2017 年 8 月 31 日召开了巡察动员会，采取以会代训的方式，组织厅直系统纪委书记、纪检负责人和巡察组全体组员开展巡察工作动员培训会。在正式成立巡察组后，巡察组会同被巡察单位联系，确定巡察动员会议时间，并向被巡察单位发出巡察通知。在召开巡察动员会议时，驻厅纪检监察组组长根据通知内容将这次巡察的上级指示精神、巡察目的、巡察内容、巡察纪律等内容向被巡察单位人员通报，并且明确指出此次巡察与巡视巡察一脉相承。中央、省委开展巡视，市（州）、县（市、区）党委开展巡察，厅党组决定参照巡视、巡察的方式，在厅直系统开展巡察工作。省委巡视组在 5 年内可能对交通运输厅再次巡视。是监督的一种方式，是厅党组、驻厅纪检监察组对厅直系统监督的主要方式。巡察是政治巡察，不是业务巡察，是对厅直系统进行全方位的“政治体检”。巡察工作是驻厅纪检监察组、厅直系统今后 5 年的重点工作。5 年内对厅直系统实现巡察全覆盖，5 年内对一个单位的巡察不限于一次，可以是多次。每个单位（部门）、每个人、每件事都是被巡察的对象。

此外，还强调开展巡察工作的目的有四点：一是找问题。巡

察坚持问题导向，找到问题是巡察工作的直接目的。主要查找贯彻落实中央“八项规定”精神、省委省政府“十项规定”、厅党组“十二项规定”以及违纪违法、思想作风、工作作风、内部管理、风险环节以及执行厅党组决定、落实驻厅纪检监察组工作等方面存在的问题。找问题要针对被巡察单位（部门）的特点和信访举报，重点查找问题线索比较突出的地方、环节和部位。巡察工作要做到“三个见面”，对巡察的重点事项和发现的问题线索，涉及的人员做到谈话了解人人见面，涉及的财务开支发票张张见面，涉及的项目个个见面。发现不了问题，发现的问题或问题线索不具体、不明确，巡察工作就没有做到位。二是“画像”。巡察组要为被巡察单位（部门）、班子成员、主要负责人“画像”。首先要对单位的风气、形象进行总体评判并得出综合评价。其次要对班子成员是否团结、是否有战斗力、是否坚持原则敢抓敢管、班子风气等作出总体评价。再次要对单位主要负责人的廉洁情况、民主作风、道德品行等作出综合评价。对年度班子和班子成员测评率比较低的要查明原因。对过去单位或单位主要负责人一直存在问题却没有发现的要做到早发现。对单位工作推进不力、信访反映较多、班子内部不团结的要直奔问题，不能遮遮掩掩。对涉款涉物、个人容易谋取私利的环节、点位和群众举报较多、群众口碑较差的人员，要重点关注。三是促进工作规范。开展厅直系统巡察，主要是促进“三个规范”。首先促进单位班子成员，尤其是主要负责人的行为规范；其次，促进单位重大决策规范；再次，促进内部管理规范，主要是促进发钱用钱、物资采购、招标、生产经营等问题的规范。巡察组要推动被巡察单位业务工作规范，否则巡察工作没有做到位。四是传递信息和压力。开展厅直系统巡察，主要向被巡察单位、未被纳入的巡察单位、全省交通运输系统传递和释放执纪越来越严、规矩越收越紧的压力和信号。压力和信号要传递到每一个人。巡察的主题词就是一个字，“严”。全面从严治党永远在路上，全面从严治党要向基层延伸。从查处、通报的案件和收到的信访举报线索来看，厅直系统还远远没有到讨论是不是过严的时候。“严”的目的是更好地推动业务工作，更好地保障业务工作。“严”绝不会对那些廉洁干事的人产生负能量、负效应，绝不能束缚大家的手脚。巡察组和纪检人员要深刻地理解和认识到这个问题。

（二）巡察组组内开展培训，增强巡察工作能力

巡察开始前，驻厅纪检监察组明确要求巡察组内部每天要交流沟通巡察情况，明确核查、谈话重点。同时，巡察组与巡察组之间要通过组务会、微信群（非涉密内容）等方式加强沟通。此外，巡察组要加强与驻厅纪检监察组的联系，工作情况、问题线索等要及时沟通报告。因此，在正式进驻开展巡察工作之前，各巡察组长组织本组成员开展组内培训，统一思想，明确任务，搞好分工，强调工作要求和工作纪律，研究分析被巡察单位的特点、业务、可能存在问题的点位等，同时结合被巡察单位具体工作，提出本组巡察工作方案。总体来说，为把巡察工作要求落到实处，巡察组工作要做到以下几点：

科学统筹安排。巡察工作时间紧、任务重、要求高，务必精心组织、科学运筹、周密安排。在人员安排上，根据组员的特点和强项合理搭配，来自纪检监察部门的同志侧重了解印证违纪线索；来自组织人事部门的同志侧重于班子建设和干部选用情况；来自财经审计部门的同志侧重于资产经费与财务管理情况；文字功底强的同志及早布置整理撰写材料。在时间节奏上，区分轻重缓急，内紧外缓。把握好时空之间转化，集中解决主要矛盾及主要方面，兼顾次要矛盾及其他方面，统筹协调、合理布局、精准发力。

广泛搜集信息。巡察组进驻前后，都应走群众路线，充分发动群众支持配合参与巡察工作。普遍宣传巡察的目的意义、内容要求等，使之家喻户晓。广泛搜集被巡察单位的相关信息，既要从纪委、组织、审计、信访等部门了解，也要从社会反映、网络舆情、民间议论中去获取。公布巡察组联系方式，开通举报专用信箱，在被巡察单位工作生活区域设置若干征求意见箱，动员大会讲清讲透巡察目标任务。

认真查阅资料。被巡察单位党组织和领导机构的各类活动记载资料，要能客观、真实、直白地反映历史痕迹情况，更能反映和印证问题。从巡察实践看，通过查阅资料发现问题的比重日趋增大，因此应在时间精力上加大比重。资料调集范围应宽，查阅内容应专。重点查阅近三年以来党委（党组）会议记录，行政会、民主生活会、中心组学习记录，“三重一大”决策过程记载，党的十八大以来中央和省委对该系统下达的文件、指示、要求以及该单位贯彻执行情况的记载。查阅信访举报和纪律审查材料、干部任用调配记录、审计报告，机关和直属单位党组织记录本，工程项目招投标和经费财务账目等。

深化个别谈话。个别谈话是巡察组了解情况、发现问题最常用的手段，要善于倾听，带着问题、带着责任、带着感情谈。由巡察组主导和确定访谈内容，有目的地扩充知情人范围，有针对性地选择谈话对象，普遍谈与重点谈相结合，常规谈与专项谈相结合，“二对一”与“一对一”相衔接。注重与谈话对象在思想情感上的沟通，把每次谈话过程作为传导正能量的过程。讲求语言技巧，注意听出“弦外之音”和“潜台词”，善于启发鼓励、循循善诱，在交流互动中使谈话对象打消顾虑，讲真话、道实情，知无不言，言无不尽，谈深谈透。

作为巡察人员，如果对被巡察单位哪些地方存在问题、哪些环节容易出问题不清楚、不明白，那就是不合格的。巡察人员要弄清楚、想明白被巡察单位问题主要体现在哪些方面，紧盯个人容易谋取私利的地方和环节，对这些容易出现问题的关键地方做到心中有数。哪些地方个人容易得到好处，哪些地方就容易出问题，这就是纪检工作最应该关心的地方和环节。对被巡察单位的问题要有总体把握和判断，这是开展纪检工作的基础和前提。没有这个基础，纪检工作就不可能有效果。每个单位的纪检工作必须涉及本单位容易出问题的具体环节，不能笼统而言，泛泛而谈。

第三节 巡察准备工作取得的成效

巡察的所有前期准备工作都围绕“怎么去发现问题”这一直接目标展开，随着巡察通知、巡察意见、巡察方案的确定、巡察组的组建、巡察对象的选取、巡察培训的开展，巡察前期准备工作的系统性效应已经开始产生，不仅在交通系统内部营造出“严”的氛围，给厅直系统形成压力，也使巡察工作的影响力逐渐走出交通系统、走向全省，有助于更好地开展巡察工作。

一、明确了巡察重点和关键点位

从巡察工作的重点来看，厅党组在《方案》《通知》中多次提到，中央、省委开展巡视，市（州）、县（市、区）党委开展巡察，厅党组参照了中央巡视的方式，在厅直系统开展巡察工作，巡察与巡视巡察一脉相承。5 年内实现厅直系统全覆盖，5 年内对一个单位的巡察不限于一次，可以是多次。每个单位（部门）、每个人、每件事都是被巡察的对象。厅机关处室及其工作人员也是被巡察对象。驻厅纪检监察组及其工作人员应接受省纪委组织的巡察，厅党政班子要接受省委的巡视。此外，作为监督的一种方式，巡察是厅党组、驻厅纪检监察组加强对厅直系统监督的主要方式，巡察是政治巡察不是业务巡察，是厅党组、驻厅纪检监察组加强对厅直系统监督的主要方式，是一次全方位的“政治体检”，在巡察过程中，巡察组全体人员必须旗帜鲜明讲政治、顾大局。巡察工作不能流于业务层面的工作，不能流于业务层面的问题，而要从政治层面来看待问题。

从巡察工作的关键点位来看，巡察前期准备工作中也总结出了第一轮巡察工作应注重的五个关键点位。一是坚持全面覆盖。巡察工作是厅党组、驻厅纪检监察组、厅直系统今后五年的重点工作。五年内对厅直系统实现巡察全覆盖。二是坚持问题导向。找到问题是巡察工作的直接目的。找问题要针对被巡察单位（部门）的特点和信访举报，重点查找问题线索比较突出的地方、环节和部位。发现不了问题，发现的问题或问题线索不具体、不明确，巡察工作就没有做到位。三是做到“三个见面”。“三个见面”是巡察工作查找问题的具体方式和重要手段，即对巡察的重点事项和发现的问题线索，涉及的人员做到谈话了解人人见面，涉及的财务开支发票张张见面，涉及的项目个个见面。四是重点关注几类问题。不同的单位、部门容易出现的问题不一样，找到的问题也不一样。厅党组将针对巡察对象的特点来开展工作，重点关注以下几类问题：一是公车使用的问题；二是公务宴请的问题；三是物资设备等各项采购和招标中的问题；四是业务外包的问题；五是单位、部门主要负责人行为规范的问题；六是厅党组的决定和驻厅纪检监察组安排的工作落实到位情况的问题。落实厅党组的决定不能停留在文件上、会议上、口头上，而是要体现在工作效果上，不折不扣执行并执行到位。五是要“一竿子插到底”。巡察组对被巡察单位（部门）存在的问题、风险点位和有可能存在问题的地方将坚持“一竿子插到底”的工作理念，坚持原则，态度坚决，绝不“蜻蜓点水”，深入弄透一个单位、一个部门的真实情况。不仅要找厅直系统的问题，也要找厅直系统下属单位的问题，做到全覆盖。即使三年、四年后发现问题，依然要纠正到位、处理到位。

总之，厅党组、驻厅纪检监察组前期的巡察准备工作，使巡察组明确了巡察的重点内容和应坚持的关键点位，为进一步开展巡察工作奠定了基础。

二、丰富了巡察方式方法

党的十八大以来，常规巡察已经成为常态，为了能够在较短时间内直击巡察效果，并使之较为理想，厅党组、驻厅纪检监察组结合以往经验，在常规巡察基础上，积极开展多种形式的巡察，进一步丰富了巡察的方式方法，形式多样的巡察方式对提高巡察工作效率产生了重大影响。

《省纪委驻交通运输厅纪检组第一轮巡察工作实施方案》中明确指出，现阶段第一轮巡察工作采取的方式有：（一）听取汇报。听取被巡察单位党组织、纪检组织党风廉政建设、纪检监察工作情况报告。（二）开展谈话。以发现问题为目的，与被巡察单位巡察重点事项和发现的问题点涉及的人员做到人人见面。（三）查阅资料。对被巡察单位巡察重点事项和发现的问题点涉及的财务开支发票，做到张张审查。必要时，对有关材料进行复印备案。（四）检查项目。检查巡察对象作为业主的基建项目、设备采购项目、科研项目的经费拨付使用、招标投标、合同签订等环节是否规范，做到巡察重点事项和发现的问题点涉及的项目个个检查。（五）公布举报电话和举报箱。在被巡察单位办公地设置举报箱，公布巡察工作监督范围、时间安排以及巡察组举报电话、电子邮箱等。（六）受理信访。指定专人负责受理巡察对象的来信、来电、来访和网上举报等，并逐一登记和记录。（七）延伸巡察。根据工作需要，由巡察组组长确定延伸巡察单位和时间，对被巡察单位下属机构（单位）相关情况进行巡察。（八）专项检查。根据情况，可对被巡察单位进行专项检查；也可根据需要，按照程序抽查核实领导干部个人重大事项情况。（九）其他方式。巡察组可以结合组内实际情况，采取明察暗访等方式进行巡察。

总体来看，厅党组、驻厅纪检监察组综合明察暗访、听取汇报、个别谈话、信访接待、召开座谈会、设立线上线下多种举报途径等多种监督调查手段，从不同监督渠道、不同社会层面广泛收集民情民意，全方位查找被巡察对象存在的问题，为有效实现巡察监督整改及巩固巡察成果提供了制度保障。

三、规范了巡察工作程序

厅党组在巡察准备前期就参照中央和省委巡视工作流程，经过反复实践和总结，出台了相关文件对巡察工作流程加以规范，逐步形成了搜集问题、突破问题、反映问题、指出问题、跟踪问题和解决问题的规范过程。

厅党组明确了厅直系统巡察工作七大阶段。第一，前期准备阶段，主要涉及成立巡察组、收集整理被巡察单位情况、召开相关会议，其中重点是召开由领导小组、巡察组、被巡察单位及各相关部门参加的巡察工作动员部署大会，宣布巡察工作方案和巡察组组长、副组长名单，对巡察工作进行动员部署，明确任务，提出要求。组织全体巡察干部学习巡察工作有关文件，深刻领会中央精神和省委要求，熟练掌握巡察工作程序；第二，组织实施阶段，主要涉及听取汇报及交换意见、召开巡察见面会、发布巡察公告、开展谈话、查阅资料、重点事项梳理、初步调查与核实；第三，情况报告阶段，主要是在巡察结束后 10 个工作日内形成巡察报告，如实报告了解的重要情况和问题，并由厅党组和驻厅纪检监察组审定报告，听取每个组汇报情况；第四，意见反馈阶段，主要是巡察组提交反馈工作方案、驻厅纪检监察组主要领导审批、巡察组向被巡察单位反馈整改意见；第五，督促整改阶段，主要是被巡察单位根据整改意见制订整改方案、形成巡察整改报告、巡察组审核并报厅党组和驻厅纪检监察组领导审批；第六，“回头看”阶段，主要是巡察组采取听取汇报、实地检查、明察暗访等方式检查被巡察单位整改实效；第七，总结交流阶段，主要是驻厅纪检监察组向省纪委进行书面专题报告、在厅党组和被巡察单位进行巡察结果通报、巡察组对相关资料装卷归档，并积极在厅直系统、全省交通运输系统及交通运输系统外进行巡察经验推广交流。

厅党组把巡察工作规范化作为基础性工作任务重点抓，结合巡察工作实际建立完善各项制度，形成涵盖巡察准备各环节的制度体系。建立巡察全程管理机制，加强对巡察过程的管理和监督，把依纪依规依法要求贯穿到巡察工作全过程，严格按规定的权限履行职责，巡察工作领导小组及时掌握情况，根据实际情况适时安排汇报，研究解决问题，严格巡察程序，规范了巡察工作的流程。

四、加强了巡察队伍建设

加强干部队伍建设，特别是对干部队伍选拔任用情况进行监督检查，是党内巡察的重要任务之一。为了进一步开展巡察工作，厅党组从三方面着手准备，加强了巡察队伍建设。

从巡察队伍干部选配来看。巡察机构队伍建设作为巡察的坚实基础，要不断坚持专兼结合、盘活存量，有效整合巡察人才资源，加强巡察工作力量。进一步规范巡察机构建设，高标准配备巡察干部尤其是巡察组组长。巡察干部作为巡察监督的主体，是巡察监督取得成效的关键，必须选配政治素质过硬、敢于较真碰硬、坚持原则且业务能力很强的人到巡察队伍中来。按照“择优入库、结构合理、适当富余、动态更新”的原则，由厅党组牵头，抽调厅直各单位纪委书记（纪委委员）及纪检专、兼职人员和审计、信访、财会、法律等专业人员参与（原则上组长 1 人、副组长 1 人、谈话查核组 2 人、资料审查组 2 人），组建巡察组。组长负责组内全面工作，牵头开展谈话和重要问题的查核工作。副组长协助组长做好组内工作，支持参与和配合做好重要问题的查核工作。谈话查核组 2 人负责开展谈话和问题查核，与被巡察单位巡察的重点事项和发现的问题点涉及的人员谈话了解做到人人见面；负责本组举报邮箱的日常管理和群众举报邮件的分类处理工作，建立巡察问题线索台账；负责撰写巡察报告及组领导讲话等文字材料工作；负责开展本组文件资料、电子文档的收集管理，巡察资料归档移送工作；负责全组内外的工作联络、协调衔接、后勤保障等工作；完成组长安排的其他工作。资料审查组 2

人负责对会议记录、文件资料的查阅；负责对被巡察单位巡察重点项目和发现的问题点涉及的财务开支发票张张审查，涉及的项目个个检查；负责巡察宣传工作；完成组长安排的其他工作。

从巡察干部教育培训方面来看。厅党组明确指出巡察是政治巡察，巡察干部必须政治坚定，巡察干部要将学习业务知识一直贯穿于工作之中，用政治理论武装头脑，坚决同党中央保持一致。加强业务培训，制订巡察干部年度学习培训计划，实现培训的经常化、系统化，除采取集中培训、巡前培训、专题培训等传统方式外，探索其他更有利于提高业务能力的培训方式，比如跟班学习“以干代训”，积极参与上级巡视巡察机构的巡视巡察工作，接受锻炼，学习经验，返回工作岗位后还可将学到的经验分享给每一位巡察干部，不断提升巡察干部的业务能力和工作水平。还有外出考察培训，组织巡察干部到巡察工作开展较好、效果明显的地区学习，学习他们的经验和做法，将适合的方式方法运用到本地区实际巡察工作中。

从巡察队伍管理方面来看。巡察组实行组长负责制，主持巡察组日常工作，被抽调人员在抽调期间不承担原单位工作，在抽调期间由巡察组组长负责日常管理。巡察组应当加强和规范组内政治生活，坚持把纪律和规矩挺在前面，建立健全内部管理制度，严格落实考勤请假制度、请示报告制度、安全保密制度等，严格遵守政治纪律、组织纪律、工作纪律，认真落实中央“八项规定”精神，认真履行党章党规党纪和巡察干部“十严禁”工作纪律，因违反巡察工作纪律规定并造成不良影响的，严肃追责，防止“灯下黑”，努力打造一支忠诚、干净、担当的巡察干部队伍。探索建立巡察组考核评价机制，每轮巡察结束后，由被巡察单位对巡察本单位的巡察组干部执行工作纪律方面进行测评。巡察工作领导小组听取汇报后对各组巡察工作进行评价，对巡察工作期间表现优秀的重用、提拔，充分调动巡察组工作积极性。

厅党组在巡察前期的准备过程当中，积极采取措施，抓巡察干部队伍建设，按照政治过硬、本领高强的要求，打造了一支忠诚干净、担当实干、纪律严明的巡察铁军，为做好巡察工作打下了坚实基础。

注：

[1] 习近平：《决胜全面建成小康社会 夺取新时代中国特色社会主义伟大胜利：在中国共产党第十九次全国代表大会上的报告》 [M] .北京：人民出版社，2017:68.

[2] 习近平：《决胜全面建成小康社会 夺取新时代中国特色社会主义伟大胜利：在中国共产党第十九次全国代表大会上的报告》 [M] .北京：人民出版社，2017:67.

[3] 赵先弘：《巡查利剑直指基层腐败》 [N] .河南日报，2015（11）.

[4] 笔者对刘芳的访谈，2018 年 10 月 8 日，四川省交通运输厅。

[5] 四川省交通运输厅此前相关文件中提法为“巡查”，2018 年 5 月后，根据省委巡视办要求，相关文件中的提法更改为“巡察”。本书编写遵循原文件词语用法，涉及 2018 年 5 月前相关文件内容仍使用“巡查”一词，其余地方遵循更改后使用的提法“巡察”。

[6] 四川省交通运输厅：《中共四川省交通运输厅党组关于开展厅直单位巡查工作的通知》，第 1 页。

[7] 四川省交通运输厅：《中共四川省交通运输厅党组关于开展巡察工作的意见》。

[8] 笔者对涂孝忠的访谈，2018 年 9 月 7 日，四川省交通运输厅。

[9] 笔者对刘芳的访谈，2018 年 11 月 6 日，四川省交通运输厅。

本章小结

加强巡视巡察上下联动，是党的十九大做出的重要部署。习近平总书记多次对巡视巡察上下联动作出重要指示，要求加强顶层设计，研究出台指导意见，促进巡视巡察质量整体提升。中共中央办公厅印发了《关于加强巡视巡察上下联动的意见》（以下简称《意见》），明确了巡视巡察上下联动的总体要求、目标任务、组织领导、工作机制、保障措施。《意见》的出台，对于加强党中央对巡视巡察工作的集中统一领导，整体推进新时代巡视巡察工作高质量发展，促进完善党和国家监督体系，推进国家治理体系和治理能力现代化具有重要意义。

为了加强巡视巡察上下联动，厅党组一是始终坚持“发现问题、形成震慑、推动改革、促进发展”的工作方针，坚持“严”的主基调，把发现问题作为巡察工作的生命线，把推动解决问题作为落脚点，确保巡察的权威性、震慑力，进一步完善成果运用，建立问题清单、任务清单、责任清单，完善督查督办制度，推动巡察成果落到实处。二是精准落实了政治巡察的要求。巡察是上级党组织对下级党组织履行党的领导责任的政治监督。开展巡察要始终坚守政治监督定位，把“两个维护”作为根本任务，紧盯被巡察党组织职能责任，突出领导班子和“关键少数”，针对不同层级、不同领域、不同阶段的主要矛盾，重点围绕“三个聚焦”，着力发现和推动解决存在的突出问题，防止把巡察变成一般的业务检查、工作督查，防止用巡察监督代替职能部门的管理监督。从巡察前期的工作、巡察的准备、巡察人员的组织，到巡察工作的开展，厅党组所有的工作都围绕“怎么去发现问题”这一直接目标去开展。

第二章
集 中 巡 察

十八大以来，习近平总书记就巡视巡察工作发表系列重要讲话，形成了巡视巡察的创新理论，为新时代开展巡视巡察工作、强化政治监督提供了根本遵循。党的十九大报告强调深化政治巡视，坚持发现问题、形成震慑不动摇，建立巡视巡察上下联动的监督网，在市县党委建立巡察制度，加大整治群众身边腐败问题力度。巡视巡察制度写入新修改的党章，成为党的组织制度的重要组成部分，是新时代党内监督体系建设的重大创新。巡视巡察作为加强党的建设的一项长期性战略制度安排，充分体现了我党全面从严治党、加强党风廉政建设、坚决预防和惩治腐败的坚定信心，彰显出党要管党、深化党的自我革命、强化党内治理、加强党内监督的坚强决心。在党中央的坚强领导下，在省委的集中部署下，省交通厅党组经过前期充分的巡察准备，在厅直系统正式展开第一轮集中巡察工作，直指核心问题、关键问题，为厅直系统大力整改指明方向。

第一节 集中巡察的程序、方式和方法

正式开展巡察工作前，省交通厅党组参照中央和省委巡视相

关程序和方式方法，统筹部署巡察工作，明确巡察工作要点、要求以及问题线索的处置方式；规范巡察工作流程，明确巡察工作准备、了解、搜集、汇报、整改五大环节；确定巡察方式方法，明确个别谈话、查阅资料、核查项目等三大巡察方式，探索综合使用台账管理制度、组内会议常态化机制、重视举报件和问题线索、信息化手段、巡察日志以及“明察”和“暗访”相结合等巡察方法。同时，明确驻厅纪检监察组在巡察工作的参与、支持、协助作用，推动巡察工作。

一、集中巡察安排：统筹兼顾合理分工

为全面贯彻落实党的十八届五中全会精神，按照省交通厅党组工作部署，进一步加强对厅直系统单位领导班子及其成员尤其是党政主要领导人员的监督，依照中央和省委巡视规程，结合实际，厅党组提出了第一轮巡察工作安排。

（一）集中巡察要点

第一轮巡察的主要任务是查找被巡察单位贯彻落实中央“八项规定”精神、省委省政府“十项规定”、厅党组“十二项规定”以及违纪违法、思想作风、工作作风、内部管理、风险环节和执行厅党组决定、落实驻厅纪检监察组工作等方面存在的问题。本轮巡察的对象是单位领导班子、班子成员及全体党员干部职工，根据需要可以延伸到被巡察单位的下属单位。此外，将巡察分三个阶段。第一阶段为集中巡察阶段，巡察组进驻的工作时间为3个月左右。巡察组根据工作开展情况，遵从“时间服从任务”的原则进行适当调整。巡察内容的时间界限为十八大以来，重点是2016年1月1日起至巡察进场之日。各巡察组将按照有关规定，

通过听取工作汇报、受理信访、个别谈话、列席会议、调阅资料、明查暗访、根据需要“下沉一级”延伸了解等方式开展工作。巡察期间，巡察组不干预单位的正常工作，不履行执纪审查的职责，不处理具体问题。第二阶段为梳理汇总阶段，巡察组主要对前一阶段收集到的情况进行汇总、分析、整理，形成书面巡察报告向厅党组和驻厅纪检监察组报告，经厅党组审批后向相关单位反馈巡察意见。第三阶段为整改回头看阶段，巡察组主要任务为落实整改、验收、问责、回头看。回头看实行“四不限”，即不限期、不限时、不限次数、不限方式，巡察组将采取听取汇报、实地检查、明察暗访等方式检查被巡察单位整改实效。

（二）集中巡察要求

一是巡察单位认清自身责任，配合做好巡察工作。巡察工作是厅党组的重要工作安排，是各单位必须完成好的工作任务。党委要切实履行全面从严治党主体责任，班子成员要自觉接受巡察监督。巡察期间，单位需明确1~2名联络人员，根据巡察工作阶段性需要开展好资料提供、人员谈话、信访接待、意见反馈和整改等协调配合工作。单位召开的党委（总支）会议、民主生活会等重要会议，以及重大活动和重大安全生产事故、突发事件等要向巡察组通报。主要负责人要切实担负起巡察整改第一责任人责任，组织落实好巡察整改任务。收到巡察组按照规定移交的办理事项和涉嫌违纪问题的线索，要专题研究，及时办理。被巡察单位要处理好工作和巡察的关系，不得为巡察工作设置障碍，不得对巡察组的要求拖延、推诿、敷衍。涉及专项巡察的单位，要负责组织好本单位的专项巡察工作，不能浮在表面、敷衍了事。巡察中，驻厅纪检监察组将按照厅党组下发的《通知》和《方案》

要求，组织开展巡察工作，对了解到的重要情况和发现的重要问题线索，客观公正地向厅党组报告；同时用好巡察成果，分类处置，将对违纪违法问题线索及时移交驻厅纪检监察组，巡察情况向厅党组汇报后及时向党委反馈，并加强督查督办。党委要切实担负起巡察整改的主体责任，狠抓责任落实，推动管党治党工作深入开展。

二是端正态度，如实反映情况和问题。各级领导干部要增强党性，本着对党和人民事业高度负责、对自己负责的态度，自觉接受监督，如实反映问题。进行干部谈话时不谈成绩，主要谈问题和意见建议。各巡察组将慎重对待干部群众所反映的每一个问题、所提的每一条意见和建议，并对反映问题的同志严格保密，绝不泄露相关情况。被巡察单位及其工作人员有下列情形之一的，视情节轻重，追究相关人员责任：在巡察组进驻前篡改、删减或销毁有关原始文档材料，巡察期间隐瞒不报或者故意向巡察组提供虚假情况的；拒绝或者不按照要求向巡察组提供相关文件材料的；指使、强令有关单位或者人员干扰、阻挠巡察工作，或者诬告、陷害他人的；无正当理由拒不纠正存在的问题或者不按照要求整改的；对反映问题的干部群众进行打击、报复、陷害的；泄露巡察工作秘密的；其他干扰巡察工作的情形。此外，为便于干部群众反映情况，驻厅纪检监察组公布对外联系电话，在办公地点分别设置收集意见的专门信箱，同时还开通电子邮箱。根据厅党组要求和巡察工作职责，巡察组主要受理反映被巡察单位领导班子成员、下一级领导班子成员和重要岗位领导干部问题的来信来电来访，重点是关于党风廉政建设、作风建设、选拔任用干部、落实党的“六大纪律”方面的举报和反映。其他不属于巡察受理范围的信访反映，将按规定由被巡察单位和有关部门认真处理。

三是欢迎群众监督。巡察组是监督者，监督者更要接受监督。厅党组和驻厅纪检监察组对巡察组队伍作风建设和纪律约束高度重视，提出了明确要求。要坚决落实中央“八项规定”精神和省委省政府“十项规定”，认真执行廉洁纪律、工作纪律、组织纪律、保密纪律等有关规定，欢迎群众对巡察组全体同志进行监督。单位干部职工对巡察组提出的意见和建议，要认真对待、虚心接受并明确改进方向和措施，真正把对巡察组的监督化作推动单位工作的动力。厅直系统要支持、配合巡察工作。厅直系统党委和纪委要配合驻厅纪检监察组和巡察组的工作。被巡察单位要通过公告、组织传达学习等方式，把巡察信息传递到每一个人。厅直系统的下级各级党组织和纪检监察组也要将巡察工作精神、要求传递到每一名党员、每一名干部职工，并做好接受巡察的准备。组织本单位、本系统接受巡察、落实整改。涉及专项巡察的单位，要配合驻厅纪检监察组并组织好本单位的专项巡察工作。

（三）问题线索的处置方式

驻厅纪检监察组收到的问题线索必须按照谈话函询、初步核实、暂存待查、予以了结四类方式进行处置。问题线索必须严格按照规定程序处理。问题线索登记在册后，应按照纪检监察组织内部的工作程序进行处理，个人不得擅自处理。处理必须按内部程序由下往上进行，处理的各个环节必须由处理人签字，处理问题线索必须按内部工作权限，不得越权处理。应报党委主要负责人的必须报告，应报上级纪检监察组织的必须报告。

二、集中巡察程序：严格规范巡察流程

严格遵循巡察工作规程，执行巡察工作程序，能够确保巡察方案有效实施，以程序完备合理保证巡察成果的质量。巡察工作程序包括巡察准备、巡察了解、线索搜集、巡察汇报、巡察整改等环节。在巡察工作中，驻厅纪检监察组严格遵循巡察工作规定、程序、权限，结合实践不断加大探索力度，能够全面提升巡察工作实效。

（一）集中巡察准备环节：召开巡察进驻动员会

在正式成立巡察组后，巡察组会和被巡察单位联系，确定巡察动员会议时间，并向被巡察单位发出巡察通知。在召开巡察动员会议时，巡察组长会将这次巡察的上级指示精神、巡察目的、巡察内容、巡察纪律等内容向被巡察单位人员通报，会后发布巡察公告，进一步明确巡察范围、巡察内容、巡察时间、举报方式等内容。

（二）集中巡察了解环节：发布巡察公告

为使巡察工作进一步公开化、制度化、透明化，六个巡察组分别于进驻当日发布巡察公告，明确巡察组受理的举报、反映内容，并且告知巡察组联系电话、意见箱悬挂地址、信访接待地点、电子邮箱等，方便干部群众举报和反映问题。

（三）集中巡察线索搜集环节：畅通举报渠道

巡察组入驻被巡察单位后，第一时间在被巡察单位办公地设置举报箱，公布巡察工作监督范围、巡察时间安排以及巡察组举报电话、电子邮箱等，畅通举报渠道。安排专人及时受理干部群

众的来信、来电、来访，每月按时上报信访数据、案管数据。接到举报后，巡察组对反映的一般性问题进行了解核实；对反映被巡察单位涉嫌违纪违法的问题线索，及时报告驻厅纪检监察组；对反映被巡察单位的其他问题线索，按程序移交有关部门处理。举报箱顺利成为巡察工作的“探路灯”。

（四）集中巡察汇报环节：形成巡察工作报告

集中巡察结束后，巡察组会形成巡察工作报告，报送巡察工作领导小组，再由巡察工作领导小组向党委汇报。巡察工作报告的内容主要包括以下几点：巡察监督开展的基本情况、被巡察单位的基本情况、领导班子及其成员基本情况、发现的问题及线索、整改建议等。巡察领导小组审核把关同意后，再由巡察组通过被巡察单位领导干部会议或全体职工会议的形式，向被巡察单位反馈巡察结果。

（五）集中巡察整改环节：问题移交与督促整改

这一环节主要包括问题移交和督促整改。巡察的问题涉及违纪违法的，根据管理权限，由巡察组移交纪检、检察、公安等部门调查核实处理；涉及违反民主集中制、干部任用等问题移交组织部门调查处理。被巡察单位会根据巡察反馈的情况，梳理问题清单，研究整改措施，并形成整改方案，书面报送巡察工作领导小组办公室。整改方案中要明确整改方式、责任人、整改时限。在整改时限到期之前，被巡察单位还要将整改落实情况再次报送巡察工作领导小组办公室。巡察工作领导小组会定期安排对整改情况开展检查。

巡察的目的是发现问题，坚持问题导向。找到问题是巡察工作的直接目的，发现不了问题，发现的问题和线索不具体、不明确，工作就没有做到位。找问题是一个技术活，不是时间长、人员多、热情高就可以，要针对单位的特点去找问题。不同的单位、部门，容易出现的问题不一样，找到的问题也应不一样。要针对巡察对象的特点来开展工作，把被巡察单位研究透、分析够，有针对性地提出工作思路、工作措施、工作实施方案，“磨刀不误砍柴工”，下足功夫、备足功课，才容易发现问题。

三、集中巡察方式：灵活运用多种方式

驻厅纪检监察组认真落实中央和省委巡察工作方针，坚持问题导向，明确巡察内容，严格工作程序，综合采用多种巡察方式，稳步推进巡察工作，发挥了巡察利剑作用。

（一）个别谈话：确保访谈对象全覆盖

巡察组对被巡察单位领导班子成员和干部群众进行访谈时，要以发现问题为目的，紧紧围绕“党的建设、落实主体责任、选人用人、项目资金管理、党风廉政建设”五方面内容进行。需要聚焦于重点事项，又要尽可能保障访谈的覆盖面。需要重点了解以下方面的内容：党组织及其书记抓管党治党工作的总体情况，特别是在贯彻落实中央、省委和厅党组有关交通运输重大决策部署方面有无形式主义、官僚主义问题；在重大事项决策、重要项目安排、大额资金使用、重要干部任免等方面的工作开展情况及存在的不足；单位领导班子及其成员落实“一岗双责”、抓党风廉政建设工作总体情况，执行中央“八项规定”、省委省政府“十项规定”和厅党组“十二项规定”等方面还存在哪些突出问题和需要改进的方面；落实党建工作责任制、意识形态工作责任制的工作开展情况及存在的不足；在选人用人方面是否严格贯彻

落实《党政领导干部选拔任用工作条例》，以及工作开展中存在的不足；专项经费（科研经费、项目经费等）使用审批内控程序、物资采购、项目招投标和建设中存在哪些薄弱环节和不足；纪委书记（纪检干部）履行监督责任的总体情况，单位班子成员、中层干部、关键岗位上的干部有什么突出反映，特别是单位主要负责人及班子成员个人有什么反映，主要存在什么问题。

（二）查阅资料：聚焦重点事项

查阅资料，是分析工作人员思想状况及日常工作状况的有效方式。在巡察工作中通过调阅、复制有关文件、档案、会议记录等资料，能够实现对被巡察单位巡察重点事项和发现的问题点涉及的财务开支发票，做到张张见面。必要时，对有关材料进行复印备案。重点查阅被巡察单位传达学习贯彻落实中央、省委、厅党组有关重大决策部署、重要会议、重要文件精神的会议记录文件材料；落实意识形态工作责任制的有关材料；省委巡视组巡视整改以来召开的专题民主生活会材料；落实党风廉政建设责任制的有关材料；签订的监理、代建、设计、勘察、检测等工程项目合同台账；加强基层党建工作的重要文件材料；干部选拔任用方面的重要文件材料，加强对干部的教育管理监督方面的规定措施；党组织落实全面从严治党主体责任的制度规定；重点领域、关键环节廉洁风险管控的制度规定；党委会会议和行政办公会会议记录及纪要；群众来信、来电、来访情况的材料及受党纪政纪处分情况统计资料；财务资料等。

（三）核查项目：重点核查项目全流程

巡察组要重点检查被巡察单位作为业主的基建项目、设备采购项目、科研项目的经费拨付使用、招标投标、合同签订等环节是否规范，重点项目和巡察发现问题涉及的项目“个个见面”。如基建项目（指本单位作为业主方，或不是业主方但在行业上有重要建议权的项目），重点核查项目立项是否符合规范，程序是否合规；是否存在将项目化整为零规避招标的情况；必须公开招标的项目是否公开招标；公开招标、询价、比选、单一来源采购是否符合规范；项目合同签订是否符合规范，非单位“一把手”签字的签字人是否得到授权；合同资金的支付是否合规，是否存在提前支付合同资金的情况；合同中是否存在对本单位造成损害利益的合同条款，是否存在有指向性的合同条款，签订合同的背后是否存在利益交换的情况。如物资设备和服务采购，重点检查是否建立健全采购制度；采购事项是否按规定进行；审批程序是否符合规定；是否存在应当公开招标未招标的情况；单一来源采购市场调研是否充分等。

巡察要做到“三个见面”。对巡察的重点事项和发现的问题线索，涉及的人员做到谈话了解人人见面，涉及的财务开支发票张张见面，涉及的项目个个见面。要从中找出问题的蛛丝马迹，从表面现象看到事情的本来面目，还原事情的真相，从中找出违纪违规的情况。

四、集中巡察方法：探索巡察工作方法

各巡察组按照既定的巡察程序，开始在各个单位大面积地、铺开式地找问题。在集中巡察阶段，历经第一轮的巡察，巡察组在巡察过程中摸索出了一些行之有效的方法。

（一）建立台账管理制度

对发现的问题梳理归类，建立问题清单；落实问题归属，建

立责任清单；督促对照问题和整改时限制订整改方案，建立整改清单；定期调查问题整改情况，建立督查清单。对各类清单中明确的事项逐项解决，对整改完成的逐一销号。巡察机构对巡察成果严格实行“五账管理”，即巡察报告是“报账”，巡察反馈是“交账”，巡察移交是“转账”，巡察督办是“查账”，巡察整改是“销账”，避免出现挂账、呆账，并随时准备杀回马枪。对于正在或还未整改的问题，坚持不予销号，限期整改，并综合回访情况向被回访单位开具整改二次清单，明确对逾期不整改或整改不到位的单位和主要负责人，省级党委将进行严肃问责，用真实可靠的整改结果来回应人民群众对巡视巡察工作的关切。

（二）构建组内会议常态化机制

巡察中，每个巡察组每天组内都要开一个碰头会，每天早上简单碰半小时的面，梳理一下前一天到底查了什么，有哪些拿不准的，哪些需要进一步查实的。然后每周一早上召开碰头会，将上周查找的问题进行确定，对本周工作任务进行部署，个体与个体之间、问题与问题之间，做一个深度沟通，就不会有零星的东西散落在其他地方。做到每天一小结，每周一总结，这样每个巡察组平时工作进度有什么问题都非常清楚。

（三）重视举报案件和问题线索

结合日常掌握的问题和线索去发现问题。进驻被巡察单位之前，巡察组将十八大以来涉及被巡察单位的所有信访件及问题线索进行梳理，全面了解被巡察单位哪些工作存在问题，哪些人存在问题，带着问题和线索去巡察。

（四）用好信息化手段

推进信息化建设，是巡察工作适应信息化发展大趋势的现实需要，也是避免人情干扰的有效方法。开展巡察工作，应该牢固树立现代信息理念，充分运用大数据等手段，为监督插上科技的翅膀。比如，涉及信息化项目，就项目与项目之间进行横向分析；涉及会计凭证，就以年为单位纵向分析，通过大数据思维更加科学地将责任聚焦到具体的人头上。

（五）撰写巡察日志

巡察期间要求巡察人员采取随笔的形式，一句话或一段话地记录每天的工作内容；对工作点滴、体验感悟、细节情景等进行记录，越朴素越好，越真实越好。巡察结束后，每个巡察人员还要提交巡察心得体会，驻厅纪检监察组将择优在“点滴纪检人”推送。这样的要求使每个巡察人员客观真实地记录了巡察的每一天，这一过程中不仅有所思所感所想，更有了对工作的思考、对问题症结的思考。

（六）“明察”与“暗访”方式相结合

开展巡察工作期间，巡察组应加强和被巡察单位（部门）党组织的沟通联系，但不干预、不影响被巡察单位（部门）的正常工作，不履行执纪审查的职责。巡察组可以结合组内实际情况，采取明察暗访等方式进行巡察。

五、集中巡察的组织协调：保障巡察工作顺利进行

开展巡察工作以来，驻厅纪检监察组积极发挥参与、支持、协助作用，在做好服务、提高效率上狠下功夫，通过召开组长碰

头会、汇报会、实地监督等方式，随时了解各巡察组巡察工作进展情况，对于工作中的热点难点问题，各巡察组互相交流，共同探讨，相互学习借鉴，有力推动了巡察工作的顺利开展，不断提高巡察工作水平。

（一）巡察组长碰头会：相互交流如何找问题

第一轮巡察总共组织了九次组长碰头会，如 2017 年 9 月 12 日，驻厅纪检监察组召开第一轮巡察组长碰头会，六个巡察组对巡察进驻准备情况、巡察重点难点及“查找问题”具体方法进行了交流沟通，各组在借鉴对方好的工作方法、查漏补缺本组工作方案的基础上就工作中存在的问题提出了意见建议。召开组长碰头会的主要目的是方便各组互相交流学习，讨论的内容主要包括三方面：1.拿捏不准找到的问题是否是真的问题，拿捏不准法律法规政策的依据是否利用准确；2.汇报每个组的进展情况，了解各组的前后快慢；3.找到问题的小组分享交流找问题的方法和经验。巡察组长碰头会有利于巡察组互相带动，有利于更准更好地找问题。

（二）巡察组互相带动：相互借鉴、互相推动找问题

巡察期间，由于各个被巡察单位的具体情况不同，有的巡察组很快找到了问题，有的巡察组进度比较缓慢，因此驻厅纪检监察组号召组与组之间积极沟通，分享工作经验以及工作思路等，以便于各个巡察组之间相互借鉴、互帮互助、互相推动找到问题。比如，在巡察前期，结算中心巡察组相比其他小组进度较慢，将找问题的重心放在了车时费等问题上，没有抓住这个单位的“牛鼻子”。经历了四次碰头会，看着其他小组的工作进展顺利，结算中心巡察组陷入了巡察日常工作的“泥潭”。监控结算

中心与信息中心都是信息化的单位，相似处很多，在第五次组长碰头会上，监控结算中心巡察组组长和信息中心巡察组组长就如何查找信息化项目问题进行沟通交流。信息中心巡察组组长毫无保留地将巡察信息化项目的经验告知。会后，监控结算中心迅速开展了对信息化项目的巡察，并取得了较好的效果，解决了监控结算中心找不到问题的困惑。

（三）驻厅纪检监察组督导巡察组：履行具体组织巡察工作的责任

巡察过程中，每个巡察组会根据查找问题的深浅和进度实时向驻厅纪检监察组主要负责人进行汇报。特别是第五、第六巡察组负责的巡察，许多具体的巡察工作都是被巡察单位自己在做，所以会定期通知汇报工作进度。一方面是了解整个进展，另一方面也是从领导层面来进行监督，同时也给他们一些指导，免得他们担心自己找自己的问题，其他部门或者党委党组会有意见。厅党组和驻厅纪检监察组把后盾撑起来，所以在巡察中，通过督导沟通后，各个巡察组的工作干得好不好、深入不深入、透彻不透彻、问题找得准不准，驻厅纪检监察组了然于心，巡察的质量得到保证，问题导向得到保证，整个巡察工作得以顺利推进。

驻厅纪检监察组开展巡察的目的是预防问题、规范工作、推动工作，让巡察工作服务于厅党组和各级党组织的中心工作，使其成为推动全省交通运输工作的助力，而不是阻力。巡察主要是侧重发现和解决问题，绝不是要为难某个单位，更不是为难某个同志。因此，在集中巡察工作开展之前，驻厅纪检监察组就做了很多准备工作，参照巡视巡察的工作程序，将巡察的程序、方式、方法、组织协调等纳入统一范围，各个巡察组按照相应的标准开展巡察，也要求被巡察单位认清自身责任、配合巡察工作、如实反映情况，同时也畅通了举报渠道，让广大群众进行监督。

第二节 集中巡察开展

第一轮巡察确定的6个单位体量有大有小，且属于不同性质。交通设计院是经营性单位，有很多风险状况，问题较多；交职院代表了学院学校类，在党风廉政建设方面问题较多，加之近几年发展快、投资大、纪检项目多，容易出问题；结算中心和信息中心管理信息化项目，投资量大、项目多，另外信息化项目很难去评估；史志总编室属于小单位，但巡察工作还没有正式开展之前，驻厅纪检监察组就收到了举报信。

从上可知，这6个单位属于不同性质，也存在不同层面、或大或小的问题，驻厅纪检监察组对6个单位进行巡察时，从被巡察单位的实际情况出发，在了解此单位的基本情况后，从不同角度入手查找问题。同时要坚持“问题导向”，找问题要顺藤摸瓜，“一竿子插到底”，步步紧逼、步步为营。在找问题上讲原则，态度坚决，不蜻蜓点水，不搞手下留情，深入弄透一个单位、一个部门的真实情况。

一、四川省交通运输厅信息中心

1998年，交通厅为加快全省交通信息化和行政机关办公决策服务系统建设，向省编办申请成立厅信息中心，并于当年5月经省编办批复同意成立。中心核定事业编制15名，所需编制从省交通科学研究所划转。2004年，根据工作需要，中心设立了技术管理科、信息管理科和综合办公室三个中层管理机构，属公益一类事业单位。2015 年，编制调整为 20 名，设主任 1 名（正县级）、副主任 2 名（副县级）。中心的主要职责是负责全省的公路、水路交通信息化和交通信息系统网络建设，同时协调跨行业的项目，另外还承担 12328 交通信息电话系统的运营。中心单位小、人少，但是近年来信息化发展迅猛，中心承担的项目多、资金大，社会关注度高。

第三巡察组于 2017 年 9 月 15 日进驻厅信息中心全面启动巡察。按照巡察方案的要求，整个巡察工作采取了听取汇报、查阅资料、谈心谈话、设置举报箱、公布举报电话等多种方式，本着"实事求是，客观公正"和"时间服从质量"的原则，巡察了信息中心贯彻执行中央"八项规定"精神，落实厅党组、驻厅纪检监察组决策部署，抓党风廉政建设和"三重一大"工作等情况。重点巡察了中心项目采购、信息化建设项目、固定资产管理和"三公经费"使用情况。通过几个月的努力，查阅了信息中心 2016–2017 年主任办公会议记录、纪要、支部会议记录、各项规章制度 40 余项，会计凭证 57 册，并针对信息项目具有延续性的特点，开展了延伸巡察，将项目采购延伸巡察到 2015 年。巡察中共巡察了 74 个项目，其中政府采购项目 25 个，非政府采购项目 49 个，项目涉及资金近 10 亿元（应急一期 9000 万元，应急二期 8.3 亿元）。整个巡察做到了谈话了解人人见面、财务开支发票张张审查、项目个个检查。

（一）两次延伸：拓展巡察工作查找问题思路

巡察刚开始时，第三巡察组重点巡察了信息中心 2016–2017 的财务凭证，做到"张张见面"，但是巡察发现，信息中心一年接待费只有几千块钱，会议费也就几千块钱，其他的资金也很简单，且票据完善，没有发现问题。接着，巡察组就从管理入手，比如说查看信息中心在管理整个交通厅信息化采购的固定资产方面会不会存在问题，最后也只发现了管理不规范的问题。

第三巡察组向驻厅纪检监察组汇报找不到问题的困惑后，驻厅纪检监察组主要负责人给出了提示：“可适当地往前延伸，重点看应急指挥系统第一期项目的招投标。”在理清思路后，巡察组开始了第一次延伸巡察，延伸到2015年应急指挥系统第一期项目结束，发现了信息中心的信息化应急项目存在控标现象，具有重大的廉政风险。应急一期、二期项目涉及资金近10亿元，项目大、资金重、社会关注度高，尽管确定了采购遵循“大公司、好产品”的原则，但仍发现在部分标段的采购中存在以下问题：一是存在直接写明购置软硬件产品的品牌或型号的现象；二是存在通过数个技术参数指标组合后指向某特定品牌产品的现象；三是部分标段存在要求投标人（集成商）具有某特定资质业绩，导致得分差异均由此指标决定，存在“量身定制”的现象；四是部分指标要求加盖原厂商鲜章、具有自主知识产权等条款，存在通过原厂商控制特定集成商的现象。这些现象表面上看是为了确保产品的质量和公司的优质，但结果却导致产品和公司之间的不充分竞争，存在业主方和企业方控标串标的风险和寻租空间，具有重大廉政风险。

第三巡察组又开始第二次延伸，延伸到十八大以来，发现了信息中心部分招投标项目存在围标串标迹象。比如某信息化建设项目，下载标书的单位达72家，但是真正参与投标的单位只有3家；某企业明确清楚自身存在巨大劣势，重要指标得分为零的情况下，还参与投标，存在陪标的重大嫌疑；还发现存在信息化采购项目中，受同一人控制的两家单位参与同一项目的询价；某单位多次伙同另外单位一起参与其他项目竞标，但是法定代表人签字笔迹几次不一致，怀疑是由不同人签署，且这些项目参选单位的报价差异均不大。为了找到问题，巡察组两次延伸信息化项目，慢慢进入了信息中心的廉政风险“核心区”，各个问题逐步暴露了出来。

（二）分析公司信息：充分利用大数据手段

为了找到问题背后的利益关系和“后台”操作问题线索，巡察组利用“大数据”思维，把巡察重心聚焦于少数企业掌握信息中心项目的情况、公司人员与信息中心人员之间的联系情况以及公司组成人员与信息中心是否有关等情况，将从十八大以来信息中心的招投标项目涉及的公司进行横向、纵向综合分析。如一期某标段，有三家投标公司（集成商）进入投标流程，技术方案共26分。（图2-1）

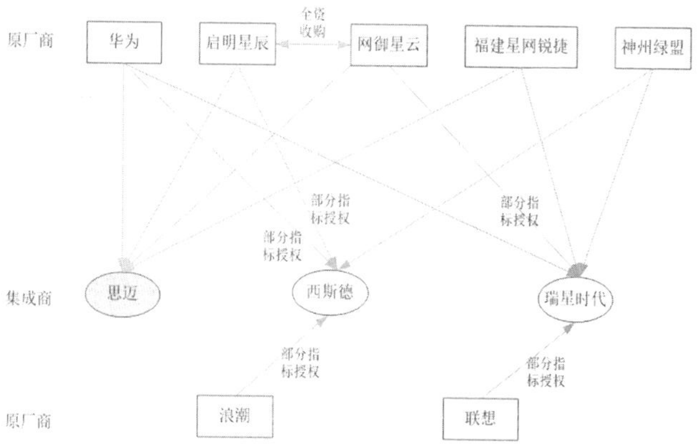

图2-1 一期某标段授权关系图

通过查阅各家公司的投标文件，成都思迈通信科技有限公司获得了华为、启明星辰、网御星云（启明星辰全资控股）、福建星网锐捷等原厂商的证明材料，基本上满足了所有要求提供证明材料的指标项；四川西斯德科技建设有限公司获得了华为、启明星辰、神州绿盟、浪潮集团等原厂商提供的部分指标项证明材料；成都瑞星时代科技有限公司获得了华为、启明星辰、网御星云（启明星辰全资控股）、福建星网锐捷、神州绿盟等原厂商提供的部分指标项证明材料。最终，中标的集成商为成都思迈通信科技有限公司，技术方案得分为 23 分，平均分 93。四川西斯德科技建设有限公司的技术方案得分为 10 分，平均分 76.8；成都瑞星时代科技有限公司的技术方案得分为 6 分，平均分 71.8。通过分析，三家公司的分数差异主要就在此技术指标项上。

应急二期某标段下载标书的企业有 72 家，而报名参加投标的只有 3 家。在参与投标的单位中，成都卫士通信息安全技术有限公司在技术指标项得满分 30 分，南威软件股份有限公司技术指标得分为 0 分；在投标人业绩项上，卫士通得满分 10 分，南威软件得 1 分。另外一家投标公司为北京华胜天成科技有限公司，该公司在响应性评审中由于存在漏项，被取消评审资格（被废标）。其中漏项为电缆，并非核心软硬件。另外，南威集团在投标文件中明确指出公司技术指标得分为 0 分，同时也未提供投标文件中需要的证明材料，在完全清楚公司无法达到相关技术指标、无法提供相应业绩的情况下还参与投标，存在重大的围标嫌疑。（图 2-2）

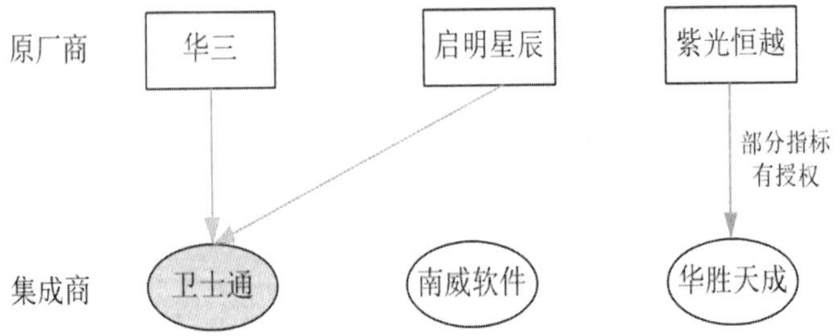

图 2-2：应急二期某标段授权关系图

（三）分析项目招标时的设置：深挖背后的利益关系

在巡察信息中心招标项目的过程中，巡察组收到了举报件和质疑函，信件集中反映了应急二期二标和四标项目，涉及的人很集中，反映两标段存在控标问题。然后巡察组将目光放在了信息中心副主任负责的几个标段上，从会议记录纪要和程序的角度入手，从领导层面的决策程序去摸排，将信息中心重点项目招标文件涉及的技术参数进行分析、对比和研判。经过认真审核，巡察发现信息中心的项目在招标时存在以下问题：一是应急一期项目采购存在直接指明产品品牌或型号的现象。在查阅招标文件的过程中，发现《技术标准要求及采购清单》中的一些条款，直接指明具体的产品品牌或型号，而指明的产品和品牌均为该项目的关键设备和核心指标，对项目的建设和招标起到决定性作用，主要体现在应急一期的 1、3 标段中。二是存在数个技术参数指标组合后指向某特定品牌产品的现象。应急二期项目招标工作尽管在一期的基础上没有直接标明品牌和型号的情况，对技术指标的制定更为规范、要求更高，但在对招标文件技术参数设置的梳理过程中，发现个别单项技术参数指标并不存在明显区分厂商和潜在投标人的情况，通过分析多项技术参数指标组合后，则指向某特定产品，足以区分甚至排斥其他厂商和潜在投标人。三是部分标段存在要求投标人（集成商）具有特定资质业绩的现象，存在“量身定制”的嫌疑。在一些招标文件中，对投标人（集成商）的资质、业绩评分项中，会出现一些特殊的资质能力和业绩要求，从而造成投标人的得分出现较大差异。在制定技术指标时，部分指标要求加盖原厂商鲜章、具有自主知识产权等条款，存在通过原厂商控制特定集成商的现象。在应急一期、二期项目前期的招标文件中，大量存在某技术指标除了要求具备基本功能、性能参数外，还要求投标人提供第三方权威机构测试报告或者提供生产厂家的产品白皮书（或网站功能说明截图），并加盖原厂商鲜章或要求具有自主知识产权等条款。这样，出现了原厂商通过给集成商盖章或提供具有自主知识产权证明来控制集成商在评标时的得分情况。四是招投标管理工作不规范，不严谨，部分项目存在不公正现象。首先，对于同一单位的业绩得分应为客观分，但信息中心的评标人员却把客观分打成不同分值，打分不严谨、不公正。其次，中心工作人员对备案文件审查不严，疏于对代理机构的管理。最后，信息中心采购方式使用不合理。

（四）巡察和执纪审查相结合：提高巡察工作效率

在集中巡察阶段，省纪委向驻厅纪检监察组移交了涉及信息中心的信访举报件，驻厅纪检监察组要求第三巡察组将巡察和执纪审查相结合，带着这个线索去巡察信息中心，对涉及的项目、参数一个一个地去比对、倒推、核查，并最终为推动信息中心的招投标参数规范提供了助力。

（五）精准“画像”：全面把握巡察工作基础性信息

在集中巡察阶段，第三巡察组形成了一个分析报告，里面包括了对投标公司和参数的“画像”，对信息中心人员的“画像”。通过“画像”能一目了然地展现信息中心整个单位的风气、领导班子的履职状况。总体来说，信息中心班子成员分工明确，相互沟通协调较好，重大问题决策需通过主任办公会、支部会讨论决定。特别是新的班子调整到位后，中心整体内部管理有了很大的改变，干部职工普遍认为中心新一届班子要求更高、更加严格，管理更加规范，整体运行良好。但部分职工反映了信息中心存在外聘人员待遇偏低且没有上升通道，很难留住高素质人才等问题。近年来，中心承担的项目多、资金大、社会关注度高，在项目采购和政府招投标工作中的廉政风险越来越凸显。尤其是采购项目比较集中的科室，干部职工集中反映有企业表示邀请吃饭、送卡、送现金的现象时有发生，虽均表示未参加过吃请，未接受过任何财物，但是干部职工长期处于这种氛围和环境之下，如何有效监督成了班子急需解决的难题。[1]

此外，针对信息中心存在的相关问题，驻厅纪检监察组给出了以下几点工作建议：（1）加强对招投标工作进行全过程监督。加强对参与人员的教育监管，确保招投标工作公开透明、廉洁公正，坚决防止规避招投标、定向设标现象的发生。加强招标文件制定修改管理，建立信息化基础建设项目招标文件制定修改过程管理制度，做到招标文件从初稿形成到每一次讨论修改再到最终成稿，都有痕迹管理，以便明确相关工作人员的责任，有效遏制权力“寻租”的可能性。（2）加强非政府采购项目的组织管理。在采用非公开招标形式组织的非政府采购项目时，未见信息中心对相关事项进行公告、公示，推荐的参选单位没有留下痕迹，建议信息中心今后将有关事项在门户网站、媒体进行公告、公示或推荐并留痕迹，以尽可能地拓宽采购事项的接触面，增强内部招标的透明度。同时要加强代理机构工作人员的监督管理。（3）要完善内部控制制度，做好内部规章制度的废改立工作。中心党组织、纪检组织要扛起整改的责任，对发现的问题要高度重视，树立起“靶向治疗”思维，聚焦风险岗位、关键点位建立长效机制，健全内部控制体系，完善项目管理、合同管理、财务公开、资产管理等相关制度，提高中心运行效率，有效防范违规违纪行为发生。（4）进一步强化干部监督教育。加强对员工日常行为的教育管理，督促广大干部职工遵守相关法律法规和内部规章制度，树立法治意识、红线意识和底线思维。加大对重要部门、关键岗位人员的廉政教育，完善制度，减少人为操作空间。

二、四川省交通职业技术学院

四川省交通职业技术学院是四川省唯一一所公办全日制交通类高职院校，隶属于四川省交通运输厅。1952 年 7 月，四川省交通学校创办。1956 年，西安汽车机械学校并入，更名为“交通部成都公路工程学校”，并收归交通部领导。1958 年，重庆公路工程学校道桥专业并入，同时，交通部将成都公路工程学校下放给四川省交通厅领导，并将学校更名为“成都交通机械学校”。2004 年，经四川省人民政府批准，报教育部备案，在成都交通机械学校的基础上组建四川省交通职业技术学校。该院是国家优质专科高等职业技术院校、国家示范性高等职业院校、四川省首批高端技术技能型人才培养改革试点单位。学院设有四川省高校重点实验室 1 个、四川省哲学社会科学重点研究基地 1 个，建有四川省高校校企联合应用技术创新基地 3 个、四川省高校工程技术创新团队 4 个、校内研究所 6 个。

（一）深究细查：树立优良的巡察工作作风

第五巡察组入驻交职院后，经查阅资料发现，交职院的消防供水管道更换工程没有施工图。根据竣工图和质量验收记录显示，有两栋楼第一层四周的管道应全部更换为新管道且埋地处理，但经巡察人员实地查看之后发现，有两处管道没有更换，有三处管道没有埋地处理，存在偷工减料问题。因隐蔽工程占总工程的 92%，大部分无法进行现场查看，巡察实地抽查比例约为施工量的 1%。但是学院对该项目进行了整体验收，验收结论为合格。巡察组对相关材料进行审查之后，发现该项目可能存在问题，于是跟学院纪委人员沟通协商，将埋在地下的管道挖开，看到深埋地下的管道材料老式且表面陈旧，而学院纪委工作人员手中持有的合同和结算资料上却表明，这些管道都是重新更换的新管，且刚刚施工结束、完成验收并支付了工程款。于是巡察组通过巡察发现了交职院供水管道更换工程存在偷工减料、以次充好的问题。“掘地三尺”这一工作，不仅仅是工程施工人员的工作，也是厅直系统纪检工作人员的工作，纪检人员找问题不能仅浮在表明，而要秉着“掘地三尺”的精神去深入考察，找出深层次问题。

（二）以点带面：扩宽自查自纠范围

交职院此次巡察发现的问题主要集中在后勤处（基建处）、学工部、党政办三个部门，但不意味着其他部门和其他方面没有问题。新一轮省委巡视也已经开始，已经巡视、巡察过的单位并不意味着不再巡视。有问题不主动发现、主动解决，在新一轮巡视中将极为被动，因此交职院党委参照巡察工作模式，对巡察组重点核查的其他部门和其他工作开展自查自纠，重点对 2016 年以来的物资采购、科研经费等使用情况进行检查，发现问题，解决问题，规范工作。交职院之所以对这两个方面进行自查自纠是基于以下两方面原因：一方面是交职院在厅里面巡察和后勤纪检的专项巡察中，发现物资采购出现了一些问题，并且交职院的各系部不仅进行大量的物资采购，而且还有相当大量耗材的采购和使用管理。这种物资采购，包括后勤耗材的物资管理，这二者之间是相通的。因此，交职院想通过这次巡察，把巡察的效果延伸出去，对系部的物资采购、耗材的资源管理进行一次自查，也希望通过这样一次自查加强对系部的管理。另一方面，因为科研经费使用在对高校的巡察中是发现问题比较多的一个领域，虽然可能这项工作在交职院所占分量不大，但涉及的横向和纵向项目也不少，而且在前期，交职院也对个别报销项目的成员进行了调查处理，因此针对这种情况，交职院也想借这次巡察整改的机会，成立另外一个工作组，对学院科研经费的使用情况进行一次全面自查，同时在自查结束后进行整改，把交职院的工作再往前推进一步，使整个学院的制度水平有进一步的提高。基于此，交职院院党委和纪委一起参照巡察工作模式，由两名学院纪委委员来牵头，组成了两个工作组，抽调了学院相关职能部门的人员，共同对交职院的一些工作进行自查，主要是针对两部分，一是学院和部门物资采购的情况，二是科研经费使用情况。

（三）良性互动：巡察和办案的结合

巡察与巡视不同，省委巡视组的巡视和查案主体是两个，而巡察和办案只有一个主体，即巡察和办案都是驻厅纪检监察组具体来操作，具备查案和巡察无缝对接的能力。平常的监督检查手段是到被巡察单位去看材料、听汇报、个别谈话、现场核查、走访等等，但这些找问题的手段还要加强，可以在巡察中启用办案的程序，用办案的手段去查找问题，并把找到的问题细查下去。第五巡察组在巡察交职院的过程中就将巡察工作与办案工作相结合，取得了很好的效果。

在自查自纠过程中，巡察组收到了交职院体育馆建设相关的举报线索，采用边巡察边办案的做法，对体育馆建设相关问题进行详细调查。发现的主要问题有：体育馆项目铝单板厚度不足，存在套取资金的嫌疑；埃特板厚度不符合标准，存在偷工减料的嫌疑；体育馆部分配电箱品牌不符，存在使用假冒伪劣产品的嫌疑。第五巡察组对体育馆用于装饰外墙的铝单板和埃特板进行了现场核实，经查阅相关资料，交职院体育馆的建设项目确实存在以上问题。

三、四川省交通运输厅高速公路监控结算中心：两个阶段两个案子

2002年，经省委机构编制委员会批准，“四川省高速公路结算监控中心”成立，属于省交通厅直属事业单位。2005年，为完善结算中心职责，该中心更名为“四川省交通厅高速公路监控结算中心”。2010年，又更名为“四川省交通运输厅高速公路监控结算中心”，并由交通运输厅委托四川省交通运输厅高速公路管理局代管。目前，结算中心、科研所、智能公司合署办公，实行“三块牌子、一套机构、三套人马”合并运行的体制，结算中心、科研所系厅的下属单位，智能公司系川高公司的下属单位，人事、劳资关系各自独立。运行管理上，实行统一行政管理、统一岗位管理、统一工作调度的机制，内设办公室、技术维护科、系统运行科、监控信息科、财务科、后勤科6个部门，共有职工154人，其中结算中心24人，科研所27名，智能公司103人；财务管理上，实行统一财务资金调度、账务分设的管理模式，结算中心、科研所经费为财政拨款，智能公司收入来自高速公路联网收费系统清算、系统运行服务费和收费软件安装调试费；在项目管理上，结算中心、科研所经财政厅审批立项，按照政府采购相关规定执行。智能公司由川高公司批准立项，按照发改部门、川高公司相关规定执行。

2017年9月19日–2018年2月20日，第二巡察组对厅监控结算中心（科研所）开展专项巡察。巡察期间，开展个别谈话76人次，全面查阅了厅监控结算中心（以下简称结算中心）、厅交通科研所（以下简称科研所）、智能公司（经征得川高公司同意对其进行延伸巡察）2016–2017年度的会计凭证、党委会议记录、办公会议记录以及2015–2017年度的196个采购项目的相关资料等。

第二巡察组巡察初期没有找到问题，之后与第三巡察组进行了沟通、交流，借鉴了信息中心查找信息化项目问题的经验和主要做法，全面查阅了厅监控结算中心、厅交通科研所、智能公司2016–2017年度的会计凭证、党委会议记录、办公会议记录以及2015–2017年度的196个采购项目的相关资料等，对近几年的信息化项目进行了梳理、对比、分析，共分两阶段进行。在第一阶段主要关注车辆使用、财务制度、“三重一大”等日常管理的问题，发现结算中心存在公车管理制度缺失、车辆管理档案资料残缺不全、车辆管理资料重要信息填报不全、领导用车双固定现象；存在会议培训报销不规范、差旅费报销和车辆费用报销审核把关不严，多报、重复报、错报等情况，并查办了罗某公车私用的案子。第二阶段重点关注信息化项目，发现信息类项目采购具有技术指标复杂、价格浮动空间大的特点，存在较大的廉政风险。经过核查，发现结算中心对公开招标以外的设备、服务采购项目基本上采用直接委托的方式，不能体现公开、公平、竞争、择优的原则，易出现暗箱操作，滋生廉政风险；个别项目招标工作不严肃，随意变更程序、变更参与人员角色，发现业主代表参与围标串标违纪违法行为；部分项目招标文件核心条款设置具有倾向性，限制竞争范围，增加了采购成本，容易产生幕后交易；

招标限价编制不科学、不严谨，个别项目招标价格大大高出最高投标价和最后中标价，给市场主体违规操作留下较大空间等。在巡察中，巡察组还发现在省高速公路复合通行卡采购项目（2017年）招投标过程中，刘文某与广东高速投标委托代理人、航天信息投标委托代理人合谋串通投标和串供，且态度恶劣，结算中心在项目招标过程中存在工作不规范的问题。另外，刘文某违反了党员发展规定程序，党员身份存在问题。巡察组对刘文某的案例进行了查办。

四、四川省交通运输厅交通勘察设计研究院：聚焦六个部门

四川省交通运输厅交通勘察设计研究院成立于 1957 年，以水运、公路勘察设计为主，是科研、咨询、监理、检测等辅助配套专业齐全的综合性勘察设计研究院，持有工程勘察综合、水运行业、公路行业等相关专业的 15 项甲级资质和地籍测绘、市政工程等 10 项乙级资质，可开展水运行业、公路行业（交通工程）专业，工程勘察综合类，工程勘察劳务类（工程钻探），地质灾害治理工程勘查、设计、监理，工程测量，海洋测绘，无人飞行器航摄，地籍测绘，建设项目影响评价等相关范围的咨询服务。

2017 年 9 月 19 日至 2018 年 2 月 27 日，驻厅纪检监察组第一巡察组对厅交通勘察设计研究院（以下简称“交通院”）进行了常规巡察。巡察组坚持问题导向，按照巡察工作程序、方法和守则，严肃认真履行巡察工作职责，以巡察工作的七项内容为核心，对 2016 年以来交通院党委、纪委履行全面从严治党“两个责任”，领导班子成员及干部职工遵守“六大纪律”及履行工作职责等情况进行了深入的调查了解。巡察组抽选了业务量较大、外委业务较多、能够较为全面反映交通院生产经营状况的公路一

处、公路三处、岩土工程处等3个生产处室和院管理部门作为重点巡察对象，重点关注公务用车、公务接待、差旅费报销、发钱发物、收受礼品、会议费开支、业务外委、基建、物资和服务采购、经费管理、薪酬管理、固定资产管理等12个方面的问题。巡察期间，共计查阅会计账簿81本、会计凭证900本、财务审计报告8份、研究院管理规章制度21个。抽查2016年以来的外委合同140余份，并根据抽查情况，延伸审查外委合同110余份。

（一）以问题为导向：重视巡视反馈和信访举报反映的问题

交通设计院在省委2015年巡视的过程当中被发现存在巧立名目发钱的问题。这个巧立名目就是“起草一个廉政文件发钱、档案上架也发钱、在外面参加一个比赛也发钱”。对于这种形式，省委巡视组定性为巧立名目，但是交通院班子成员对这个问题认识不到位。同时，省委巡视整改督查组接收到举报王某的信访件，举报勘察院内部承包制的管理模式，导致生产部门的钱自己花自己报，管理混乱，所以巡察组就带着问题入驻，盯着财务去查。经过核实，王某等人确有公款私借、私自保存公款等违反纪律的行为。巡察组发现院党委对过去延续下来的管理模式和习惯做法纠正和整改还不到位，对生产部门的监督管理较为薄弱，实行实质上的内部生产承包，成本控制线以内的经费开支和结余经费的分配、处理没有明确的管理办法，缺乏有效的监管。一些生产部门成本开支混乱，虚报、多报经费和找票冲账的现象较为突出。一些生产部门业务外委极不规范，外委制度和程序执行不严格，存在较大廉政风险。院党委对下属公司疏于监督管理，导致下属公司经营、管理极不规范。院纪委工作浮于表面，没有深入到业务层面，对业务部门和生产处室的运转情况及风险环节了解不深、掌握不够，缺乏有效的监督手段和措施。为了全面了解该院情况，找到问题所在，巡察组带着省委巡视反馈问题的整改和信访举报反映的问题对交通院进行了全身“体检”。

（二）巡察重点：聚焦在重大事项和关键部门

入驻后，第一巡察组聚焦外委项目，聚焦六个部门，即经营处、公路一处、公路二处、公路三处、水运三处、亚通公司，将这几个部门2016年以来所有外委项目和财务凭证全覆盖，实现了财务凭证张张见面、项目个个见面、涉案人员人人见面。对2016年以来所有外委项目的投标单位进行统计分析，重点分析程序是否合规，查核企业资质条件是否符合要求；通过查看股东人员组成、历史变更，重点分析中标背后的关联关系，包括企业与交通院的业务关系，企业背后股东与交通院、与领导干部的关联关系，中标单位与投标单位之间的关联关系，并分析外委项目中标价格与市场价是否有偏差，同时咨询同类型设计单位专业人员。巡察组通过对外委项目进行细节和实质性审查，对成果性报告进行真实性核查；通过查看业务量，比对印刷费与业务费是否匹配；通过参照发放证书挂靠费的要求，查看证书挂靠费发放是否合规。

通过以上方式方法，巡察组发现交通设计院财务管理混乱，存在虚报多报接待费、差旅费、会议开支、印刷费、车辆使用费等现象。同时交通院外委项目失控，存在巨大违纪违法风险。院经营处未能履行项目外委的归口管理职能，大量的外委项目程序性文件出现修改时间的现象，邀请的报价单位、邀请方式和报价方式随意性大，采用询价方式采购的外委项目投标环节存在重大漏洞。在实际的操作过程中，交通院存在大量规避招标的情况：

一是刻意拆分合同规避招标；二是以暂估工作量的方式规避招标。此外，交通院还存在合格供应商目录管理失控、外委单位不具备资质条件、围标串标现象严重等问题。在核查财务凭证的过程中，眉山宾馆的一张发票引起了巡察组同志的注意。按照财务审计的角度来讲，一张400多块钱的宾馆住宿发票应该是没有任何问题，可是纪检不等于财务审计，纪检要考虑开这张发票的地方的消费水平是否符合票面价值。于是纪检人员就给宾馆打电话，询问了一下价格，宾馆表示价格最高也就不到两百块，没有四百多块的房间，问题立马显现出来。由于纪检视角与财务审计视角的不同，纪检视角更加全面广泛，不放过任何一个细节，才会从一张发票中有不同的发现。

五、四川省交通运输厅公路勘察设计研究院：全面审查财务凭证

四川省交通运输厅公路勘察设计研究院创建于1953年，是集设计、科研于一体的大型甲级设计研究院。2019年完成转企改制，持有国家勘察、设计等甲级资质证书20个。该单位主要从事各级公路、桥梁、隧道、工业民用建筑及市政工程的勘察设计、科学研究等业务，先后完成了5万多公里（其中高速公路4000多公里）、200余座大型桥梁、100余座公路隧道的勘察设计，专业技术与科研试验等优势集中体现在“四个国内领先”：一是山区公路测设水平国内领先，二是桥梁技术国内领先，三是山岭隧道设计技术国内领先，四是科研试验水平国内领先。

第六巡察组重点对厅公路规划勘察设计研究院下属单位勘察设计一分院、勘察设计二分院、勘察设计三分院、勘察设计四分院、勘察设计五分院和道桥实验研究所进行了专项巡察，重点关

注 2016 年 1 月至 2017 年 7 月期间所有成本费用报销凭据和项目外部采购资料，共查阅财务原始资料记录凭证 512 本、报账票据上万张，审阅 160 余个外部采购项目相关资料，发现问题 218 个，督促整改问题 154 个，巡察涉及相关人员作出书面说明 142 份。巡察组对财务凭证做到了张张见面，通过对车旅费报销进行横纵向比对分析，查处套取车旅费问题，同时对凭证真实性进行分析查出道桥所（票据假账）问题；还核对报销签字是否前后一致，对餐费有异常的询问清楚；核实停车费、公用报销油费，查看民工工资是否发放混乱的问题。同时，也对项目外委的程序、真实性进行了调查。

通过调查核实发现，厅公路设计院一至五分院及道桥所班子执行“三重一大”民主集中决策制度还不到位，基层党支部对党员教育、管理、监督作用发挥不够充分，个别人员纪律规矩意识不强，还存在按经验办、不按规矩制度办的行为习惯；个别事项缺少制度依据，有制度不健全、制度执行不到位的情况，存在监管漏洞和廉政风险；一些事项虽经层层签字审核，但均未发现问题，存在层层把关不严格、不到位的情况；在成本费用开支报销和项目外部采购等方面有一些不规范的地方和问题。总体上讲，被巡察的六个单位中，一至四分院主要承担院分配项目，业务较为单一，发现问题相对较少；五分院由于成立时间较短，与监理事务所实行“一套人马、两块牌子”的管理机制，管理交叉、自主经营项目多，在差旅费及车辆使用费报销、项目合作等方面存在一些不规范的问题；道桥实验研究所由于业务结构复杂、项目数量多但项目金额小、作业点地域分散等原因，在民工及辅助用工、零星物品采购、差旅费、私车公用油费报销、劳务外部采购、项目合作等方面存在较多不规范的问题。

六、四川省交通运输厅交通史志总编室：重点关注经费发放问题

交通厅交通史志总编室于1985年2月批准成立，2010年更名为四川省交通运输厅交通史志总编室（简称厅史志总编室），属正县级事业单位，核定编制11人，领导职数2人（总编辑1人、副总编辑1人），人员经费及业务经费纳入省财政预算统一拨付。2015年分类改革被划分为公益一类事业单位，主要工作职责包括制定四川交通史志年鉴工作规划和编纂方案，承担《四川交通史》《四川交通志》《四川交通年鉴》的组稿、编纂、出版等业务工作，组织、指导、督促和检查交通运输厅直属各单位及各市（州）交通运输局编纂交通志、交通史和交通年鉴等。为便于对外开展工作，厅史志总编室自行设置办公室和年鉴编辑部2个内设机构，设置办公室主任1人、办公室副主任1人、年鉴编辑部主任1人（现由副总编兼任）、年鉴编辑部副主任2人，未设立独立的财务部门，财务工作委托厅后勤服务中心代管。

集中巡察期间，第四巡察组坚持问题导向，本着“实事求是，客观公正”的原则，重点关注了厅史志总编室的经费发放问题，采取听取汇报、查阅资料、谈心谈话、设置举报箱、公布举报电话等多种方式，审查了项目经费（科研经费）管理使用、稿酬等相关费用发放、合同签订、公务用车、会议费、培训费及三公经费使用以及职称评聘等重点事项，做到了谈话了解人人见面、财务开支发票张张审查、项目个个检查，查出了审稿费发放、公车私用、通讯费发放等问题。通过巡察发现厅史志总编室存在以下主要问题：一是审校费等费用管理发放不规范。财务凭证中未见年鉴、志书等组稿、审核工作计划，未见审稿费、资料费等费用发放人员名单，未

见明确计量依据，未见会议审定等决策记录，发放过程中发放对象信息不完整。二是财务审核环节较为薄弱。由于未设立财务部门，财务工作委托厅后勤服务中心代管，所有财务由总编辑一支笔审签。巡察中发现，费用报销原始粘贴单无会计审核栏，未见会计审核签字，存在个别住宿费超标准报销的情况。三是制度建设不完善，制度执行不严格。外聘人员管理、合同管理不规范，未严格执行公务用车管理制度，发放职工通讯补贴未见制度依据。

按照厅党组对厅直系统开展巡察工作的要求，巡察组于 2017 年 9 月进驻被巡察单位全面启动巡察。按照巡察方案的要求，整个巡察工作采取了听取汇报、查阅资料、谈心谈话、设置举报箱、公布举报电话等多种方式，本着“实事求是，客观公正”和“时间服从质量”的原则，巡察了被巡察单位贯彻执行中央“八项规定”精神、落实厅党组决策部署、抓党风廉政建设和“三重一大”工作等情况，整个巡察做到了谈话了解人人见面、财务开支发票张张审查、项目个个检查。

第三节 集中巡察报告

2017 年 9 月至 2018 年 3 月，驻厅纪检监察组牵头组织 6 个巡察组，分别对交通职业技术学院、厅公路设计院、厅交通设计院、厅监控结算中心、厅信息中心、厅史志总编室进行了巡察。巡察坚持问题导向，做到“三个见面”，即涉及人员人人见面、报账发票张张见面、项目个个见面，从“前台”做到“后台”，从“现象”找到“真相”。6 个巡察组发现了一批问题，掌握了一些线索，为被巡察单位画了像，提出了针对性的工作建议。实践证明，巡察是对厅直系统监督最有效的手段。

一、巡察组的报告：客观、准确

各巡察组需要在巡察结束后10个工作日内由谈话查核组撰写形成巡察报告。报告一般采取记叙文的方式，要夹叙夹议，既有定量，也有定性，重点突出“实”。报告中需要如实报告了解的重要情况和问题，并提出处理建议，提交厅党组、驻厅纪检监察组主要领导审批。驻厅纪检监察组定期听取各巡察组、各巡察工作人员的情况汇报。

巡察报告要重点突出、客观准确、言简意赅，要坚持实事求是原则，如实报告了解的情况和问题，不能隐瞒遗漏、添枝加叶，也不能对领导班子作主观推断和评价。巡察报告主体部分由发现的主要问题和意见建议两部分构成。第一部分要紧紧围绕坚持和加强党的全面领导，重点反映被巡察单位党组织在党的全面领导、党的建设、全面从严治党，以及党风廉政建设和反腐败工作等方面存在的突出问题，要善于透过现象看本质，从个别到一般，挖掘深层原因。第二部分提出的意见建议要与问题相对应，有针对性和可操作性。向被巡察单位党组织要明确提出增强“四个意识”、坚持党的全面领导、加强党的建设、落实全面从严治党要求，层层传导压力。

对巡察发现的被巡察单位在党的全面领导、党的建设、全面从严治党、党风廉政建设和反腐败以及选人用人等方面存在的普遍性、倾向性问题和其他重大问题，应形成专题报告，向厅党组或厅机关有关职能部门提出治理措施和完善制度的建议。

二、向厅党组的报告：简明扼要、直指重点

各巡察组的巡察报告报驻厅纪检监察组审定后报厅党组。最终巡察报告主要分为四个版本：送厅主要领导版、送分管领导版、报厅党组会版和通报版。其中，送主要领导版要求实事求是、原汁原味地将巡察情况全部反映出来，送分管领导版主要包含问题线索内容，报厅党组会版是在分管领导版上进行了精减，通报版又在报厅党组会版上作了精减，形成问题摘要进行通报反馈。经厅党组同意后，巡察组向被巡察单位反馈巡察情况，指出问题，明确整改时限，有针对性地提出整改意见。

三、主要问题摘要：直接反映问题

除了四个版本的巡察报告外，巡察组还形成了主要问题摘要。摘要要求简短明了，能直接清晰地反映每个巡察组找出的问题，便于厅领导快速掌握了解，并在厅党组会进行通报。下面以第一巡察组的问题摘要为例。

按照厅党组统一安排，2017 年 9 月 19 日至 2018 年 2 月 27 日，厅党组第一巡察组对厅交通设计院进行了常规巡察。现将巡察中发现的问题摘要报告[2]如下：

（一）党的领导弱化，基层组织作用发挥不充分。一是院党委对生产部门和下属公司疏于监督管理，导致生产部门和下属公司在财务报销、业务外委等方面存在较多问题。二是院纪委履行监督责任存在较大差距，工作浮于表面，对业务部门和生产处室的运转情况及风险环节了解不深、掌握不够，缺乏有效的监督手段。三是党的基层组织教育、监督、宣传作用发挥不充分，纪检

组织无法参与决策，亦无法进行监督。

（二）制度机制设置不合理，存在法律风险。一是院制度规定对生产处室实行成本控制制度，但实际实行的是内部承包制，生产部门实行内部把关的财务审核制度，院财务处基本没有履行审核把关职责，生产部门在成本控制线内顶格报销，无法确定真实成本。二是外委制度存在很大漏洞，对询价邀请的方式、程序等没有明确规定。选取邀请对象由个人自行决定，邀请和报价方式有发函、发邮件、打电话等，十分随意，存在很大操作空间。

（三）业务外委乱象丛生，存在违纪违法风险。一是合格供应商目录的管理失控，入库企业由少数人或个别人确定，一些没有资质的单位也进入了库里。二是外委业务承办部门选取邀请报价的单位并非在合格供应商库里随机选择，而是由经办人指定，有的甚至选择了不在库里的单位报价并最终中选。三是疑似人为拆分合同规避招标、围标串标的情况比较普遍。部分外委系先确定中选人再联系陪标单位，以满足程序要求。一些外委合同甚至存在虚假嫌疑。四是一些项目外委单位不具备资质条件。一些项目的外委依据是因为该院不具备相关资质，但实际情况是被委托单位也不具备相应的资质条件。

（四）财务管理混乱，虚报多报现象突出。一是虚报多报接待费、差旅费、印刷费、车辆使用费、会议开支现象突出，大量不合规票据和真实性存疑的开支均予以报销。二是部分处室费用比例畸高，2016 年全院发生文印出版费 216.42 万元，其中公路五处发生 143.25 万元，占全院的 66.19%；2016 年公路五处报销租赁费约 419.29 万元，占全院的 65.5%。

第一轮巡察中，六个巡察组的巡察报告突出了政治性、政策性、典型性、求实性、综合性和规范性，从全面从严治党的高度，落实纪律严明的要求，重点总结归纳了被巡察单位党组织在“四个着力”“两个责任”“六项纪律”等方面的突出性，巡察报告中所指出的具体问题有明确的法律法规或政策依据，有观点、有事例、有数据，内容充实、事例典型，报告中所提出的意见或建议剑指问题，有针对性，做到了宏观与微观、点与面结合，便于了解六个被巡察单位的具体巡察情况。

第四节 集中巡察的意义及思考

巡察是有效解决监督乏力、消除监督盲区的重要手段。巡察是“政治体检”，积极开展巡察工作，深刻体现出强烈的政治站位和政治担当。厅党组在厅直系统第一轮巡察工作的顺利推进，深入挖掘并呈现出6个单位当前存在的问题，为各单位开展自我整改指明方向。厅党组积极推动巡察工作，是加强党内监督的重大决策部署，是建设良好政治生态的重要举措，更是推动和规范交通运输工作的强大助力。同时，第一轮巡察工作结束后，厅党组积极总结工作经验，对如何进一步推进巡察工作进行深入思考。

一、集中巡察工作的重要意义

巡视巡察作为党内监督的战略性制度安排，既是监督体系的重要组成部分，也是从严治党、自我革命的创新举措。厅党组按照党中央决策部署，参照中央和省委巡视程序和方式方法，在厅直系统开展巡察工作，具有极为重要的现实意义。

（一）开展巡察是厅党组加强党内监督的重大决策部署

为加强对厅直系统监督，厅党组决定参照中央、省委巡视，市（州）、县（市、区）党委巡察的方式，在厅直系统开展巡察工作，5 年内实现厅直系统全覆盖。巡察是政治巡察不是业务巡察，是厅党组加强对厅直系统监督的主要方式，是一次全方位的“政治体检”。巡察组要深刻认识厅党组对巡察工作的新定位、新部署、新要求，深刻领会厅党组持续加强党内监督的鲜明态度和坚强决心，从政治和全局的高度，强化对巡察工作重要意义的认识，把厅党组开展巡察工作的坚决部署贯彻好、落实好。

（二）开展巡察是持续建设良好政治生态的重要举措

巡察工作不仅是厅党组的重点工作，也是厅直系统今后的一项重要任务。8 月 29 日，省委召开了首轮巡视工作动员会，首轮巡视对象中就有比省交通运输厅早半年接受巡视的单位，且时间不足 3 年。按照巡视 5 年全覆盖的要求，省交通运输厅近一年内被巡视的可能性很大。厅党组按照 2015 年省委第二巡视组驻厅开展专项巡视的反馈意见，通过一系列务实整改措施，取得了阶段性成效。但厅党组也清醒地意识到，交通运输系统项目多、资金密集、廉政风险高，监督工作任何时候都丝毫不能松懈。开展巡察工作既是为省委再次巡视厅和厅直系统作前期准备和铺垫，更是通过常态化、全覆盖的监督，主动发现问题、整改问题、规范管理，营造良好的政治生态。

（三）开展巡察是推动和规范交通运输工作的强大助力

巡察的目的是预防问题、规范工作、推动工作。巡察工作服务于厅党组和各级党组织的中心工作，是推动全省交通运输工作的助力而不是阻力。巡察主要是侧重发现和解决问题，绝不是要为难某个单位、更不是为难某个同志。通过正视巡察找出的问题，实事求是地整改，利用巡察的成果促进厅直系统人员行为规范、促进厅直系统在重大决策、内部管理、发钱用钱、物资采购、招标投标等方面规范工作，各单位要把思想认识统一到厅党组的要求上来，全力配合和支持巡察工作。

二、关于集中巡察工作的思考

（一）巡察要做到“三个见面”

“三个见面”是巡察工作查找问题的具体方式和重要手段，即对巡察的重点事项和发现的问题线索、涉及的人员做到谈话了解人人见面，涉及的财务开支发票张张见面，涉及的项目个个见面。

（二）巡察重点关注几类问题

不同的单位、部门容易出现的问题不一样，找到的问题也不一样。巡察将针对巡察对象的特点来开展工作，重点关注以下几类问题：一是公车使用的问题；二是公务宴请的问题；三是物资设备等各项采购和招标中的问题；四是业务外包的问题；五是单位、部门主要负责人行为规范的问题；六是厅党组的决定和驻厅纪检监察组安排的工作落实到位情况的问题。落实厅党组的决定不能停留在文件上、会议上、口头上，而是要体现在工作效果上，要不折不扣执行并执行到位。

（三）巡察工作要“一竿子插到底”

巡察组对被巡察单位（部门）存在的问题、风险点位和有可能存在问题的地方将坚持“一竿子插到底”的工作理念，坚持原则，态度坚决，绝不“蜻蜓点水”，深入弄透一个单位、一个部门的真实情况。不仅要找厅直系统的问题，也要找厅直系统下属单位的问题，做到全覆盖。即使三年、四年后发现问题，依然要纠正到位、处理到位。

（四）充分做好巡察前筹备工作

在进入巡察现场前，组织巡察组成员学透巡察手册内容，了解被巡察单位相关情况，结合实际制定巡察工作基本方案。针对单位类别不同、所处阶段不同等特点拟定个性化工作方案，结合巡察报告模板对《巡察工作方案表》的巡察项目和内容等进行有针对性修改；巡察组成员在进驻现场前利用充足时间集中讨论巡察工作流程和主要方法，提前列出需要被巡察单位提供的资料清单，这样会更有利于统一思路、节约现场工作时间。

（五）完善《工作手册》等资料

结合巡察工作办法、《巡察报告》模板和第一轮巡察情况，进一步细化巡察项目内容，明确重点方向，完善《工作手册》专业化内容，对党建等重要巡察内容进行重点调整完善，对相关依据性制度进行补充完善，使《工作手册》更结合实际，更具实践指导性。

（六）加强对巡察工作的宣传动员工作

根据党组要求，按照巡察工作办法，要求被巡察单位提前在本单位范围内进行充分的宣传，重点加强对巡察工作目的意义、范围内容、程序方法等的宣传，领导干部要率先垂范，积极响应，正视巡察工作，最大限度创造普遍理解、积极支持、敢说真话的良好氛围。

(七) 完善制度强化保障

出台《巡察工作实施办法》《巡察组工作规则》等制度，制定《巡察工作操作手册》，进一步明确巡察工作相关要求和工作流程，明确巡察准备、巡察了解、巡察整改、整改评估等程序，形成一套完整的巡察工作制度体系和工作流程，促进巡察工作规范化。每一轮巡察结束后，结合巡察实际对《巡察工作操作手册》进行修订和完善，优化巡察的方式方法，更好地实现流程指引。

(八) 强化人员能力提升

巡察前组织巡察人员集中学习培训，着力解决巡察组专业化和工作水平问题。选派具备巡视巡察工作经验的人员传授巡察重点和技巧；组织专业部门以问题为导向，对被巡察单位画像；巡察组根据巡察知识和画像情况为被巡察单位制订巡察工作方案，方案在后续的审核和反复修订中不断完善，巡察人员的专业能力也在短时间内得到了逐步提升。

(九) 程序到位，加强规范

一是巡察项目清单化。对被巡察单位，采取召开动员会、座谈会、民主测评、听取汇报、个别谈话、查阅资料、受理来信来电来访、延伸巡察等“规定动作”进行巡察，力求全面了解情况、深入查找问题。二是坚持问题导向。围绕“四个落实”等方面查找问题，根据掌握的问题分类建立问题清单，同时做好分类移交处理。三是规范队伍管理。巡察人员签订廉洁自律承诺书、保密承诺书，严格落实各项纪律要求，树立纪律严明的良好形象。

（十）多方协调，共同推进

现场巡察中，巡察工作领导小组做好全过程的指导和管控；巡察组与被巡察单位班子建立实时的交流沟通机制，聚焦问题，统一思想认识；省公司专业主责部门积极配合，及时响应巡察工作需求，第一时间提供专业指导与支撑，确保问题查找、解决措施的准确到位；党委巡察办明确专人对应到各巡察组，深入巡察一线，实时关注动向，做好帮扶支撑服务，同时通过易信、微信等新媒体，及时发布巡察工作情况，在全公司上下努力营造共关注、齐推进的良好氛围。

注：

[1] 四川省交通运输厅：《第三巡察组关于巡察厅信息中心基本情况的报告》，第 1–2 页。

[2] 四川省交通运输厅：《第一巡察组巡察交通设计院发现问题摘要》，第 1–2 页。

本章小结

巡察工作肩负着党委的重托，责任重大，使命光荣。要圆满完成巡察任务，关键靠抓好铁的纪律和保持过硬作风。一要凝聚合力。巡察组要敢于瞪眼黑脸，敢于亮剑交锋，充分发挥“显微镜”和“探照灯”作用，对发现的重要问题线索，及时向领导小组请示汇报，不作个人表态，更不能先斩后奏，擅自决定。二要遵守纪律。要严格遵守巡察工作纪律，特别是保密纪律，严格要求自己，珍惜组织的信任，坚守巡察工作底线，绝不允许接受任何形式的宴请和馈赠。对巡察中跑风漏气、失密泄密、隐匿瞒报线索的，都要严格追究责任。三要较真碰硬。有权就有责，有责就得担当。每名巡察工作人员都要勇做“铁匠”，不做“木匠”，更不能做“泥水匠”，要克服好人主义和临时思想，对待群众反映的问题，要不畏难、不退缩、不回避，忠于职守，不管涉及谁，都要一一核实清楚，经得起组织的考验，不负重托，不辱使命。

规范巡察工作的流程，是提高巡察工作效率的关键。巡察组根据巡察工作的实践经验深入了解巡察工作过程中的各个环节，紧跟中央、省、市的工作要求，结合地方特色，针对机关、事业单位等不同的巡察对象设计符合被巡察单位特色的巡察工作流程，对巡察工作的工作原则、工作要求等各方面做好明确的规定，使各个巡察组在巡察工作中能够步调一致。

第三章
自 查 自 纠

巡视巡察是党章规定的重要制度，是党之利器、国之利器，是党内监督和群众监督相结合的有效方式，彰显了中国特色社会主义民主监督的制度优势。“巡视整改不落实，就是对人民不负责”，充分体现党中央把“严”字长期坚持下去，推动全面从严治党向纵深发展的坚定决心。十九届中央纪委四次全会明确提出，突出抓好巡视巡察整改落实，综合用好巡视巡察成果，强化巡视巡察整改落实和成果运用，注重解决共性问题，推动重点单位、重点企业、重点领域开展自查自纠，有效解决问题，用整改成效推动改革、促进发展。在此背景下，厅党组开展巡察工作，坚持以问题为导向并遵循发现问题、处理问题、解决问题的逻辑线，聚焦于现实工作中的具体问题，积极推动各单位开展自查自纠工作。

第一节 自查自纠的意义

开展自查自纠是运用好巡视巡察成果的重要举措。厅党组积极推动厅直系统强化问题意识、坚持问题导向，针对已有问题，主动开展自查自纠工作，找出问题与不足、差距与短板，自我反省、自我改正、查漏补缺、防患未然，进一步改进工作。在厅直系统开展的自查自纠工作，是巡视巡察全覆盖的重要途径、党风廉政建设的重要防线、内部监督的重要手段、预防腐败的防火网，具有极其重要的现实意义。

一、开展自查自纠工作是实现巡视巡察全覆盖的重要途径

党的十八大报告提出要“更好发挥巡视制度监督作用”，党的十九大报告肯定了“巡视利剑作用彰显”，提出“在市县党委建立巡察制度，加大整治群众身边腐败问题力度”，推动实现中央和省级党委巡视全覆盖。但是，全国各省在巡视巡察中发现仍有不少单位不把自查自纠当回事，许多单位的自查自纠报告存在含糊不清、泛泛而谈、避重就轻、缺乏针对性，甚至套用报告模板等突出问题，所以如何规范自查自纠工作是推进巡视巡察全覆盖亟须解决的问题。因此，2021 年 2 月 26 日，四川省召开了推进新时代四川巡视巡察工作高质量发展会议，会议指出要坚持以习近平新时代中国特色社会主义思想为指导，深入学习贯彻习近平总书记关于巡视工作的重要论述，胸怀“两个大局”，提高政治站位，坚持贯彻“发现问题、形成震慑，推动改革、促进发展”的巡视工作方针，督促各单位积极开展自查自纠工作，实现巡视巡察高质量发展。在此背景下，厅党组在巡察中要求重点单位、重点企业、重点领域开展自查自纠工作，这一举措使巡视工作不停“回头看”，从而有利于实现巡视巡察全覆盖，具体体现在以下两方面：

第一，开展自查自纠工作有利于形成问题意识，解决共性问题。推动解决问题是巡视工作的落脚点，直接关系政治巡视的实际效果。巡视工作方针是“发现问题、形成震慑、推动改革、促

进发展”，其关键在于发现问题，解决问题。然而，党中央就当时巡视巡察情况提出存在党的领导弱化、党的建设缺失、从严治党不力这三大共性问题，必须引起足够的警惕和重视。但是，当时厅直系统纪检工作的问题意识普遍不够，存在难以找到问题、难以发现问题以及对共性问题不重视等现象，使得纪检工作落实不到位、不合格。针对这些问题，厅直系统纪检工作就是要打着灯笼找问题，看纪委监督责任是否履行到位，是否能够发现问题并解决问题。因此，推动重点单位、重点企业、重点领域开展自查自纠是为了强化问题意识、坚持问题导向，从而找出问题与不足、差距与短板，以便更好地落实整改、进行自我革命、推动发展进步。所以自查自纠是改进工作、完善提高的有益举措。同时被巡察单位通过自查自纠、自我反省、自我改正，可以查漏补缺、防患未然。

第二，开展自查自纠工作有利于巩固巡视巡察成果。十九届中央纪委二次、三次、四次全会对巡视整改和成果运用持续作出部署，要求明确整改责任、强化成果运用、完善整改机制，使得巡视的治理实效不断增强。而开展自查自纠工作是为了增强驻厅纪检监察组的问题意识，聚焦于现实工作中的具体问题，并做到发现问题、处理问题、解决问题。但是，现实情况往往相反，许多单位、企业对待巡视巡察工作往往采取“运动式治理”方式。因此，要想实现巡视全覆盖就要加强巡视巡察成果的运用，就必须推动重点单位、重点企业、重点领域开展自查自纠工作，有效解决共性问题，巩固巡视巡察成果。

总之，开展自查自纠工作是贯彻落实“发现问题、形成震慑、推动改革、促进发展”的巡视工作方针的重要举措，是帮助驻厅纪检监察组形成问题意识、聚焦共性问题、进行自我革命、推动发展进步的有效办法，是强化巡视巡察工作成果运用、实现巡视全覆盖的重要途径。

二、开展自查自纠工作是党风廉政建设的重要防线

党风廉政建设直接关系着党的执政根基，关系着党执政能力的提高，关系着从严治党的贯彻落实。党风廉政建设永远在路上，第十九届中央纪委五次全会上，习近平总书记站在新时代党和国家事业发展全局的高度，系统论述了当时和以后一个时期全面从严治党的总体要求和主要任务，明确要求一刻不停推进党风廉政建设和反腐败斗争，为充分发挥全面从严治党引领保障作用，确保“十四五”时期我国发展的目标任务落到实处提供了重要遵循，明确了努力方向。

然而，党的十八大以来，尽管党风廉政建设和反腐败斗争取得了历史性成就，但形势依然严峻复杂。例如“四风”问题虽然得到了有效遏制，但是“四风”问题远未铲除，滋生蔓延的土壤仍然存在，深化整治“四风”的形势与任务依然十分艰巨。一方面，“四风”问题积习已久，具有根深蒂固的顽固性，反弹复发的压力时时存在，稍有松懈就会前功尽弃。据统计，2020 年全国纪检监察机关共查处违反中央“八项规定”精神的案例 13.6 万起，处理人数达 19.8 万人。这说明当时违反中央“八项规定”精神的问题仍然存在，甚至有一些党员干部仍然在不正之风方面不收手不收敛。另一方面，腐败问题和不正之风交织，“四风”成为腐败滋长的温床，这也成为当时腐败发生的规律和趋势。从党的十八大特别是十九大以来查处的大量腐败案例中不难发现，很多腐败分子都是从“四风”问题开始逐步滑向腐败深渊的。此外，整治“四风”问题依然存在效果层层递减的现象，群众身边

的不正之风仍然有不同程度的表现。在 2020 年查处违反中央“八项规定”精神案例的人员中，县处级以下的党员干部占到了 94%以上，这说明基层整治“四风”问题的压力并未减弱。所以，必须清醒看到，“四风”问题，腐败问题仍然存在，并且存量还未彻底清底，增量仍有发生。

四川省位于我国西南部，部分地区经济发展水平落后，是脱贫扶贫政策实施的重点区域。2019 年，习近平总书记强调巡视巡察应聚焦党委（党组）职能责任，紧盯整改落实情况，发现问题、查找不足。同时，加强“回头看”与脱贫攻坚成效考核的统筹协调，建立工作协调对接机制，形成工作合力，切实减轻基层负担。在此背景下，四川省纪委监委要求各单位自主开展自查自纠工作，要求纪检监察机关和组织部门立足职能责任，结合“回头看”发现的问题，持续深入开展扶贫领域腐败和作风问题专项治理，盯住形式主义、官僚主义问题不放，把全面从严治党要求贯穿脱贫攻坚全过程。此外还要强化脱贫攻坚组织保障，以巡视整改为切入口，深入推进抓党建促脱贫，推动整顿软弱涣散基层党组织常态化、长效化，全面提升贫困地区基层党组织政治功能和战斗堡垒作用，要将整改落实情况纳入班子年度综合考核重要内容，形成制度约束。

因此，有效开展自查自纠工作，一方面可以让各级领导干部、各级组织主动对作风之弊、行为之垢来一次大排查、大检修、大扫除，使我们党的优良作风得以传承和发扬。另一方面，让各级组织通过自查自纠形成问题意识，充分发挥问题意识为导向的牵引作用，把发现问题作为巡视工作的生命线，把推动解决问题作为巡察工作的落脚点，从而全力整改共性问题。而我们党作为百年大党，为了确保其先进性和纯洁性，必须一刻不停推进党风廉政建设和反腐败斗争，在巡视巡察中开展自查自纠工作，让自查自纠成为党风廉政建设的重要防线。

三、开展自查自纠工作是加强内部监督的重要手段

监督问题是国家治理的重点难点问题，我们党历来重视监督，并且作出了艰辛的探索和实践。党的十九大报告指出：“构建党统一指挥、全面覆盖、权威高效的监督体系，把党内监督同国家机关监督、民主监督、司法监督、群众监督、舆论监督贯通起来，增强监督合力。”[1] 十九届中央纪委四次全会强调，“围绕健全党的统一领导、全面覆盖、权威高效的监督体系，在更大范围整合运用监督力量。”[2] 而2021年是中国共产党百年华诞，是全面建设社会主义现代化国家新征程的开局起步之年。站在新起点，踏上新征程，中央纪委国家监委和地方各级纪委监委应当紧扣“学党史、悟思想、办实事、开新局”要求，学史明理、学史增信、学史崇德、学史力行，扎实推进新时代纪检监察工作高质量发展，以正风肃纪反腐优异成绩迎接建党100周年。

为更好助力新时代纪检监察工作的高质量发展，驻厅纪检监察组在巡视巡察中持续推动厅直系统深入开展自查自纠工作，要求各单位必须落实全面从严、长期从严要求，紧盯领导班子和关键少数，紧盯动摇党的执政根基、侵害群众利益的人和事。并且要精准有效开展监督，有什么问题就反映什么问题，有什么问题就突出着力推动解决什么问题。除此之外，还要求党政干部必须深入领会，强化各项监督，将从严治党推向深入。因为，如果权力缺少监督，必然导致腐败。要想让权力在阳光下运行，就必须加强对权力运行的监督。而开展自查自纠工作，强化内部监督，既体现了党组的党风廉政建设主体责任，也是纪检部门履行监督

的重要手段和确保权力在阳光下运行的重要措施之一。

第一，开展自查自纠工作有利于聚焦监督重点。党的十九大指出必须加强巡视监督，深刻认识到政治巡视在全面从严治党的特殊地位和作用，抓住巡视中根本性、全局性、方向性的问题，聚焦于重点监督问题，赋予巡视监督新的更大活力。但是，巡视巡察工作之前发现党的领导弱化、党的建设缺失、全面从严治党不力，以及党的观念淡漠、组织涣散、纪律松弛，管党治党宽松软等问题较为突出。因此，通过自查自纠工作，厅直系统各单位能够聚焦于重点问题，不断发现问题，找到共性问题，从而纠正偏差、抽丝剥茧、标本兼治，增强自我净化、自我完善、自我革新、自我提高的能力，为全面从严治党提供有力支撑。

第二，开展自查自纠工作有利于推进监督全覆盖。坚持和完善党和国家监督体系的基本要义，就是健全党统一领导、全面覆盖、权威高效的监督体系，增强监督的严肃性、协同性、有效性，形成决策科学、执行坚决、监督有力的权力运行机制。而自查自纠工作正体现了这一要义，自查自纠工作实际上就是实现不停地“回头看”，做到防范在先、关口前移、突出监督和办案分离，以及突出跟踪和回访重点，堵死“行为作秀”漏洞，确保监督落于实处，并且通过自查自纠，各单位可以对已经完结的行政行为进行监督，及时发现工作中存在的问题、薄弱环节和执法人员中出现的苗头性问题，并及时解决问题、防微杜渐，同时严格责任追究，推进监督全覆盖。

因此，发现问题进行自查自纠，是加强内部监督的一种重要手段和方式，不仅有利于聚焦监督重点，还有利于推进监督全覆盖，从而更好地促进全面依法治国的实现和我国经济社会持续平稳健康发展。

四、开展自查自纠工作是预防腐败的防火网

官员腐败是公权力异化的衍生品。近些年来，随着我国经济社会的深入发展，官员腐败现象频发，政府官员腐败已经步入一个高发期，官员腐败的形式日益隐蔽化、多样化和复杂化，且官员腐败程度日益加深，不断向高层化蔓延。已经暴露出来的政府官员腐败问题严重影响了政府的公信力，严重阻碍了经济的进步及社会的和谐发展。习近平总书记在十九届中央纪委五次全会上指出，腐败作为党执政的最大风险仍然存在，存量还未清底，增量仍有发生。政治问题和经济问题交织，威胁党和国家政治安全，所以应当不断提高政治判断力、政治领悟力、政治执行力。虽然党的十八大以来，中央始终坚持有腐必反、有贪必肃的高压态势，多次释放出反腐的决心和信号，但是，从党的十八大以来查处的案例看，腐败分子不仅经济上腐化，而且政治上蜕变，对党不忠诚不老实，严重违反政治纪律和政治规矩，破坏党中央集中统一领导和党的团结统一。因此，如何预防、避免官员腐败，如何构建良好的政治生态，成为我们党亟须解决的难题。

为了贯彻落实国家政策，预防官员腐败，四川省出台了《关于推进 2021 年全面从严治党、党风廉政建设和反腐败工作的意见》[3]，提出以系统施治标本兼治理念正风肃纪反腐。该意见要求，要以庆祝建党 100 周年为契机，精心组织安排党史学习教育，引导党员干部不断提高政治判断力、政治领悟力、政治执行力，更加坚定自觉地做到“两个维护”；坚持不敢腐、不能腐、不想腐一体推进战略目标，坚定不移深化反腐败斗争；始终保持整饬“四风”的定力和韧劲，坚决防反弹回潮、防隐形变异、防疲劳厌战，认真践行以人民为中心的发展思想，持续整治群众身

边的腐败和作风问题。在这一情形下，驻厅纪检监察组切实开展了厅直系统自查自纠工作，实现巡视“回头看”，有效地预防官员腐败的发生。

一方面，开展自查自纠工作有利于营造不敢腐、不能腐、不想腐的廉政氛围。腐败问题本质上是政治变质，是对党的性质和宗旨的彻底背弃，是党面临的最大威胁。从查处的腐败案件看，腐败问题和政治问题往往相伴而生、相互交织、相互渗透。腐败分子不仅经济上腐化，而且政治上蜕变，违反党的政治纪律和政治规矩，破坏党中央集中统一领导和党的团结统一。我们党的性质宗旨决定了党与腐败水火不容，反对腐败、建设廉洁政治，是我们党一贯坚持的鲜明政治立场，是党自我革命必须长期抓好的重大政治任务，必须坚定不移反对腐败，让腐败分子在党内没有藏身之地。而持续推进自查自纠工作就是要构筑一道防范廉政风险的思想防线，即通过自查自纠，批评与自我批评来整改共性问题，从思想上增强法律意识和法制观念，提高严格依法办事的自觉性，从而做到不敢腐、不能腐、不想腐，营造更加有序高效、纪法昌明、充满活力的政治生态和发展环境。

另一方面，开展自查自纠工作是官员实现自我净化、自我教育、自我约束、自我完善的重要途径。官员是贪污腐败的责任主体，倘若不及时清除毒素、割除毒瘤，我们党的纯洁性、先进性就得不到保证。目前，我国大多数的腐败案件显示存在大量的拉票贿选、买官卖官、跑官要官、设租寻租、以权谋私、官商勾结等严重腐败问题，破坏了我们党的纪律与规矩，严重威胁党和国家的政治安全。因此，开展自查自纠是对应官员廉洁自律准则应运而生的产物，是全国各级党员领导干部进行自我教育、自我约束、自我完善的途径之一，也是各级党员领导干部从道德品质、纪律规范、个人素质、生活习惯等方面进行全方位、覆盖式自查的重要方式。

各级党组织是实现巡视全覆盖和监督全覆盖的责任主体，所以自查自纠的积极作用不容忽视。自查自纠能够发挥自我净化功能，如“照镜子”般清晰地认识自己，有助于各级党员领导干部在增强自我监督和接受他人监督的意识之后，积极发现问题并整改问题。如果在重大事件和普遍性问题暴露后，及时开展有针对性的整改，完全能够避免重蹈覆辙。因此，自查自纠是各级党组织预防、避免腐败的防火网。

第二节 自查自纠的流程

巡视整改不落实，就是对人民不负责。驻厅纪检监察组按照要求对重点单位、重点企业、重点领域开展自查自纠，一是落实巡察工作从点到面，逐渐实现巡察全覆盖；二是整改共性问题；三是找问题，落实到问题的共性；四是坚持问题导向，逐一审核。基于这四个方面，巡察组切实推进自查自纠工作的展开，为推进巡视巡察整改落实，综合用好巡视巡察成果，有效解决共性问题提供基本保障。

一、驻厅纪检监察组工作从点到面

巡视工作是全面从严治党的重大举措，巡察工作是推动巡视全覆盖、加强党内监督的战略性制度安排。习近平总书记多次发表重要讲话、作出重要指示，为做好新时代巡视巡察工作提供了根本遵循。党的十九大报告对巡视巡察工作提出新的更高要求，强调“深化政治巡视，坚持发现问题、形成震慑不动摇，建立巡视巡察上下联动的监督网”[4]，进一步提升了巡视巡察工作的权威性，明确了巡视巡察在党内监督中的战略作用、在全面从严治党中的突出地位。因此，推进巡察工作由点到面是实现巡视巡察全覆盖的重要举措。

“由点到面”是驻厅纪检监察组开展巡察工作的工作理念。一方面，全“点”覆盖，领悟巡察关键，主要把握“点”的三个层面：一是深刻把握巡察“重点”，在时间紧任务重的有限时间内，对重点人、重点事和重点环节加大巡察力度。这一点是针对体量大一点的被巡察单位来说，比如巡察交职院时，学校机关有二十多个处室，下面还有好多个分院，巡察组不可能每个处都去查，要根据信访举报件来分析哪个处室问题比较多。驻厅纪检监察组先抓问题比较集中的一两个处，集中精力去查，其他那么多分院和处都会在旁边看，并且规定不仅这两个处的事情要解决，学校的所有分院和处室也都要自行查找问题，进行整改。二是深入挖掘问题“疑点”，对巡察过程中发现的问题及时进行分析、准确把握，通过表面线索进行深度挖掘，挖掘疑点原因。比如，对于交通厅来说，下面有三十一个直属单位，而此次巡察只涉及其中六个单位，这六个单位就厅直系统来说就是六个点，那怎么把这六个单位巡察的情况和成果推广到整个系统呢？这就涉及“点”的第二个层面，即可以通过发现问题，整理、汇总共性问题，然后把共性问题交给其他没有被巡察的二十五个单位，这二十五个单位再根据这些问题进行自查，并且向驻厅纪检监察组报告，这就辐射到了整个厅直系统。三是组织培训，将厅的巡察工作通过培训交流辐射到全省的交通运输系统。为了将厅的这个点辐射到全省的交通运输系统，驻厅纪检监察组组织了两次市州区县纪检组长培训会，培训的真正用意是要把厅里面的工作释放到全省去，从而完成“由点及面”。另一方面，全“面”深化，提升巡察质量。驻厅纪检监察组要求做到巡察单位全面深化，针对巡察反馈问题清单，举一反三，以本领域问题清单延伸至本单位，加大对问题环节的管理，整体提高本单位业务管理质量。

驻厅纪检监察组遵循“由点到面”的巡察理念，推进整改由“点”拓展到“面”。巡察工作在紧抓反馈问题整改的基础上，要求被巡察单位开展自查自纠，深入分析查找各类问题产生的根源，举一反三，完善相关规章制度，从制度上查漏补缺，防止共性问题再次发生。

二、建立厅直系统共性问题清单

巡视整改不落实，就是对人民不负责。十九届中央纪委四次全会明确提出，突出抓好巡视巡察整改落实，综合用好巡视巡察成果。各地强化巡视巡察整改落实和成果运用，注重解决共性问题，推动重点行业、重点领域开展有效治理，用整改成效推动改革、促进发展。并且要用好巡视成果，解剖麻雀、以点带面，针对共性问题，推动问题整改，要以小见大，以点带面，查找体制机制和制度漏洞，推动解决共性问题，从而在全省范围内开展专项整治，建立机制，形成制度。

为了完善巡察工作，整改共性问题，驻厅纪检监察组提出五年内厅直单位全覆盖。当六个被巡察单位的问题被通报后，各级党委、纪委都感受到了压力，于是主动举一反三思考工作，并开展自查自纠。有的厅直单位在厅党组会上通报了巡察的情况、问题后，主动根据通报的问题，开展自查自纠。有的单位主动到驻厅纪检监察组来要本单位的问题清单，想针对单位情况进行自查自纠。捕捉到这个信息之后，驻厅纪检监察组主动回应，及时将六个被巡察单位巡察出来的所有问题进行细致梳理，理出了涉及全面从严治党、制度设置及管理、财务管理及报销审批、采购及招投标、车辆管理等5个方面51个共性问题。[5] 具体共性问题如下：

（一）全面从严治党方面的10个共性问题主要包括："三重一大"民主决策制度执行不够彻底、"三重一大"民主集中决策制度执行还不到位、议事决策不够规范、决策执行不到位、违反"三重一大"决策程序、基层党组织作用发挥不充分、党支部作用发挥不充分、纪检组织作用发挥不够、全面从严治党力度不够以及整改要求落实不到位。

（二）制度设置及管理方面的8个共性问题主要包括：实行实质上的内部承包制存在巨大违法风险、生产部门内部把关的财务审核制度存在较大财务风险、制度管理不到位、大额资金支出决策不规范、选择承包人的决策程序不规范、外聘人员管理不规范、合同管理不规范、发放职工通讯补贴未见制度依据。

（三）财务管理及报销审批方面的19个共性问题主要包括：1.虚报、多报接待费；2.较多餐费报销不规范；3.虚报、多报差旅费；4.差旅费报销审核把关不严；5.普遍存在差旅费报销不规范的问题；6.虚报会议开支；7.会议培训费报销不规范；8.虚报、多报印刷费；9.部分处室费用比例畸高；10.证书挂靠费用发放不规范、发放依据不够充分；11.证书挂靠费用发放程序有瑕疵；12.部分发放对象领取依据不充分、报销程序存在缺陷；13.部分发放未严格执行本单位财务管理办法；14.报销把关不严；15.会计基础工作不规范；16.民工费用报销不规范的问题；17.其他成本费用开支与项目归集不规范；18.部分单位财务管理基础工作比较薄弱；19.国有资产铺面出租管理问题。

（四）采购及招投标方面的 5 个共性问题主要包括：采购方式使用不合理、采购方式用语不规范、物资采购招标不规范、零星维修项目招投标存在串标嫌疑以及采购过程随意。

（五）车辆管理方面的 9 个共性问题主要包括：公车管理制度缺失、车辆管理档案资料残缺不全、车辆管理资料重要信息填报不全、领导用车双固定现象、公车管理派车不规范、未严格执行公务用车管理制度、虚报多报车辆使用费、车辆费用报销审核把关不严以及车辆使用管理粗放，不同程度存在私车公用油费报销不规范的情况。

驻厅纪检监察组对 6 个被巡察单位存在的问题进行梳理后，得到了共性问题清单。驻厅纪检监察组意识到这些共性问题同时也是厅直各单位存在的问题，所以应当让其他 25 个厅直单位把这些问题释放到它所管辖的所有部门和单位进行自查自纠，将第一轮巡察的工作效果扩大到整个厅直系统，全面启动巡察整改和自查自纠工作，这种举措非常有利于厅直系统工作规范和干部职工思想行为规范，有助于把工作的价值全面释放出来。

驻厅纪检监察组要求 25 个厅直单位从发现的共性问题着手，逐一对照、举一反三、认真查摆，建立问题清单和整改台账，推动即知即改、未巡先改，推动整改落实，并对巡察发现的共性问题进行综合分析，建立共性问题分类通报机制，向有关牵头职能部门提出专项治理建议，从而有效推动自查自纠工作的开展，有利于 25 个单位找到“韭菜根”，达到源头治理的目的。

三、各厅直单位全面开展自查自纠

发现问题永远是巡察的首要任务，只要巡察还在继续，发现问题的任务就不能停止。发现问题是本职，发现不了问题是失职，发现问题隐瞒不报是渎职，这是巡察干部必须时刻铭记的要求。这就需要对巡视发现的问题抽象提炼、概括总结，揭示深层次原因，提出对策建议，从而达到标本兼治、源头治理的目的。然而，一些被巡察单位被动依赖巡察组来找问题，这种“等、靠”思想是不可取的，被巡察单位应该发挥主观能动性，坚持实事求是、全面自查自纠。25 个厅直单位，结合单位自身的情况，针对 51 个共性问题认真进行自查自纠，查找单位自身的问题，将自查自纠作为一次巡察前的“自我体检”，将“发现问题—整改问题—制度规范—促进人员思想行为规范—促进业务健康发展”这一信息和理念释放到了全体干部职工。下面将对四川省交通管理学校、四川公路工程咨询监理公司以及四川省交通运输厅机关后勤服务中心3 个单位开展的自查自纠工作进行详细说明。

（一）四川省交通管理学校

四川省交通管理学校始建于 1973 年，前身为四川省交通厅干部学校，1999 年更名为四川省交通管理学校，2014 年经省直工委批准，中共四川省交通运输厅党校暨省直机关党校交通运输分校在该校挂牌成立。学校现有内设机构 9 个、在编职工 98 人、外聘人员 57 人，属公益二类事业单位，主要工作职责为开展行业管理干部和专业技术人员继续教育培训，承担厅党校教育培训工作。

为加强学校党风廉政建设，落实厅党组关于开展自查自纠的相关要求，2018 年 4 月 9 日，四川省交通管理学校成立自查工作小组开展内部自查自纠。该小组参照厅巡察工作方式，主动对标上级巡察要求，对学校党委行政及内设机构 2016 年、2017 年各项工作进行了常规检查。自查期间，先后查阅账本 14 本、财务凭证193本、合同110份、资料140份、党委会会议记录2本、校长办公会会议记录2本、党委会会议纪要36份、校长办公会会议纪要32份、支部手册7本，谈话了解55人次，做到项目个个检查、涉及的问题谈话了解人人见面、财务开支发票张张审查。通过自查发现了全面从严治党、内部管理、费用报销、费用发放、科研项目、业务项目及外委项目和公车管理及车辆租赁等7个方面36个问题。[6] 具体如下：

1.全面从严治党方面的4个问题：执行学校“三会一课”制度不严格、会议记录过于简单、支部工作手册记录不严谨以及部分党支部开展工作的主动性不够。

2.制度设置方面的2个问题：制度制定不科学和制度规定不全面，“三重一大”事项清单中无大额度资金标准。

3.内部管理方面的10个问题：制度执行不到位、采购管理不规范、工程管理不规范、组织离退休职工活动不规范、会计基础工作不规范、以作废发票入账、合同签订不规范、公章管理不严格、个别合同无法律效力以及个别合同未找到。

4.费用报销方面的8个问题：违规公款报销香烟、在公招面试活动中购买零食、未经审批报销住宿费、以培训费冲抵餐费、报销接待费单据不全、食堂对外接待用餐签到表内容不详、在离退休党支部组织活动中购买水果以及出租车票报销事由与乘车时间不吻合。

5.费用发放方面的4个问题：超标准发放课酬、发放外聘教师劳务费内容不详、以现金形式发放公招面试劳务费以及发放补贴未见制度依据。

6.科研项目、业务项目及外委项目方面的4个问题：科研项目申报和验收不规范、执行合同不严格、培训中自行安排参观活动、选择承包人不规范。

7.公车管理及车辆租赁方面的4个问题：车辆台账记录不全，未按规定记录单车油耗、派车单记录不全，派车单车牌号、公里数等重要信息缺失，车辆相关费用报销不规范、未按规定选择租车单位。

学校党委针对本次自查中发现的上述36个问题，制定针对性措施，立说立行、即知即改，进一步加强党支部建设，修订完善规章制度，加强合同管理、后勤管理、财务管理、项目管理、车辆管理及业务接待活动，并运用监督执纪“四种形态”对相关问题的责任人员予以处理，促使单位管理工作进一步规范化运行。

（二）四川公路工程咨询监理公司

监理咨询公司，即四川公路工程咨询监理公司，是隶属四川省交通运输厅的独立法人国有企业，业务涉及公路工程质量监理、公路工程可行性研究、初步设计审查、施工图审查、施工技术咨询、试验检测、勘察设计、招投标代理等。监理咨询公司按照厅党组会议精神，扎实开展自查自纠整改工作。公司党委要求自查自纠要覆盖到每一个部门、每一个项目、每一个人，做到层层压紧压实责任，层层传导履责压力，上下联动、标本兼治，要求公司各部门各生产单位结合工作实际开展自查自纠工作，自查内容包括但不限于厅直单位巡察共性问题清单中的51项内容。经过自查梳理，该公司发现了各类管理问题43项。公司根据发现的问题建立部门自查自纠整改清单，其中包括公司办公室等6个职能部门、咨询院等7个生产部门以及监理、试验检测等33个在建项目。为避免自查自纠工作流于形式，公司纪委对照清单进行了逐一检查逐一销号，实现了从乱到治，切实将自查自纠工作做深做透。2016 年在厅党组对厅属企业实行经济绩效考核的推动下，监理咨询公司乘势启动薪酬改革和绩效考核。一开始个别领导有顾虑、少数职工有抵触，然而只要坚持按制度办，坚持公平、公正的原则，最终职工都认可了这两项重要改革措施，考核的压力不但没有影响公司的稳定团结，反而激发了强大的潜力。薪酬改革在根源上消除了事业编制人员和企业之间的隔阂。几年来，公司面貌焕然一新，单位风气正了，干部职工心气正了，疑虑少了，干劲足了，职工规矩意识强了，乱告诬告的情况基本销声匿迹。[7]

（三）四川省交通运输厅机关后勤服务中心

四川省交通运输厅机关后勤服务中心，属正县级事业单位，主要负责厅机关固定资产管理、办公用房建设使用管理、公务用车、职工住房保障、办公区和生活区的物业服务等。后勤中心党委和班子成员是开展自查自纠整改工作的责任主体，中心党委明确主体责任，主动作为不回避，在中心党委会和例会上 6 次对自查自纠情况进行跟踪落实，做到了主体责任的落实落细。中心自查 14 个问题，对其余涉及历史遗留的 6 个问题分阶段进行整改，确保 3–5 年内完成；新建和完善制度 3 项，一定程度做到了“挖韭菜”，并且对“为何挖”“怎么挖”有自己思考。中心对 14 个问题在“自查问题”之后单列了“原因分析”逐条对应分析，找到“韭菜根”。在自查自纠中，中心对历史遗留问题认真梳理、精心研判，制定锦官城置换旧房处理方案，委托西南联合产权交易所以公开挂牌交易方式转让房屋 7 套，收回资金 500 余万元。目前，正与未分房职工就退还预付购房款进行协商，并联系评估公司开展第二批旧房处置，锦官城历史遗留问题处理正有序推进中。中心委托审计事务所、律师事务所对2005年前形成的历史往来账款进行清理，对中心以往年度未按时收取租金等问题，委托律师发函进行追缴。

四川省交通管理学校、四川公路工程咨询监理公司以及四川省交通运输厅机关后勤服务中心3个单位都根据自身情况进行自查，并找到问题的共性和整改落实办法，一定程度上做到了“挖韭菜”，找到了“韭菜根”，有利于提高巡察整改的质量。

四、驻厅纪检监察组检查自查自纠成果

驻厅纪检监察组巡察工作必须要有问题意识，要发挥以问题意识为导向的牵引作用，把发现问题作为巡视工作的生命线，把推动解决问题作为巡察工作的落脚点。针对25个被巡察单位缺乏问题意识的缺点，驻厅纪检监察组要求25个被巡察单位自主开展自查自纠工作，做到“挖韭菜”摘“韭菜根”，从源头上解决问题。为了巩固巡察成果，驻厅纪检监察组坚持问题导向，对25个厅直单位的自查自纠报告逐一审核，力图从根本上解决长期以来影响发展的顽疾，从而催生改革发展新活力。25个厅直单位经过3个月的自查自纠和整改后，将形成的自查自纠整改报告上交给驻厅纪检监察组审核。驻厅纪检监察组将25个单位的自查自纠报告分成四组，并分别从各单位党委落实主体责任情况、“割韭菜”解决问题情况、“挖韭菜”解决问题情况、由点及面拓展巡察情况和存在的不足五个方面逐一进行审核和点评，评选出自查自纠工作做得扎实到位的单位和态度不端正、问题不解决的单位，并在厅党组会上对点评情况进行通报。驻厅纪检监察组在审核中发现大部分厅直系统在管党治党、财务报销、业务外委等共性问题上均得到了一定程度的解决。[8]

第一，管党治党方面。针对巡察发现的民主决策制度执行不到位、基层党组织和纪检组织作用发挥不充分、管党治党要求逐级衰减等问题，被巡察单位班子及其成员主动认领，从机构设置、人员配备、制度建设等方面入手，推动单位从上至下系统性解决管党治党宽松软问题。其余单位均对照开展了深入自查自纠，及时纠正发现的问题。交职院等 9 个单位修订完善了议事规则和决策程序；兴蜀公司等 4 个单位调整了机构和人员；运管局等 3 个单位加强了党员干部日常监督考核；监控结算中心等 2 个单位运用新媒体，不断释放从严管党治党信息。

第二，财务管理方面。针对巡察发现的财务管理不规范、虚报多报现象突出、部分单位存在巨大财务风险等问题，被巡察单位全面梳理财务报销中存在的漏洞和风险，完善财务管理制度和报销流程 17 项，清退费用 9 万余元。交通设计院全面停止内部承包模式，明确成本开支额度，实施全面预算管理，严控各项经费指标；公路设计院规范了民工工资发放、差旅补助报销、跨分院劳务合作费用处理等问题；交通工会等 16 个未被巡察单位完善了财务管理制度。

第三，业务外委方面。针对巡察发现的业务外委中存在的程序倒置情况突出、合格供应商库形同虚设、围标串标现象严重等问题，交科院启动了合格供应商库建设，拟定了合格供应商库使用管理办法，全面落实厅党组“凡是涉及外委的事项，必须从省交科院统一建立的合格供应商库中选取合作单位”要求。涉及相关单位从修订制度、完善流程、落实责任、加强信息化建设等方面积极开展整改，确保交科院统一建库完成前各项工作规范运行。公路设计院明确了邀请单位产生方式及外部采购成果验收的部门和流程；交通设计院取消邀请招标方式，所有询价采购项目均公开发布询价函，清理不符合规定的供应商62家；质监局等12个未被巡察单位结合实际，规范了物资服务采购、招投标等工作。

虽然许多单位按照厅党组、驻厅纪检监察组的要求开展自查自纠工作，有效解决了管党治党、财务报销及业务外委方面的问题，但是仍有少数单位做“面子工程”，对自查自纠工作采取“运动”处理，如个别单位在开展自查自纠整改工作中敷衍了事，直接把51个共性问题清单梳理后形成本单位整改清单，而且未开展实质性的自查自纠，被厅党组会通报批评。

厅党组、驻厅纪检监察组在巡视巡察中坚持问题导向，对不开展自查自纠工作、自查自纠敷衍了事以及整改措施不实、针对性不强、选择性整改的，坚决予以退回，纠正“交卷”思想和“过关”心态，从而提高整改质量。

第三节 自查自纠的举措及成效

厅党组在巡视巡察中坚持以人民为中心的巡察理念，坚持问题导向，找准找实突出问题，不断提高巡察质量。同时驻厅纪检监察组要求被巡察单位主动开展自查自纠工作，落实到共性问题，形成问题清单，精准解决突出问题和历史遗留问题，主动担负发现问题、推动解决问题的职能责任。因此，在厅党组、驻厅纪检监察组自查自纠工作的大力推动下，25个未被巡察单位通过自查自纠完善体制机制，着力破除了“巡不深、察不透”问题，有效地推动了巡视巡察实现标本兼治综合成效。

一、巩固了风清气正的政治生态

营造风清气正的良好政治生态，是党团结带领全国各族人民进行伟大斗争、建设伟大工程、推进伟大事业、实现伟大梦想的必然要求，也是党成功应对重大挑战、抵御重大风险、克服重大阻力、解决重大矛盾的重要保证。党的十九大首次将“营造风清气正的良好政治生态”作为加强党的建设必须坚决实现的基本要求写入党章，要求全党遵照执行，掀起了新时代党内政治生态建设热潮。

厅党组、驻厅纪检监察组根据《关于新形势下党内政治生活的若干准则》等一系列规范党内政治生态建设的制度，要求被巡察单位对自身党内政治生态建设进行自查自纠，找出共性问题，落实整改。25 个厅直单位进行自查自纠后发现了如下问题。

（一）管党治党方面

针对巡察发现的民主决策制度执行不到位、基层党组织和纪检组织作用发挥不充分、管党治党要求逐级衰减等问题，被巡察单位班子及其成员主动认领，从机构设置、人员配备、制度建设等方面入手，推动单位从上至下系统性解决管党治党宽松软问题。其余单位均对照开展了深入自查自纠，及时纠正发现的问题。同时，因为政治素质属于人的内在品质，是思想深处的东西，具有一定的隐蔽性、复杂性和迷惑性，只有考察的理念思路、程序步骤、方式方法科学，才能把干部的政治素质考察落到实处，所以为了不让干部的认识仅仅停留在感觉和印象上，各单位借开展自查自纠工作的机会推动完善落实干部政治素质考察制度机制，并在此基础上，严格执行《党政领导干部选拔任用工作条例》，在选人用人中进一步突出政治标准，强化政治把关。各单位建立健全领导干部政治素质识别和评价机制，强化对干部政治忠诚、政治定力、政治担当、政治能力、政治自律等方面的深入考察考核，坚决把政治上的“两面人”挡在门外。如交职院等9个单位修订完善了议事规则和决策程序；兴蜀公司等4个单位调整了机构和人员；运管局等3个单位加强了党员干部日常监督考核；监控结算中心等2个单位运用新媒体，不断释放从严管党治党信息。

（二）从严治党方面

针对巡察发现的“三会一课”制度执行不严格、支部工作手册记录不严谨、部分党支部开展工作的主动性不够等问题，被巡察单位严格执行《关于新形势下党内政治生活的若干准则》，坚持按原则开展党的工作和活动、处理党内各种关系、解决党内矛盾和问题，严格执行党的组织生活制度，认真召开民主生活会和组织生活会，提高“三会一课”质量。被巡察单位认真落实谈心谈话、民主评议党员和主题党日等制度，坚持和完善重温入党誓词、党员过“政治生日”等政治仪式，使党内政治生活庄重、严肃、规范，坚决防止和克服党内政治生活不讲原则、平淡化庸俗化随意化的倾向，推动从严治党方面的共性问题进行整改。其余单位均对照进行了自查自纠，通过严肃党内政治生活，使“三会一课”等各项制度得到更好的贯彻落实。[9] 同时25个厅直单位主动适应信息时代新形势和党员队伍新变化，积极运用互联网、大数据等新技术，充分利用“两微一端”、直播平台、问答社区等新媒介，积极探索电子党务、网上党校等新模式，创新党组织活动内容方式，推进“智慧党建”，使党内政治生活始终充满活力，坚决防止和克服党内政治生活不讲创新、不讲活力、照搬照套的倾向。

开展自查自纠工作，可促使各单位严格执行“三会一课”制度，增强党内政治生活的原则性与时代性，完善落实干部政治素质考察制度机制，释放从严治党信号，使得批评与自我批评这个优良传统得到继承和发扬，让我们党自我净化、自我完善、自我革新、自我提高的能力进一步提升，更好地以伟大自我革命引领伟大社会革命。实践证明，自查自纠工作的开展，可以促进厅直系统严格落实《党内政治生活若干准则》，抓住关键要害，解决突出问题，从而巩固了风清气正的政治生态。

二、强化了干部职工纪律规矩意识

“欲知方圆，则必规矩”。习近平总书记对“规矩”一直念兹在兹，“要坚持原则、敢抓敢管，立‘明规矩’、破‘潜规则’”。明规矩，方能知而后行，只有明白纪律规矩对于干部自身的成长、对于整个国家发展的重要性，才能够要求自己去“守纪律讲规矩”。懂规矩，方能树立规矩意识，这就需要在学懂、弄懂、悟透上下功夫，通过学理论，在学习中明规矩、找差距、强定力，使规矩内化于心，树立起规矩意识、纪律意识。践规矩，方能行稳致远。涵养“规矩意识”是干部的基本功，但是纪律规矩只是一种“约束”，不在于其“框架”，而在于干部的落实，在于每个干部能够自觉地去遵守这些纪律规矩，把纪律和规矩转化为日常行为规范，不断增强行为自觉，做到内化于心、外化于行。在第一轮巡察中，针对被巡察单位发现的问题，其他各单位开展自查自纠，落实主体责任，制定问责体系，整改问题，让职工切实进行批评与自我批评，有效强化了干部职工的规矩意识。

第一，开展提醒谈话，规避风险。各单位成立督查小组，对全系统干部职工到岗履职情况进行明察暗访，针对督查中发现的问题，第一时间进行调查核实，对相关责任单位和责任人进行了提醒谈话，并发出整改通知，限时整改。如厅公路规划勘察设计研究院党委、纪委对相关责任人进行了谈话提醒、批评教育等，主要包括：立即停止私车公用、民工工资及专家评审费报销代签、采用冲账方式在院报销项目合作费用、院属单位自行购买商业保险等行为；对多报重报的费用予以了追回；对项目外委、成本费用报销手续、资料不完善不齐备的，进行了补充完善。[10]

第二，强化问责，促进干部作风建设。各单位落实责任追究制，严格执行追究问责，并以定期与不定期的方式进行抽查，监督干部遵守会议记录情况并对干部遵守会议纪律情况适时通报。对纪律松弛的参会人员予以通报批评；对屡教不改、我行我素的，交由局驻厅纪检监察组对当事人进行诫勉谈话或纪律处分；对造成严重影响的，按照有关规定追究责任。这样就确保了良好的会风文风，促进了干部作风建设。如咨询监理公司对使用管理不善导致试验检测设备提前报废问题，将 3 名责任人纳入公司失信人员名单，不再录用，对 1 名责任人处以 4000 元罚款并通报批评，1 名责任人提醒谈话，2 名工作人员批评教育并在部门内部通报。

第三，强化廉政教育。以“两学一做”学习教育为契机，严格执行“三会一课”制度常态化，不断加强党员党规党纪学习，努力做到内化于心、外化于形。厅党组、驻厅纪检监察组多次召开会议，对党性不强、违反纪律的单位或干部职工进行通报，并且各单位狠抓典型案件警示教育，通过集中组织职工观看各类警示教育片，让他们切实感受到党风廉政建设的重要性与必要性。

通过开展自查自纠工作对违反纪律的干部职工进行批评与处分，不仅能规范干部职工的行为，增强其规矩意识，还能对其他人形成一定震慑作用，使内部管理更加规范，干部纪律意识得到增强。

三、拓展了巡察成果

开展巡察工作是推进基层全面从严治党的重要举措，必须做深做透巡察成果的运用，在坚持中深化，在深化中坚持，进一步发挥标本兼治的作用。要运用巡察成果，切实发挥巡察全覆盖、派驻全覆盖、监察全覆盖的监督合力，办理要有速度、有力度、有深度、有曝光，从表面问题入手，善于发现深层次问题。

一方面，25 个厅直单位开展自查自纠工作之前，厅党组、驻厅纪检监察组针对被巡察单位的一些问题进行通报曝光，起到通报一批、震慑一片的效果。如厅公路局针对纪检组织作用发挥不够问题，调整了公路医院纪委书记，选举产生新一届纪委。公路医院纪委改组 2 个月以来，诫勉谈话或提醒谈话 13 人次，收缴 7 人违规收受红包 11200 元，做到了见人见事见责任。厅道路运输管理局自查自纠发现 16 个问题，已完成整改 14 个，正在抓紧推进 2 个。具体包括：针对驾驶员公车私用问题，对其进行批评教育，通告劳务派遣公司并全局通报，由其本人支付车辆使用费 430 元；重复报销费用问题，对当事人进行批评教育，退赔了多报销的 189 元；财务审核把关不严问题，对财务处长、副处长以及 2 名工作人员进行批评教育。同时，专项整治一批共性问题，深入剖析一批典型案例，建章立制建立健全一批制度。如厅道路运输管理局针对发现的财务管理和公车私用问题，分析了问题产生的原因，完善了公务用车使用登记制度，落实公务用车登记统计制度，定期开展 ETC 通行记录和派车记录比对；将财务人员工作质量纳入党员积分体系，倒逼财务人员增强责任心，从制度和工作流程上堵塞漏洞，做到了“挖韭菜”。[11] 25 个厅直单位根据厅党组、驻厅纪检监察组的要求开展自查自纠工作，有利于推动巡察工作扎实开展，坚定不移推动巡察工作向前迈进，构建风清气正的政治生态环境。

另一方面，充分释放巡察正效应。被巡察单位针对反馈的问题在本单位开展全覆盖自查自纠，未被巡察单位对照共性问题清单开展自查自纠，有的单位还从查找共性问题做到了深挖个性问题，解决了一些历史遗留问题。如交通职业技术学院自行组织开展了科研经费专项巡察和物资采购专项巡察工作，共查找出五个方面的问题，并针对巡察出来的问题召开学院干部职工大会进行通报，提出整改要求。后勤中心全面清理锦官城公司债权债务，提出加快置换旧房、与职工协商利用处置旧房所得价款、退还职工集资款等措施。航务局聘请第三方专业人员，对 11 个处室进行全面自查，重点对项目管理、计划下达、现场核查等工作进行自查自纠，共查找问题 11 个，制定整改措施 17 条。六支队抽调业务骨干制作 22 种行政执法案卷模板，确保行政处罚程序合法合规，案卷制作规范正确。

25 个厅直单位在此次巡察工作中把巡察整改作为政治任务和政治纪律，对反馈问题整改情况进行“回头看”，聚焦问题、任务和责任“三张清单”，对整改目标、内容、措施和时限进行再梳理、再落实，坚决做到责任不落实坚决不放过、问题不解决坚决不放过、整改不到位坚决不放过，用实际行动证明该单位通过自查自纠做到了举一反三、标本兼治，形成了长效机制，拓展了成果运用。

四、落实了主体责任

全面从严管党治党，必须从根本上解决主体责任缺失、监督责任缺位、管党治党宽松软的问题，把强化党内监督作为党的建设的重要基础性工程，使监督的制度优势充分释放出来。在新时代，必须始终抓住管党治党责任制这个“牛鼻子”，着力落实管党治党主体责任，做到常研究、常部署，抓领导、领导抓，抓具体、具体抓，种好自己的责任田。为贯彻落实全面从严管党治党主体责任，厅党组对巡察整改和自查自纠提出四个方面的明确要求，驻厅纪检监察组加强督促指导，召开 17 次组务会和工作例会研究推进整改工作落实措施，组织力量集中审核各单位报告，梳理整改任务完成情况，驻厅纪检监察组组长赴 2 个被巡察单位指导整改工作。各单位党组织自觉把整改和自查自纠主体责任扛在肩上、抓在手上，认真研究反馈和自查自纠问题，制定整改方案，建立问题清单、任务清单、责任清单，按图施工、逐一销号。“一把手”通过听取进展情况、研究解决问题等方式做到全过程参与、督促、指导相关工作。班子成员按照分工，在各自分管领域查问题、堵漏洞、抓整改，真正做到了全员参与。如公路设计院主要负责同志要求把整改情况作为季度审计重要内容；运管局 5 名班子成员直接负责分管领域的问题查纠，对大件公司开展了内部巡察；公路局由分管局领导负责对直属企业开展检查；管理学校党委参照巡察模式，组织开展内部巡察。

第一，抓住“关键少数”，落实好管党治党主体责任。管党治党主体责任包含领导班子的集体责任、党组织书记的第一责任、班子成员的“一岗双责”。作为管党治党的责任主体，无论是各级党组织还是其负责人，都是要被紧紧盯住的责任主体及其“关键少数”。党的各级组织及其领导干部既要承担深化改革、推动发展、维护稳定、保护生态的第一责任，又要当好从严管党治党的第一责任人，做到知责、负责、尽责。如厅公路规划勘察设计研究院收到巡察意见反馈后，院党委立即专题研究部署整改工作，并将巡察整改情况作为季度审计工作重点内容。主要负责同志在党委会、院长办公会上对巡察整改强调了20余次，召集班子成员“点对点”督促抓好分管单位整改工作。班子成员重点抓好过程督促检查、重点难点问题指导协调、整改报告审核把关等工作。被巡察的院属6个单位和未被巡察单位均成立了以“一把手”为第一责任人的工作领导小组，明确分工、任务和时限，逐一对照巡察反馈问题开展整改和自查自纠。

第二，抓住关键环节，落实好管党治党主体责任。基础不牢，地动山摇；治国安邦，重在基础；管党治党，重在基层。紧紧抓住基层党组织落实管党治党主体责任是全面落实管党治党主体责任的关键环节。如厅运管局在厅党组通报首轮巡察情况后，立即召开4次党委会对自查自纠工作进行部署，专题研究自查自纠和整改落实工作。局主要负责同志提出对照共性问题清单自查到位、结合业务工作主动查纠到位、问题查纠和根源分析到位“三个到位”要求，明确局班子成员负责分管领域的自查自纠，把责任和压力传递到每一名班子成员。5名班子成员组织分管部门共计查找5个方面16个具体问题。

第三，运用关键手段，落实好管党治党主体责任。巡视和问责是全面从严治党的关键手段。无论是党建责任还是监督责任的落实，最终都要通过严格的问责或责任追究来保障。如在厅党组通报首轮巡察情况后，厅工程咨询监理公司立即召开党委会部署自查自纠工作。公司主要负责同志要求领导班子成员全面履行一岗双责，各部门对照问题清单逐一排查，整改事项以问题清单为主，但不限于问题清单，全面开展“体检”，自查自纠整改不留死角，实现全覆盖。明确分管领导负责分管领域的自查自纠，把责任和压力传递到每一名班子成员。公司党委共召开4次党委会扩大会专题部署自查自纠工作、审核自查问题及整改报告、问责等与自查自纠有关的工作。[12]

25个厅直单位通过开展自查自纠工作抓住了关键少数，确定了关键环节，运用了关键手段来落实管党治党的主体责任，进一步提高了巡视巡察的质量。

五、实现了源头规范管理

巡察是利剑，整改是关键。对于巡察发现的共性问题和重点领域突出问题，厅党组、驻厅纪检监察组有的放矢地推动源头治理，25个厅直单位及时开展自查自纠工作，从“割韭菜”做到“挖韭菜”，从源头彻底清除隐患，有效提高巡察质量。具体体现在以下两个方面：

第一，抓好岗位管理与考核管理，推动源头治理。25个厅直单位严格落实厅党组、驻厅纪检监察组的要求，进一步明确自己单位各科室的工作职责，细化调整各科室职能分工，明确人员岗位职责，全面实施科室履职尽责日常监督管理。同时，在自查自纠中全面实施机关干部考核考勤、履职尽责等日常监督管理，从在职干部的日常管理到借调聘用人员的入口审核和管理使用，到完善巡察工作专员动态评估退出机制，为所有巡察干部自觉履职尽责、树立良好作风形象提供制度遵循。

第二，完善制度机制，举一反三推动源头防范。25个厅直单位在自查自纠中首先坚持以流程管事，严把工作“运行关”，稳步推进规范化建设；其次坚持“原则靠机制支撑，机制靠制度保障，制度靠流程实现”的理念，将现有文字版制度转化为更加实用、更加清晰的工作流程图。同时通过对内控制度的环节分解，进一步强化机关干部的责任意识、服务意识，调动人员的积极性、主动性。此外，各单位根据自查自纠发现的问题，健全问责机制，把制度执行力和治理能力作为干部考核的重要依据，对有令不行、有禁不止的，严肃处理、严肃问责。如厅公路规划勘察设计研究院针对项目外部采购生产单位与经办人员自由裁量权较大、询价及报价随意性较大、缺少成果验收环节等问题，修订完善了《外部供应项目采购管理办法》，明确了采购组织和邀请单位产生方式，明确了外部采购成果验收的部门及流程等；针对差旅费报销中民工工资现金发放及代签、出差范围补助不明确、报销要素不齐备等问题，修订《差旅费管理办法》，解决了以前差旅费开支不规范、不完善、不系统的问题；针对外部劳务和内部跨部门人员使用管理不规范的问题，新建了《临时个人劳务管理办法》，对临时个人劳务的界定、录用、管理、费用开支内容和标准、劳动保险和相关表卡等作了统一规定。[13]

厅党组、驻厅纪检监察组要求各单位及时开展自查自纠工作，对巡察发现的普遍性、倾向性问题，及时分析研究，提出解决措施，完善制度机制，举一反三推动源头防范，从“割韭菜”做到“挖韭菜”，实现了巡察和规范业务工作、推动业务工作的有机结合。通过整改，各单位抓住了一些过去了解现象但没有具体案例的问题，解决了一些过去想解决但没有解决的难题，纠正了一些过去明知违规但习以为常的陋习。厅直系统班子及其成员从严管党治党的政治自觉和行动自觉不断增强，内部管理规范化程度不断提高，实现了源头规范管理。

综上可知，25 个厅直单位严格落实关于“做好巡视‘后半篇文章’关键要在整改上发力”的要求，积极开展自查自纠工作，并采取源头管理的办法开展巡察整改工作，既落实“当下改”的要求，又形成“长久立”的机制，使整改问题无处遁形，确保巡察成果“颗粒归仓”。

注：

[1] 习近平：《决胜全面建成小康社会 夺取新时代中国特色社会主义伟大胜利：在中国共产党第十九次全国代表大会上的报告》 [M] .北京：人民出版社，2017:68.

[2] 赵乐际：《坚持和完善党和国家监督体系 为全面建成小康社会提供坚强保障——在中国共产党第十九届中央纪律检查委员会第四次全体会议上的工作报告》 [J] .中国纪检监察，2020 (5) .

[3] 侯勇，张任.习近平关于反腐败重要论述的内容体系、理论特征与时代价值 [J] .江南大学学报 (人文社会科学版)，2021 (2) .

[4] 习近平：《决胜全面建成小康社会 夺取新时代中国特色社会主义伟大胜利：在中国共产党第十九次全国代表大会上的报告》 [M] .北京：人民出版社，2017:67.

[5] 四川省交通运输厅：《共性问题清单》，第 1–13 页。

[6] 四川省交通运输厅：《中共四川省交通管理学校委员会关于开展自查自纠活动的情况报告》，第 2–8 页。

[7] 笔者对周磊的访谈，2018 年 11 月 6 日，四川省交通运输厅。

[8] 四川省交通运输厅：《关于厅党组第一轮巡察整改及自查自纠情况的报告》。

[9] 四川省交通运输厅：《关于厅党组第一轮巡察整改及自查自纠情况的报告》。

[10] 四川省交通运输厅：《关于厅党组第一轮巡察整改及自查自纠情况的报告》，第 12 页。

[11] 四川省交通运输厅：《关于厅党组第一轮巡察整改及自查自纠情况的报告》，第 4 页。

[12] 四川省交通运输厅：《关于厅党组第一轮巡察整改及自查自纠情况的报告》，第 39 页。

[13] 四川省交通运输厅：《关于厅党组第一轮巡察整改及自查自纠情况的报告》，第 1 页。

本章小结

截至2018年底，巡察发现的130个问题，已经完成整改119个，正在推进11个，整改完成率91.5%；自查自纠发现的390个问题，已经完成整改298个，正在推进92个，整改完成率76.4%；清退和补缴有关费用63.98万元，新建和完善相关制度288项；问责142人，其中纪律处分1人，诫勉谈话8人，约谈提醒67人，批评教育66人。通过自查自纠和整改，各单位抓住了一些过去了解现象但没有具体案例的问题，解决了一些过去想解决但没有解决的难题，纠正了一些过去明知违规但习以为常的陋习。同时，厅直系统从第一轮巡察发现的共性问题着手，逐一对照、举一反三、认真查摆，建立问题清单和整改台账，推动即知即改、未巡先改，推动整改落实，并对巡察发现的共性问题进行综合分析，建立共性问题分类通报机制，向有关牵头职能部门提出专项治理建议，推动未被巡察单位主动查纠整改。未被巡察单位对照共性问题清单开展自查自纠，有的单位还从查找共性问题做到了深挖个性问题，解决了一些历史遗留问题。各单位从“割韭菜”做到“挖韭菜”，实现了巡察和规范业务工作、推动业务工作的有机结合。从中可以看出，自查自纠工作的开展使厅直系统班子及其成员从严管党治党的政治自觉和行动自觉不断增强，内部管理规范化程度不断提高，干部职工纪律规矩意识不断强化，风清气正的政治生态不断巩固。

2021年是实施“十四五”规划、开启全面建设社会主义现代化四川新征程的第一年，但是国内国际环境发生深刻变化，统筹推进常态化疫情防控和经济社会发展的压力依然很大。因此，各单位应当更加深入学习贯彻习近平总书记关于巡视工作重要论述，全面贯彻巡视工作方针，认真落实政治巡视要求，准确把握进入新发展阶段、贯彻新发展理念、构建新发展格局的政治要求，坚持问题导向，抓住主要矛盾，以强有力的政治监督保障党中央和省委决策部署贯彻落实。同时，要始终坚持严的主基调，加强对制度执行、权力运行的监督，一刻不停推进党风廉政建设和反腐败斗争；要坚持人民立场，聚焦群众“急难愁盼”问题发力，提升人民群众获得感、幸福感、安全感。面对新形势新任务，全厅各级党组织，25 个厅直单位要以接受巡视指导督导为契机，对巡视巡察工作思路举措进行再审视、再校正、再提升，奋力推进新时代巡视巡察工作高质量发展，为我省“十四五”开好局、起好步提供坚强保障。

第四章
整　改

巡视监督成效，关键要看整改。习近平总书记强调，巡视发现问题的目的是解决问题，发现问题不解决比不巡视的效果还差。整改不到位，巡视效果就会大打折扣。因此，从十八届中央第一轮巡视开始，巡视整改就成为巡视“三步曲”的关键乐章。2015 年修订、2017 年修改的《中国共产党巡视工作条例》，将巡视整改作为“工作程序”的重要一环并作出具体规定。各级巡视工作领导小组要求被巡视党组织公开整改情况，并积极组织巡视整改督查，确保巡视发现的问题“件件有着落，事事有回音”。2018 年 5 月，赵乐际在贯彻落实《中央巡视工作规划（2018-2022 年）》推进会上进一步要求加强纪检监察机关和组织部门对整改落实的日常监督。至此，一张包含党组织、纪检监察机关、组织部门和巡视机构等监督主体的巡视整改日常监督网越织越密。巡察是巡视向基层的延伸，因此巡察整改也成为巡察的“后半篇文章”。在此背景下，巡视巡察整改工作全面铺开、取得成效。

第一节 整改的意义

针对第一轮巡察发现的问题，被巡察单位逐一对照、举一反三，建立问题清单和整改台账，推动即知即改、未巡先改，积极整改落实，并对巡察发现的共性问题进行综合分析，建立共性问题分类通报机制，向有关牵头职能部门提出专项治理建议，推动未被巡察单位主动查纠整改。巡察整改工作坚持落实主体责任，强化责任意识，推动实现“要我改”到“我要改”的转变，积极做好巡察工作“后半篇文章”。

一、巡察整改是落实主体责任的具体化

全面从严治党，主体责任在各级党委，巡察整改就是落实主体责任的具体化。巡视反馈后，被巡视党组织要切实把自己摆进去，对反馈问题照单全收、签字背书、立此存照，“知其不善，则速改以从善”，把整改作为重要的日常工作，认真部署，严格落实。同时，要对整改进行常态化监督，利用党委（党组）会议、民主生活会、组织生活会、约谈及其他日常监督形式经常过问、主动了解、实时跟进，确保整改一一到位。

要求纪检监察机关和组织部门担负起巡察整改日常监督的责任，是党中央强化中央巡察整改的创新举措。巡视发现问题的目的是解决问题，发现问题不解决，比不巡视的效果还坏。然而，不论是十八届中央巡视“回头看”，还是十九届中央第一轮巡视，巡察整改不到位都是一个突出问题：有的被巡视党组织在巡视组撤离后基本上就不管整改了，制度制定后就摆在那不下发，锁在抽屉里敷衍了事，没有真正落实；有的巡察整改前紧后松，呈报

巡察整改报告后，整改力度就明显减弱了；有的巡察整改言行不一、不严不实，存在挂空挡、走过场现象……其中原因除了主体责任不落实，还有很重要的一条就是对整改的日常监督弱化、缺位甚至缺失。2017 年 7 月 1 日修改的《巡视工作条例》规定：巡视工作领导小组办公室应当会同巡视组采取适当方式，了解和督促被巡视地区（单位）整改落实工作并向巡视工作领导小组报告。从以往的情况来看，对巡察整改的监督，较多依靠巡视工作本身来推进，纪检监察机关和组织部门对巡察整改的关心、对整改效果的关注程度不够，未形成监督合力。鉴于此，中央在制定巡视工作相关条例时，明确要求纪检监察机关和组织部门把督促巡察整改落实作为日常监督的重要内容，进一步建立健全对巡察整改情况的督查督办制度。

第一，督查督办体现在切实发挥职能作用，严格审核整改报告，加强整改成效评估。确保整改真实有效推进是纪检监察机关和组织部门的重要职责，没有履职到位，甚至捏造整改情况的被巡视地区（单位），就要受到法纪的严惩。2015 年上海市委第二轮巡视中，上海城建集团下属城建置业发展有限公司纪委敷衍塞责，以当事人说辞和事后编造的材料应付移交问题线索的查处，并写入整改报告，上海城建集团纪委书记、城建置业纪委书记等人因此被严肃处理。第二，督查督办体现在推动自查自纠、举一反三，强化调研督导、发函督办、现场督查。推动问题解决是巡视巡察工作的落脚点，对于移交的具体问题线索要盯住不放。2018 年 3 月，福建省福州市纪委驻国资委纪检组针对市委巡察组反馈的问题，多次约谈被巡察的下属企业领导班子成员，推动企业党组织对照巡察组移交的问题线索，调查处理具体责任人，清退违规款项，建章立制强化内控，做到正视问题不怕丑，整改问题不遗漏。第三，督查督办体现在建立完善成果台账管理制度，加强“件件有着落”情况统计，督促相关责任主体，及时办理移交事项。2017 年 8 月，湖北省襄阳市纪委召开巡察整改专题民主生活会，要求市纪委常委主动站在一线，对整改任务逐项建台账、抓跟踪、促落地，同时抓住重点领域和关键环节，进一步加大督办检查力度，确保问题整改“不悬空”“全见底”。搞好督查督办要发挥好巡视机构的统筹督促职能。党的十八大以来，各级巡视巡察工作领导小组办公室持续强化再监督，推动管党治党常态化、长效化。比如，中央巡视办对陕西、福建、清华大学等开展了巡察整改督查；安徽省委巡视工作领导小组建立集中督导机制，跟踪了解移交线索处置情况，确保反馈的问题整改到位。巡察整改，重在日常，要紧盯日常，把所有问题线索的处置情况、缺陷漏洞的整饬情况、任务清单的落地情况，逐条扫描、逐一过筛，对整改不过关的绝不放过。通过严密的日常监督，确保整改落到实处，推动问题一个个解决、制度一项项完善，使巡视能真正形成震慑、推动改革、促进发展，营造风清气正的良好政治生态。

因此，厅党组要求厅直系统开展整改工作，强化巡察前、巡察中、巡察后、日常四个阶段的紧密衔接，确保巡察工作与纪检监察工作有机结合、有效贯通，推动主体责任更好落实。针对第一轮巡察中发现的重点问题，主要督查整改责任是否履行、整改措施是否完整、整改成效群众是否满意、责任追究是否到位等，从移交问题线索到巡察反馈问题整改督查，形成一种接续的、协调的效应，进一步形成监督合力、凸显监督效能。

二、巡察整改是做好巡察工作后半篇的重要途径

巡察是党内监督的战略性制度安排，本质是政治监督，根本任务是“两个维护”，而巡察整改是检验“两个维护”的“试金石”，是推进全面从严治党的“牛鼻子”，是巡察工作的最终落脚点。巡察反馈的问题要想真正解决，关键看整改。如果对整改这一“后半篇文章”不重视，不处理已发现问题，被巡察单位就会心存侥幸、再次犯险，巡察工作的严肃性和公信力也就得不到保障。只有重视巡察整改，以踏石留印、抓铁有痕的劲头推动巡察整改工作见真章、动真格、求实效，形成强大威慑力和震慑力，才能实现巡察的根本目的，才能推动全面从严治党，才能在全社会取得正风反腐、取信于民的良好效果。

巡察整改具有重大意义。首先，有助于强化巡察权威性和生命力。市县巡察发现的问题就在群众身边，是否整改到位、效果怎么样，群众看得到、感受得到。如果巡察发现问题而不解决，巡察效果就会大打折扣，群众就会失望，最后变成“稻草人”。通过巡察整改，让有问题的人受到处理，让党员干部受到警醒，让群众目睹、亲身感受到巡察的利剑作用，才能始终保持巡察监督的严肃性、权威性和生命力。其次，有助于反向检验和提升巡察质量。如果发现问题不精准，整改就勉为其难；如果整改不落实，巡察就是形式主义。要想整改的效果好，基础是巡察发现的问题精准有效，通过扎实推进巡察整改，检验巡察在发现问题方面的不足，为下一轮巡察积累经验、提供借鉴，以推动巡察工作质量的不断提升。最后，有助于推动基层治理提质增效。巡察整改是解决已有问题、促进完善发展的重要方式，有助于提升村镇

基层治理体系和治理能力，有助于市县直单位提升管理体系和管理能力。

为了做深做细做实整改这一“后半篇文章”，厅党组采取了诸多措施。第一，强化监督问责。巡察成果要有实效，关键看整改，要害在责任。巡察整改的主体责任在被巡察地方（单位）的党组织，党委（党组）书记是第一责任人。对落实整改工作、履行整改责任不力的党组织和责任人，对敷衍整改、虚报整改、拒不整改、边改边犯等突出问题，抓住典型，严肃问责，公开曝光，形成震慑，确保巡察成果落实落细；对巡察发现的问题线索，根据干部管理权限和职责分工，及时移交处置；对领导干部违纪违规、“四风”问题，运用监督执纪“四种形态”分类处置，达到“查处一案，教育一片”的目的；对执行民主集中制、干部选拔任用等问题严肃处理，将巡察结果与“三项机制”结合，使干部“能上能下”成为常态。第二，创新督察机制。建立完善巡察反馈、巡察线索移交和巡察整改公开机制，将整改情况“晒”到阳光下，倒逼整改责任落实。一方面，大胆探索“机动式”突击察访等新方法、新措施、新手段，采取不打招呼、不定线、直奔基层、直插末端的方式，深入实地开展督察工作。另一方面，依托大数据平台构建“大数据+督察”监督模式，通过统计筛查、分析研判，提高精准发现问题的能力，进一步提升巡察针对性和实效性。第三，建立健全整改长效机制。要强化成果运用，就要把整改和深化标本兼治有机结合起来。一是建立成果台账管理制度，每轮巡察意见反馈后，有关职能部门都要建立“问题整改”和“问题线索移交”两本台账，加强整改督导，对整改问题实行动态管理和挂账销号，确保完成一件，销号一件。同时开展“回头看”“机动式”督察，实行“挂号建账”“对号结账”“销号下账”动态监督，整改不到位，督察不结束，确保整改不打“白条”。二是建立标本兼治机制。在成果运用上，既聚焦“当下改”的举措，集中解决巡察发现的突出问题，又着眼“长久立”的机制，举一反三是延伸拓展，对普遍性、规律性的问题，找出“病灶”，总结共性问题、规律性问题，堵塞制度漏洞，把整改和深化标本兼治有机结合起来，实现标本兼治的效果。

厅党组切实把巡察整改作为重大政治任务，迅速行动，在研究制订整改工作方案、细化分解整改任务的基础上，逐条逐项落实整改措施，以抓铁有痕、踏石留印的作风，全面抓好整改落实，将发现的问题移交责任主体负责整改，对整改情况进行督促检查，对整改不到位的启动“二次问责”，奋力谱写好巡察工作“后半篇文章”。

第二节 整改的责任

各单位党委解决、整改巡察中发现的问题，是党委主体责任的重要范畴，要求党委班子成员按自己的分工去解决和落实相应问题。巡察整改真正的价值在于党委履行主体责任，纪检履行监督责任，二者紧密结合形成整改合力，确保巡察工作落到实处。

一、通报：形成震慑

2013年5月，中共中央政治局常委、中央纪委书记、中央巡视工作领导小组组长王岐山在中央巡视工作动员暨培训会议上强调，要以党的十八大精神为指导，认真贯彻落实习近平总书记关于党风廉政建设和反腐败斗争的一系列重要讲话精神，增强责任感和使命感，紧紧围绕党风廉政建设和反腐败斗争，扎实做好巡视工作，着力发现问题，形成震慑，遏制腐败现象蔓延势头。从问题表现来看，公款吃喝、公款旅游、公车私用等问题最为多见，以 31 个省区市为例，首轮巡视都被指出存在这些问题，整改后虽然有所好转，但敛而未绝，并未从根本上解决问题。“回头看”阶段，“四风”问题依然出现在各地区问题反馈中。值得注意的是，随着巡视工作的深入，“四风”问题不断滋生出一些隐形变异新形态，如国家烟草专卖局把公款吃喝的场所转移到驻京办、培训中心，司法部部分因公出国（境）团组用“阴阳批件”延期改道等。从巡视板块来看，地方板块各类“四风”问题均有反映；中央和国家机关的形式主义、官僚主义问题引人关注，会议、文件、活动较多，干部作风存在“庸懒散松”现象等都是突出表现；央企、中央金融单位和中管高校则多表现为享乐主义、奢靡之风问题，一些企业以“特殊论”为由，在执行中央八项规定精神上打折扣、搞变通，以违规打高尔夫球为例，在中央三令五申之下，到第七、八轮巡视，仍发现多家企业顶风违纪。

根据厅党组部署，2017 年 9 月至 2018 年 3 月，驻厅纪检监察组牵头组织完成了 6 个单位的巡察工作。整个巡察坚持问题导向，做到“三个见面”，发现了一批问题，掌握了一些线索，为被巡察单位画了像。通过巡察工作，使得被巡察单位发生明显变化，“两个责任”意识不断加强，管理更加规范，中央“八项规定”精神持续贯彻落实，省委巡视发现的问题基本上也得到整改。

当然，部分单位仍然存在一些问题，隐藏着较大的廉政风险。一是部分厅直单位党委抓全面从严治党力度不够，主体责任落实不到位，停留在一般性要求、面上抓一抓的层面，具有重大廉政风险。二是被巡察单位纪委履行全面从严治党监督责任到落实监督责任存在差距，部分厅直单位工作浮在表面。三是被巡察单位领导班子履行主体责任的意识和能力较差，规则意识淡薄。四是部分单位存在业务问题，两个设计院外委业务问题较多，外委制度漏洞大，信息中心、结算中心等信息化项目采购内部程序不规范，出现围标串标行为，隐藏着廉政风险；交职院后勤管理混乱、基建项目监管失职、偷工减料、资金损失问题突出。6个巡察组分别就巡察情况形成报告，向厅主要负责人、分管领导、被巡察单位主要负责人进行汇报，并形成厅党组会通报稿，在厅党组会上对6个单位巡察情况进行全面通报，要求被巡察单位对照巡察发现的问题认真整改。

通报要形成震慑，直面问题和矛盾，把“严”的要求贯穿工作始终，牢牢绷紧整改的思想之弦。这一过程需要注意四个方面的问题：一是巡察发现的问题要逐一整改销号，整改不到位启动“二次问责”。被巡察单位党组织是巡察整改的责任主体。“一把手”是第一责任人，分管领导和部门负责人是整改的直接责任人，必须扛起整改的责任，紧盯抓落实，直到问题得到真正纠正，引发问题的源头得到真正解决。各单位要建立问题台账，提出整改方案，逐一整改，逐一销号，整改问题一个也不能少。整改前期准备上，2018年6月上旬整改方案上报厅党组和驻厅纪检监察组，要求整改工作原则上于9月上旬全面完成，9月中旬反馈整改情况，整改情况要提供证明材料，不能只说不做；整改期间，驻厅纪检监察组适时对整改情况进行检查，检查情况在厅直系统通报；整改结束后，对整改情况“回头看”，既检查对所发现问题的处理，也对没有被巡察到的部门进行再巡察，还检查各单位自查自纠的情况。整改不到位、不彻底，自查自纠不认真、不严肃的，启动“二次问责”。二是针对重点领域和关键环节采取硬措施解决问题。此次巡察发现的问题主要集中在财务报销和业务外委上，尤其是业务外委乱象丛生。整改后，凡是实行成本控制制度的单位，每年必须进行成本开支专项审计，绝不允许虚报成本、中饱私囊，坚决保证成本的真实性；凡是自身具有相关资质、有能力完成的业务，一律不准外委，绝不允许假公济私、损公肥私，坚决杜绝参与帮助其他市场主体违法违规的行为；凡是涉及外委的事项，必须从厅交科院统一建立的合格供应商库中选取合作单位，绝不允许生产部门随意操作、随意委托。三是没有巡察到的单位开展自查自纠。厅直各单位结合巡察发现的问题，举一反三、自查自纠，发现问题、解决问题、规范工作，自查自纠情况 9 月中旬前报厅党组。已被巡察的几个单位，也对巡察组未重点核查的部门和工作开展自查自纠。自查自纠标准严格，狠抓落实，始终坚持问题导向，对说不出责任人姓甚名谁、工作执行不到位的都要追究责任。四是对相关问题负责人处理到位。对发现的问题，把责任明确落实到每一个人身上，对出现问题的责任人一律进行处理，坚决杜绝“一人顶锅”的情况。对人的处理，既尊重事实，又把当事人的态度作为重要标准，知错认错改错的、整改成效显著的、平时工作表现优异的责任人，可以在规矩框架内从轻从宽处理。不知错不认错不改错的、整改不到位不彻底的、平时工作表现较差的、弄虚作假、应付整改的，一律在规矩框架内从重从严处理。[1]

二、反馈：坚持实事求是

厅党组会对 6 个被巡察单位巡察情况进行通报后，驻厅纪检监察组根据工作安排，坚持对 6 个被巡察单位进行反馈。反馈过程中，驻厅纪检监察组认为既然是内部巡察，必须坚持实事求是、客观公正，具体情况是什么就反馈什么，用词用语或者定性上也绝不温和委婉、有所保留，坚持“保留辣味”反馈给被巡察单位。因此，驻厅纪检监察组工作人员在向被巡察单位反馈意见时，遵循实事求是基本原则，以直截了当的言辞客观地将巡察所发现的问题传达出来，要求被巡察单位严肃整改。

通过巡察发现问题，实事求是地将问题反馈给被巡察单位，进一步便是落实整改这一重要工作。为了更好地整改问题，首先，各级党组织扛起整改的主体责任，在新一轮省委巡视已经开始、巡视组再次巡视厅之前，通过巡察发现问题、整改问题是查漏补缺、争取主动的难得机会。各级党组织以“靶向治疗”为基本思路，聚焦风险岗位，以问题为导向规范管理，不推不避，全面推动问题整改。纪检部门通过履行监督职责，督促整改措施落实到位，不断用好巡察成果，提高监督水平。其次，对巡察发现的问题逐一整改销号。各级党组织针对问题建立起长效机制，健全内部控制体系，进一步完善项目管理、合同管理、资产管理等相关制度，提高中心运行效率，有效防范违规违纪行为发生。同时建立整改问题台账，逐一整改逐一销号。再次，加强对招投标工作全过程监督管理，通过巡察发现问题、解决问题，最终推动业务发展。加强对参与人员的教育监管，保证招投标工作公开透明、廉洁公正，坚决防止规避招投标、定向设标现象的发生。最后，进一步强化对干部的监督教育和人文关怀，加强对员工日常行为的教育管理，督促广大干部职工遵守相关法律法规和内部规章制度，树立法治意识、红线意识和底线思维，加大对重要部门、关键岗位人员的廉政教育，健全完善制度，减少人为操作空间。[2]

三、落实：确保主体责任落实到位

十八届三中全会《关于全面深化改革若干重大问题的决定》第一次明确提出：落实党风廉政建设责任制，党委负主体责任，纪委负监督责任。两个责任的提出进一步丰富了中国特色反腐倡廉理论体系，完善了落实党风廉政建设和反腐败斗争的重大理论创新成果，对全面推进党风廉政建设和反腐败斗争具有深远的意义。两个责任明确了党风廉政建设的主体责任，对当前巡察整改工作具有重要启示。

（一）落实整改主体责任

2018 年 11 月 27 日，厅 31 次党组会通报了第一轮巡察整改和自查自纠情况，厅党组以鲜明的态度和坚定的决心坚持“一竿子插到底”，不整改到位不放手。厅班子成员切实履行管党治党主体责任，着力解决分管领域存在的问题，年底述职时把落实主体责任作为重要内容，列出履职清单。厅直系统党委及班子成员作为巡察发现问题的直接责任主体，不折不扣落实巡察整改要求，把通报中涉及的工作不到位的单位和人员作为重点，持续不断推进整改。

为了进一步提高认识、落实责任、推进整改、巩固成果，首先，要落实巡察整改政治责任。新修订的《中国共产党纪律处分条例》把巡视巡察整改纳入了政治纪律范畴，不落实巡视巡察整改要求的，给予警告直至开除党籍处分。厅直系统党委及班子成员是巡察发现问题的直接责任主体，必须不折不扣落实巡察整改要求，尤其是通报中涉及工作不到位的单位和人员必须高度重视，继续推进整改。其次，要认真解决发现的问题。集中力量处理通报中指出的还未整改到位的问题，对逾期整改不到位的启动问责，对 51 个共性问题在下一轮巡察中还存在的从严从重处理。最后，抓紧做好第二轮巡察启动工作。首轮巡察对推动厅直系统内部管理规范、业务工作规范、干部行为规范起到了积极作用。驻厅纪检监察组要会同厅人教处、机关党委，按照省委巡视办试点工作要求，在全面总结前阶段工作的基础上，创新方式方法、优化工作流程，积极启动第二轮巡察，推动厅直系统从严管党治党向纵深发展。[3]

（二）明确、细化主体责任内容

驻厅纪检监察组要求厅直系统整改过程中要做到主体责任落实到具体的人，要求每个单位报送整改责任清单。整改责任清单首先要明确每个班子成员的姓名、职务，负责的巡察反馈问题和整改任务，以及整改工作履职情况，做到明确到一把手、班子成员、中层干部、分管领导等，使责任主体主动担当、解决问题，将整改工作落到实处。其次，必须明确和细化班子成员负责的整改项目、整改事项，要求整改内容落到实处，不向纪委推诿塞责。

（三）确保整改规范、到位

被巡察单位的党委是巡察整改的责任主体，“一把手”是第一责任人，分管领导和部门负责人是整改的直接负责人，必须按职责分工推动问题整改到位、整改彻底。同时，纪检部门要履行监督职责，监督整改措施落实到位，避免纪委书记牵头整改的情况发生。针对巡察发现的问题整改，由各单位党委负责解决，党委班子成员按相应分工明确整改范围和任务，严格履行党委主体责任；纪委书记负责对问题的调查处理以及履行纪委的监督责任。

（四）审核审查整改报告

驻厅纪检监察组对所有厅直系统上报的整改材料、整改方案、整改报告进行审查，审查主体责任是否具体、是否明确、是否落实到位。如果发现整改报告中“一把手”没有召开会议落实整改的、“一把手”没有明确具体的整改任务的、班子成员没有分配具体的整改工作的，就在审查意见里直接提出来并反馈回去，甚至打回去，要求重新上报。审核审查整改报告目的在于督促落实整改责任，将巡察整改落到实处，并不意味着提交报告就代表完成整改工作。部分单位履行主体责任做得较好，例如信息中心迅速召开支委会专题研究整改工作，成立巡察整改领导小组，坚持按照“同步整改、跟踪督办、公开透明、接受监督”的原则全力抓好整改落实工作。同时，被巡察的院属6个单位和未被巡察单位，也都成立了以“一把手”为第一责任人的工作领导小组，明确分工、任务和时限，逐一对照巡察反馈问题开展整改和自查自纠。

四、问责：明确纪委监督责任

纪检监察机关是我国国家治理体系的重要组成部分。从以往实践看，各级纪委不仅承担了监督主责，还包揽了一些本应由党委、政府承担的事务，存在着工作面过宽、主业主责淡化等突出问题，致使纪委履职不力。全面从严治党背景下，纪委须聚焦主业主责，致力于强化监督、执纪、问责，提升执纪力度。以强调监督主业为基础，纪委在改变以往“全程参与”的工作理念上实现了以“瘦身”促“强身”，并在“裁判员”“运动员”和“监督员”几种角色中明晰自我角色；以强调执纪主业为核心，纪委在经历“职能混沌”状态之后回归严格执行党规党纪的本位，强化了对党员违规违纪行为的“零容忍”；以强调问责主业为突破口，纪委在坚守“严格问责”这一落实党风廉政建设责任制的重要防线基础上，以质询、追责、惩处等措施做到失责必问、问责严格，警醒其他党政官员，营造风清气正的政治生态。党风廉政建设“两个责任”的提出，明确了纪委的主业主责，推动纪委将更多精力投入到提升监督、执纪、问责实效性的本位之中。

纪委履行监督责任是以人为出发点和落脚点。表面上，纪委履职过程中给人以“原则性”“铁面孔”“查处人”的形象，实质上，这是通过查处少数违纪犯规者，真正维护最广大人民群众的根本利益，维护党的纪律、党的纯洁肌体、保障国家长治久安。纪委“搞教育”“打预防针”“抓苗头”，更是为了防止党员干部滑向违法犯罪的深渊，最大限度地爱护并保护党员干部。纪委的监督责任不同于媒体监督、群众监督及其他监督，这一责任是由党内法规明确规定的，具有专门性和法定性特点。第一，纪委监督权力是由《党章》赋予的，监督责任具有神圣性、专门性、原则性和严肃性；第二，纪委履行监督责任的对象、范围、程序、手段和方法由《党章》《党内监督条例》等党内法规规定，履行监督责任必须以事实为根据，以党纪为准绳，严格依纪依规履职尽责；第三，纪委履行职责的过程是严肃的执纪监督活动，必须产生相应的执纪后果，其执纪监督的效力具有强制性，任何组织和个人均不得凌驾于党纪党规之上。

党风廉政建设和反腐败斗争的艰巨性决定了纪委监督责任的复杂性。从监督对象看，既要监督单位和集体贯彻落实中央关于党风廉政建设的安排部署情况，又要加强对领导干部行使权力和执行廉洁自律情况的监督检查。从监督形式看，既要加强党风廉政教育，增强各级党员干部拒腐防变的能力，又要严肃查处违纪违法案件，形成强大威慑。从工作机制看，既要努力建立和完善“不敢腐”的制度建设，又要深入加强“不能腐”“不想腐”的体制机制建设，推进反腐倡廉体系现代化。从监督内容看，既要坚决维护党章和其他党内法规，严明党的纪律，严肃查处违反党纪的行为，又要持之以恒地纠正“四风”，严查违反中央八项规定精神的问题。从监督时空看，既要监督检查党员干部“八小时”以内的工作作风，又要把监督的触角延伸到“八小时”以外的生活之中。从监督的手段看，既要发挥专职监督机关的工作优势，又要充分利用审计监督、效能监察、群众监督、媒体监督等监督资源，从而确保纪检监督责任全覆盖。纪检监督是纪检机关根据《党章》等党内法规对单位、群体和个人执纪情况的监督，其他监督包括媒体监督、审计监督、群众监督等。纪检监督与其他监督的出发点和目的具有一致性，但二者不能相互代替，纪检监督与其他监督是一种相互促进、优势互补的关系。纪委在履行监督责任过程中，既要重视发挥自身的专门作用，又可以整合利用其他监督资源，充分利用其他监督成果，对其他监督进行“再监督”，进而及时发现问题线索，建立有效的发现问题、查处问题的机制。做到哪里有疑问，就监督到哪里，哪里出现问题，执纪问责就进行到哪里，不断扩大纪检监督的效果。

党委的主体责任是前提，纪委的监督责任是保证。党委的主体责任为党风廉政建设和反腐斗争提供了基本方向，充分履行纪委的监督责任为进一步推进党风廉政建设和反腐败斗争加强了保障。越强调党委的主体责任，对纪委的监督责任就越高、越严格，没有监督责任的落实，就没有主体责任目标的实现。因此，纪检机关监督同级党组织全面落实主体责任；监督同级领导班子成员落实“一岗双责”，既抓好分管部门的业务工作，又加强自身廉洁自律建设，同时加强分管部门的党风廉政建设和反腐败斗争的指导和监督；督促检查下级党组织切实履行好党风廉政建设和反腐败斗争主体责任；围绕党委主体责任目标，自觉落实“三转”，创新工作、履行监督职责，确保党委主体责任落到实处，充分体现纪检机关监督责任的价值。在严峻复杂的反腐形势下，把纪律和规矩挺在前面，严格履行纪检监督责任，切实做到守土有责、守土尽责。

第三节 整改的落实

2018 年 5 月，巡察组将巡察基本情况通报反馈给被巡察单位后，各被巡察单位党委第一时间研究成立了巡察整改工作领导小组，研究、推进、督促整改任务落实，对此进行了三轮整改，第一轮保持整改过程检查，阶段跟踪到位；第二轮整改主要解决第一轮整改未到位问题，各单位开展自查自纠；第三轮整改为解决历史遗留问题，并建立长效机制。在三轮整改过程中坚持“二次问责”，巡视巡察“回头看”，追究整改不力的责任，切实让巡察整改工作提升到一个新的水平。

一、第一轮整改：整改过程检查，阶段跟踪到位

（一）确定整改方案

2018 年 5 月至 6 月是巡察整改方案的确定及驻厅纪检监察组对整改方案的审查、确认阶段。巡察组将巡察的基本情况通报反馈给被巡察单位后，各个被巡察单位党委第一时间研究成立了巡

察整改工作领导小组，研究、推进、督促整改任务落实。各单位党委书记为整改工作第一责任人，全面负责整改工作，并明确由分管领导、各部门负责人作为整改工作的直接责任人，根据职责分工和整改方案，建立了上下全覆盖推进整改的工作体系，进一步压紧压实责任，层层传导履责压力、上下联动、标本兼治，有力推进了整改工作的落实。巡察组列出了被巡察单位巡察反馈意见整改工作方案的模板，要求每一项问题的整改都要由牵头领导、责任部门、责任人及整改措施构成，将整改的责任落实到具体的人上。同时在整改过程中大力促进"三个规范"，即促进单位班子成员尤其是主要负责人的行为规范；促进单位重大决策规范；促进内部管理规范，主要是促进发钱用钱、物资采购、招标、生产经营等问题的规范。巡察组还推动被巡察单位业务工作规范，实现巡察工作做到位、落实处。最后，针对被巡察单位提交的整改方案，驻厅纪检监察组提出审核建议，并反馈给被巡察单位，不合格的重新修改，保证整改措施落到实处、整改方案符合要求。

（二）集中开展巡察整改工作

2018 年 6 月至 9 月，6 个被巡察单位收到巡察整改方案审核反馈意见后开始集中开展整改工作。被巡察单位认真研究落实整改责任分工，切实压紧压实整改工作主体责任，有力推动了整改工作落实。2018 年 9 月，各单位及时上报整改情况报告，报告内容包括：巡察整改总体情况、单位班子成员落实责任情况、已完成的整改任务情况以及整改后单位工作推动情况。

一些单位在巡察反馈会后借此机会全面推进本单位建设工作。厅信息中心始终坚持把巡察整改的过程作为推进中心全面建设的重要契机，将巡察整改作为厅信息中心班子成员坚持“四个意识”的试金石，作为检验“两个责任”的重要标尺。厅信息中心班子成员以强烈的政治担当、责任担当、使命担当，扎扎实实做好巡察“后半篇文章”，确保各项整改措施落实到位。

总体而言，巡察整改总体工作情况良好，但仍然存在一些问题。驻厅纪检监察组组长对厅信息中心巡察整改情况开展督查，提出整改工作要服从于厅党组中心工作，全面落实班子及班子成员的整改主体责任，制度建设要从“前台”做到“后台”，问题整改要从“割韭菜”做到“挖韭菜”层面，全面推动本中心业务工作规范和干部职工行为规范上一个新的台阶。

（三）厅党组会通报

在厅党组会上，厅党组对整改相关情况进行了通报。整改取得喜人成绩。通过整改，各单位紧抓一些过去了解现象但没有具体案例的问题，解决了一些过去想解决但没有解决的难题，纠正了一些过去明知违规但习以为常的陋习。厅直系统班子及其成员从严管党治党的政治自觉和行动自觉不断增强，内部管理规范化程度不断提高，干部职工纪律规矩意识不断强化，风清气正的政治生态不断巩固。巡察发现的管党治党、财务报销等共性问题和重点关注的业务外委问题均得到了一定程度的解决。但同时也暴露出一些问题和不足。一是遮丑护短、人情思维不同程度存在，有的单位在从源头上解决问题方面做得较好，但在对问题本身的整改方面还存在思想准备不足、调查办法不多等问题；二是浮于表面、避重就轻不同程度存在，有的单位举一反三自查自纠的问题，多为组织生活形式单一、学习不够深入等浮于表面的问题，“辣味”不够；三是就事论事、浅尝辄止不同程度存在，有的单位虽然对问题有所触及，但深度不够，只点现象，不说具体问题；有的单位就问题整改说问题整改，没有深入分析问题产生的原因，没有从制度机制方面入手彻底解决问题，把“韭菜根”挖掉。

二、第二轮整改：解决第一轮整改未到位问题，各单位自查自纠

第一轮整改之后，厅党组在党组会上通报第一次整改的总体情况、存在的不足，并针对存在的不足提出了意见，部署第二次整改工作。首先，对第一轮整改没有整改到位的启动第二轮整改。要求厅直各单位要对问题整改到位、责任明确到人、管理行为应当规范，对没有完成的要继续推进整改，并于 2018 年 12 月中旬前将整改情况报驻厅纪检监察组。其次，按照厅党组要求，各单位对涉及整改不到位、不彻底，或避重就轻、浅尝辄止的问题要进行第二次整改，针对未到位问题开展第二轮整改和自查自纠，进一步梳理本单位整改及自查自纠情况。再次，在各单位针对未到位问题开展了第二轮整改和自查自纠后，各单位根据整改情况形成整改报告和自查自纠报告，并上报驻厅纪检监察组。厅巡察办根据各单位上报材料，对 31 个单位二次整改情况进行了审核，从审核的情况来看，31 个厅直单位党组织高度重视、行动迅速、措施实在、效果较好。最后，报经厅党组主要负责人同意，2019 年 1 月 24 日召开的厅党组会通报了整改情况，指出除需长期在工作中坚持整改外，对有明确整改时限要求的，31 个单位中有 24 个单位已全部完成，剩余 7 个单位仍需继续整改，不断加大协调沟通力度，“一竿子插到底”，直至问题彻底整改到位，并及时向驻厅纪检监察组反馈整改情况。

三、第三轮整改：解决历史遗留问题，建立长效机制

由于历史遗留等原因，部分问题整改时间较长。对此，厅党组进行了第三轮整改，坚持问题整改和建章立制同步推进，把建立和完善规章制度作为整改落实构建长效机制的关键环节，以制度建设的成效固化整改成果，积极完善制度体系、强化制度执行，切实做到从源头上堵塞漏洞、解决问题，切实让巡察整改工作提升到一个新的水平。

为解决历史遗留问题，建立长效机制，厅党组主要采取了以下措施：一是抓纪律意识。通过宣传教育、政策法规解读、议事决策、查办案件、监督检查，推动干部职工将纪律意识转化成纪律素养，着力形成依纪依规办事习惯，使得全系统信访数量持续下降，财务管理不规范、议事规则不健全等突出问题得到有效整治。二是抓重大事项。对党委会决定的 135 项“三重一大”事项均明确表态，在干部选任等 6 个事项上提出不同意见，其中修改完善 4 项，否决 2 项；围绕脱贫攻坚精准扶贫工作开展监督，带队对通江县扶贫领域问题开展检查，对小金县、黑水县近三年来国省补助资金使用情况开展专项审计；组织协调局扶贫领域突出问题专项巡察自查和迎检工作。三是抓执纪审查。2018 年驻厅纪检监察组收到的 5 起信访举报中，函询 1 起，初核 4 起，其中转立案 2 起。给予留党察看处分 1 人、行政撤职处分 1 人，行政警告处分 2 人，诫勉谈话 14 人，提醒谈话 7 人，批评教育 2 人，收缴红包礼金共计 11200 元。兴鑫公司曹某违纪案件，涉案时间跨度 5 年，涉及两个工程项目，金额巨大，由于被调查对象被关押或失踪，在驻厅纪检监察组的支持下，运用多种调查手段，协

调多家单位帮助，使违纪人员受到了应有处分。公路医院案件涉案人员多、办案力量弱，驻厅纪检监察组多次开展指导协调，并要求召开专题民主生活会，达到良好的政治、社会、法纪综合效应。四是抓组织建设。驻厅纪检监察组多次组织局纪委委员、直属单位纪检干部共同学习纪检业务，规范执纪审查工作程序；推荐优秀干部到公路医院担任纪委书记，公路医院和疗养院重新设立纪检工作机构；指导7家局直属单位纪委开展换届选举，审议纪委委员人选。

经过集中整改，虽然取得了阶段性的较为显著的整改成效，但对照厅党组巡察组提出的整改要求，各单位仍需持续强化整改认识、持续压实整改责任、持续加大整改力度，切实运用和巩固好厅党组巡察成果，加力、加劲、加措施，把整改任务融入日常工作之中，立足长远，举一反三，着力在推动建章立制、构建长效机制上下功夫，努力以巡察整改的新成效推进各单位高质量发展。对已经完成的整改任务，适时组织开展“回头看”，坚决防止问题反弹回潮；对需巩固、强化和提升的整改任务，按照既定目标和措施，不松劲、不减压、一抓到底；仍需要长期坚持的，要持之以恒、常抓不懈，打好持久战，形成长效化。

四、第二次问责：整改效果的评估

巡察中发现的问题要整改到位。整改问题是党组织主体责任的范畴，巡察整改既要整改巡察发现的问题，也要举一反三，整体推动单位业务工作规范。整改就是解决问题，解决问题要从“割韭菜”层面做到“挖韭菜”层面，同样的问题不再发生才是解决问题，做不到这个层面，整改不到位，工作不过关，除了对导致问题发生的人员从严从重处理外，还要启动“二次问责”，严肃追究相关单位党委、纪委及责任人的责任。自查自纠不认真、不严肃的，也将追究相关单位党委、纪委及责任人责任。主体责任就是要解决分管范围内存在的问题。对分管范围内发生的问题要追究主体责任，对发现了的问题不进行整改或整改不到位的，以及主体责任履职不到位，都要追究责任。巡视巡察“回头看”中追究整改不力的责任，就是“二次问责”。

同时，各单位要明确责任，进一步增强政治意识、责任意识、忧患意识，建立整改工作台账，把积极整改巡察组反馈的问题作为当前首要政治任务。明确党组书记负总责，分管领导承担主要责任，相关部门牵头，各责任单位“一把手”亲自负责整改落实工作，针对反馈问题，制定整改落实情况表，严格按照整改时限，扎实推动整改。结合实际建立工作机制，通过层层约谈督促、层层督察督促、层层宣讲督促，传导责任，压实责任，横向到边、纵向到底，以上率下、层层传导全面从严治党压力，级级夯实责任，压实落实整改责任网络体系。

第四节　整改的效果

通过巡察整改，四川省交通运输厅处理了厅直各单位存在的一大批问题，其中 19 个单位部分问题得到较为彻底的解决。各单位把抓好巡察反馈意见整改作为重大政治任务，通过三轮整改，各单位抓住了一些过去了解现象但没有具体案例的问题，解决了一些过去想解决但没有解决的难题，纠正了一些过去明知违规但习以为常的陋习，推动整改工作取得较好成效。

一、从整体上：部分问题得以解决

通过三轮整改，厅直系统班子及其成员从严管党治党的政治自觉和行动自觉不断增强，内部管理规范化程度不断提高，干部职工纪律规矩意识不断强化，风清气正的政治生态不断巩固。从整体上来看，巡察发现的管党治党、财务报销等共性问题和重点关注的业务外委问题均得到了一定程度的解决。

（一）四川交通职业技术学院

1.对“一卡通和学生公寓供热系统项目监管出现重大漏洞”的问题，通过对周边大学院校热水标准的调研，重新核定了供热收费标准为0.28元/分钟，纠正了经营方擅自提高价格的行为。同时核查了水电表，清理了电表倍数，责成经营方补缴了电费50余万元。2019年8月该项目协议到期后收回，由学院全权统筹管理，杜绝了管理漏洞。

2.对“后勤基建项目资料不齐全、档案管理不规范、大量关键资料缺失”的问题，落实专人负责基建档案资料的收集、整理和归档，进行扫描数据信息化处理，实现档案电子化管理。

3.对“后勤库房管理不规范”的问题，零星采购进行比选确定供应商，同时建立出入库管理制度，所有入库、出库、验收均履行签字手续，每月进行定期盘点。

（二）厅公路规划勘察设计研究院

1.针对项目外部采购生产单位与经办人员自由裁量权较大、询价及报价随意性较大、缺少成果验收环节等问题，修订完善了《外部供应项目采购管理办法》，明确了采购组织和邀请单位产生方式、明确了外部采购成果验收的部门及流程等。

2.针对差旅费报销中民工工资现金发放及代签、出差范围补助不明确、报销要素不齐备等问题，修订《差旅费管理办法》，解决了以前差旅费开支不规范、不完善、不系统的问题。

3.针对外部劳务和内部跨部门人员使用管理不规范的问题，重新制定《临时个人劳务管理办法》，对临时个人劳务的界定、录用、管理、费用开支内容和标准、劳动保险和相关表卡等作了统一规定。

（三）四川省交通运输厅交通勘察设计研究院

2018 年前，交通院业务外委由生产部门自行决定，不通过院办公会，也不通过院党委会决定，程序倒置、围标串标、规避招标、成果验收流于形式等现象突出，存在很大的干部职工寻租空间，廉政风险高。2017 年，厅党组将该院列入第一轮巡察，通过巡察摸清情况，找准根源，提出规范企业管理，问题整改从“割韭菜”做到“挖韭菜”，院党委以此为契机从根本上改变单位外部委托业务的管理模式，所有业务外委均需由院党委集体研究决定，建立统一规范的供应商库，所有业务外委单位均从库中随机选择并进行对比后确定，所有外部委托业务成果均需严格验收，并以此为依据对入库单位进行评价和动态管理。此前，交通院实际上实行的是内部承包制，生产单位本着“节约归己”的原则，虚报乱报现象突出；现在，实行严格的生产成本控制制度，本着“节约归公”的原则，生产单位虚报乱报现象得到根本遏制。

（四）厅高速公路监控结算中心

1.针对“落实全面从严治党力度不够”的问题，成立纪检办公室，明确专职纪检人员，从机制上保障单位党建和纪检工作规范开展。

2.针对“高速公路通行卡”问题，开发建立高速公路网复合通行卡管理系统，通过信息化规范通行卡的管理、调配、报损等。

3.针对“服务、设备采购决策程序存在重大漏洞”的问题，完成OA平台商务管理模块开发，实现决策程序控制、全程跟踪防控、资金拨付监督，切实降低商务采购工作的廉政风险。

（五）厅信息中心

信息中心巡察整改之后，信息中心的制度、招投标工作、廉政风险点都得到了不同程度的改变，招标文件技术参数也进行了纠正和调整，取消了授权、知识产权专利等具有排他性和指向性的指标，进一步健全完善并严格执行项目招投标管理、采购管理、薪酬管理、财务管理、项目建设管理等方面的制度规定，通过整改填补“制度空白”和“制度漏洞”，推进中心业务管理。“前台”“后台”并举，在前台制度建设取得一定进展的基础上，充分运用信息技术和手段，进一步加大开放技术交流的力度，强化内、外流登记备案、主动回避报告制度、围标预警机制等后台机制的研究和流程再造，最大限度减少人为干预，使后台建设有章可依、有迹可循，使中心各项业务工作“前台”和“后台”建设都在阳光下运行。

（六）厅交通史志总编室

1.明确“三重一大”事项必须召开支部会议集体决策，规范了大额资金支出和选择承包人的决策程序。

2.严格审校费发放，清退司机、会计、出纳领取的与工作职责不符的审校费、资料费。

3.进一步严格财务报销把关，清退住宿费超额报销部分、伙食补助费重复报销部分。

（七）厅机关后勤服务中心

对锦官城公司债权债务清理不到位的问题，提出加快置换旧房，与职工协商利用处理旧房所得价款退还职工集资款，进一步清理锦官城公司债权债务问题。

（八）省交通运输工会

1.针对“未建立拨缴经费收入台账”问题，及时筹建拨缴经费收入台账，及时与基层、省工会核对账目，复核基层工会是否按时存缴，确保工会收缴、划拨完整、准确。

2.针对“固定资产管理不够规范”的问题，完善内部管理制度和相关流程，对实物进行核实并实行台账管理，确保资产账实相符。

（九）厅公路局

针对“纪检组织作用发挥不够”问题，公路局调整了公路医院纪委书记，选举产生新一届纪委。公路医院纪委改组 2 个月以来，诫勉谈话或提醒谈话 13 人次，收缴 7 人违规收受红包 11200 元，真正做到了见人见事见责任。

（十）厅航务管理局

1.针对“项目计划上报资料审核把关不严”的问题，对各级航务管理机构及交通运输主管部门资料上报流程、审核要求等内容进行了规范。

2.针对“渡改人行桥项目进度督促力度不够”的问题，对迟报、漏报、错报的单位每月严格执行报表扣分制度，对无法完成省委、省政府实施目标的地区，建议厅纳入交通运输“负面名单”管理，并暂停全部省级补助资金安排，将工作完成情况纳入年度目标考核内容。

（十一）厅道路运输管理局

1.针对“公车私用”问题，厅运管局分析了问题产生的原因，完善了公务用车使用登记制度，落实公务用车登记统计制度，定期开展 ETC 通行记录和派车记录比对。

2.针对“财务管理”问题，将财务人员工作质量纳入党员积分体系，倒逼财务人员增强责任心，从制度和工作流程上堵塞漏洞。

（十二）厅高速公路管理局（执法总队）

1.针对执法管理不规范、“吃拿卡要”、大件运输审批护送故意设卡刁难、违规收费、“两仪”使用不规范、随意性较强等方面问题开展“工作不落实、为政不廉洁”问题专项整治工作，开展专项整治工作“大走访”活动，深入 13 个市（州）交通运输局召开座谈会。

2.重点解决了财务把关不够严的问题，通过局（总队）统筹全系统财务核算的方式，由单独核算变为集中核算，实现了财务监督关口前移。

（十三）高速公路执法第四支队

针对“部分派车单的填写不够规范，内容填写不全”的问题，明确要求除执法巡逻用车外，其他公务用车须事前通过支队企业微信平台进行用车申请和审批。

（十四）高速公路执法第六支队

1.针对“行政处罚文书不规范”的问题，组织开展业务培训，抽调业务骨干制作 22 种案卷模板，确保行政处罚程序合法合规，案卷制作规范正确。

2.针对“采购及招投标管理机制存在廉政风险”的问题，完善了财政评审中心参与预算评审和结算评审的工作机制。

（十五）省路网监测与应急处置中心

1.主动提出对历史遗留及债权债务的清理。将蜀宏监理事务所债权债务、长期投资但账面未反映收益情况及经营亏损 64 万未挂账的问题进行整改，时间定期 2 年。

2.通过工作执行中发现财务、采购、预算内控制度对相同业务工作规定不一，存在廉政隐患的问题，及时对不符合国家现有规定的情况进行修改和完善。

（十六）四川工程咨询监理公司

针对公司 307、310 监理项目试验检测设备因使用管理不善导致设备提前报废问题，公司党委将 3 名责任人纳入公司失信人员名单，不再录用，对 1 名责任人处以 4000 元罚款并进行通报批评，1 名责任人进行提醒谈话，对其余 2 名工作人员进行批评教育并在部门内部通报。

（十七）省公路交通应急物资储备中心

对财务管理及报销审批不规范的问题，自查所有凭证单据，对财务报销中缺失的原始单据进行补齐，通过建立票据管理制度，对财务人员进行政治理论、专业知识的培训，进一步加强对会计基础管理工作，严把报销审核关。

（十八）省交通管理学校

全面梳理学校各项规章制度，做好废改立工作。例如，在《外聘专家有关费用支出标准暂行管理办法》中明确大额度资金标准，增加非专业技术人员讲课费、讲座费标准条款；在《零星物资采购及零星维修工程管理办法》中增加领用部门负责人签字的规定，增加批准合计金额为 1 万元的标准以及增加服务采购内容和其他必要的条款。

（十九）交通职业技术学校

针对 5.16 纪检信访件的执纪问责中发现的问题，对当事人诫勉谈话，责令其作出深刻检讨，并给予重大教学事故处理；对汽车工程系领导班子集体约谈；对汽车系分管教学的系领导提醒约谈；责成汽车工程系对教学管理薄弱环节进行整改，教务科牵头以期末教学检查为契机，采取自查与抽查相结合的方式，在全校开展常规教学管理大检查。

二、厅直系统工作：“三个规范”有效增强

在巡察整改过程中，厅直系统“三个规范”逐步得到增强：即促进单位班子成员尤其是主要负责人的行为规范；促进单位重大决策规范；促进内部管理规范，主要是促进发钱用钱、物资采购、招标、生产经营等问题的规范。巡察组积极推动被巡察单位业务工作规范，保证巡察工作做到位、落实处。

三、巡察评估：整改效果较好

第一，在主体责任的落实方面，厅党组对巡察整改和自查自纠提出四个方面的明确要求，即驻厅纪检监察组加强督促指导，通过召开 17 次组务会和工作例会研究推进整改工作落实措施；组织力量集中审核各单位报告；梳理整改任务完成情况，以及驻厅纪检监察组组长赴 2 个被巡察单位指导整改工作。各单位党组

织自觉把整改和自查自纠主体责任扛在肩上、抓在手上，认真研究反馈和自查自纠问题，制定整改方案，建立问题清单、任务清单、责任清单，按图施工、逐一销号。“一把手”通过听取进展情况、研究解决问题等方式做到全过程参与、督促、指导相关工作。班子成员按照分工，在各自分管领域查问题、堵漏洞、抓整改，真正做到了全员参与。例如，公路设计院主要负责同志要求把整改情况作为季度审计重要内容；运管局 5 名班子成员直接负责分管领域的问题查纠，对大件公司开展了内部巡察；公路局由分管局领导负责对直属企业开展检查；管理学校党委参照巡察模式，组织开展内部巡察。

第二，深究细查，各单位按照厅党组要求，对巡察发现的普遍性、倾向性问题，及时分析研究，提出解决措施，完善制度机制，举一反三，推动源头防范，从“割韭菜”做到“挖韭菜”，实现了巡察和规范业务工作、推动业务工作的有机结合。例如，高管局完善党建、财务管理等方面的 59 项制度，重点解决财务把关不够严的问题，全系统财务核算方式由单独核算变为集中核算，实现财务监督关口前移；信息中心前移招投标工作监督关口，建立专家库对技术核心参数、重要条款进行审查，选取咨询公司进行项目建设全过程造价咨询。公路局针对通村公路项目采用“一事一议”规避招标、违法分包的问题，研制《关于进一步规范通村公路建设管理的通知》，全面停止村民委员会担任村道公路建设项目业主行为。

第三，从点到面，充分释放巡察正效应。被巡察单位针对反馈的问题在本单位开展全覆盖自查自纠，未被巡察单位对照共性问题清单开展自查自纠，有的单位还从查找共性问题做到了深挖个性问题，解决了一些历史遗留问题。例如，后勤中心全面清理锦官城公司债权债务提出加快置换旧房、与职工协商利用处置旧房所得价款退还职工集资款等措施。航务局聘请第三方专业人员，对11个处室进行全面自查，重点对项目管理、计划下达、现场核查等工作进行自查自纠，共查找问题11个，制定整改措施17条。六支队抽调业务骨干制作22种行政执法案卷模板，确保行政处罚程序合法合规，案卷制作规范正确。

第四，巡察和办案的结合（纪检一体化）。按照厅党组要求，各巡察组紧盯问题整改不放松，通过个案指导、专题研究、报告审查等方式，加强督促指导，确保问题逐一整改到位。驻厅纪检监察组紧盯线索核查不放松，组织相关单位集中力量开展核实，2018年巡察发现的18条问题线索，已完成初核6条，正在核查11条，立案和拟立案3件。被巡察单位按照要求建立问题整改台账，明确整改措施、责任主体和完成时限。整改过程中，多次就问题定性、责任划分、处理方式等同驻厅纪检监察组及巡察组沟通，确保将对问题发生负有责任的人员全部纳入处理范畴。自查自纠单位不等不靠，立行立改，查改一体，与被巡察单位同步推进整改工作。例如，交通职业技术学院纠正一卡通和学生公寓供热系统监管不到位问题，责成经营商补缴电费50余万元，明确该项目协议到期后，由学院全权统筹管理。史志总编室全部完成4个方面12个问题的整改，对驾驶员公车私用问题，责成其在职工大会上作深刻检查，由其本人支付费用800元。咨询监理公司对使用管理不善导致试验检测设备提前报废问题，将3名责任人纳入公司失信人员名单，不再录用，对1名责任人处以4000元罚款并通报批评，1名责任人提醒谈话，2名工作人员批评教育并在部门内部通报。对监控结算中心工作人员串通投标案，给予当事人降低岗位等级处分，给予单位分管领导和部门负责人诫勉谈话，给予单位主要负责同志批评教育，对该单位班子进行集体提醒谈话。

注：

[1] 四川省交通运输厅：《厅党组会通报巡察情况的主持词》。

[2] 四川省交通运输厅：《第三巡察组关于巡察厅信息中心基本情况的通报》，第 1–2 页。

[3] 四川省交通运输厅：《2018 年 11 月 27 日第 31 次厅党组会汪洋厅长主持词》。

本章小结

习近平总书记强调，“抓整改要动真碰硬、攻坚克难，上下协力、加强联动，持续用劲、步步为营，不达目的不罢休。”“凡是有问题不整改、大问题小整改、边整改边再犯的，都要严肃批评教育，必要时采取组织措施和纪律措施。”整改工作面宽量大，时间紧、任务重、要求高，必须坚持抓早动快、举一反三、标本兼治。要注重方式方法，增强抓整改落实的实效性。要强化分类施策，对能马上整改的，要立行立改、即知即改；对涉及多个部门（单位）的，要集中开展专项整治；对已经整改完成的，要适时开展“回头看”，进一步巩固整改成效。要强化督促检查，既要督任务、督进度、督成效，又要查认识、查责任、查作风，坚决防止整改工作避重就轻、避实就虚。要强化成果运用，对整改不力、敷衍整改、虚假整改的，要严肃追责问责。

厅党组、驻厅纪检监察组第一轮巡察工作“一针见血”地指出了各个单位存在的问题和不足，帮助各个单位找到问题，查清楚问题，中肯地提出针对性、操作性强的整改意见和要求，督促各个单位自己查找问题，进行自我纠正、自我完善。各单位党委认识到位，抓好整改是巡察的要求，是自身规范管理、高质量发展的要求，全面快速开展整改行动，精心安排部署整改工作，确保整改任务按期保质完成。

第五章
专 项 巡 察

专项巡察制度是党的十八大以来中国共产党在党内巡察工作实践上的一大创新。从党的历史看，中央组织对地方组织的巡视由来已久，巡视制度是对党组织和党员领导干部的政治巡视，而巡察是巡视制度的市县级环节，也是党内监督和党的纪律检查体制的一部分。十八大以来，党大力推进巡视巡察工作实践创新，明确表示要“创新组织制度和方式方法，探索专项巡视。”[1]十九届中央第二轮巡视针对脱贫攻坚领域，首次围绕一个主题、集中在一个领域开展专项巡视，要求“盯住‘关键少数’，聚焦脱贫攻坚重点对象，深入查找脱贫攻坚中普遍性、倾向性问题”[2]。由此，脱贫攻坚专项巡察作为一项战略性制度安排也适时而生。扶贫领域的专项巡察，不仅关系着国家打赢脱贫攻坚战的胜利，更关系着全面建成小康社会的稳步推进，关系着每一个人民群众切身利益得到真正维护。

为了实现人民对美好生活的向往，必须要加快规范和完善专项巡察制度，坚持专项巡察制度以问题为导向、以职责为使命，发挥巡察“打通最后一公里”的功能优势。通过认真分析专项巡察工作中存在的实际问题，总结制度构建中累积的实践经验，进一步推动专项巡察工作全面开展、更有成效。

第一节 专项巡察的意义

按照党中央的部署和安排，2018年4月，四川省纪委下发关于进一步做好扶贫领域腐败和作风问题专项治理工作的通知，要求全省各级纪检监察机关建立蹲点调研督导制度，创新监督方式，开展专项督查，进一步完善问题发现机制，建立直查直办制度，持续深化扶贫领域腐败和作风问题专项治理工作。2018年9月，省委巡视办启动了扶贫领域专项巡视工作，在此背景下，相关单位积极做好巡视准备，内部启动扶贫专项巡察，开展扶贫自查自纠工作。

一、开展专项巡察工作是对脱贫攻坚政治责任的有效监督

开展脱贫攻坚专项巡察工作，是全面贯彻中国共产党脱贫攻坚政策的关键一步。党的巡察工作是政治巡察，因此具有不可替代的政治体检、政治监督、政治生态净化三项政治功能，承担着“两个维护”的重大政治责任，在保证党的路线方针政策得到全面贯彻执行、推进党中央决策部署得到全面落实上发挥着巨大作用。党的十九大强调必须“坚决打赢脱贫攻坚战。让贫困人口和贫困地区同全国一道进入全面建成小康社会。”[3] 2018年2月12日，习近平总书记在四川成都市主持召开“打好精准脱贫攻坚战座谈会”上也强调，要清醒地认识到脱贫攻坚任务的艰巨性和重要性，清晰地将脱贫实践工作中所面临的突出问题一个个解决，扎实稳步推进脱贫攻坚战。打赢脱贫攻坚战，推进全面建成小康社会，是中国共产党对中国人民的庄严承诺，是中国人民实现美好生活、增强幸福感和获得感的唯一途径。为了大力实施精

准扶贫、精准脱贫，打好关键一战，围绕打赢脱贫攻坚战开展专项巡察，加强重点领域监督、开展专项工作检查、及时纠正实践偏差，对确保全党上下思想统一、步调一致为如期全面脱贫共同奋斗有着重大意义。

2017 年，四川省都江堰市纪委把开展扶贫领域突出问题专项整治工作摆在重要位置，开展“点穴式”巡察、“订单式”督查，以精准扶贫实效提升群众满意度。针对问题开展“点穴式”巡察，该市成立 3 个巡察组，针对扶贫领域中专项资金使用、扶贫工程项目建设、低保扶贫中存在的突出问题，开展专项巡察。对该市农林局、市民政局、市房管局的巡察过程中，共开展谈话 83 人次，延伸走访相关乡镇（街道）、社区 20 次，接到巡察对象相关信访反映 2 件，发现问题线索 6 条，发出立行立改整改通知书 6 份，向市纪委移送问题线索 1 条。从四川省脱贫攻坚专项巡察工作实践来看，专项巡察制度所具有的以突出问题为导向、精准消解问题为目的的鲜明特点，有效促进了对脱贫攻坚政治责任的有效监督、发挥了纪检监察机关执纪监督的功能优势。

对被巡察机关单位落实脱贫攻坚政治责任的有效监督，就是要把“专”的工作落实到底，专项巡察工作要紧紧围绕落实党中央脱贫攻坚方针政策、落实党委（党组）脱贫攻坚主体责任、落实纪委监委（纪检监察组）监督责任和有关职能部门监管责任、落实脱贫攻坚过程中各类监督检查发现问题整改任务等“四个落实”，深入开展监督检查。这一工作定位在强调巡察工作把握政治方向和提高政治站位的同时，在监督工作上更要做到聚焦专门领域、解决特定问题，进一步聚焦脱贫攻坚专项巡察任务。

巡察工作要做到“八看”，即看中央脱贫攻坚方针政策精准落实情况、看省区市党委履行脱贫攻坚主体责任情况、看相关中央和国家机关按照部门职责履行脱贫攻坚责任情况、看纪检监察机关履行脱贫攻坚监督责任情况、看各类监督检查发现脱贫攻坚过程中问题整改落实情况、看脱贫攻坚过程中干部队伍建设情况、看抓党建促脱贫攻坚和基层党组织建设情况、看东西部扶贫协作和中央单位定点扶贫工作开展情况，把“四个落实”任务做得更加细致、具体。

总之，专项巡察工作的开展和实施过程，就是不断促进巡察、巡视干部承担脱贫攻坚政治责任、明确自身所担负的责任和使命的过程。

二、开展专项巡察工作是对脱贫攻坚工作落实的全面体检

只有经常开展政治体检，党员干部的党性才能更纯洁。习近平总书记指出：“要把党的政治建设摆在首位，贯彻落实新形势下党内政治生活的若干准则，让党员、干部在党内政治生活中经常接受政治体检，增强政治免疫力。”[4] 这些重要论述不仅强调了党员干部严肃党内政治生活的重要性，而且为新时代背景下推进党的政治建设指明了方向。显然，开展专项巡察工作是对脱贫攻坚工作落实的全面体检，这样一次全面的“政治体检”，能够结合被巡察单位各自承担的工作任务和开展情况，找出薄弱环节，精准发现问题，精准提出工作建议，精准反映出本部门（单位）开展扶贫工作的现状。

2018 年，十一届四川省委第三轮巡视工作动员部署会召开，会议传达学习了中央和省委有关巡视工作精神。会议明确，十一届省委第三轮巡视从 9 月开始，利用 2 个月左右时间，对 52 个地区和部门开展扶贫领域专项巡视。专项巡察要发挥专项巡视优势，突出脱贫攻坚主题，带着问题精准出击，紧盯“关键少数”

靶向发力。要坚持巡视带巡察，上下联动、成果共享，省委巡视组要发挥统领作用，周密组织安排，加强统筹协调，市县巡察组要主动配合，确保取得扎实成效。要严明纪律要求，坚持实事求是，依纪依规开展巡视，以实际行动维护巡视干部良好形象，充分发挥专项巡察工作的政治体检作用。

总之，专项巡察工作的全面体检作用就是要发挥专项巡察“专、准、狠”的优势，紧盯脱贫攻坚工作的重要决策部署，将群众反映集中的突出问题与实际巡察所发现的问题相结合，坚持问题导向，推动巡察工作“政治体检”关口前移。

三、开展专项巡察工作是对脱贫攻坚工作生态的多重净化

政治生态反映了一个地方政治生活的总体情况。机关单位内部的政治生态好，就能够提高工作效率、工作质量，激发党员干部的激情活力；反之，就会推诿扯皮、效率低下，使工作进展缓慢甚至停滞不前。党的十八大以来，以习近平同志为核心的党中央多次强调全面从严治党的重要性，高度重视党内政治生态建设工作，多次强调要培育风清气正的政治生态、营造廉洁自律的良好环境。在党的十九大报告中，习近平总书记鲜明提出“全面净化党内政治生态”，并在十九届中央纪委二次全会上作出实现党内政治生态根本好转的重大决策部署。为了净化脱贫攻坚工作中的政治生态，有效、全面的专项巡察工作是必不可少的。

2017 年，汶川县印发《脱贫攻坚专项巡察亮牌问责实施方案》（简称实施方案），成立 10 个脱贫攻坚专项巡察组，围绕政策落实、项目推进、帮扶主体责任履职尽责、群众主体作用发挥等情况进行巡察，着力解决脱贫攻坚领域中发生在群众身边的腐败问题和不正之风，着力解决脱贫攻坚领域不作为、慢作为、乱

作为问题，确保今年16个贫困村退出、750名贫困人口脱贫和全县“摘帽”的目标任务。四川省以专项巡察工作为依托，切实改善脱贫攻坚工作中存在的政治生态腐坏的问题。

廉洁问题是政治生态净化的关键。中央和中央纪委开展扶贫领域腐败和作风问题专项治理，开展专项巡察是接受专项巡视前的自查自纠。要对定点帮扶县扶贫领域开展专项督察，并且将扶贫领域腐败和作风问题治理工作作为专项巡察工作的重点。总之，专项巡察工作就是要求各级领导干部始终牢记自身所肩负的责任与使命，坚持从我做起、从现在做起，以自己的模范行为带动形成风清气正的良好政治生态。

第二节 专项巡察的内容

为贯彻落实习近平总书记在深度贫困地区脱贫攻坚座谈会上的重要讲话、习近平总书记来川视察重要讲话精神、全省深度贫困县脱贫攻坚工作会议精神，2018年9月省委巡视办启动了扶贫领域专项巡视工作，交通厅作为省扶贫领导小组成员单位接受省委巡视。为认真做好巡视准备，厅党组决定并领导驻厅纪检监察组、厅机关党委具体组织实施扶贫专项巡察，对12个处室、5个厅直单位开展扶贫工作自查自纠。

一、全面落实责任问题

重点巡察对脱贫攻坚的重要性、艰巨性、紧迫性认识不足，领导责任落实不到位，主动作为不够，工作指导督促不够，推动组织实施不及时不到位等方面的问题。

第一，政策落实情况。是否认真落实中央、省委、交通部关于脱贫攻坚的决策部署，是否存在“打折扣”“搞变通”等情况。第二，巡察领导责任落实情况。主要负责同志是否认真研究指导交通扶贫重大政策和重大问题；是否把脱贫攻坚工作作为重大政治任务和第一民生实事进行安排部署；是否把交通扶贫领域腐败和作风问题专项治理作为落实管党治党责任的具体行动纳入本单位、本部门重点工作；是否切实履行主体责任和监督责任；分管负责同志是否深入扎实抓好工作落实，具体负责部门是否切实履职尽责。第三，工作任务落实情况。是否根据相关规划，制定交通扶贫年度工作计划，分解行业扶贫以及定点扶贫、联系片区、对口支援等专项扶贫工作年度重点任务。第四，调查研究落实情况。是否主动开展交通扶贫调查研究，是否掌握全省面上工作的进展情况；对苗头性、倾向性问题是否认真研究解决，统筹推进交通扶贫各项工作。

二、检查扶贫工作落实

重点巡察扶贫工作举措不精准、政策措施操作性不强、搞形象工程、用部门一般性工作代替扶贫工作等方面的问题。首先，《十三五交通扶贫规划》《支持深度贫困地区交通，脱贫攻坚实施方案》和交通运输厅扶贫规划是否实施；其次，是否以深度贫困地区为重点加大政策倾斜支持力度；最后，具备条件的乡镇通油路和建制村通硬化路、具备条件的建制村通客车等兜底性目标任务完成进度情况，未完成的是否找到问题症结，是否有针对性地提出措施加以解决。

三、监督帮扶计划实施

第一，重点巡察定点帮扶计划是否下达；第二，是否做到“六个精准”即帮扶对象精准、项目安排精准、资金使用精准、措施到户精准、因村派人精准、脱贫成效精准；第三，定点帮扶工作是否有检查、有督促；第四，厅下达的定点帮扶县、帮扶村、帮扶户年度任务是否按计划完成；第五，当前定点帮扶还存在哪些问题。

四、优化项目资金管理

在交通扶贫专项巡察领域重点关注项目和资金监管不严、未按规定执行公开公示公告制度、资金管理使用中失职渎职、对贫困县统筹整合财政涉农资金用于脱贫攻坚支持不坚决甚至软抵制等方面的问题。

五、加强干部队伍管理

重点巡察弄虚作假、是否数字脱贫、虚假脱贫，确保脱贫成果经得起检验。第一，调查研究是否形式主义、官僚主义，确保调研成果的真实性和有效性；第二，是否严格执行中央“八项规定”；第三，基层干部是否进行业务培训；第四，是否选派了懂扶贫、作风硬的交通扶贫干部；第五，是否存在“挂名走读”的问题，第六，其他政策宣传不到位、弄虚作假等方面的问题。

六、规范考核监督标准

重点巡察考核评估不较真碰硬、督查避重就轻、发现问题隐瞒不报、问题整改不落实等方面的问题。第一，对“四好农村路”是否进行督导，是否开展交通扶贫督查工作；第二，是否对交通扶贫项目建设、质量安全和资金使用等进行监管，是否严格进行市场监管和质量安全指导；第三，对排查考核和监督反映出来的问题是否进行了整改；第四，对制度缺陷和体制机制保障出现的问题是否有针对性进行了完善。

七、了解其他多方面问题

对厅机关各处室重点巡察三方面，一是扶贫工作任务的完成情况及对全省扶贫工作涉及本处室业务的行业指导督促落实情况；二是本处室负责的定点帮扶工作任务完成情况及存在的问题；三是对扶贫工作任务负责牵总的处室，如厅办公室、厅规划处、厅机关党委，要从厅党组如何部署落实、如何统筹协调、主体责任如何落实等方面重点巡察。对各单位上报的自查报告要严格按照方案要求进行审核，必须包括几大要素：工作任务完成情况、存在的问题和薄弱环节、下一步打算及对厅党组的建议意见。

第三节 专项巡察的成效

通过此次交通扶贫专项巡察，基本摸清了交通扶贫工作现状，基本找准了交通扶贫工作中的薄弱环节，被巡察单位根据查找的问题立即进行整改，为 2020 年全面完成交通扶贫任务打下了较好的基础。

一、明确被巡察单位出现的工作问题

专项巡察期间，每个被巡察单位集中一个月的时间开展自查自纠，六个巡察组根据各单位自查自纠和巡察情况认真进行梳理汇总，形成巡察报告反馈给被巡察单位，要求大家边查边改，推动扶贫攻坚各项安排部署落到实处，17 个被巡察单位共查找问题 82 条。针对巡察中发现的问题，17 个被巡察单位提出整改措施 101 条、工作建议 22 条。巡察组关注的重点是 45 个深度贫困县的交通扶贫工作，发现的主要问题有：交通扶贫工作开展不力、工作推不动、项目建设滞后、项目管理问题较多、项目质量问题突出、群众意见较大、反映较强烈、信访举报较多、资金使用不规范、省委省政府和厅党组确定的目标完成较差、发生腐败案件、领导干部被追责问责等。

巡察坚持问题导向，全面梳理、掌握厅落实省委、省政府和交通运输部有关扶贫工作决策部署的情况，找出问题、加紧整改，推动扶贫攻坚各项安排部署落到实处，更好地迎接省委专项巡视。巡察要求厅领导切实履行好主体责任，督促分管部门（单位）再次对标省委、省政府、交通运输部和厅党组的工作安排部署，对各自承担的交通扶贫目标任务进行认真、全面梳理，特别是重点建设项目、重点扶贫工作的进展情况和薄弱环节要做到底数清、情况明、措施准。对此次巡察发现的问题，涉及立行立改的，按时间计划抓紧整改到位；对短期不能整改到位的，倒排工期，确保如期整改到位；对涉及其他地方和省级部门需要改进的相关工作，及时向厅党组提出意见建议，推动交通扶贫工作落实到位。同时要求各单位结合此次专项巡察，做好交通扶贫相关资料的收集、汇总和组卷工作，迎接省委巡视组专项巡视。

二、推进专项巡察结果倒查

专项巡察以中央、省委、专项检查（巡视）的标准为依据，以巡视合格为目标，被巡察单位能否过关，不是由巡察组来判定，而是由被巡察单位自行判定，实行结果倒推，巡视过关则过关，巡视未过关则进入问责程序。所有的问题建立问题清单，形成巡察报告，自己找到问题，自己解决问题，把工作做在前面。被巡察单位不等、不靠，积极发挥主观能动性，坚持实事求是、全面自查自纠。此外，专项巡察对此次被巡察单位自己找出的问题，原则上不作为责任追究的由头。但是，对自查自纠工作不力、平时工作效果不好、存在问题较多的部门、单位，属于责任追究范畴。实行结果倒查，上级机关专项检查（巡视）中不过关的被巡察部门（单位），一律从重、从严追究责任。

三、督促交通扶贫专项工作整改

此次专项巡察中，厅领导班子与分管部门联合对交通扶贫工作中履行主体责任情况进行梳理；办公室、法规处、规划处、财务处、人教处、建管处、公路处、审批处、运输处、安全处、审计处、机关党委等 12 个厅机关部门，厅公路局、航务局、运管局、质监局、交通职业技术学院等 5 个厅直单位，重点围绕交通扶贫职能职责、工作任务、行业监管等方面的内容，特别对 45 个深度贫困县的交通扶贫任务开展情况进行全面梳理总结；认真分析工作薄弱环节，客观找出自身的问题，并针对自身不足提出整改措施、工作建议；巡察组加强工作统筹、加强过程指导、加强重点督促，确保巡察工作取得实效。

针对巡察中发现的问题，17 个被巡察单位提出整改措施 101 条、工作建议 22 条。对找出的自身问题进行立即整改，明确了整改完成时限；对行业监管方面的问题，能整改的研究制定具体措施，切实加强行业监管，不能整改的提出工作建议。其中，立行立改 2018 年底前完成 55 条。比如，办公室、规划处和公路局进一步强化和完善厅交通扶贫工作领导小组办公室职能职责和工作运行机制；规划处将扶贫工作不力单位纳入“负面名单”管理；公路局对专项督查发现的问题挂牌督办，大力推广已开发的 APP 软件应用，强化对重点地区、重点项目督导；运管局对客运站点建设滞后问题限时督办；建管处建立清单台账，定期通报进展不力项目；航务局再次部署全省建桥撤渡工作，对落实情况进行督办；人教处加强挂职干部动态管理；财务处组织开展省补助资金重点检查；机关党委加强定点扶贫和驻村工作干部培训。

注：

[1] 《王岐山在十八届中央纪委三次全会上的工作报告》[N] .《人民日报》，2014-1-28（2）.

[2] 《中央首次就“脱贫攻坚”开展专项巡视重点将做到“八看”》[EB/OL] .人民网（2018-10-10）[2021-12-10] .http://fanfu.people.com.cn/n1/2018/1010/c64371-30331892.html

[3] 习近平：《决胜全面建成小康社会 夺取新时代中国特色社会主义伟大胜利：在中国共产党第十九次全国代表大会上的报告》[M] .北京：人民出版社，2017:47.

[4] 汪金权：《把党的政治建设摆在首位》[J] .求是，2017（22）.

本章小结

在脱贫攻坚专项巡察中，巡察机关紧紧围绕脱贫攻坚工作的决策部署、关键性环节和后期整改问责等方面，在发现问题、发挥“利剑”功能上下功夫，在整改问题、促进工作效率上见成效，做到全力保障脱贫攻坚重大政治任务顺利推进、完满落实。专项巡察期间，每个单位、每个部门都认真查找了自身存在的问题，有些单位还不止三四个问题。所有查找到的问题都有问题清单，每个单位都形成了一个巡察报告。所有单位都从工作当中自己找问题，本单位、本部门自己解决找到的问题，自己把工作做在前面，这是非常关键的点位。驻厅纪检监察组高度重视专项巡察过程中存在的薄弱环节，实事求是地精准发现问题、解决问题，真正将此次扶贫专项巡察工作落到实处。

开展交通扶贫工作专项巡察，是厅党组作出的安排部署，提出了“三个务必”。一是务必高度重视。专项巡察时间短、任务重，被巡察单位要从讲政治的高度来认识、来对待，积极配合、接受巡察，并落实在具体行动上。被巡察单位主要负责人要亲自抓落实，严格时间节点，对照厅党组的系列安排，全面梳理、认真自查；厅机关各部门、厅直各单位要协调联动、互补互促、正向给力，共同把这项工作任务完成好。二是务必要实事求是。实事求是是党的思想路线的核心，是做好一切工作的生命线。从现实情况看，交通扶贫领域还不是一片“净土”，还存在问题。巡察组要坚持实事求是，结合各自承担的工作任务和开展情况，找出薄弱环节，精准发现问题，精准提出工作建议，精准反映出本部门（单位）开展交通扶贫工作现状。绝不能绞尽脑汁去编造材料，应付检查；绝不能大而化之、心存侥幸。三是务必要保持定力。离奋斗目标越近，越容易松劲、越容易懈怠。巡察组和被巡察单位要按照厅党组扶贫工作规划和年度目标任务，坚持戒骄戒躁，始终保持专注定力，认准目标不动摇、咬定青山不放松，一项工作一项工作地推进，一个问题一个问题地解决，圆满完成省委、省政府下达给厅党组的各项交通扶贫任务。

第六章
巡察与执纪审查一体化

党的十九大报告在提出健全党和国家监督体系内容中，指出“深化政治巡视，坚持发现问题、形成震慑不动摇，建立巡视巡察上下联动的监督网”，明确了此后巡视巡察工作的方向和要求。按照党中央的部署和要求，中央和省、自治区、直辖市党委对所管理的地方、部门、企事业单位党组织展开全面巡视，党的市(地、州、盟）和县（市、区、旗）委员会建立巡察制度，积极推动巡视工作向市县延伸，推动从严治党向基层延伸。巡视巡察工作始终突出问题导向，聚焦党风廉政建设和反腐败斗争，当好“千里眼”“顺风耳”，深入寻找线索，发现相关问题，进而形成威慑，切断那些心怀侥幸、铤而走险的人的念头。开展巡视工作，发现问题是生命线、推动解决问题是落脚点。针对巡察中发现的问题，严格按照“共性问题集中整治、个性问题约谈反馈、典型问题立案查处”制度性规矩要求，强化巡察成果运用，发挥治本效应。对共同性问题、个性问题责成整改，而对典型案件处理则快速移交问题线索，依托纪检监察机关开展查处。

发现问题是巡视巡察工作的生命线，而巡视巡察又是执纪审查的“前哨”。按照党中央和省委的部署，驻厅纪检监察组认真对待巡察过程中发现的一些部门和人员的违纪违规违法问题线索，围绕成果运用最大化，坚持巡察与执纪审查无缝对接，推动典型案件的严肃处理，切实发挥巡察的震慑和教育引导作用。

第一节 巡察与执纪审查一体化的意义

2017年，党的十九大报告指出：坚持惩前毖后、治病救人，运用监督执纪“四种形态”，抓早抓小、防微杜渐，持之以恒正风肃纪。习近平总书记曾多次在重要会议中强调，全面贯彻落实监督执纪“四种形态”，要始终把纪律挺在前面，在不断加强监督执纪的过程中自上而下解决好党的领导和建设工作弱化、淡化、虚化、边缘化的问题，优化党内政治生态，保持党的先进性和纯洁性。做好纪检监察组织机构的完善工作是推动党的建设的重要内容，驻厅纪检监察组根据要求不断强化巡察与执纪审查相结合的监督执纪意识，符合新时代背景下党中央全面从严治党的新标准、新要求，符合纪检监察工作的新形势、新任务。

一、做好执纪审查工作是防控廉政风险的因应之策

党的十九届五中全会开启了我国全面深化改革的又一新征程，对在新形势下如何进一步防控廉政风险和推进反腐败斗争提出了新的要求，作出了新的部署。习近平总书记指出：“从党中央到省市县党委，从中央部委、国家机关部门党组（党委）到基层党支部，都要肩负起主体责任；各级纪委要担负起监督责任，敢于瞪眼黑脸，勇于执纪问责。”[1] 纪检监察机关应该全面贯彻党的方针政策，全面聚焦于当前廉政建设和反腐败斗争的主要任务，切实履行执纪监督的职责，为全面从严治党打下坚实基础。

纪检监察机关要时刻保持高度警觉，坚持把查办案件作为从严治党、反腐倡廉的重要抓手。主要是积极规范反腐败领导小组的组织机构，加大巡察力度，提高案件的突破能力，争取不放过任何贪污腐败行为。以“零容忍”的态度来惩治腐败，坚持“老虎”“苍蝇”一起打，严肃查办发生在领导机关和领导干部中滥用职权、玩忽职守、贪污贿赂、腐化堕落、失职渎职的案件。通过认真领会党中央精神，在转变行政监察方式的过程中全面发挥“监督再监督”的职能作用，在党内监督和党外监督下合理使用权力。

当前，在党大力惩治腐败的高压态势下，反腐倡廉建设情况在总体上处于一个逐渐完善的过程，党内风气、个人作风等方面全面好转，但仍存在不足。反腐工作除了要对领导干部不断进行思想教育，促进形成“不敢腐，不能腐，不想腐”的良好政治生态，更要加强监督执纪工作，严格执行中央八项规定精神，坚持从点到面全覆盖，加大集中检查、重点督查和明察暗访力度，对有违纪违法行为的要发现一起、查处一起、问责一起，及时通报曝光典型案例，绝不姑息。认真落实廉政谈话提醒机制，坚持抓早抓小、防微杜渐，对领导干部出现的苗头性、倾向性问题要及时了解核实、诫勉谈话、扯扯袖子，防止小错酿成大祸。对纪检监督过程中出现的走过场、打招呼等问题，要严格惩处和加大规范力度。

二、做好执纪审查工作是加强责任力量的有效途径

2017 年 1 月，中央纪律检查委员会制定了《中国共产党纪律检查机关监督执纪工作规则（试行）》，主动强化自我约束，为规

范监督执纪权力、打造忠诚干净担当的纪检监察干部队伍发挥了重要作用。习近平总书记强调，“公权力姓公，也必须为公。只要公权力存在，就必须有制约和监督。[2] 每个单位的执纪监督部门承担了对本单位展开各类监督的责任，强化执纪监督的责任及力量，在监督执纪的过程中不断加强纪检监察干部队伍的责任担当意识。”

全面从严治党，严就严在刚性执纪，不能高高举起、轻轻放下，四川以常态化的问责唤醒责任意识，激发担当精神。坚持知责为先，不搞不教而诛。2014 年 7 月和 2016 年 9 月，按照省委要求，省纪委领导班子成员组成宣讲组，紧密结合全面从严治党的形势任务和四川实际情况，分别开展“两个责任”“全面从严治党”大宣讲，实现全省 21 个市（州）、省直部门和 183 个县(市、区）全域覆盖，全省 11.5 万多名党员干部现场聆听了宣讲。同时，四川省纪委加强对全省问责追究工作的督促督办，对一定时期责任追究数为零的市（州），直接发给市（州）委书记，敦促履行主体责任，加大问责力度，把“板子”真正拍下去。全省各级纪检监察机关坚持“一案双查”，建立典型问题通报曝光制度，做到失责必问、问责必严。

各级纪检机构重视当前内部存在的各种差距和不足，始终坚持问题导向、结果导向，在理清工作思路的同时强化自身的担当精神，不断将提升履行职责的能力和水平放在工作的重要位置。首先，提高自身政治素质，强化责任意识。在监督执纪问责的工作过程中主动遵循四个意识要求，做到惩治违法乱纪、玩忽职守的力度绝不减弱，零容忍的态度绝不偏移，切实履行职责。其次，摸准职责定位，做好主责主业。不断贯彻落实“转职能、转方式、转作风”三转要求，把职责权力用在监督执纪问责的关键问题上，有效促进纪检监察机关担当和落实好全面从严治党的主体责任，形成监督执纪的合力。再次，始终保持创新活力，不断推进工作形式、方式创新。以敢为人先、不甘落后、勇于创新的精神状态，不断推进执纪监督理念思路、工作内容、方式方法、体制机制创新，使执纪监督工作更好地体现时代精神、富有成效。最后，不断保持学习状态，提升个人能力。善于学习、思考、行动，主动加入一线基层工作当中，融入人民群体，在增强自身本领的过程中不断推进工作任务进程。

总之，“有权就有责，权责要对等。”习近平总书记强调，党风廉政建设和反腐败斗争，是党的建设的重大任务，必须全党动手，党委要负起主体责任，纪委担负监督责任。驻厅纪检监察组强化监督问责主体责任意识，是保持监督执纪工作有效运行、稳步前进的有效途径，是保证纪检监察工作不走形、不变样的有效途径。

三、做好执纪审查工作是规范纪检业务的可行之法

随着全面从严治党向纵深发展，纪检监察体制改革真正进入纪法的“深水区”。要做好执纪监督工作，就必须不断创新培训模式，通过多措并举来开展纪检业务培训，“强筋补钙”增强履职尽责能力，对全体纪检干部进行系统性业务培训，积极创造机会将所学运用于实践。习近平主席指出：“把人民拥护不拥护、赞成不赞成、高兴不高兴、答应不答应作为衡量一切工作得失的根本标准，使我们党始终拥有不竭的力量源泉。”[3] 因此，纪检监察部门时刻将人民放在心中，在进行执纪审查工作的过程中不断精进业务能力，真正做到为老百姓办实事。

纪检干部是人民群众的忠诚卫士，承载着党和人民的希望，

履行着庄严神圣的使命，因此，只有自身正气、干净，才能始终坚守初心，履行党章所规定的职责与任务。作为纪检干部，最基本的要求就是能力过硬、思想坚定。首先，要抓政治思想和作风教育培训，做好纪检干部的学习培训规划，学习和研究马克思主义世界观和方法论，研究中国特色社会主义理论，不断提高全体纪检监察机关干部的政治站位、政治素养、政治眼界。通过专题党课学习、会议集中学习等方式使全体纪检干部树牢“四个意识”，坚定“理论自信、制度自信、道路自信、文化自信”，坚决做到“两个维护”，忠诚履职、勇于担当、真抓实干。其次，要做好纪检监察工作培训，落实机关领导教育培训的主体责任，率先垂范，积极上讲台讲业务，谈体会，引导和增强纪检监察干部牢固树立终生学习的思想，培养好学善思的习惯，不断提高精准监督本领，强化监督检查、审查调查等专业能力素养。针对监督检查、纪法融合、法法衔接、审查调查、案件审理等业务中的短板和弱项，通过知识讲解、案例点评、讨论交流相结合等形式，突出抓好履行监督、执纪、问责和监督、调查、处置职责，扎实开展监督检查、信访核查、审查调查、案件审理、巡察、法律法规、综合技能等业务知识的培训，着力提高纪检监察干部履行职责的业务素质和能力水平。

第二节 巡察与执纪审查一体化的典型案例

王岐山书记提出监督执纪问责概念，监督是纪检监察工作的前提，执纪是纪检监察工作的核心，问责是纪检监察工作的关键。驻厅纪检监察组严格贯彻落实党的方针政策，树立巡察与执纪审查相结合的监督执纪理念，在具体案件中严格履行职能。

一、刘某美案

省高速公路复合通行卡采购项目（2017 年）开标前，刘某美与广东高速科技投资有限公司投标委托代理人王某多次电话联系，告知采购项目投标情况。王某在得知公安部第三研究所确定参加投标的情况下，要求刘某美协调评标专家去掉公安部第三研究所，并承诺给刘某美 20 万元好处费。2017 年 12 月 17 日，王某到达成都并入住锦苑酒店。18 日，刘某美来到王某所住酒店房间，告诉王某交投标保证金的公司情况。19 日，刘某美召集王某、袁志某（航天信息股份有限公司投标委托代理人）商量投标事宜并最终达成一致意见。同时，王某还曾私下去做公安部第三研究所的工作，让该所不参与投标。2017 年，由广东高速科技投资有限公司配合航天信息股份有限公司中标，2018 年由航天信息股份有限公司配合广东高速科技投资有限公司中标，航天信息股份有限公司私下给王某私人 50 万元作为补偿。

经过深入的调查后发现，刘某美身为国家单位工作人员，违反国家法律法规，在巡察期间发生违法违纪行为，且对抗组织调查，情节较重，应当从重处理。根据《中华人民共和国招标投标法》《事业单位工作人员处分暂行规定》等有关规定，给予刘某美降低两级薪级工资处分，并调整工作岗位。

二、罗某案

2011 年，监控结算中心（以下所称结算中心均包含科研所、智能公司）按照单位《公车管理办法》的规定，给班子成员分别配备了相对固定的公车和驾驶员。2012 年购买川 A8569T 号车后，结算中心将该车配备给了罗某，但鉴于结算中心、智能公司、科研所专职驾驶员不够，未给罗某配备专职驾驶员，只确定了一名驾驶员对该车进行日常维护。经查，罗某家庭住址在资阳市雁江区，核查组调阅了川 A8569T 在高速公路的行车记录，发现在周末和节假日，罗某存在将川 A8569T 号公车开回资阳的情况，并且罗某曾长期在内江工作，还存在开公车到内江会友的情况。经统计，2015 年 9 月至 2017 年 7 月间，罗某多次在周末和节假日将川 A8569T 号公车开回资阳、内江，共产生 2720.80 元高速通行费，停车费及洗车费 138 元，加油费 1056.09 元，合计 3914.89 元均在单位报销。

核查过程中，罗某同志能够较好配合核查，主动交代问题，按照相关规定给予罗某警告处分。

三、交通职业技术学院后勤案

交通职业技术学院一食堂经营项目招标违反相关纪律规定问题。2016 年 6 月至 8 月，交通职业技术学院开展一食堂经营项目招标，在招标过程中存在招标文件出现重大漏洞、违规延后开标时间、违规指定评标专家、违规召开评标预备会、未按规定组织考察、违反“三重一大”民主决策制度、评标有失公允等问题，导致竞标单位中实力较弱的单位中标，并出现食品卫生问题，师生反映强烈。该院副院长权某、后勤基建处处长童某祥违反相关规定，负主要责任，后勤基建处副处长巫某川、工作人员张某军也负有一定责任。评审专家赵某云、罗某政、李某等人未严格按规定进行评标，负相应责任。厅党组决定，对权某、童某祥立案审查；对张某军、赵某云、罗某政、李某诫勉谈话；对巫某川批评教育。

四、骆某案

2016年12月，四川交通职业技术学院对领导干部经济责任审计时发现，运输工程系主任骆某存在违规报销非项目组成员科研经费的问题。2017年6月29日，经驻厅纪检监察组研究，决定由交通职业技术学院纪委对骆某同志的违纪问题进行立案审查。2017年9月，交通职业技术学院对四川绿色交通节能减排工程技术有限公司（以下简称：节能减排公司）2015—2016年度财务收支及预算执行情况专项审计时发现，节能减排公司负责人骆某存在违规组织公司在峨眉山风景名胜区召开年终总结会的问题。2017年12月，交通职业技术学院纪委向驻厅纪检监察组报告，经驻厅纪检监察组研究，决定由交通职业技术学院纪委对骆某同志违规组织节能减排公司员工到峨眉山风景名胜区召开年终总结会、违规报销非项目组成员科研经费的违纪问题进行一并立案调查，并将调查期限延长3个月。2018年10月，驻厅纪检监察组决定组成调查组，对骆某同志的有关违纪问题进行补充调查。补充调查期间，调查组通过分析交通职业技术学院纪委移交的案卷资料，赴峨眉山红珠山宾馆提取入住记录、消费记录，赴交通部科研院、华晨汽车工程研究院与相关人员进行取证谈话，与骆某、王某洲、方某丽、郭某春等9名同志开展审查谈话17次，查清了骆某同志违规组织公司员工到风景名胜区召开年度总结会、泡温泉，以调研名义带家人公款旅游，组织串供，对抗组织调查，向组织提供虚假情况说明，企图掩盖事实的违纪事实。

（一）违反政治纪律。在院纪委调查中，交通职业技术学院党委书记、交通职业技术学院纪委书记多次找骆某同志谈话，骆某同志均未主动交代违纪事实，先后两次向院纪委提供虚假情况说明。骆某同志与王某洲进行串供，态度极不端正，调查期间不知错、不认错、不改错；授意方某丽向组织提供虚假调研证明材料；授意涂某学在接受组织谈话期间向组织提供虚假情况，企图掩盖事实的行为，违反了政治纪律。

（二）违反中央八项规定精神。经查，2015 年 7 月 26 日—8 月 5 日（共 11 天），骆某以调研的名义，带妻子郭某春和孩子到沈阳、大连和北京旅游，旅游所产生的费用在《四川交通运输能耗监测评价及甩挂运输模式课题》专项科研经费中报销。2016 年 1 月 19 日，骆某同志在明知中央八项规定精神的情况下，组织公司员工到峨眉山红珠山宾馆召开年终总结会、泡温泉，所产生的费用在院财务报销。骆某以调研的名义带家人公款旅游，组织公司员工到峨眉山风景区召开年终总结会、泡温泉的行为，违反了中央八项规定精神。

（三）违反廉洁纪律。在学院纪委调查期间，骆某组织公司员工退回 2800.00 元会议室租用费到学院财务账户，违规报销 8 个人的 2400.00 元出差补助费和 2044.00 元住宿费，未向组织进行退交。骆某公款报销由个人支付的到沈阳、大连、北京旅游费用，违规报销到峨眉山差旅费、住宿费的行为，违反了廉洁纪律。

调查发现的其他问题：

（一）王某洲同志违反政治纪律和中央八项规定精神

经查，王某洲同志作为运输系副主任，违规参加节能减排公司到峨眉山风景名胜区召开的年终总结会，违规报销出差补助费和住宿费的行为，违反了中央八项规定精神；在院纪委调查期间，王某洲与骆某串供，对抗组织调查，1 月 19 日、3 月 13 日，在接受院纪委谈话时，不如实向组织交代违纪事实，向院纪委提供2份虚假情况说明，并授意方某丽同志向组织提供虚假情况说明的行为违反了政治纪律。

（二）方某丽同志违反政治纪律和中央八项规定精神

经查，方某丽同志在骆某的安排下，组织节能减排公司员工到峨眉山风景名胜区召开年终总结会、泡温泉。在酒店结账时，弄虚作假，虚开会议费和住宿费发票，并编造出差审批表、调研情况说明、会议通知和会议签到表对8个人的出差补助费、住宿费和会议室租用费进行报销的行为违反了中央八项规定精神；在院纪委调查期间，方某丽在王某洲的授意下，向组织提供2份虚假情况说明，向骆某建议对调研照片拍摄时间进行修改。1月10日、3月13日，方某丽在接受院纪委谈话时，不如实向组织交代违纪事实的行为违反了政治纪律。

（三）郭某春、涂某学、安某冬3名同志违反政治纪律和中央八项规定精神

经查，在骆某的安排下，郭某春与骆某带小孩到沈阳、大连和北京公款旅游，涂某学、安某冬违规参加节能减排公司在峨眉山风景名胜区召开的年终总结会，违规报销出差补助费和住宿费的行为，违反了中央八项规定精神。在院纪委调查期间，在骆某同志的授意下，郭某春参与串供，企图掩盖事实；涂某学同志在院纪委第一次谈话时，主动交代违纪事实，但是随后在骆某的授意下向组织提供虚假情况；安某冬同志听信方某丽的说法，向组织提供虚假情况的行为，违反了政治纪律。

相关人员的处理：

（一）对骆某同志的处理

骆某同志身为党员领导干部，违反政治纪律，组织串供，向组织提供虚假情况，企图掩盖事实；违反中央八项规定精神，组

织公司员工到峨眉山风景名胜区开会、泡温泉，以调研名义带家人公款旅游；违反廉洁纪律，违规报销到红珠山宾馆开会的差旅费、住宿费，公款报销应当个人支付的旅游费用；违纪行为发生在党的十八大后，情节较重，且骆某同志顶风违纪，组织串供对抗组织调查，态度极不端正，调查期间不知错、不认错、不改错，应当从重处理。根据《中国共产党纪律处分条例》（2018版）第一百四十二条第二款“本条例实施前，已结案的案件如需进行复查复议，适用当时的规定或者政策……如果行为发生时的规定或者政策认为是违纪的，依照当时的规定或者政策处理……”有关规定、《中国共产党纪律处分条例》（2015版）第五十七条“对抗组织审查，有下列行为之一的，给予警告或者严重警告处分；情节较重的，给予撤销党内职务或者留党察看处分；情节较重的，给予开除党籍处分：（一）串供或者伪造、销毁、转移、隐匿证据的……（四）向组织提供虚假情况，掩盖事实的……”有关规定、《中国共产党纪律处分条例》（2003版）第七十二条“利用职务上的便利，非法占有非本人经管的国家、集体和个人财物……情节较轻的，给予警告或者严重警告处分，情节较重的，给予撤销党内职务或者留党察看处分；情节较重的，给予开除党籍处分。利用职务上的便利，将本人或者亲属应当个人支付的费用，由下属单位或者，应当给予他单位支付、报销的，依照前款规定处理”有关规定，给予骆某同志党内严重警告处分并进行组织处理，免去系主任职务。

（二）对其他人员的处理

1.对王某洲同志违反政治纪律和中央八项规定精神的违纪问题进行立案审查。

2.对方某丽同志违反政治纪律和中央八项规定精神的违纪问

题进行立案审查。

3.鉴于郭某春同志在院纪委调查期间，在骆某的授意下参与串供，企图掩盖事实。在调查组第一次谈话期间，郭某春积极配合组织调查，主动交代事实，进行谈话诫勉。

4.鉴于涂某学同志在院纪委第一次谈话时，主动交代违纪事实，后在骆某的授意下向组织提供了虚假情况，进行批评教育。

5.鉴于安某冬同志是在听信他人说法后，向组织提供了虚假情况，进行批评教育。

6.鉴于交通职业技术学院纪委调查的事实与驻厅纪检监察组调查的事实不一致，履行监督责任不到位，对交通职业技术学院纪委进行提醒谈话。

7.责成骆某、王某洲、方某丽、涂某学、张某华、安某冬、杜某宸、钟某将违规报销的出差补助费和住宿费退交回学院财务。

8.将该案处理情况在厅直系统进行通报。

五、公路院案件

盛某富在任五分院（新疆分院）院长、监理所常务副所长（主持工作）期间，五分院（监理事务所）统筹差旅补助、签订虚假外委合同、外部供应采购程序倒置、编造询价文件、部分劳务供应商未在院外部供应商中、采购过程控制流于形式等方面的问题违反了相关制度和规定。其中，统筹差旅补助费用违反了公路院《财务管理制度》《差旅费开支管理办法》相关规定；签订虚假外委合同违反了《合同法》和公路院《一般类（劳务）外部供应采购管理办法（试行）》；部分外部供应采购项目程序倒置、编造询价文件、部分劳务供应商未在院外部供应商中、采购过程控制流于形式等问题违反了五分院《一般类（劳务）外部供应采购管理办法（试行）》。根据《中国共产党党员纪律处分条例》(中发〔2015〕31号）第三十八条规定，盛某富同志对以上问题负有主要领导责任。鉴于在核查过程中，盛某富同志主动承认错误并积极配合调查，根据《关于对党员领导干部进行诫勉谈话和函询的暂行办法》（中办发〔2005〕30号）及四川省纪委《关于对党员领导干部进行诫勉的工作办法（试行)》（川纪办发〔2015〕4号）相关规定，按照干部管理权限对盛某富同志进行书面诫勉。

何某杰在五分院（监理所）先后分管经营并主持工作期间，五分院（监理所）存在统筹差旅补助费、巡察期间转移酒水、签订虚假外委合同、外部供应采购程序倒置、编造询价文件、未从供应商库中选取部分劳务供应商、采购过程控制流于形式等问题违反了相关制度和规定。其中：统筹差旅补助违反了院《财务管理制度》《差旅费开支管理办法》相关规定；巡察期间转移酒水规避巡察；签订虚假外委合同违反了《合同法》和院《一般类(劳务）外部供应采购管理办法（试行)》，部分外部供应项目采购程序倒置、编造询价文件、未从供应商库中选取部分劳务供应商、采购过程控制流于形式等问题，违反了院《一般类（劳务）外部供应采购管理办法（试行)》。根据《中国共产党党员纪律处分条例》（中发〔2015〕31号）第三十八条规定，何某杰同志对巡察期间转移酒水的问题负有主要领导责任，对其余问题负有重要领导责任。鉴于在核查过程中，何某杰同志主动承认错误并积极配合调查，根据《关于对党员领导干部进行诫勉谈话和函询的暂行办法》（中办发〔2005〕30号）及四川省纪委《关于对党员领导干部进行诫勉的工作办法（试行)》（川纪办发〔2015〕4号）相关规定，按照干部管理权限对何某杰同志进行书面诫勉。

文某娜在任五分院副总工程师期间，作为班子成员，参与会议讨论决定统筹差旅补助费，未对五分院存在的部分外部供应项目采购程序倒置、未从供应商库中选取部分劳务供应商等问题提出异议，根据《中国共产党党员纪律处分条例》（中发〔2015〕31 号）第三十八条规定，文某娜同志对以上违反院《财务管理制度》《差旅费开支管理办法》《一般类（劳务）外部供应采购管理办法（试行）》等相关规定的行为负有重要领导责任。鉴于在核查过程中，文某娜同志积极配合调查，态度端正，根据《关于在纪律审查中准确适用“四种形态”的指导意见》（川纪发〔2016〕4 号）精神，按照干部管理权限对文某娜同志进行提醒谈话。

谢某伟，群众，在任五分院（监理所）设计咨询部主任期间，直接经办并管理统筹差旅补助费，存在参与签订虚假外委合同、倒置外部供应采购程序、编造询价文件、未从供应商库中选取部分劳务供应商等问题，直接参与并具体实施巡察期间转移酒水等事项，违反了相关制度和规定。其中，统筹差旅补助违反了院《财务管理制度》《差旅费开支管理办法》相关规定；巡察期间转移酒水规避巡察；参与签订虚假外委合同违反了《合同法》和院《一般类（劳务）外部供应采购管理办法（试行）》；参与倒置外部供应采购程序、编造部分询价文件、部分劳务供应商未从供应商库中选取等问题，违反了院《一般类（劳务）外部供应采购管理办法（试行）》。鉴于在核查过程中谢某伟同志主动承认错误并积极配合调查，主动移交剩余统筹差旅补助费和剩余酒水，参照《关于对党员领导干部进行诫勉谈话和函询的暂行办法》（中办发〔2005〕30 号）及四川省纪委《关于对党员领导干部进行诫勉的工作办法（试行)》（川纪办发〔2015〕4号）相关规定，按照干部管理权限对谢某伟进行书面诫勉。

陈某，九三学社社员，在任五分院（监理所）经营部主任期间，存在参与签订虚假外委合同、倒置外部供应采购程序、编造询价文件、未从供应商库中选取部分劳务供应商等问题，违反了《合同法》和院《一般类（劳务）外部供应采购管理办法（试行)》等相关规定。根据《关于在纪律审查中准确适用“四种形态”的指导意见》（川纪发〔2016〕4号）精神，对陈某进行批评教育。

对于五分院项目外委和统筹差旅补助费等管理方面存在的问题，驻厅纪检监察组提出整改要求：一是院生产经营处加强对五分院、监理所项目外委采购的监督和管理，督促严格执行院项目外委采购相关制度，重点加强对外部采购的供应商选取、采购方式、成果验收等过程控制；二是责成五分院（监理所）建立健全内部决策机制，根据五分院和监理所班子成员调整情况，及时完善“三重一大”民主决策程序和制度，严格执行“三重一大”民主集中决策相关要求；三是责成五分院停止统筹差旅补助费行为，足额发放差旅补助给出差人员，严格落实院财务管理的相关制度要求。

六、交通院案件

张某林，时任四川省交通运输厅交通勘察设计研究院水运三处处长（正科级)。

杨某琳，时任四川省交通运输厅交通勘察设计研究院水运三处驾驶员（聘用)。

经查，2017 年 1 月，厅交通设计院水运三处处长张某林前往眉山交通开发公司（业主单位），对接协调眉山市环城公路南环线跨岷江大桥、环天府新区快速通道跨南河大桥、环天府新区快速通道跨府河大桥 3 座拟建设桥梁的通航论证事宜，推进 3 座桥梁的前期工作。

1 月 6 日出发前往眉山前，张某林安排杨某琳购买一件五粮液和一条香烟。杨某琳到成都王府井百货有限公司购买了 6 瓶五粮液和一条软中华香烟，总计开支 7259 元，票据载明购买单位为四川省交通运输厅交通勘察设计研究院。该笔款项截至案发前仍未报销，由杨某琳个人垫付，由于购买高档酒水和香烟的票据不能直接入账，正在等待时机通过其他途径处理。杨某琳将烟、酒购回后，送到张某林办公室存放。

1 月 6 日中午，张某林电话通知厅交通设计院经营处副处长李某策一同前往眉山对接相关事宜。当晚，张某林等人在眉山市交通开发公司预定的餐馆吃饭，使用了张某林携带的五粮液白酒和中华香烟。据相关人员回忆，此次吃饭参与人数在 10 人左右，厅交通设计院没有人结账。

厅交通设计院购买高档白酒和香烟的行为，违反中央“八项规定”精神。按照相关规定给予张某警告处分。

第三节　巡察与执纪审查一体化的成效

驻厅纪检监察组采用巡察与办案相结合的举措是此次巡察工作的亮点。驻厅纪检监察组牵头开展的巡察工作，通过查案和巡察无缝对接的工作方式，在宣传教育和队伍建设方面取得了较大成效。

一、扩大了巡察工作的宣传警示教育影响

近年来，交通运输厅积极转变宣传方式，将宣传融入到具体的工作当中，坚持工作就是宣传的方针路线。从驻厅纪检监察组的工作来看，通过巡察处理相关问题，并进行整改和通报，属于巡察工作，但从另一层面来讲，也属于宣传警示教育的范畴。因此，驻厅纪检监察组在整个巡察过程中坚持把宣传寓于巡察工作中，积极扩大巡察工作的宣传警示教育范围。

首先，巡察通报释放了从“严”的信号。纪检工作的全过程本身就是一个宣传教育的过程，在纪检工作中的一举一动、一言一行都是宣传教育。驻厅纪检监察组在巡察准备过程中便向外界释放出严的信息。每一次党组会上，驻厅纪检监察组都会对巡察结果进行通报，每通报一次就是一次宣传教育，然后将相关问题释放到厅直系统，让厅直系统进行自我检查，实际上也是对整个厅直系统的宣传教育。通过巡察通报扩大了巡察的效应，将“严”的压力传达到了厅直系统的每一个单位、每一个人。其次，问题线索处理扩大了巡察效应。驻厅纪检监察组根据巡察结果，将巡察发现的所有问题线索全部核查，涉及的相关人员予以处理，并对违纪违规典型案例进行通报，使巡察的效应释放到整个厅直系统。巡察工作中的一举一动、一言一行、一点一滴、一招一式都是宣传教育，巡察工作时时、处处、人人都在进行宣传教育，将对外传递严的信息与警示教育结合起来，是巡察工作中最为核心的内容。

二、强化了巡察人员的工作能力

首先，加强了巡察干部队伍建设。驻厅纪检监察组有鲜明的用人导向，充分发挥干部选任杠杆作用，使更多优秀人才进得来，让更多纪检干部走出去，撬动整个厅直系统形成“强纪检”的良好氛围。一是合理配备，进一步优化专兼职队伍配备。选拔配备优秀干部不局限范围、不设置门槛，广泛寻找有法律、会计专业基础，有公安、检察院、法院、审计、纪检工作经历的人员充实到纪检队伍。2017 年以来，新配备纪检干部 35 名，共配备专兼职纪检干部 140 名。二是完善能上能下、能进能出机制。在干部选拔任用中对于表现出色的干部应提拔重用，无法适应纪检工作的及时调离岗位且不得重用。同时，进一步畅通交流渠道，打破驻厅纪检监察组同驻在部门交流壁垒，把群众公认、敢于监督、善于监督、勇于担当的优秀纪检干部选出来、用起来，有效破解纪检干部“交流难、提拔难、重用难”的问题。三是强化能力提升，着力打造一支站起来会讲、坐下去会写、沉下去会干的纪检干部队伍。结合巡察工作，将理论学习、业务培训、工作交流有机结合，强化学思践悟，让纪检干部把心思用在“真干事”上，把水平体现在“干成事”上。

其次，规范巡察干部的管理工作。巡察对许多年轻同志提高工作能力、开阔视野确实有很大帮助，这个效果从自身能力的提高上就能看出来。驻厅纪检监察组把各个单位年轻的纪检干部抽调到厅里面，一方面，上岗锻炼，让他们接触一些具体的案情和具体的案子，然后在这一过程当中培养他们来办案，以增强他们的问题意识，使得工作人员的文字能力、办案能力、组织能力、协调能力有长足的进步。另一方面，在每轮巡察结束前，对抽调干部的政治表现、工作业绩、作风情况作出工作鉴定，并向省委组织部和抽调干部所在单位反馈，作为抽调干部年度考核、评优评先、提拔使用的重要参考，使抽调巡察干部工作管理更规范。

最后，提升巡察干部的综合能力。开展巡察工作，对巡察干部的综合素质能力要求较高，要求他们有效开展巡察工作的同时具备一定的理论知识。在开展巡察工作时，积极引导巡察干部加强政治理论学习，特别是认真学习和领会习近平新时代中国特色社会主义思想和关于巡视巡察工作的重要论述。此外，通过对厅直系统纪检干部的集中培训，创新手段方法，统筹安排巡察培训工作。在相关领域内精挑细选优秀力量，组建全省交通运输系统巡察人才库。每轮巡察前根据巡察任务，围绕政治理论、财务审查、问题线索分类管理、当前重点关注领域专项治理等工作开展针对性培训，进一步提升了巡察干部的工作能力和综合素质。

三、展现了巡察工作监督执纪的利剑锋芒

“惩前毖后、治病救人”，党内政治生态不可避免会染上一些不良风气，须在最及时的时间内进行彻底治疗，才能避免小病拖成重疾。纪检部门担负着激浊扬清、惩恶扬善的职责，直接关系人心向背和事业兴衰。监督执纪工作不仅提升了巡察干部的工作素养，更对被巡察单位形成震慑作用、是展现“利剑”锋芒的过程。

第一轮巡察工作调查的六起案件中，针对各被巡察单位机关工作人员存在的违规违纪行为进行了严厉的惩处，对被巡察单位中在的不良政治风气重拳出击，为营造风清气正的政治生态打下

坚实基础。在核查过程中，不少同志能够较好配合核查，主动交代问题，认识到自己的错误，接受并坚决服从组织的处理，承诺在今后的工作生活中不再犯类似错误，这是对“惩前毖后、治病救人”宗旨的最好诠释。在巡察过程中，通过不断发现问题、解决问题，采取标本兼治的手段，极大促进了机关单位提升工作效率、改善工作态度。

注：

[1] 中共中央党史和文献研究院：《习近平关于全面从严治党论述摘编（2021年版）》[M]．中央文献出版社，2021:12.

[2] 习近平：《在新的起点上深化国家监察体制改革》[J]．求是，2019（5）．

[3] 习近平：《在党的群众路线教育实践活动总结大会上的讲话》[N]．《人民日报》，2014-10-9（2）．

本章小结

巡察与执纪审查一体化，查案和巡察的无缝对接，是此次巡察工作的亮点。以往巡察的监督检查是到被巡察单位去看材料、听汇报、个别谈话、现场核查、走访等等，此次巡察工作通过办案的手段去找问题，找到的问题查下去。对一个单位情况的了解，查案是最好的调研，把案件查透了问题就出来了。

巡察工作不但找出问题、处理问题，而且严格规范、推进工作。在整个巡察过程中，巡察人员通过参加各种培训、实战锻炼，使自身能力得到提高，也为党和国家培养了一批优秀的纪检干部。在巡察工作中，宣传、监督、办案、自身队伍建设这些工作都有所涉及，特别是巡察组工作人员的一举一动、一言一行、一点一滴、一招一式都体现出宣传教育效果。除此以外，巡察工作过程中积极推进案件资源的再利用，认认真真解剖案子，研究里面的情况和反映的问题，最大限度发挥已查办违纪案件的资料效用。

本章通过对这一轮巡察工作的案例进行逐一分析和评价，深挖各个部门内部存在的违规违纪现象，将巡察和办案相结合，使查案和巡察工作无缝对接，用办案的手段找问题，将找到的问题深查下去，使得监督执纪工作进一步规范化、制度化。

附　录

附录一：巡察工作整体流程图

前期准备

1.成立巡察组：抽调实战轮训人员，确定巡察组成员

2.材料收集：收集整理被巡察单位情况，驻厅纪检监察组、巡察组及被巡察单位均要准备（见资料收集清单）

3.召开会议：

a.巡察组长座谈会（沟通交流巡察工作具体操作细则）

b.巡察工作动员培训会（召集巡察组全体人员；厅直系统被巡察单位主要负责人、纪委书记、纪检部门负责人；未被巡察的单位纪委书记、纪检部门负责人；厅机关各处室负责人就如何开展巡视找问题、如何当好组长、如何履行好各组职责等进行培训，同时安排部署第一轮巡察工作和解读巡察意见）

组织实施

1.听取汇报及交换意见

2.召开巡察见面会（巡察手册后附见面会讲话提纲模板）

3.发布巡察公告（巡察手册后附巡察公告模板）

4.开展谈话（单位主要负责人、班子成员、中层干部、重点岗位干部职工等做到人人见面）

5.查阅资料（党委会记录、财务资料、采购资料，资金管理、项目管理及物资管理等资料）

6.重点事项梳理（巡察过程中梳理重点事项，有可能存在问题的地方要“一竿子插到底”）

7.初步调查与核实（对存在的问题，巡察组可进行初步调查后报驻厅纪检监察组；巡察组要与驻厅纪检监察组保持密切的沟通，巡察组不对问题作出处理）

情况报告

巡察结束后10个工作日内形成巡察报告，如实报告了解的重要情况和问题，报告要写实，议论文，夹叙夹议。由厅党组和驻厅纪检监察组审定报告，听取每个组的汇报。

↓

意见反馈

1.提交巡察报告后3个工作日内提交反馈工作方案

2.反馈工作方案报驻厅纪检监察组主要领导审批

3.驻厅纪检监察组主要领导同意后，向被巡察单位反馈情况，提出整改意见，明确整改时限

↓

督促整改

1.被巡察单位根据反馈意见，制定单位党组织及其主要负责人整改方案，报巡察组和驻厅纪检监察组审定

2.整改结束后，被巡察单位形成巡察整改报告并报巡察组，巡察组提出审核意见后报厅党组和驻厅纪检监察组领导审批

↓

开展回头看

回头看实行“四不限”，即不定期、不限时、不限次数、不限方式。巡察组要采取听取汇报、实地检查、明察暗访等方式检查被巡察单位整改实效，并提出具体意见。

↓

总结交流工作

1.巡察结束后，驻厅纪检监察组要向省纪委进行书面专题报告，巡察结果要在厅党组、被巡察单位进行通报

2.巡察工作全面结束后，巡察组要对巡察相关资料装卷归档

3.向厅直系统、全省交通运输系统及交通运输系统外推广交流

参考文献

著　作：

[1] 中共中央党史和文献研究院：《习近平关于全面从严治党论述摘编》[M].北京：中央文献出版社，2021.

[2] 习近平：《决胜全面建成小康社会 夺取新时代中国特色社会主义伟大胜利：在中国共产党第十九次全国代表大会上的报告》[M].北京：人民出版社，2017.

[3] 本书编写组：《巡视利剑》[M].北京：人民出版社，中国方正出版社，2017.

[4] 中央纪委会同中央组织部：《中国共产党巡视工作条例(2017年7月修改)》[M].北京：人民出版社，2017.

报　纸：

[1]《中国共产党党内监督条例》[N].《人民日报》，2016-11-03.

[2]《中国共产党巡视工作条例》[N].《人民日报》，2017-07-15.

[3] 习近平：《在党的群众路线教育实践活动总结大会上的讲话》[N].《人民日报》，2014-10-9 (02).

[4] 赵先弘：《巡查利剑直指基层腐败》[N].《河南日报》，2015-11-12 (02).

[5]《王岐山在十八届中央纪委三次全会上的工作报告》[N].《人民日报》，2014-1-28 (02).

[6] 郭云峰，徐伟锋：《完善巡视巡察联动格局》 [N] .中国纪检监察报，2020-10-27 (07) .

[7] 刘华东，王昊魁：《反腐败带来的正能量更加凸显》 [N] .《光明日报》，2017 (15) .

[8] 薛宁馨：《全面从严治党主体责任制度的回顾与思考》 [N] .中国纪检监察报，2021-06-17 (08) .

[9] 颜新文：《联动监督网由广度向深度拓展》 [N] .中国纪检监察报，2019-04-10.

期　刊：

[1] 习近平：《在新的起点上深化国家监察体制改革》 [J] .求是，2019 (05) .

[2] 赵乐际：《坚持和完善党和国家监督体系 为全面建成小康社会提供坚强保障——在中国共产党第十九届中央纪律检查委员会第四次全体会议上的工作报告》 [J] .中国纪检监察，2020 (05) .

[3] 侯勇，张任：《习近平关于反腐败重要论述的内容体系、理论特征与时代价值》 [J] .江南大学学报 (人文社会科学版)，2021 (02) .

[4] 汪金权：《把党的政治建设摆在首位》 [J] .求是，2017 (22) .

[5] 钟循：《巡察，打通党内监督“最后一公里”——党的十八大以来深化政治巡察回眸》 [J] .中国纪检监察，2017 (13) .

[6] 田湘波，王玲娟：《历史制度主义视角下巡察制度有效性研究》 [J] .廉政文化研究，2022 (03) .

[7] 王峰，李倩：《发挥市县巡察制度在推进全面从严治党

中的作用》[J].中国党政干部论坛，2019（02）.
[8] 王中旗：《落实党委主体责任过程中存在的问题及其对策》[J].中州学刊，2015（9）.
[9] 王振华，黄明儒：《党风廉政建设和反腐败斗争中党委负主体责任的理论探析——学习习近平总书记关于全面从严治党的重要论述》[J].治理研究，2019（05）.
[10] 庄德水：《新时代巡视巡察上下联动的机制建构与发展策略》[J].中共天津市委党校学报，2021（04）.
[11] 刘诗林：《新时代市县巡察发展历程、经验与对策》[J].理论探讨，2022（03）.
[12] 管束叶，陈志刚：《党和国家监督体系的创新发展》[J].中国特色社会主义研究，2019（06）.
[13] 庄德水：《新时代巡视巡察上下联动的机制建构与发展策略》[J].中共天津市委党校学报，2021（04）.
[14] 王立峰，潘博：《党内基层巡察制度优化路径探析》[J].长白学刊，2017（02）.

其　他：

[1] 《中央首次就“脱贫攻坚”开展专项巡视重点将做到“八看”》[EB/OL].人民网，2018-10-10.
[2] 《“数”说2020年巡视巡察工作》［EB/OL］.https://www.ccdi.gov.cn/toutiao/202102/t20210209235721.html，2021-10-28.

后　记

党的二十大报告指出，“全面从严治党是党永葆生机活力、走好新的赶考之路的必由之路”。十八大以来，四川省交通运输厅党组和四川省纪委监委驻省交通运输厅纪检监察组坚决贯彻执行党中央和四川省委关于全面从严治党的若干决定，进行了一系列卓有成效的党风廉政宣传教育工作。2016 年以来，四川省交通运输厅党组和驻厅纪检监察组在实践中不断深化优化举措，进一步推进了该项工作，取得明显成效，也得到省纪委监委的肯定和好评。

2018 年 5 月，西南交通大学廉政与治理研究中心受四川省交通运输厅委托，展开对“派驻监督之四川交通模式”的共同研究。课题组针对“组织队伍建设”“监督监察”“党风廉政宣传教育”等主题展开密集调研。在两年多的时间里，课题组先后参与 10 余场大型座谈，实地走访厅直系统多家单位和广安市、德阳市等多地交通运输局，访谈数近百位四川交通纪检人，参加了驻厅纪检监察组举行的多次交通系统的培训，形成 200 余万字课题资料。其间，派驻监督模式中的监督监察部分由西南交通大学马克思主义学院李春梅教授负责承担，多位博士研究生参与其中。

本书重点在于反映四川省交通运输厅纪检监察组在监督检察

方面的实际情况，包括巡察准备、集中巡察、自查自纠、整改、专项巡察以及巡察与执纪审查一体化等内容。课题组成员通过与四川省交通运输厅相关领导及其他专家多次交流与商谈，反复修改形成最终文稿。本书主要作者为李春梅、何莹，全文逻辑框架制定、课题统筹协调与调研实施、整体进度与质量把控均由李春梅教授承担。除此之外，景星维副教授、刘学娇博士在部分章节撰写与定稿中作出重要贡献，蒋菡、万红艳、邵继菊等硕士在前期调研、资料搜集与整理中起到巨大作用，共同为本书付出了辛勤劳动。西南交通大学党委副书记、纪委书记张学龙、纪委巡察办的李立、杨育鸿等老师不辞辛苦为本课题提供方便和帮助，西南交大出版社的罗爱林等老师也为本书出版提供智慧和指导，使得本书最后能在光明日报出版社出版，对他们的辛苦工作我们课题组成员表示由衷的感谢。

本成果同时也是课题组几位成员完成四川省哲学社会科学重大课题“解决大党独有难题的理论与实践研究”（SC22ZDY32）、西南交通大学科学研究基金（廉政专项）“百年大党人民监察员制度的发展历程和经验研究”（XJLZ22L04）、“中国共产党以廉洁家风培育新时代廉洁文化的理论和实践研究”（XJLZ22L10）、“全面从严治党视域下精准监督的科学内涵研究”（XJLZ22L09）的阶段性成果。在此，对四川省社科联和西南交通大学廉政中心的大力支持表示衷心感谢。

最后特别要感谢的是在课题调研、写作和修改过程中给予我们宝贵指导和支持的四川省交通运输厅的各位领导和工作人员。在本书调研和写作过程中，我们不仅感受到了四川省交通运输厅以及地方的交通纪检人严谨的工作作风、细致的工作态度和创新的工作方法，也见证了四川交通运输系统在推动全面从严治党向基层延伸过程中的崭新变化。在中国共产党以伟大自我革命引领伟大社会革命进程中，本书内容是交通运输行业全面从严治党纵深推进过程中的一段鲜活记录和重要案例。由于我们的水平有限，其中的一些思考记录也有不尽成熟之处或错误之处，诚挚希望得到大家的批评指正，尤其期待得到纪检监察实务工作者和相关研究者的指正和赐教，特此致谢。

作 者

2023 年 8 月